Jan Fuhse · Sophie Mützel (Hrsg.)

Relationale Soziologie

Netzwerkforschung
Band 2

Herausgegeben von
Roger Häußling
Christian Stegbauer

In der deutschsprachigen Soziologie ist das Paradigma der Netzwerkforschung noch nicht so weit verbreitet wie in den angelsächsischen Ländern. Die Reihe „Netzwerkforschung" möchte Veröffentlichungen in dem Themenkreis bündeln und damit dieses Forschungsgebiet stärken. Obwohl die Netzwerkforschung nicht eine einheitliche theoretische Ausrichtung und Methode besitzt, ist mit ihr ein Denken in Relationen verbunden, das zu neuen Einsichten in die Wirkungsweise des Sozialen führt. In der Reihe sollen sowohl eher theoretisch ausgerichtete Arbeiten, als auch Methodenbücher im Umkreis der quantitativen und qualitativen Netzwerkforschung erscheinen.

Jan Fuhse
Sophie Mützel (Hrsg.)

Relationale Soziologie

Zur kulturellen Wende der Netzwerkforschung

VS VERLAG

Bibliografische Information der Deutschen Nationalbibliothek
Die Deutsche Nationalbibliothek verzeichnet diese Publikation in der Deutschen Nationalbibliografie; detaillierte bibliografische Daten sind im Internet über <http://dnb.d-nb.de> abrufbar.

1. Auflage 2010

Lektorat: Frank Engelhardt

VS Verlag für Sozialwissenschaften ist eine Marke von Springer Fachmedien.
Springer Fachmedien ist Teil der Fachverlagsgruppe Springer Science+Business Media.
www.vs-verlag.de

Umschlaggestaltung: KünkelLopka Medienentwicklung, Heidelberg
Gedruckt auf säurefreiem und chlorfrei gebleichtem Papier
Printed in Germany

ISBN 978-3-531-16772-5

Inhalt

Einleitung: Zur relationalen Soziologie Grundgedanken, Entwicklungslinien und transatlantische Brückenschläge

Sophie Mützel/Jan Fuhse

1. Einordnung der relationalen Soziologie

In den letzten 20 Jahren hat sich die relationale Soziologie zum vielleicht wichtigsten und innovativsten Theorie- und Forschungsansatz in der nordamerikanischen Soziologie entwickelt. Ausgangspunkt und theoretischer Orientierungspunkt dieser Entwicklung war die Veröffentlichung der ersten Auflage von Harrison Whites *Identity and Control* (1992). Anders als in dem Verständnis des klassischen Strukturalismus der soziologischen Netzwerkforschung[1] sind nun strukturelle *und* kulturelle Elemente konstitutiv für die Schaffung und den Erhalt von sozialen Netzwerken. Allgemein geht es somit in der relationalen Soziologie um die theoretische Modellierung und empirische Analyse von sozialen Netzwerken als sozio-kulturellen Formationen. Damit überwindet sie den reinen Strukturalismus, wie er in der Netzwerkanalyse hauptsächlich verfolgt wird (Emirbayer 1997; Emirbayer/Goodwin 1994; Fuhse 2008a; Mützel 2006) und steht für einen „cultural approach to social networks" (Knox et al. 2006: 121, 128f). Mit diesem Ansatz, den wir in Anlehnung an Mustafa Emirbayers *Manifesto* (1997) als „relationale Soziologie" zusammenfassen, und mit der damit begründeten „kulturellen Wende" in der Netzwerkforschung beschäftigt sich dieser Band. Die verschiedenen Beiträge beleuchten unterschiedliche theoretische Konzepte oder Anwendungsfelder der relationalen Soziologie

1 Mit dem Begriff der Netzwerkforschung bezeichnen wir die Gesamtheit der sozialwissenschaftlichen Arbeiten, die theoretisch und methodologisch von sozialen Beziehungsnetzen als der wichtigsten – oder zumindest als einer wichtigen – Ebene sozialer Strukturen ausgehen. Historisch am Anfang der Netzwerkforschung steht zunächst die formale Analyse sozialer Netzwerke (*social network analysis*) mit einer Reihe von quantitativen Verfahren zur Analyse der Muster von Beziehungen zwischen Akteuren, die sich aus ganz unterschiedlichen Disziplinen (Soziologie, Anthropologie, Mathematik, Psychologie und Physik) entwickelt hat (Freeman 2004; Jansen 2006; Knox et al. 2006; Scott 2000; Watts 2004). Inzwischen werden soziale Netzwerke auch qualitativ untersucht (Hollstein/Straus 2006) und in einer eigenständigen Theorie behandelt. Die deutschsprachigen sozialwissenschaftlichen Publikationen zum Thema Netzwerke, Netzwerkanalyse und Netzwerktheorie haben sich in den letzten Jahren deutlich vermehrt (z.B. Beckert 2005; Diaz-Bone 1997; Fuhse 2006; Hollstein/Straus 2006; Holzer 2006; Lüdicke/Diewald 2007; Schweizer 1996; Sydow/Windeler 1999; Trezzini 1998a, 1998b; Weyer 2000). Eine aktuelle Übersicht über den Stand der deutschsprachigen Netzwerkforschung liefert der Band von Stegbauer (2008) und darin insbesondere Haas/Mützel (2008).

und knüpfen auch Verbindungen zu anderen soziologischen Schulen. Auf diese Weise werden sowohl die theoretische Tiefe als auch die Bandbreite in den Anwendungen der relationalen Soziologie ausgelotet.

Zur Frage wie strukturelle und kulturelle Elemente miteinander verknüpft werden, lassen sich innerhalb der relationalen Soziologie unterschiedliche Ansätze ausmachen (siehe auch den Beitrag von Ronald L. Breiger in diesem Band). So wird Kultur – etwa am Beispiel der Kunstproduktion, der Entstehung von Wissen und kollektiven Identitäten – nun in sozialen Netzwerken verwurzelt gesehen. Auch werden kulturelle Aspekte wie lokale Praktiken und Bedeutungen als elementar für Netzwerkstrukturen verstanden. In diesem Sinne sehen White und andere soziale Netzwerke selbst als sozio-kulturelle Formationen – Netzwerke bestehen aus Narrativen (*stories*) zwischen Identitäten und sind somit nicht als „sinnfreie" Strukturen zu betrachten.

Aus dieser Grundposition der relationalen Soziologie ergibt sich auch ein spezifischer Blickwinkel auf Kultur und Sinn (Fuhse 2009a). Diese werden – im Gegensatz zu den Ausführungen bei Max Weber und bei Niklas Luhmann – weder als ‚subjektiver Sinn' von Individuen konzipiert noch als ‚objektiver Sinn', der in weitgehend homogenen und abgeschlossenen sozialen Systemen produziert wird. Vielmehr fassen White und die meisten anderen relationalen Soziologen Sinn und Kultur relational: Sinnformen emergieren in einzelnen Sozialbeziehungen als den kleinsten Einheiten der Netzwerke, unterscheiden sich oft von Netzwerkkontext zu Netzwerkkontext (Yeung 2005) und variieren auch nach unterschiedlichen Positionen in Netzwerken. (Erickson 1988: 105ff; Mische 2008: 241ff).[2]

Die damit begründete „kulturelle Wende" erfasst nicht die gesamte soziologische Netzwerkforschung. Historisch betrachtet besteht ihre Basis in einer zunächst relativ kleinen Gruppe von Forscherinnen und Forschern, die sich meist auch gegenseitig persönlich kennen (ein Netzwerk bilden) und sich um die Zentralfigur Harrison White gruppieren. Auch wenn die theoretischen Formulierungen am Anfang der relationalen Soziologie stehen, kommt der Anwendung der oben angedeuteten Grundgedanken in einer Reihe von empirischen Arbeiten ein ganz wesentlicher Anteil an ihrer Entwicklung zu. Einerseits kommt es damit zu einer starken Verknüpfung von Theorie und Empirie. Theoretische Begriffe und Erwartungen werden in empirischer Forschung operationalisiert und überprüft. Dies sorgt nicht zuletzt dafür, dass die Theorie empirienah gebaut wird – also immer schon den Blick auf empirische Anwendungsmöglichkeit und Auswertungsverfahren der Netzwerkforschung inkorporiert. In der relationalen Soziologie ist mithin die „phänomenologische Netzwerktheorie", wie sich die Theoriekomponente der relationalen Soziologie titulieren lässt (Fuhse 2008a), sehr viel enger mit der empirischen Forschung verknüpft als beispielsweise die Systemtheorie Niklas Luhmanns (die

2 Allerdings gehen manche relationale Soziologen (z.B. Emirbayer) von individuellen, in Netzwerke eingebetteten Akteuren aus und argumentieren über deren subjektiven Sinn. Dies wird unten weiter ausgeführt (3.5).

auf Empirie weiterhin fast vollständig verzichtet) oder die Rational Choice-Theorie (die stärker ihren „nomologischen Kern" des Axioms der Nutzenmaximierung fokussiert).[3]

Andererseits sorgt dieser starke Empiriebezug dafür, dass sich das Theorieprogramm nicht zu einem geschlossenen Gedankengebäude entwickelt. Vielmehr erscheint die relationale Soziologie auch nach fast 20 Jahren als eine Baustelle, auf der an verschiedenen Stellen unterschiedliche Architektinnen und Architekten mit ganz eigenen Ansätzen und Aufmerksamkeiten an Gebäudeteilen arbeiten: z.B. zum Einfluss von Netzwerkstrukturen auf kollektive Identitäten und kulturelle Orientierungen (z.B. Gould 1995; Martin 1998, 2002), zu Methoden für die Untersuchung des Wechselverhältnisses von kulturellen Praktiken und Netzwerkstruktur (Breiger 2000; Mische 2008; Sonnett/Breiger 2004), zur Wirkung von Netzwerken in Kommunikationsprozessen (Gibson 2005; Smith 2007), zu sozialen Kategorisierungen (z.B. Mohr/Duquenne 1997; Mohr/Lee 2000) oder auch zum Wechselspiel zwischen Netzwerken und Sprachstrukturen (White 2000, 2008a).

Gerade diese durch die verschiedenen empirischen Anwendungsfelder bedingte Vielfalt ist ein Reichtum der relationalen Soziologie und sorgt mit für deren Innovationsfähigkeit und Attraktivität. Von *einer* Denkrichtung der relationalen Soziologie lässt sich trotzdem durch ein Mindestmaß an gemeinsamen Grundgedanken und auch der gegenseitigen Orientierung innerhalb des Netzwerks der relationalen Soziologen sprechen. Nicht zuletzt gewinnt eine solche Denkschule ihre Identität immer auch im Austausch und in der Abgrenzung zu anderen Denkschulen – also im Netzwerk mit anderen Identitäten, die sich narrativ aufeinander beziehen und so gegenseitig konstituieren. Die wichtigsten Unterschiede und Abgrenzungen sollen hier kurz skizziert werden, um die relationale Soziologie innerhalb der soziologischen Landschaft einordnen zu können:

a. Gegenüber der klassischen Netzwerkforschung unterscheidet sich die relationale Soziologie durch ihren Bezug zu Kultur und Sinn. Netzwerke werden nicht als „kulturlose" oder „sinnfreie" Strukturen gedacht, die alleine soziale Phänomene erklären könnten.

b. Wie die Netzwerkforschung grenzt sich die relationale Soziologie von der statistisch operierenden empirischen Sozialforschung dadurch ab, dass soziale Strukturen nicht als Verteilungen von Attributen in einer Population konzipiert werden (Abbott 1988, 1992; Wellman 1988). Vielmehr werden soziale Strukturen immer auf der Ebene von Beziehungsnetzen des empirisch beobachtbaren Austauschs rekonstruiert. Da die relationale Soziologie jedoch neben der Struktur von Netzwerken auch deren „Kultur" in den Blick nehmen möchte, werden nun auch individuelle Orientierungen oder kulturelle und relationale Praktiken im Zusammenhang

3 Das Verhältnis der phänomenologischen Netzwerktheorie von Harrison White und anderen zu den empirischen Anwendungsstudien der relationalen Soziologie ist mithin ähnlich der Beziehung zwischen dem symbolischen Interaktionismus von George Herbert Mead und Herbert Blumer und der Chicago School: White wie auch Mead und Blumer geben einen Kern von theoretischen Grundgedanken vor, an dem sich die empirischen Studien eher locker orientieren, der jedoch nie eins-zu-eins in Forschungsdesigns und Empirie umgesetzt wird.

mit den Beziehungsnetzen untersucht. Methodisch werden dazu sowohl qualitative als auch quantitative, insbesondere Surveydaten (z.B. Lizardo 2006), herangezogen.

c. Im Gegensatz zu Handlungstheorie und Theorien der rationalen Wahl wird nicht der individuelle Akteur mit seinen Handlungsmöglichkeiten und Kognitionen zum Ausgangspunkt der Theoriebildung und der empirischen Forschung gemacht. Akteure erscheinen nicht nur als eingebettet in soziale Netzwerke, sondern auch in ihren Kognitionen und Verhaltensweisen und in ihrer Identität als Akteur und der Zuschreibung von Handeln als Ergebnis von überpersönlichen Transaktionsprozessen im Netzwerk (Tilly, 2005: 6f; Fuchs, 2001a).[4]

d. Im Gegensatz zur Systemtheorie fokussiert die relationale Soziologie auf die Meso-Ebene von empirisch beobachtbaren Netzwerkstrukturen und hält so einerseits den engen Kontakt zur empirischen Forschung. Andererseits fehlt es der relationalen Soziologie an einer umfassend angelegten und zeitdiagnostisch fruchtbaren Theorie der Gesellschaft. In einer solchen Gesellschaftsbeschreibung, wie sie Talcott Parsons oder Niklas Luhmann vorgelegt haben, könnte man soziale Netzwerke sinnvoll verorten und nach ihren Entstehungsbedingungen und auch ihren Folgen für die gesellschaftliche Entwicklung fragen (Fuhse 2009b: 71ff; Holzer 2008; Tacke 2000). Allerdings entziehen sich diese Gesellschaftsmodelle bisher fast vollständig der Anwendung in empirischer Forschung. Dennoch bietet insbesondere die Systemtheorie Luhmanns, wie weiter unten skizziert wird, einige fruchtbare Anknüpfungspunkte für die relationale Soziologie.

e. Pierre Bourdieus Feld- und Praxistheorie verfolgt theoretisch und methodisch relationale Vorgehensweisen. Das Credo lautet: „Le réel est relationnel." (Bourdieu 1994: 17ff) Auch kritisiert Bourdieu individualistische Ansätze und benutzt Begriffe wie „Beziehung" und „Position" ganz ähnlich der Netzwerkforschung. Jedoch beziehen sich diese relationalen Herangehensweisen ausschließlich auf die objektivierbaren Beziehungen zwischen Akteuren, die jeweils durch die Verteilung von feldspezifischen Ressourcen (ökonomisches, kulturelles, symbolisches Kapital etc.) bestimmt sind. Während sich Bourdieu selbst von der „interaktionistischen" Netzwerkforschung distanziert hat, die sich ausschließlich mit der Analyse manifester Beziehungen beschäftigen würde (Bourdieu 2002, 2005; Bourdieu/Wacquant 1992), gibt es auf Seiten der relationalen Soziologie immer wieder Ansätze, diese möglicherweise voreilige Abgrenzung zu überbrücken (z.B. Anheier et al. 1995; DiMaggio 1986; Emirbayer/Johnson 2008).

In der Einleitung zum Band wird zunächst (2) die historische Entwicklung der relationalen Soziologie aus der Netzwerkforschung mit ihrem spezifischen theoretischen Blickwinkel und ihren Anwendungsfeldern skizziert. Es folgt ein Abschnitt über (3) ‚transatlantische Brückenschläge': verschiedene Verknüpfungsmöglichkeiten der nord-

4 Allerdings bestehen hier wiederum abweichende Positionen innerhalb der relationalen Soziologie, die den Akteur und seine Handlungskapazität als wichtig erachten (z.B. Emirbayer/Mische 1998).

amerikanischen relationalen Soziologie mit europäischen und insbesondere deutschen soziologischen Traditionen, wie sie auch in einigen Beiträgen dieses Bands ausführlich thematisiert werden. Den Abschluss bildet ein knapper (4) Überblick über den Band mit Einordnungen der Beiträge.

2. Historische Entwicklung der relationalen Soziologie

Methodologisch-theoretischer Hintergrund der relationalen Soziologie ist die strukturale Analyse (*structural analysis)* in Form der soziologischen Netzwerkanalyse, wie sie sich im Rahmen des US-amerikanischen Strukturalismus entwickelt hat. Die relationale Soziologie baut auf den Annahmen und Erkenntnissen der strukturalen Analyse auf, öffnet und erweitert sie jedoch, insbesondere durch das Einbeziehen sowohl von kulturellen Aspekten, wie Narrationen, Praktiken und Bedeutungen, als auch von historischen Prozessen.

Das Forschungsprogramm des amerikanischen soziologischen Strukturalismus in der Soziologie entwickelte sich geprägt von dem Interesse der formalen, mathematischen Modellierung von Beziehungsstrukturen. In seiner Untersuchung zu US-amerikanischen soziologischen Theorieströmungen stellt Mullins (1973) erstmals die Formation einer Gruppe von Strukturalisten zu Beginn der 1960er Jahren fest. Deren analytisches Interesse besteht darin, typische Muster und Regelmäßigkeiten eines größeren sozialen Zusammenhangs aufzudecken, um zu erklären, wie diese Regelmäßigkeiten soziale Phänomene strukturieren. Untersuchungseinheiten dafür sind Beziehungen, wie sie auch schon von anderen Strukturalisten wie Lévi-Strauss genutzt worden sind. Die allgemeine Perspektive beschreibt Mullins so (256):

> „The fundamental structuralist perspective is that social structures show at least two levels of structural regularity: a surface, obvious level known to the structure's participants (e.g. a table of organization known to those listed in it) and a nonobvious ‚deep' level produced in certain fundamental behaviors and limited by the nature of those behaviors (e.g. the networks formed in an organization by those who talk to one another regularly – these communication systems are limited in size by the requirement of regular conversation)."

Ein Hauptakteur des klassischen soziologischen Strukturalismus ist Harrison White.[5] So wurde sein B.A.-Einführungskurs in Harvard, *Social Relations 10*, Mitte der 1960er Jahre zu „einer Art Mekka" für eine kleine Gruppe von strukturalistisch denkenden Doktoranden (Schwartz 2008). In dieser Vorlesung wandte sich White fundamental gegen die zu dieser Zeit dominierende strukturfunktionalistische Soziologie seines Kollegen Talcott Parsons und bot eine Alternative zu den Ansätzen der Attributs- und Einstellungssoziologie an. Anstelle von Individuen, die aufgrund ihrer internalisierten Normen

5 Übersichten zu Whites soziologischem Beitrag bislang liefern Breiger (2005) und Azarian (2005). Gute und verständliche deutsche Zusammenfassungen von Whites Theorie finden sich bei Beckert (2005), Holzer (2006: 79ff) und Schmitt (2009: 232ff). Zur weiteren Genealogie der Netzwerkforschung um White siehe auch Freeman (2004) und Mische (i.E.).

handeln, rücken die Regelmäßigkeiten in den Beziehungsstrukturen von Einzelnen und Kollektiven in den Blick. Notizen dieser Vorlesung, die *Notes on the Contituents of Social Structure* (White 2008b), dienen seit Jahrzehnten als informelle Referenz der Netzwerkforschung (Santoro 2008).[6]

Aus der Gruppe der Strukturalisten in Harvard heraus entstand in den 1970er und 1980er Jahren eine Reihe von richtungsweisenden theoretischen und methodischen Arbeiten. So weist Whites Arbeit zu Vakanzketten darauf hin, wie insbesondere Leerstellen die Arbeitsplatzsuche strukturell formatieren (1970). Einen Meilenstein der soziologischen Theoriediskussion setzen White und seine Koautoren durch die Ausarbeitung der Idee der *Rollenstruktur* mit dem Konzept der strukturellen Äquivalenz und dem Verfahren der Blockmodellanalyse (White/Breiger 1975). Sie liefern damit einen theoretischen Beitrag zu der Frage, wie soziale Strukturen durch Rollenkategorien geordnet sind. Die Formalisierung von Rollenstruktur erfolgt durch das Konzept der *strukturellen Äquivalenz*. Strukturelle Äquivalenz meint, dass Akteure in einem Netzwerk nicht unbedingt nur durch ihre unmittelbare Verbundenheit mit anderen Akteuren beeinflusst werden. Vielmehr werden Akteure aufgrund der Muster von Beziehungen im Gesamtnetzwerk in „Äquivalenzklassen" eingruppiert.

In der ursprünglichen Version (Lorrain/White 1971) sind zwei Akteure strukturell äquivalent, wenn sie genau die gleichen Verbindungen zu und von anderen Mitgliedern des Netzwerks aufweisen, ohne notwendigerweise miteinander verbunden zu sein. Dahinter steckt die Vorstellung, dass auf diese Weise Rollenkategorien wie z.B. Anführer und Untergebene aber auch Subgruppen in einer Netzwerkstruktur identifiziert werden können – und dass es solche Kategorien von Akteuren mit spezifischen Beziehungen zu anderen Kategorien von Akteuren sind, die die soziale Realität prägen. Die algorithmische Umsetzung dieser Äquivalenzidee findet sich in der *Blockmodellanalyse* (Breiger et al. 1975; White et al. 1976; White/Breiger 1975), mit deren Hilfe die Struktur der Beziehungen vereinfacht wird. Empirische Arbeiten, die die Blockmodellanalyse verwenden, sind seit Ende der 1970er Jahre zu unterschiedlichen Untersuchungsgebieten erschienen (z.B. Breiger 1976, 1981; Breiger/Pattison 1978; Snyder/Kick 1979).

Ende der 1980er Jahre fasst Barry Wellman fünf paradigmatische Charakteristika in einem starken Programm des amerikanischen Strukturalismus wie folgt zusammen (1988: 20):

> „1. Behavior is interpreted in terms of structural constraints on activity, rather than in terms of inner forces within units (e.g. „socialization to norms") that impel behavior in a voluntaristic, sometimes teleological, push toward a desired goal.

6 So taucht das Konzept der *catnets* hier erstmalig auf, also die Idee der dualen Verbundenheit von Beziehungen und Kategorien (Tilly 1978). Auch lassen sich in der Vorstellung von bestimmten kulturellen Rahmen (*frames*) bereits hier Ansätze zur Verbindung von struktureller und kultureller Analyse finden, die White insbesondere in seinem 1992 erstmalig erschienenem *Identity and Control* weiter ausarbeitet. Damit befindet sich die Wiege der relationalen Soziologie, die sich verstärkt mit kulturellen Aspekten beschäftigt, bereits in Vorlesungen der 1960er Jahre.

2. Analyses focus on the relations between the units, instead of trying to sort units into categories defined by the inner attributes (or essences) of these units.
3. A central consideration is how the patterned relationships among multiple alters jointly affect network members' behavior. Hence, it is not assumed that network members engage only in multiple duets with separate alters.
4. Structure is treated as a network of networks that may or may not be partitioned into discrete groups. It is not assumed a priori that tightly bounded groups are, intrinsically, the building blocks of the structure.
5. Analytic models deal directly with the patterned, relational nature of social structure in order to supplement – and sometimes supplant – mainstream statistical methods that demand independent units of analysis."

Dieses strukturale Programm fokussiert auf die strukturellen Muster der Beziehungstypen und klammert kulturelle Bedeutungen von Netzwerkverbindungen explizit aus (White et al. 1976: 734). Die Lücken, die diese fehlende Konzeptualisierung von Kultur für die Weiterentwicklung des Strukturalismus bedeuten, werden besonders Ende der 1980er Jahre immer deutlicher. So gibt es einerseits Ansätze, kulturelle Phänomene mit Hilfe der strukturellen Äquivalenz zu erklären (z.B. Faulkner 1983; Gerhards/Anheier 1987), andererseits auch Untersuchungen, die Kultur und Struktur gleichzeitig analysieren z.B. im Hinblick auf Organisationsstrukturen (DiMaggio 1986, 1992), Ideenbildungsprozesse (Bearman 1993) oder örtliche Zugehörigkeit (Gould 1991). Zudem mehrt sich die Kritik, dass die Netzwerkanalyse „all too often denies in practice that crucial notion that social structure, culture, and human agency presuppose one another" (Emirbayer/Goodwin 1994: 1413). Netzwerke, so das Argument von Emirbayer und Goodwin, bestehen aus sozialen Beziehungen, die auf kulturellen Annahmen basieren und denen Akteure Bedeutungen zuschreiben.

1992 schlägt White dann einen Ansatz vor, wie Struktur und Kultur gemeinsam neu strukturalistisch analysiert werden können. Als ehemaliger Wegbereiter des klassischen strukturalistischen Programms versteht White nun Netzwerke als fluide Strukturformen und gilt mit seiner „phänomenologischen Netzwerktheorie" (Fuhse 2008a) als wichtigster Vertreter der relationalen Soziologie (Mützel 2009c). In *Identity and Control* (1992, 2008a) entwickelt er eine allgemeine Netzwerktheorie, in der er konzeptionell den Ansatz der strukturellen Äquivalenz mit der Einsicht verbindet, dass Netzwerke auf sozialen Beziehungen basieren, die auf kulturellen Annahmen und Interpretationen beruhen.[7] In diesem Vorschlag geht es White zum einen darum zu zeigen, dass der vielgestaltige Charakter moderner sozialer Beziehungen dadurch ermöglicht wird, dass Akteure über unterschiedliche soziale Kontexte hinweg Verbindungen herstellen und wieder lösen. Das

7 Wie Steven Brint deutlich gemacht hat, stecken bereits im Konzept der strukturellen Äquivalenz und im Verfahren der Blockmodellanalyse Annahmen, die auf eine sinnhafte Prägung von Netzwerken weisen (1992). So sind in dem Modell die Beziehungen zwischen Akteuren ja weitgehend durch Rollenkategorien geprägt, die selbst auf der Ebene des Sinns liegen. Zudem ist die Unterscheidung zwischen unterschiedlichen Beziehungstypen (wie „Freundschaft", „Einfluss" oder „Wertschätzung") eine wichtige Vorbedingung des Modells, die selbst wieder auf der Ebene des Sinns erfolgen muss (Fuhse 2009a: 55f).

strukturalistische Bild der Netzwerkforschung von Beziehungen als ermittelbare und erfassbare Verbindungen ohne Ziel- und Inhaltsambiguitäten wird damit grundsätzlich in Frage gestellt. In den Blick rückt dafür, wie Bedeutungen im sozialen Kontext entstehen.

Die relevanten Untersuchungseinheiten, die sich auf einer analytischen Ebene *vor* Einheiten wie Person, Handlung und Kontext befinden, sind in Whites Terminologie Identitäten (*identity*), Kontrolle (*control*) und Netzwerkdomänen (*netdoms*). Identitäten entstehen aus Bestrebungen nach Halt und Positionierung (Kontrolle) allein und in Interaktion mit anderen Identitäten. Durch die Positionierung einer Identität können andere, nach Halt strebende Identitäten sich in Beziehung dazu setzen. Die Kontrollbestrebungen einer Identität ergeben dann die soziale Realität für andere, die diesen Bestrebungen und damit der Identität Bedeutungen zusprechen. So kann eine Identität von anderen als stabil verankert wahrgenommen werden und doch gleichzeitig durch ihre Bestrebungen nach Halt für andere Unsicherheit produzieren. Die Kontrollprojekte von Identitäten resultieren damit in diskursiven Interaktionen, die wiederum Bedeutungen generieren (Mützel 2002, 2007, 2009a). Auf diese Weise gehen Identitäten Verbindungen miteinander ein, werden durch und in diesen Verbindungen zu anderen Identitäten aber erst auf der sozialen Ebene definiert und konstituiert (Fuhse 2009c).[8]

Kontrollbestrebungen von Identitäten als Reaktion und Produkt von Unsicherheit finden zwischen und innerhalb von Netzwerkdomänen (*netdoms*) statt, einer gleichzeitigen „Verbandelung" und Verdichtung von Themenfeldern und Beziehungen. In diesem Geflecht aus Struktur und Kultur treffen Identitäten auf andere Identitäten. Jedes *netdom* ist durch seine Zusammensetzung von Geschichten und seine Arten von Beziehungen charakterisiert (Mische/White 1998). Aus der Sicht von Identitäten bewegen sich diese auf der Suche nach Kontrolle in unterschiedlichen *netdoms*, können sich daran koppeln oder entkoppeln. Ereignisse, verstanden als Wechsel von Umgebungen, leiten Kontrollbestrebungen von Identitäten ein. Beim Auftreffen von neuen *netdoms* und neuen Identitäten kommt es zu so genannten *switchings*, einem situativen Umschalten, das gleichzeitig eine Entkopplung nicht mehr aktiver *netdoms* ist und eine Einbettung zu aktiven netdoms herstellt. Ein Wechsel von *netdom* zu *netdom* ermöglicht sowohl eine Reflektion über die Verbindungen innerhalb eines *netdoms* als auch die Möglichkeit für neue Bedeutungen. Wie Linguisten für den Gebrauch unterschiedlicher Sprachregister unterschiedlicher sozialer Domänen wie z.B. Familie oder Arbeit feststellen konnten, schalten Sprecher je nach Kontext unterschiedlicher Domänen wie z.B. Familie oder Arbeit von einem Sprachregister zu einem anderen um (z.B. Halliday 1973). Sprache und Kontext sind also gegenseitig miteinander gekoppelt. White nutzt diese Idee des *switchings* als

8 Dabei benutzt White verschiedene Identitätsbegriffe (2008a: 10f): Erstens steht Identität für vorsoziale Einheiten (im Sinne eines primordialen Handlungsimpulses), die im Sozialen um Kontrolle miteinander ringen. Eine zweite Bedeutung sieht White in dem „social face", das Mitglieder einer Gruppe erhalten – das also bereits sozial konstruiert ist. Auch die dritte und vierte Identitätsbedeutungen sind sozial konstruiert: Ein Mensch erhält eine Identität (3.) aus den Switching-Prozessen zwischen verschiedenen Netdoms bzw. (4.) in der nachträglichen Beschreibung seiner Karriere von außen.

zentralen Mechanismus, der durch soziokulturelle Diskontinuitäten neue Bedeutungen entstehen lässt (Mische/White 1998; Mützel 2008; White 1995, 2003; White et al. 2007; White/Godart 2007).

Nach White sind Netzwerke fluide, mehrlagige Beziehungsstrukturen, die auf Bedeutungszuschreibungen basieren und selber Bedeutungen generieren. Bedeutungen gerinnen und formieren sich zu Geschichten (*stories*). Geschichten entstehen somit als Begleiterscheinung des Wechselns zwischen Netzwerkdomänen, die neue Bedeutungszuschreibungen ermöglichen, und sind Interpretationen von Beziehungen. Verbindungen zwischen Akteuren sind also nicht nur und nicht unbedingt klassische Elemente des Austauschs (etwa Freundschaft und Ressourcen), sondern sind auch phänomenologische Konstrukte, die aus dem Erzählen von Geschichten entstehen. Gleichzeitig konstruieren diese Geschichten (die aus der diskursiven Interaktion von um Kontrolle ringenden Identitäten entstehen) die Identitäten der beteiligten Akteure im jeweiligen Kontext (Mützel 2007, 2009b). Netzwerke bestehen also aus Geschichten und Identitäten, die jeweils ohne einander nicht denkbar sind und erst in der Verflechtung miteinander in Transaktionsprozessen entstehen.

Diese theoretischen Überlegungen von White machen deutlich, dass relationale Soziologie und phänomenologische Netzwerktheorie von einer grundlegenden Verwobenheit von Netzwerkstrukturen mit kulturellen Formen ausgehen. Zugleich macht White eine Wende, mit der nicht mehr quasi-stabile Strukturen, sondern einzelne kommunikative Ereignisse als die Grundeinheit des Sozialen fungieren (Schmitt 2009: 269, 271ff). Während White, Emirbayer und Tilly hierfür zunächst von „Transaktionen" sprechen, wird in den letzten Jahren vermehrt der Kommunikationsbegriff (teilweise in Anlehnung an Luhmann) verwandt (Fuhse 2009c; White et al. 2007). Ann Mische fasst die sich ergebende Sichtweise folgendermaßen zusammen (2003: 258):

> „[...] social networks are seen not merely as locations for, or conduits of, cultural formations, but rather as *composed of* culturally constituted processes of communicative interaction."

Neben White gibt es eine Reihe von weiteren Protagonisten, die der relationalen Soziologie zugeordnet werden können, da sie sich um Erweiterungen des strukturalistischen Programms bemühen. Bei diesen Erweiterungen geht es um das Einbeziehen sowohl von kulturellen Aspekten als auch von historischen Prozessen in die strukturalen Analysen. Es lassen sich also unterschiedliche Akzentsetzungen vorfinden. Einige von den bekannten Protagonisten haben die kulturelle Wende vom klassischen Strukturalismus zur relationalen Soziologie mitgemacht und entscheidend mitgeprägt. Andere Netzwerkforscher wie Burt, Granovetter oder Wellman beziehen sich bei ihren Analysen nicht weiter auf die kulturelle Dimension und bleiben dem klassischen strukturalistischen Programm verhaftet.[9]

9 Dies wird mittlerweile auch von ihnen selbst reflektiert (z.B. Granovetter 2007).

1. Peter Bearman hat den Wandel des klassischen strukturalistischen Programms entscheidend mitgeprägt. Bereits in seiner Arbeit zur Entstehung einer neuen Elitenstruktur in England im 16./17. Jahrhundert beschäftigt er sich aus strukturaler Perspektive damit, wie Ideen und Rhetorik Einfluss auf Strukturbildungsprozesse nehmen (1993). Sein analytischer Blick ist fundamental von dem Konzept der Rollenstruktur geprägt. Sein analytisches Interesse an der Tiefenstruktur von sozialen Phänomenen lässt ihn mit ganz unterschiedlichen empirischen Untersuchungsfeldern arbeiten wie z.B. der Arbeit New Yorker Portiers (Bearman 2005) oder der Identitätsbildung durch biographische Erzählungen (Bearman et al. 1999; Bearman/Stovel 2000).
2. John Mohr hingegen verfolgt einen „neuen strukturalistischen Institutionalismus" (2000) und beschäftigt sich dabei insbesondere mit Methoden und Theorien der Kulturanalyse, u.a. dem Konzept der Dualität von Kultur und Praktiken und auch der Feld- und Praxistheorie Bourdieus.[10] Mohr ist maßgeblich daran beteiligt, dass die Methode der Galois-Gitter (*Galois Lattices*) in die Diskussionen der relationalen Soziologie eingebracht wurde. Anhand der damit modellierten Dualität von organisatorischen Praktiken und kulturellen Kategorien können Mohr und Duquenne (1997) eine sich über die Zeit verändernde institutionalisierte Struktur von Interpretationen der Armutsverwaltung in New York Ende des 19. Jahrhunderts zeigen. Seine institutionalistischen Arbeiten versuchen sowohl feld- als auch netzwerktheoretische Konzepte miteinander zu verbinden (Breiger/Mohr 2004; Mohr/Friedland 2008; Mohr/White 2008).
3. Ronald L. Breiger hat maßgeblich zur Etablierung der Netzwerkanalyse beigetragen und ist ebenfalls ein wichtiger Akteur der relationalen Soziologie. Seine Formalisierung der Dualitätsidee lässt sich sowohl auf Galois-Gitter-Analysen als auch auf Korrespondenzanalysen übertragen (Breiger 2000); damit ist die gleichzeitige Untersuchung von kulturellen und strukturellen Aspekten möglich. Seine Beiträge prägen die Diskussionen um relationale Methoden und theoretische Fortschritte in der Analyse von Kultur (Sonnett/Breiger 2004). In seinen Arbeiten zu „kulturellen Löchern" untersucht er systematisch die Brücke zwischen strukturalistischer Netzwerkanalyse und kultureller Dimension (Breiger 2007; Pachucki/Breiger 2010).
4. Ann Mische schlägt mit ihren Arbeiten eine Brücke zwischen der Forschung zu sozialen Bewegungen und der relationalen Soziologie. Ihre Analyse zu sozialen Bewegungen basieren auf mehrjährigen Forschungen zu brasilianischen Studentenprotesten (2008). Sie arbeitet dazu multimethodisch und setzt sowohl qualitative Daten als auch quantitative Analysen wie Galois-Gitter ein (Mische/Pattison 2000). Ihr theoretischer Beitrag zur relationalen Soziologie findet sich insbesondere zur Rolle

10 Der von ihm herausgegebene Band der Zeitschrift *Poetics* (Jg. 27, Heft 2-3, März 2000) versammelt unter dem Titel „Relational analysis and institutional meanings" viele wichtige Beiträge zur relationalen Soziologie.

von Unterhaltungen und Geschichten für die Entstehung von Netzwerken (Mische 2003; Mische/White 1998).

5. John Levi Martin kommt zur relationalen Soziologie über eine Auseinandersetzung mit der Kultursoziologie aus strukturalistischer Perspektive. Seine richtungsweisenden empirischen Arbeiten zum Zusammenhang von Netzwerkbeziehungen und kulturellen Orientierungen (Martin 1998, 2002, 2005) beruhen auf dem Datensatz zu Kommunen in den USA von Zablocki (1980). Daneben hat Martin unter anderem die Relevanz der Feldtheorie für die Netzwerkforschung aufgezeigt (2003), zur Geschlechterdifferenz gearbeitet (2006) und die zugrunde liegende Klassenkategorisierungen in einem bekannten Kinderbuch rekonstruiert (2000). Seine neuesten Arbeiten drehen sich um die Frage der Konstitution von gesellschaftlichen Makro-Strukturen auf der Basis von Netzwerkkonfigurationen (2009).

3. Transatlantische Brückenschläge

Die relationale Soziologie ist bisher vor allem ein nordamerikanisches Phänomen und findet dort bislang die größte Aufmerksamkeit. Wie kann in Anbetracht dessen ein deutscher Beitrag zur relationalen Soziologie aussehen – inwiefern kann dieser Band mehr sein als ein Blick aus der Ferne ins ‚Gelobte Land' der relationalen Soziologie? Dem Argument der „kulturellen Löcher" von Breiger (Pachucki/Breiger 2010; siehe auch den Beitrag von Breiger in diesem Band) zufolge, bilden sich in getrennten Netzwerkclustern (hier: der deutschen und der nordamerikanischen Soziologie) unterschiedliche Kulturen – und aus der Überbrückung der „kulturellen Löcher" zwischen ihnen ergeben sich Innovationspotenziale. Die relationale Soziologie selbst stellt eine solche Verbindung zwischen der strukturalistischen Netzwerkforschung und eher kultursoziologischen Ansätzen dar. Auch die Verbindungen zwischen der relationalen Soziologie und den verschiedenen deutschen Forschungstraditionen müssten entsprechend Innovationspotenziale bergen. Ein Teil der Beiträge in diesem Band widmet sich insbesondere diesen Verknüpfungsmöglichkeiten etwa zwischen der Systemtheorie und der relationalen Soziologie und klopft diese auf ihre Fruchtbarkeit ab.

Zur besseren Systematisierung wird im Folgenden ein knapper Überblick über bereits existierenden Verknüpfungen zwischen der relationalen Soziologie und verschiedenen europäischen Forschungstraditionen gegeben. Diese konzentrieren sich bisher vor allem auf theoretische Fragestellungen – so gibt es Verknüpfungen etwa mit der Systemtheorie Luhmanns, mit der Akteur-Netzwerk-Theorie, mit der Theorie Bourdieus oder mit der deutschen Version der Rational Choice-Theorie (vor allem von Hartmut Esser). Verknüpfungen in der empirischen Anwendung oder in den Forschungsmethoden der qualitativen Netzwerkforschung (Hollstein/Straus 2006) werden bisher relativ wenig diskutiert (z.B. Häußling 2006).

3.1 Klassiker: Georg Simmel, Leopold von Wiese und Norbert Elias

Der offensichtlichste und frühste Anknüpfungspunkt der relationalen Soziologie ist in der formalen Soziologie von Georg Simmel und Leopold von Wiese zu finden. Da aber die formale Soziologie mit der Machtergreifung der Nationalsozialisten in Deutschland an ein Ende gekommen ist, findet sich hier keine soziologische Schule, die gewissermaßen die Tradition pflegt und als Ansprechpartner der relationalen Soziologie dienen könnte. Entsprechend sind es eher vereinzelte Arbeiten, die den Bezug zwischen formaler und relationaler Soziologie herstellen. So zieht Breiger in einem Aufsatz ein Netzwerkmodell sozialer Kontrolle aus den theoretischen Vorarbeiten Simmels (Breiger 1990). Betina Hollstein verweist in ihren Überlegungen zu Simmel auf die Fruchtbarkeit möglicher Verknüpfungen der relationalen und der formalen Soziologie (2008: 92). Christian Stegbauer setzt für seine Betrachtungen zu Reziprozität, zu Freundschaft und zu Netzwerken im Internet systematisch an Simmel und an der Beziehungslehre von Wieses an und verknüpft diese mit der Netzwerktheorie von White (Stegbauer 2002: 131ff; 2008b). Simmel und White stehen ebenfalls Pate für das von Roger Häußling entwickelte „relationale Konzept von Emotionen" (2009a: 85ff). Bezüge zur Gebildelehre von Wieses fehlen allerdings bisher. Auch die Figurationssoziologie von Norbert Elias bleibt bislang trotz offensichtlicher Anknüpfungspunkte weitgehend unbeachtet in der relationalen Soziologie (Fuhse 2008b: 33ff).

3.2 Pierre Bourdieu: Praktiken, Ungleichheit und Feldtheorie

Wie oben angeführt geht Bourdieus Feld- und Praxistheorie von einem relationalen Credo aus, allerdings ohne dies im Sinne der hier vertretenen relationalen Soziologie einzulösen (Trezzini 1998b: 532f). „Relationen" stehen bei Bourdieu für Verhältnisse des mehr-oder-weniger von verschiedenen Kapitalsorten in einem sozialen Feld. Es geht ihm also um relative Positionierungen und nicht um Sozialbeziehungen im Sinne der Netzwerkforschung. In diesem Sinne kritisiert Bourdieu, die Netzwerkanalyse konzentriere sich zu sehr auf empirisch beobachtbare, manifeste Interaktionsbeziehungen und verliere die theoretisch deduzierbaren „objektiven" Beziehungen in Feldern aus dem Blick (Bourdieu 2002, 2005; Bourdieu/Wacquant 1992).

Trotz dieser prinzipiellen Unterschiedlichkeit der Perspektive ergibt sich eine Reihe von fruchtbaren Anknüpfungspunkten zwischen Bourdieus Theorie und der relationalen Soziologie. So lieferten Bourdieus Arbeiten wesentliche Anstöße für die „kulturelle Wende" der Netzwerkforschung. Der wichtigste Brückenbauer für die relationale Soziologie ist Paul DiMaggio: Bereits Ende der 1970er Jahre wies er auf die Relevanz von Bourdieu hin und nahm als einer der ersten Autoren Bourdieus Gedanken sowohl in Arbeiten zur Ungleichheitsforschung wie auch zur Feldtheorie in die US-amerikanische Soziologie auf (DiMaggio 1979, 1983, 1986, 1987; DiMaggio/Mohr 1985). Auch andere kultursoziologisch interessierte nordamerikanische Autorinnen und Autoren verwendeten Überlegungen von Bourdieu für ihre ungleichheitssoziologischen Arbeiten auf (z.B. Erickson 1996; Lizardo 2006; siehe dazu auch den Beitrag von Fuhse in diesem Band).

Darüber hinaus weisen Mohr und Breiger auf die Limitationen der von Bourdieu präferierten korrespondenzanalytischen Methode hin und erläutern Vorschläge, diese entsprechend seiner multidimensionalen, praxistheoretischen und dynamischen Theorie zu erweitern. Ihnen zufolge kann die Dualität von Struktur und Praxis alternativ zur Korrespondenzanalyse mit Hilfe von Galois-Gittern (*Galois Lattices*) operationalisiert werden. In *Galois-Lattice*-Diagrammen lassen sich gleichzeitig Objekte zeigen, die sich trotz unterschiedlicher Analyseebenen, wie Struktur und Praxis, gegenseitig konstituieren (Breiger 2000: 104; Mohr 1998; Wasserman/Faust 1994: 326ff).

Insbesondere die US-amerikanische Organisationsforschung beschäftigt sich mit Bourdieus Praxistheorie in institutionellen Feldern und stellt Verbindungen zur relationalen Soziologie her. Mustafa Emirbayer und Victoria Johnson argumentieren, dass die Organisationsforschung Bourdieus relationale Perspektive noch nicht hinlänglich für Theorie und Empirie ausgeschöpft hat (2008). Roger Friedland weist auf Bourdieus unterkonzeptualisierten Praxisbegriff hin und argumentiert für eine institutionelle Logik von Praxis (Friedland/Alford 1991), deren Bedeutung sich materiell konstituiert (2009) und die sich relational aus Kategorien und Praktiken zusammensetzt (Mohr/White 2008). In Deutschland beschäftigt sich vor allem Frank Hillebrandt mit dem praxistheoretischen Teil von Bourdieus Theorie und argumentiert für ein praxistheoretisches Verständnis von Tausch als strukturbildendem Mechanismus (2006, 2009). Dies könnte im Sinne einer relationalen Soziologie insbesondere um relationale Methoden ausgebaut werden.

Andere Autoren nehmen vor allem Bourdieus Überlegungen zur Konstitution sozialer Felder auf, zielen aber auf eine netzwerkanalytische Untersuchung der „Relationen" zwischen Akteuren in Feldern. DiMaggio identifiziert mittels der Blockmodellanalyse Positionen in Feldern und deren regelbedingten Beziehungen zueinander (1986). Helmut Anheier, Jürgen Gerhards und Frank Romo untersuchen das Wechselspiel der von Bourdieu konzipierten verschiedenen Kapitalsorten (kulturelles, ökonomisches, soziales und symbolisches) in der Konstitution des Kölner Kunstfeldes (1995). Wie bei DiMaggio werden die Positionen im Feld mit einer Blockmodellanalyse ermittelt. Sophie Mützel greift die Anregungen Bourdieus und Whites für die Modellierung von Prozessen in der Wirtschaft auf (2006). Entgegen dieser verschiedenen Ansätze sieht Martin für seine Feldtheorie Bourdieus Arbeiten als weniger fruchtbar als die älteren Arbeiten von Kurt Lewin und Wolfgang Köhler (2003). Jan Fuhse greift in seinem Vergleich zwischen der Verknüpfbarkeit der Netzwerkforschung mit der Feld- und der Systemtheorie denn auch weniger auf Bourdieu als auf die eigenständigen Konzeptionen von DiMaggio und Martin zurück (2009b).

3.3 Niklas Luhmann: System- und Kommunikationstheorie

In der Systemtheorie sind Gedanken aus Whites Netzwerktheorie schon relativ früh aufgenommen worden. So hat Dirk Baecker bereits 1996 in einer Rezension von Whites *Identity and Control* auf die Ähnlichkeit der Grundgedanken mit denen der Systemtheorie und auf fruchtbare Verbindungsmöglichkeiten hingewiesen. 2005 wurde White als erster Niklas Luhmann-Gastprofessor an die Universität Bielefeld eingeladen. Allerdings konzentriert sich die Aufmerksamkeit der Systemtheorie weiterhin fast ausschließlich auf die Arbeiten Whites und lässt vor allem die zahlreichen empirischen Arbeiten der relationalen Soziologie weitgehend unbeachtet.

Baecker selbst konzipiert Netzwerke inzwischen als eine der Grundformen von Kommunikation (2005: 79f, 226ff). In Anlehnung an White konzipiert er diese als Formen (im Sinne George Spencer Browns), mit denen in der Kommunikation Identitäten und deren Kontrollprojekte voneinander unterschieden (und miteinander verbunden) werden. Damit treten Netzwerke bei Baecker neben soziale Systeme und Personen als elementare Strukturen der Kommunikation. In der Gesellschaft der Gegenwart sieht er ein Überhandnehmen der Netzwerke gegenüber den Systemen, sodass zunehmend von einer Netzwerkgesellschaft gesprochen werden könne (Baecker 2007: 21ff). Im Anschluss an Baeckers Gedanken beschreibt auch Athanasios Karafillidis (2009 und in diesem Band) Netzwerke als Formen, die in der Kommunikation produziert werden und diese prägen. Dabei betont er insbesondere, dass alle Relationiertheit in Netzwerken auch auf Entkopplungen an Grenzen beruht. Maren Lehmann zufolge beruhen Stellenbesetzungen nicht nur auf dem Systemcharakter von Organisationen, sondern auch auf der Konstruktion von Individualität im Anschluss an Whites Identitätstheorie (2007: 476ff). Michael Hutter hingegen setzt bei den von White entworfenen ‚disciplines' (von marktförmigen ‚interfaces' bis zu ‚councils' wie z.B. Parlamenten) an und sieht diese als fruchtbare Ergänzung der Luhmannschen Gesellschaftstheorie (2007: 43f).

Eine weiter gehende Verbindung findet sich in den wissens- und kultursoziologischen Arbeiten von Stephan Fuchs (2001b). Fuchs sieht Kultur und Gesellschaft allgemein geordnet in Netzwerken, die nur ausnahmsweise und graduell Grenzen ziehen, eigene Identitäten entwickeln und dadurch zu Systemen mit einem klaren Innen und Außen werden. Ähnlich formuliert auch Fuhse für Gruppen und kollektive Identitätssysteme, dass sich soziale Netzwerke zum Beispiel in Straßengangs mittels scharfer Grenzziehung und der Etablierung kollektiver Identität graduell zu selbstreferentiellen Kommunikationssystemen entwickeln können (2003). Für ihn – wie auch für Boris Holzer – bestehen allerdings Netzwerke selbst wiederum aus dyadischen Kommunikationssystemen: Die Strukturen von Freundschaften genau so wie von Liebesbeziehungen, Kooperationsbeziehungen oder Feindschaften entstehen ihnen zufolge in der vorangegangenen Kommunikation (Fuhse 2002: 414ff; Holzer 2006: 102; siehe auch den Beitrag von Holzer in diesem Band). Insofern bilden Sozialbeziehungen selbstreferentielle Kommunikationssysteme, die in Netzwerken miteinander verknüpft werden und in denen – wie bei White – die Identitäten der beteiligten Akteure kommunikativ (und narrativ) verhandelt werden (Fuhse 2009c). An diese Überlegungen schließt Marco Schmitt an (2009). Schmitt sieht die von Luhmann konzipierten Kommunikationsprozesse als Grundlage der Bildung von sozialen Strukturen, die in Netzwerken wie in Systemen organisiert sein können und die er als ‚soziales Gedächtnis' fasst. Holzer hingegen nimmt die Systemtheorie als Ausgangspunkt seiner Überlegungen und fragt nach den Bedingungen der Möglichkeit der Bildung von Netzwerkstrukturen auf den verschiedenen von Luhmann konzipierten Systemebenen: Interaktion, Organisation und Gesellschaft (Holzer 2008).

In ersten Ansätzen sind Gedanken aus der Systemtheorie auch bereits in die relationale Soziologie integriert worden, sodass wir hier eine richtiggehende ‚transatlantische Brücke' finden. White sieht insbesondere das Konzept des objektiven, sozial produzierten Sinns als kompatibel mit seinen Überlegungen (White et al. 2007), verortet diesen aber nicht wie Luhmann in abgeschlossenen Sozialsystemen. Außerdem fasst er Netzwerke selbst als das Ergebnis von Luhmannschen Kommunikationsprozessen im Luhmannschen Sinne. Dabei kritisiert er Luhmann für eine allzu dyadische Grundlegung von Kommunikationsprozessen im Theorem der doppelten Kontingenz. Kommunikation müsste immer mit Konstellationen von multiplen Identitäten umgehen (und damit diese Identitäten in Beziehung zueinander setzen und definieren), also von einer Situation „multipler Kontingenz" ausgehen (White et al. 2007: 546). Eine empirische Anwendung der Idee, dass Netzwerke in Kommunikationsprozessen emergieren und reproduziert werden, findet sich Gibsons Analyse von turn-takings und Kommunikationsstrukturen in Manager-Meetings (2003).[11]

3.4 Akteur-Netzwerk-Theorie

Ein weiterer Theorieansatz, der sich mit Relationen beschäftigt, ist die Akteur-Netzwerk-Theorie (ANT). Ursprünglich aus der Wissenschafts-, Technik- und Innovationsforschung seit den 1980er Jahre erwachsen, zielt die ANT jedoch auf breitere theoretische Aussagen für die Soziologie (z.B. Latour 2007; Reckwitz 2008). Als Hauptbegründer der ANT gelten Michel Callon, Bruno Latour und John Law.[12] Die ANT zeichnet sich durch eine prozessuale Perspektive aus, in der die Analystin der Verknüpfung heterogener (menschlicher wie nicht-menschlicher) Akteure zu Netzwerken verfolgt. Während des Verknüpfungsprozesses konstituieren sich die Akteure, verändern aber auch ihre Be-

11 Gibson selbst verweist darin eher beiläufig auf Luhmann. Seine Arbeit liefert aber einen Beleg dafür, dass die abstrakten theoretischen Überlegungen von Luhmann und White tatsächlich fruchtbar in empirische Forschung zu übersetzen sind, wobei der Kommunikationsprozess und nicht der einzelne, befragbare Akteur zum Untersuchungsgegenstand gemacht wird.

12 Zur ANT im weitesten Sinne können auch die Kreise der neuen französischen Sozialwissenschaften, nämlich der Ökonomie der Konventionen, der Soziologie der Übersetzung, Soziologie der Rechtfertigung und allgemein der pragmatischen Soziologie gezählt werden. Eine Verbindung zwischen der Ökonomie der Konventionen und der relationalen Soziologie liefert Rainer Diaz-Bone (2009 und in diesem Band).

deutung für den Prozess selbst. Der Begriff des Netzwerkes wird innerhalb der ANT als Metapher, als Heuristik und auch als Methodik verwandt.

Die ANT wird als soziologische Theorie seit einigen Jahren im deutschsprachigen Raum kontrovers diskutiert (z.B. Holzinger 2009; Kneer 2008; Schulz-Schaeffer 2000), jedoch ohne sich dabei auf die netzwerktheoretischen Komponenten zu beziehen. Dies unternimmt zum einen Henning Laux, der einen Vergleich zwischen Whites and Latours Theorien aufstellt und insbesondere auf gesellschaftstheoretische Lücken beider hinweist (2009). Einen anderen Beitrag, fruchtbare Verbindungen zwischen ANT und relationaler Soziologie aufzuzeigen, präsentiert Mützel (2009c). Sie weist auf konzeptionelle Ähnlichkeiten und methodologische Differenzen hin und zeigt, dass sich gerade in den letzten Jahren eine deutliche Annährung der bislang wenig verbundenen Theorieströmungen abzeichnet. Beide Theorien interessieren sich für die Konstruktion des Sozialen ohne Vorannahmen, legen besonderes Augenmerk auf empirische Analysen, verstehen die Produktion von Bedeutung transaktional und als integraler Bestandteil der Verbundenheit von Netzwerkelementen und konzipieren Netzwerke als dynamische soziokulturelle Formationen. Methodisch nutzen sowohl die relationale Soziologie als auch die ANT qualitative Daten und visualisiert diese durch formale Analysen (z.B. Callon 2006; Cambrosio et al. 2006). Jedoch besteht eine entscheidende Differenz im Akteursbegriff und der Rolle von Geschichten. Während ANT menschliche und nicht-menschliche Akteure symmetrisch behandelt, können in der relationalen Soziologie nur menschliche, kollektive und korporative Akteure Geschichten erzählen und somit Dingen Bedeutung zuschreiben, diese in das Netzwerk integrieren und somit „handeln" (Godart/White 2009).

3.5 Handlungen in Netzwerken: Rational Choice

Wie einleitend angedeutet, bestehen grundlegende Unterschiede zwischen einer handlungstheoretischen Perspektive und den Grundannahmen der relationalen Soziologie: Mit dem Handlungsbegriff werden individuelle Interessen und Motive als grundlegendes Erklärungsmoment sozialer Phänomene begriffen. Die relationale Soziologie blendet dagegen Motivlagen und auch individuelle Eigenschaften erst einmal aus und sieht in der Netzwerkstruktur und in den mit ihr verknüpften Bedeutungen die wichtigsten Ebenen des Sozialen. In diesem Sinne ist etwa in der Blockmodellanalyse das Gesamtnetzwerk Gegenstand der Untersuchung – es geht nicht um die individuelle Position im Netzwerk, sondern darum, die Strukturprinzipien der Gesamtkonstellation bzw. des untersuchten Feldes (DiMaggio 1986) zu identifizieren. Allgemein werden in der relationalen Soziologie Individuen nicht als weitgehend stabile Ausgangspunkte des Sozialen gesehen – vielmehr sind ihre Identitäten und ihr Verhalten weitgehend durch das umgebende Netzwerk festgelegt. Deswegen kritisieren die Autoren der relationalen Soziologie insbesondere die Rational Choice-Theorie wegen ihres Individuen-zentrierten Ansatzes. White formuliert bereits in der Erstauflage von *Identity and Control* (1992: 8):

> „Persons should be derived from, rather than being presupposed in, basic principles of social action. One can usually impute ends from actions, but these ‚ends' are, despite protestations, mere by-products of previous history as adapted to current circumstance. [...] Rational choice builds upon a myth of the person as some preexisting entity." [13]

Wie passt diese Ablehnung von handlungstheoretischen Modellierungen allgemein und besonders der Rational Choice-Theorie zum Untertitel der ersten Auflage von *Identity and Control*: „A Structural Theory of Action"? Das sechste Kapitel („Getting Action") benutzt den Action-Begriff zwar ausgiebig. Ein mit Weber kompatibles Handlungsverständnis findet sich hier jedoch nicht: Die zentrale Frage für White geht nach den Bedingungen für produktiven Wandel, also ergebnisorientierte soziale Prozesse von sozialen Konstellationen. Wie kann die inhärente Trägheit von „sozialer Obligation und Kontext" überwunden werden „to achieve openness sufficient for fresh action" (White 1992: 230)? Es geht dabei weder um Motivlagen von Akteuren, noch werden menschliche Individuen zum Urheber von „action" oder zum Träger von „agency" gemacht. 2007 erläutert White diesbezüglich noch einmal: „Action" steht bei ihm für „getting tasks done": „It concerns outcomes rather than the reproduction of social structure that we want to grasp." (White et al. 2007: 548) Während der Webersche Handlungsbegriff nach (individuellen) Ursachen von sozialen Prozessen fragt, zielt Whites „action" auf Ergebnisse (von sozialen Konstellationen) und enthält keinen Rekurs auf individuelle Motivlagen.[14]

Ungeachtet von Whites prinzipieller Ablehnung haben eine Reihe von amerikanischen und deutschen Autoren durchaus handlungstheoretische Modellierungen von sozialen Netzwerken formuliert. So sehen Emirbayer und Goodwin das „Agency"-Konzept als sinnvolle Möglichkeit, die kulturelle Ebene in der Netzwerkforschung zu berücksichtigen (1994: 1442ff). Kultur wird hier wie bei Weber als „subjektiver Sinn" verortet und dient insbesondere als Argument gegen rein strukturalistische Varianten der Netzwerkforschung (1994: 1428ff). In diesem Sinne schreiben Emirbayer und Mische (1998: 1004):

> „All social action is a concrete synthesis, shaped and conditioned, on the one hand, by the temporal-relational contexts of action and, on the other, by the dynamic element of agency itself. The latter guarantees that empirical social action will never be completely determined or structured."

Diese Denkfigur – „Agency" steht für Undeterminiertheit von individuellem Verhalten – findet sich auch bei Paul McLean (2007: 118f). Fuchs hat sich jedoch (mit Bezug auf White und Luhmann) in einer durchaus überzeugenden Polemik gegen diese Ansätze

---

13 In einem persönlichen Gespräch im September 2005 bezeichnete White die frühen Arbeiten von James Coleman als wichtige Inspiration der Netzwerkforschung. Dann wandte er sich jedoch deutlich gegen dessen spätere Grundlegung der Rational Choice-Theorie: „But then he comes up with this book [*Foundations of Social Theory*] leading to absolutely nothing."

14 Diese begriffliche Idiosynkrasie Whites ist durchaus problematisch zu sehen – schließlich erschwert sie die Auseinandersetzung innerhalb der Disziplin und hat wohl auch zu Missinterpretationen geführt. Whites „action" steht eben nicht für „Handlung", sondern folgt dem auch in der deutschen Umgangssprache verbreiteten Action-Begriff, wie er in der Soziologie noch etwa bei Erving Goffmans „Where the action is" (1967) zu finden ist.

ausgesprochen: Intentionen und Bewusstsein seien einerseits soziologisch nicht beobachtbar und insgesamt „überbewertet" (2001a: 27ff). Andererseits könne insbesondere die Konzeption von „Agency" als Undeterminiertheit des Handelns keinen Beitrag zu einer soziologischen Erklärung leisten (27):

> „Assuming that whatever an actor actually did, he or she could have done otherwise does not explain what the actor actually did. Free will and agency are moral concessions, not social facts."

Natürlich müssen Handlungstheorien nicht in Beliebigkeit enden, sondern erlauben durchaus präzise Modellierungen von sozialen Prozessen – wenn mehr die Regelmäßigkeit und Erwartbarkeit von bestimmten Handlungen und weniger „Agency" betont wird. Dies geschieht in den Modellierungen bei Roger Gould und bei Randall Collins. So führt Gould die Ausbildung und Ausprägung von Statushierarchien in Netzwerken auf die nutzenmaximierende Anerkennungssuche von individuellen Akteuren zurück (2002). Jedoch bleibt hier die kulturelle Ebene vollständig ausgeblendet. Collins hingegen legt eine allgemeine Theorie von Interaktionsprozessen vor (2004). Dabei seien soziale Phänomene allgemein auf der Basis einer individuellen Maximierung von emotionaler Energie in Interaktionsritualen zu modellieren. Collins berücksichtigt nicht nur soziale Netzwerke prominent, sondern geht auch detailliert auf die Entstehung und Stabilisierung von Symbolen in der Interaktion ein (und auf deren Zusammenspiel mit Netzwerken). Insofern ist er in das Umfeld von phänomenologischer Netzwerktheorie und relationaler Soziologie einzuordnen.

In Deutschland haben verschiedene Autoren eine Verknüpfung der Theorie Whites mit der Rational Choice-Modellierung Hartmut Essers vorgeschlagen. So sieht Thomas Schweizer in Anlehnung an White und Emirbayer/Goodwin die Netzwerkstruktur wie die individuellen Kognitionen als eine vermittelnde Ebene zwischen der Handlungssituation und der dann ausgewählten Handlung (1996: 135ff). Stegbauer (in diesem Band) konzipiert dagegen auch noch die individuelle Kognition (der subjektive Sinn nach Max Weber) als ein Ergebnis der Netzwerkstruktur. In eine ähnliche Richtung geht die Interpretation von Marina Hennig, die stärker auf die Überlegungen von Emirbayer/Goodwin als auf die von White zurückgreift (Hennig 2006: 80ff).

Insgesamt geht es bei diesen Ansätzen darum, wie erstens die Netzwerkstruktur in individuellen Handlungen relevant wird. Dies kann zum einen durch die Nahelegung von bestimmten kulturellen Orientierungen und Präferenzen („framing" und „soziale Produktionsfunktion"), zum anderen durch die Bereitstellung von Handlungsalternativen erfolgen. Die Handlungsopportunitäten werden etwa im Sozialkapitalkonzept ausführlich diskutiert. Dabei bleibt allerdings die Ebene der kulturellen Orientierungen und individuellen Präferenzen weitgehend ausgespart – Netzwerke werden alleine strukturalistisch, und nicht mit Hinblick auf die kulturelle Ebene betrachtet. Daraus erklärt sich, warum etwa in den beiden wichtigsten Bänden der letzten Jahre zum Sozialkapital in Deutschland kein einziger Hinweis auf die Theorie Whites zu finden ist (Franzen/Freitag 2007; Lüdicke/Diewald 2007). Zweitens müssen nach der Modellierung der individuellen Handlungen diese im Sinne der Aggregationslogik zu einer neuen Netzwerkstruktur „zusammengesetzt“ werden, wie dies bereits Coleman forderte. Dies gestaltet sich zumindest aufwändig, weil ja die einzelnen Handlungen jeweils in einer spezifischen Netzwerkposition erfolgen und nicht etwa einfach statistisch kumuliert werden können. Matthias Koenig sieht hier eine der wichtigsten Aufgaben einer handlungstheoretisch argumentierenden Netzwerkforschung (2008: 2904).

3.6 Relationale Mechanismen?

Das in den letzten Jahren einflussreiche Forschungsprogramm zu soziale Mechanismen (Hedström 2005; Hedström/Swedberg 1998; Schmid 2006) bietet einige Anknüpfungspunkte an die relationale Soziologie, wie beispielsweise die Kritik an der variablenorientierten Sozialforschung, divergiert jedoch an entscheidenden Stellen. So hat sich ganz im Sinne der Theorie der rationalen Wahl in den letzten Jahren eine Interpretation durchgesetzt, die soziale Mechanismen immer mit Rekurs auf individuelle Handlungen fassen will.

Charles Tilly vertritt in dieser Hinsicht eine entschieden andere Position (2005: 26f): Mechanismen können durchaus auf der Makro- und der Meso-Ebene zu finden sein (ohne dass sie auf die individuelle Ebene zurückgeführt werden müssen), und spezifisch „relationale Mechanismen“ wie z.B. Koalitionsbildung oder Vermittlung („brokerage“) folgen der Eigenlogik von Prozessen in Netzwerken – und stehen im Gegensatz zu „kognitiven Mechanismen“. Ein weiterer prominenter Kritiker der handlungsorientierten mechanismischen Ansätze ist Andrew Abbott, der ebenfalls die Perspektive der relationalen Soziologie einnimmt. Obwohl er mit einigen Ansatzpunkten mechanismischer Erklärungen sympathisiert, kritisiert Abbott vor allem den zugrundeliegenden methodologischen Individualismus dieser Erklärungen. Zum einen sollten nicht Akteure sondern Ereignisse (*events*) im Zentrum von soziologischen Analysen stehen, zum anderen gilt es den soziologischen Kausalitätsbegriff grundlegend zu erneuern und kontext- und zeitabhängig mit Methoden wie der Sequenzanalyse zu modellieren, die Musterbildung in Prozessen sichtbar machen (2007).[15]

2. Übersicht über den Band

Die verschiedenen Beiträge in diesem Band diskutieren einerseits bestimmte theoretische Konzepte und Anwendungsfelder der relationalen Soziologie. Andererseits liefern sie aber auch transatlantische Brückenschläge im oben vorgestellten Sinne: Sie stellen die relationale Soziologie und insbesondere die Theorie Whites in Verhältnis zu systemtheo-

15 Matthias Koenig formuliert dagegen, dass auch die „relationalen Mechanismen“ Tillys und Abbotts im Sinne Essers handlungstheoretisch rekonstruiert werden können (Koenig 2008: 2903f). Ob dies gelingt, dürfte wesentlich am Erfolg der handlungstheoretischen Übersetzung von Netzwerkkonstellationen in die oben angesprochenen zwei Schritte der Situations- und der Aggregationslogik hängen.

retischen Überlegungen, zur Sozialontologie Heideggers, zur Économie des conventions oder zur deutschen Lebensstilforschung. Dabei versammelt der Band eine ganze Reihe der wichtigsten Vertreter der relationalen Soziologie und ihrer Rezeption in Deutschland. Dadurch kann ein guter exemplarischer Einblick in die Grundgedanken, die Arbeitsfelder und den Facettenreichtum der relationalen Soziologie gewonnen werden. Zu den Beiträgen im Einzelnen:

Im Anschluss an diese Einleitung gibt *Ronald L. Breiger* eine systematische Einordnung des Verhältnisses von „Struktur" und „Kultur" in der relationalen Soziologie, womit er ihr Hauptspannungsfeld entfaltet. Sein Aufsatz thematisiert nicht nur die historische Entwicklung des Umgangs mit Struktur und Kultur in der Netzwerkforschung, sondern liefert auch Verweise auf die wichtigsten Arbeiten. Mit seiner Verknüpfung zwischen methodischen Fragen (auch der mathematischen Modellierung) und theoretischer Reflexion steht Breiger geradezu exemplarisch für die relationale Soziologie.

Es folgen drei Aufsätze, in denen auf unterschiedliche Weisen Gedanken aus der Netzwerktheorie Whites mit systemtheoretischen Überlegungen verknüpft werden: Zunächst diskutiert *Stephan Fuchs* Entwicklung und Strukturen von kulturellen Netzwerken. Ausgangspunkt für seine Überlegungen ist die Wissenschaftsforschung und die Entwicklung von wissenschaftlichen Schulen, in denen Konzepte in Netzwerken miteinander verknüpft werden. Solche „kulturellen Netzwerke" zeigen viele Gemeinsamkeiten mit der Strukturdynamik von sozialen Netzwerken, wie Fuchs argumentiert. Der Aufsatz in diesem Band präsentiert eine Reihe von Überlegungen aus seinem Buch *Against Essentialism* (2001b) erstmals in deutscher Sprache, entwickelt aber auch neue Gedanken.

Der folgende Aufsatz von *Athanasios Karafillidis* setzt in mancherlei Hinsicht an Fuchs an. Er gibt einen problemgeleiteten Überblick über das Verhältnis von Netzwerken und Grenzen in der relationalen Soziologie.[16] Anschließend greift er auf den Formbegriff von Spencer Brown zurück um zu zeigen, dass Netzwerke und Grenzen immer schon aufeinander bezogen sind, nämlich als zwei Seiten einer Form und damit im Grunde nur unterschiedliche Sichtweisen auf das gleiche Phänomen.

Im Anschluss kontrastiert *Boris Holzer* die relationale Soziologie mit einer eigenen Verortung des Konzepts der sozialen Beziehung in der Luhmannschen Systemtheorie. Er versteht Beziehungen als eigenen Typus sozialer Systeme, der sich vor allem in Interaktionssystemen konstituiert, diese aber überdauert und miteinander verknüpfen kann. Zudem strukturieren soziale Beziehungen die Kommunikation zwischen Abwesenden, etwa wenn Freunde sich Briefe oder E-Mails schreiben. Holzers Text ist in den Kontext systemtheoretischer Überlegungen zu sozialen Netzwerken einzuordnen. Er greift aber stärker als andere Autoren auf Theorieelemente von White zurück und leistet damit eine Verbindung dieser Theoriestränge.

Die folgenden fünf Beiträge diskutieren jeweils verschiedene Anwendungsfelder mit dem theoretischen Vokabular der relationalen Soziologie. Zunächst wenden sich *John*

16 Zum sehr vielschichtigen Verhältnis von Netzwerken und Grenzen siehe auch den von Roger Häußling herausgegebenen Band (2009b).

Levi Martin und *Monica Lee* der Frage zu, welche Grundkonstellationen in Netzwerken sich für den Aufbau von gesellschaftlichen Makro-Strukturen eignen. Ihre These ist, dass sich Strukturen wie politische Parteien oder staatliche Armeen aus der schrittweisen Verknüpfung von Patronagedreiecken entwickeln. Wichtige Rollen bei diesem Prozess spielen zum einen der Umgang mit Ungleichheit in verschiedenen Netwzerkkonstellationen und zum anderen die Einführung von Transitivität in geschichtete Patronage-Dreiecke – dass also beispielsweise in modernen Armeen (anders als noch im Feudalstaat) Offiziere auch den Untergebenen ihrer Untergebenen Befehle erteilen können. Der Beitrag elaboriert Überlegungen aus Martins Buch *Social Structures* (2009) und präsentiert seine Arbeiten erstmals in deutscher Sprache.

Roger Häußling entwickelt in seinem Beitrag einen relational angelegten soziologischen Designbegriff. Design wird hier sichtbar als eine Form, mit der Identitäten in Beziehung zueinander gesetzt werden. Wie in der Akteur-Netzwerk-Theorie werden dabei menschliche Akteure und nicht-menschliche Objekte miteinander relationiert. Dabei besteht Häußling im Gegensatz zur ANT auf der Unterschiedlichkeit dieser Identitäten im Netzwerk. Bezogen auf soziale Netzwerke bedeutet dies, dass menschliche Akteure über Designformen mit nicht-menschlichen Objekten – und auf diese Weise indirekt auch miteinander – verknüpft werden.

Anschließend zieht *Rainer Diaz-Bone* das Marktmodell von White mit der französischen Schule der Économie des conventions zusammen. Beide Ansätze, so die These von Diaz-Bone, ergänzen sich zu einer ausgefeilten Beschreibung von Märkten. Den Konventionen entspricht dabei in Ansätzen Whites Begriff des „Styles". Dieses ist bisher allerdings nicht in Whites Markttheorie integriert und könnte hierfür wichtige Anregungen von der französischen Seite erfahren. Diaz-Bones Beitrag ist in den Kontext seiner Beschäftigung mit der Soziologie der Konventionen (2009; 2010) einzuordnen, die er hier systematisch in Richtung einer relationalen Markttheorie ausarbeitet.

Der Beitrag von *Jan Fuhse* argumentiert, dass die relationale Soziologie wichtige Konzepte für die Erforschung von sozialer Ungleichheit bereithält und dass bereits erste Schritte zu einer „relationalen Ungleichheitssoziologie" zu beobachten sind. Anregungen hierfür finden sich in der Forschung zu persönlichen Netzwerken, in der Ungleichheitstheorie von Pierre Bourdieu, vor allem aber auch in der neueren Lebensstilforschung in Deutschland. Fuhses Arbeit steht in Zusammenhang mit seiner Forschung zur Rolle von interethnischen Beziehungen im Integrationsprozess von Migranten (Fuhse 2008b).

Christian Stegbauer wendet die relationale Soziologie in seinem Beitrag auf die Bildung von Rollenstrukturen im Internet an. Empirischer Gegenstand sind hier die Austausch- und Konkurrenzbeziehungen zwischen Internet-Vandalen in der Online-Enzyklopädie Wikipedia und Vandalen-Jägern, die versuchen, destruktive Eingriffe in Wikipedia-Artikeln rückgängig zu machen und zu unterbinden. Stegbauers Argument ist, dass in den online ausgehandelten Rollenbeziehungen auch akteursspezifische Motivationen und Restriktionen eine Rolle spielen. Sein Beitrag führt die Forschungen zu sozialen Strukturbildungen im Internet fort, die Stegbauer in den letzten Jahren durchgeführt hat (Stegbauer 2009; Stegbauer/Rausch 2006).

Die drei abschließenden Beiträge von Dirk Baecker, Patrik Aspers und Harrison White/Frédéric Godart setzen grundlagentheoretisch an, formulieren aber in unterschiedliche Richtungen und durchaus spekulativ Erweiterungen der relationalen Soziologie. Dabei knüpft *Dirk Baecker* – wie Stegbauer – am Handlungsbegriff an, entfaltet aber von hier aus ein Grundproblem der soziologischen Theoriebildung: Er zeigt auf, dass die Tradition der Handlungstheorie von Weber über Parsons bis zu White immer wieder mit dem Problem der Verschränktheit von sozialen und individuellen Aspekten und mit der Unzugänglichkeit des subjektiven, Handlungen antreibenden Sinns zu kämpfen hat. Baecker zufolge zeigt sich hier eine grundlegende „Krümmung des sozialen Raums", die in der Soziologie durch verschiedene Asymmetrisierungen nur scheinbar aufgelöst werden kann. Mit Hilfe einer formentheoretischen Rekonstruktion des Handlungsbegriffs bringt Baecker dieses Problem auf den Punkt.

Der Beitrag von *Patrik Aspers* argumentiert, dass es der Soziologie allgemein an einer Reflexion der ontologischen Grundlagen des Sozialen fehlt. Aspers sieht insbesondere in der Philosophie von Martin Heidegger einen fruchtbaren Anknüpfungspunkt, von dem aus sich eine spezifisch „relational" angelegte Sozialontologie entwickeln lässt. Ausgangspunkt ist Heideggers Begriff des „Daseins", der von vornherein menschliche Individuen zu ihren Mitmenschen und zu dinglichen Werkzeugen in Beziehung setzt. Insbesondere ergeben sich individuelle Sichtweisen und Handlungsweisen wesentlich aus der Eingebettetheit in die soziale Umwelt (Heideggers „Mitsein"). Insofern sollte auch die soziologische Theorie nicht beim isolierten Individuum, sondern bei den sozialen Strukturen (Netzwerken) ansetzen, in denen Individuen miteinander verbunden sind und die diese erst konstituieren.

Der Band wird durch einen Beitrag von *Harrison White* und *Frédéric Godart* zum Zusammenhang zwischen linguistischer Praxis und sozialen Netzwerken abgerundet. Die These ist hier, dass die wichtigen *switchings* zwischen verschiedenen Netzwerkkontexten (*netdoms*) linguistisch organisiert sind, dass also ganz spezifische Sprachformen in solchen Referenzwechseln zum Tragen kommen. Angewandt auf das Beispiel des „Business Talks" ergibt sich daraus eine Forschungsstrategie, die Sprachformen und Netzwerkstrukturen in Beziehungen zueinander setzt und auf diese Weise erfolgreiche Kommunikationsstrategien identifizieren kann. Der Beitrag stellt insofern eine anwendungsbezogene Weiterentwicklung von Whites Theorie dar, die sich wiederum auf die Rolle der Sprache in sozialen Strukturen konzentriert.

Die verschiedenen Beiträge in diesem Band sind das Ergebnis eines internationalen Symposiums zur relationalen Soziologie, das wir im September 2008 an der Humboldt-Universität zu Berlin, Institut für Sozialwissenschaften, organisiert haben. Wir bedanken uns für die finanzielle Förderung durch die BGSS und die DFG, die diese Tagung ermöglicht haben. Unser Dank gilt zudem Jessica Haas für die Organisation vor Ort und den Teilnehmerinnen und Teilnehmern des Symposiums. Wir danken außerdem Anne Vonderstein, Simon Schlimgen und Pauline Worley für Lektoratsarbeiten, dem VS Verlag, insbesondere Cori Mackrodt, für die gute Zusammenarbeit und Roger Häußling und Christian Stegbauer, die diesen Band in die von ihnen herausgegebene Reihe ‚Netzwerkforschung' aufgenommen haben. Ein ganz herzlicher Dank gilt den Vortragenden des Symposiums und den Autoren dieses Bandes für die gute Zusammenarbeit.

Literatur

Abbott, Andrew, 1988: „Transcending General Linear Reality", in: *Sociological Theory* 6: 169-188.

Abbott, Andrew, 1992: „From causes to events. Notes on narrative positivism", in: *Sociological methods and research* 20: 428-455.

Abbott, Andrew, 2007: „Mechanisms and Relations", in: *Sociologica* 2, http://www.sociologica.mulino.it/doi/10.2383/24750.

Anheier, Helmut K./Jürgen Gerhards/Frank Romo, 1995: „Forms of Capital and Social Structure in Cultural Fields: Examining Bourdieu's Social Topography", in: *American Journal of Sociology* 100: 859-903.

Azarian, Reza, 2005: *General Sociology of Harrison White.* New York: Palgrave Macmillan.

Baecker, Dirk, 1996: „Rezension ‚Harrison C. White, Identity and Control. A structural theory of action'", in: *Soziale Systeme* 2: 441-445.

Baecker, Dirk, 2005: *Form und Formen der Kommunikation.* Frankfurt am Main: Suhrkamp.

Baecker, Dirk, 2007: *Studien zur nächsten Gesellschaft.* Frankfurt am Main: Suhrkamp.

Bearman, Peter, 1993: *Relations into Rhetorics. Local Elite Social Structure in Norfolk, England, 1540-1640.* New Brunswick: Rutgers University Press.

Bearman, Peter, 2005: *Doormen.* Chicago: Chicago University Press.

Bearman, Peter/Robert Faris/James Moody, 1999: „Blocking the future", in: *Social Science History* 23: 501-533.

Bearman, Peter/Katherine Stovel, 2000: „Becoming a Nazi: A model for narrative networks", in: *Poetics* 27: 69-90.

Beckert, Jens, 2005: „Soziologische Netzwerkanalyse", in: Dirk Kaesler (Hrsg.), *Aktuelle Theorien der Soziologie.* München: C.H. Beck: 286-312.

Bourdieu, Pierre, 1994: *Raisons pratiques: Sur la théorie de l'action.* Paris: Seuil.

Bourdieu, Pierre, 2002: „Das ökonomische Feld", in: Pierre Bourdieu (Hrsg.), *Der Einzige und sein Eigenheim.* Hamburg: VSA-Verlag: 185-226.

Bourdieu, Pierre, 2005: „Principles of an Economic Anthropology", in: Neil Smelser/Richard Swedberg (Hrsg.), *The Handbook of Economic Sociology.* Princeton: Princeton University Press: 75-89.

Bourdieu, Pierre/Loic Wacquant, 1992: *An invitation to reflexive sociology.* Chicago: University of Chicago Press.

Breiger, Ronald L., 1976: „Career Attributes and Network Structure: A Blockmodel Study of a Biomedical Research Specialty", in: *American Sociological Review* 41: 117-135.

Breiger, Ronald L., 1981: „Structures of economic interdependence among nations", in: Peter Blau/Robert Merton (Hrsg.), *Continuities in Structural Inquiry.* Newbury Park: Sage: 353-380.

Breiger, Ronald L., 1990: „Social control and social networks: a model from Georg Simmel", in: Craig Calhoun/Marshall W. Meyer/W.Richard Scott (Hrsg.), *Structures of power and constraint. Papers in honor of Peter M. Blau.* Cambridge: Cambridge University Press: 453-476.

Breiger, Ronald L., 2000: „A tool kit for practice theory", in: *Poetics* 27: 91-115.
Breiger, Ronald L., 2005: „White, Harrison", in: George Ritzer (Hrsg.), *Encyclopedia of Social Theory*. Thousand Oaks: Sage Reference 2: 884-886.
Breiger, Ronald L., 2007: *Cultural Holes: Networks, Meanings, and Formal Practices. American Sociological Assocation annual meeting, Culture Section anniversary session*. New York.
Breiger, Ronald L./Scott Boorman/Phipps Arabie, 1975: „An algorithm for clustering relational data with applications to social network analysis and comparison with multidimensional scaling", in: *Journal of Mathematical Psychology* 12: 328-383.
Breiger, Ronald L./John W. Mohr, 2004: „Institutional Logics from the Aggregation of Organizational Networks: Operational Procedures for the Analysis of Counted Data", in: *Computational & Mathematical Organizational Theory* 10: 17-43.
Breiger, Ronald L./Philippa E. Pattison, 1978: „The Joint Role Structure of Two Communities' Elites", in: *Sociological Methods Research* 7: 213-226.
Brint, Steven, 1992: „Hidden meanings: Cultural content and context in Harrison White's structural sociology", in: *Sociological Theory* 10: 194-208.
Callon, Michel, 2006: „Can methods for analysing large numbers organize a productive dialogue with the actors they study?", in: *European Management Review* 3: 7-16.
Cambrosio, Alberto/Peter Keating/Simon Mercier/Grant Lewison/Andrei Mogoutov, 2006: „Mapping the emergence and development of translational cancer research", in: *European Journal of Cancer* 42: 3140-3148.
Collins, Randall, 2004: *Interaction Ritual Chains*. Princeton: Princeton University Press.
Diaz-Bone, Rainer, 1997: *Ego-zentrierte Netzwerkanalyse und familiale Beziehungssysteme*. Wiesbaden: Deutscher Universitäts-Verlag.
Diaz-Bone, Rainer, 2009: „Économie des conventions", in: Jens Beckert/Christoph Deutschmann (Hrsg.), *Sonderheft 49 der Kölner Zeitschrift für Soziologie und Sozialpsychologie*. Wiesbaden: VS Verlag.
Diaz-Bone, Rainer/Laurent Thevenot, 2010: „Die Soziologie der Konventionen. Die Theorie der Konventionen als ein zentraler Bestandteil der neuen französischen Sozialwissenschaften", in: *Trivium*, http://trivium.revues.org/index3557.html.
DiMaggio, Paul, 1979: „Review Essay: On Pierre Bourdieu", in: *American Journal of Sociology* 84: 1460-1474.
DiMaggio, Paul, 1983: „State expansion and organizational fields", in: Richard Hall/Robert Quinn (Hrsg.), *Organizational theory and public policy*: 147-161.
DiMaggio, Paul, 1986: „Structural Analysis of Organizational Fields: A Blockmodel Approach", in: *Research in Organizational Behavior* 8: 335-370.
DiMaggio, Paul, 1987: „Classification in art", in: *American Sociological Review* 52: 440-455.
DiMaggio, Paul, 1992: „Nadel's Paradox Revisited: Relational and Cultural Aspects of Organizational Structure", in: Nitin Nohria/Robert Eccles (Hrsg.), *Networks and Organizations: Structure, Form and Action*. Boston: Harvard Business School Press: 118-142.
DiMaggio, Paul/John W. Mohr, 1985: „Cultural capital, educational attainment and marital selection", in: *American Journal Of Sociology* 90: 1231-1261.
Emirbayer, Mustafa, 1997: „Manifesto for a relational sociology", in: *American Journal of Sociology* 103: 281-317.
Emirbayer, Mustafa/Jeff Goodwin, 1994: „Network analysis, culture, and the problem of agency", in: *American Journal of Sociology* 99: 1411-1454.
Emirbayer, Mustafa/Victoria Johnson, 2008: „Bourdieu and organizational analysis", in: *Theory and Society* 37: 1-44.
Emirbayer, Mustafa/Ann Mische, 1998: „What is agency?", in: *American Journal of Sociology* 103: 962-1023.
Erickson, Bonnie, 1988: „The relational basis of attitudes", in: Barry Wellman/Stephen Berkowitz (Hrsg.), *Social Structures: A Network Approach*. New York: Cambridge University Press: 99-121.
Erickson, Bonnie, 1996: „Culture, Class, and Connections", in: *American Journal of Sociology* 102: 217-251.
Faulkner, Robert, 1983: *Music on demand*. New Brunswick: Transaction Books.

Franzen, Axel/Markus Freitag (Hrsg.), 2007: *Sozialkapital: Grundlagen und Anwendungen.* Sonderheft 47, Kölner Zeitschrift für Soziologie und Sozialpsychologie. Wiesbaden: VS Verlag.

Freeman, Linton, 2004: *The Development of Social Network Analysis. A Study in the Sociology of Science.* Vancouver: Empirical Press.

Friedland, Roger, 2009: „The Endless Fields of Pierre Bourdieu", in: *Organization* 16: 887-917.

Friedland, Roger/Robert Alford, 1991: „Bringing society back in: Symbols, practices and institutional contradictions", in: Walter Powell/Paul DiMaggio (Hrsg.), *New Institutionalism in Organizational Analysis.* Chicago: University of Chicago Press: 232-263.

Fuchs, Stephan, 2001a: „Beyond Agency", in: *Sociological Theory* 19: 24-40.

Fuchs, Stephan, 2001b: *Against essentialism: a theory of culture and society.* Cambridge/Massachusetts: Harvard University Press.

Fuhse, Jan, 2002: „Kann ich dir vertrauen? Strukturbildung in dyadischen Sozialbeziehungen", in: *Österreichische Zeitschrift für Politikwissenschaft* 31, 413-426.

Fuhse, Jan, 2003: „Systeme, Netzwerke, Identitäten. Die Konstitution sozialer Grenzziehungen am Beispiel amerikanischer Straßengangs". Schriftenreihe des Instituts für Sozialwissenschaften der Universität Stuttgart

Fuhse, Jan, 2006: „Gruppe und Netzwerk. Eine begriffsgeschichtliche Rekonstruktion", in: *Berliner Journal für Soziologie* 16: 245-263.

Fuhse, Jan, 2008a: „Gibt es eine Phänomenologische Netzwerktheorie? Geschichte, Netzwerk und Identität", in: *Soziale Welt* 59: 31-52.

Fuhse, Jan, 2008b: *Ethnizität, Akkulturation und persönliche Netzwerke von italienischen Migranten.* Leverkusen: Barbara Budrich.

Fuhse, Jan, 2009a: „The Meaning Structure of Social Networks", in: *Sociological Theory* 27: 51-73.

Fuhse, Jan, 2009b: „Lässt sich die Netzwerkforschung besser mit der Feldtheorie oder der Systemtheorie verknüpfen?", in: Roger Häußling (Hrsg.), *Grenzen von Netzwerken.* Wiesbaden: VS Verlag: 55-80.

Fuhse, Jan, 2009c: „Die kommunikative Konstruktion von Akteuren in Netzwerken", erscheint in: *Soziale Systeme* 15(2).

Gerhards, Jürgen/Helmut K. Anheier, 1987: „Zur Sozialposition und Netzwerkstruktur von Schriftstellern", in: *Zeitschrift für Soziologie* 16: 385-394.

Gibson, David R., 2003: „Participation Shifts: Order and Differentiation in Group Conversation", in: *Social Forces* 81: 1135-1180.

Gibson, David R., 2005: „Taking Turns and Talking Ties: Networks and Conversational Interaction", in: *American Journal of Sociology* 110: 1561-1597.

Godart, Frédéric/Harrison C. White, 2009: *Switching under Uncertainty: The Coming and Becoming of Meaning.* Unveröffentlichtes Ms., Columbia University.

Goffman, Erving, 1967: „Where the action is", in: Erving Goffman (Hrsg.), *Interaction Ritual.* New York: Doubleday: 149-270.

Gould, Roger V., 1991: „Multiple Networks and Mobilization in the Paris Commune, 1871", in: *American Sociological Review* 56: 716-729.

Gould, Roger V., 1995: *Insurgent Identities; Class, Community, and Protest in Paris from 1848 to the Commune.* Chicago: Chicago University Press.

Gould, Roger V., 2002: „The origins of status hierarchies: A formal theory and empirical test", in: *American Journal of Sociology* 107: 1143-1178.

Granovetter, Mark, 2007: „Introduction for the French Reader", in: *Sociologica* 1, http://www.sociologica.mulino.it/doi/10.2383/24767.

Haas, Jessica/Sophie Mützel, 2008: „Netzwerkanalyse und Netzwerktheorie in Deutschland: eine empirische Übersicht und theoretische Entwicklungspotentiale", in: Christian Stegbauer (Hrsg.), *Netzwerkanalyse und Netzwerktheorie: Ein neues Paradigma in den Sozialwissenschaften.* Wiesbaden: VS Verlag: 49-62.

Halliday, Michael Alexander Kirkwood, 1973: „The functional basis of language", in: Basil Bernstein (Hrsg.), *Class, Codes and Control II: Applied Studies Toward a Sociology of Language.* London: Routledge: 343-366.

Häußling, Roger, 2006: „Ein netzwerkbezogenes Vierebenenkonzept zur struktur- und akteursbezogenen Deutung sozialer Interaktionen", in: Betina Hollstein/Florian Straus (Hrsg.), *Qualitative Netzwerkanalyse*. Wiesbaden: VS Verlag: 125-153.

Häußling, Roger, 2009a: „Zur Bedeutung von Emotionen für soziale Beziehungen. Möglichkeiten und Grenzen der Netzwerkforschung" in: ders. (Hrsg.): *Grenzen von Netzwerken*, Wiesbaden: VS, 81-103.

Häußling, Roger (Hrsg.), 2009b: *Grenzen von Netzwerken*. Wiesbaden: VS Verlag.

Hedström, Peter, 2005: *Dissecting the Social. On the Principles of Analytical Sociology*. Cambridge: Cambridge University Press.

Hedström, Peter/Richard Swedberg (Hrsg.), 1998: *Social mechanisms: an analytical approach to social theory*. Cambridge: Cambridge University Press.

Hennig, Marina, 2006: *Individuen und ihre sozialen Beziehungen*. Wiesbaden: VS Verlag.

Hillebrandt, Frank, 2006: „Der Tausch als strukturbildende Praxisform", in: Michael Florian/Frank Hillebrandt (Hrsg.), *Pierre Bourdieu: Neue Perspektiven für die Soziologie der Wirtschaft*. Wiesbaden: VS Verlag: 147-168.

Hillebrandt, Frank, 2009: *Praktiken des Tauschens: Zur Soziologie symbolischer Formen der Reziprozität*. Wiesbaden: VS Verlag.

Hollstein, Betina, 2008: „Strukturen, Akteure, Wechselwirkungen. Georg Simmels Beiträge zur Netzwerkforschung", in: Christian Stegbauer (Hrsg.), *Netzwerkanalyse und Netzwerktheorie: Ein neues Paradigma in den Sozialwissenschaften*. Wiesbaden: VS Verlag: 91-105.

Hollstein, Betina/Florian Straus, 2006: *Qualitative Netzwerkanalyse. Konzepte, Methoden, Anwendungen*. Wiesbaden: VS Verlag.

Holzer, Boris, 2006: *Netzwerke*. Bielefeld: transcript.

Holzer, Boris, 2008: „Netzwerke und Systeme: Zum Verhältnis von Vernetzung und Differenzierung", in: Christian Stegbauer (Hrsg.), *Ein neues Paradigma in den Sozialwissenschaften: Netzwerkanalyse und Netzwerktheorie*. Wiesbaden: VS Verlag: 155-164.

Holzinger, Markus, 2009: „Welcher Realismus? Welcher Sozialkonstruktivismus? Ein Kommentar zu Georg Kneers Verteidigung des Sozialkonstruktivismus und zu Bruno Latours Akteur-Netzwerk-Theorie", in: *Zeitschrift für Soziologie* 38: 521-534.

Hutter, Michael, 2007: „Are markets like protest movements? A theoretical appraisal of valuation systems", in: *Soziale Systeme* 13, 32-45.

Jansen, Dorothea, 2006: *Einführung in die Netzwerkanalyse*. 3. überarbeitete Auflage. Wiesbaden: VS Verlag.

Karafillidis, Athanasios, 2009: „Entkopplung und Kopplung – Wie die Netzwerktheorie zur Bestimmung sozialer Grenzen beitragen kann", in: Roger Häußling (Hrsg.): *Grenzen von Netzwerken*. Wiesbaden: VS Verlag, 105-131.

Kneer, Georg, 2008: „Hybridizität, zirkulierende Referenz, Amoderne? Eine Kritik an Bruno Latours Soziologie der Assoziationen", in: Georg Kneer/Markus Schroer/Erhard Schüttpelz (Hrsg.), *Bruno Latours Kollektive. Kontroversen zur Entgrenzung des Soziale*. Frankfurt a.M.: Suhrkamp: 261-303.

Knox, Hannah/Mike Savage/Penny Harvey, 2006: „Social networks and the study of relations: networks as method, metaphor and form", in: *Economy and Society* 35: 113-140.

Koenig, Matthias, 2008: „Soziale Mechanismen und relationale Soziologie", in: Karl-Siegbert Rehberg (Hrsg.), *Die Natur der Gesellschaft. Verhandlungsband des 33. DGS-Kongresses*. Frankfurt a.M.: Campus: 2896-2906.

Latour, Bruno, 2007: *Eine neue Soziologie für eine neue Gesellschaft*. Frankfurt: Suhrkamp.

Laux, Henning, 2009: „Bruno Latour meets Harrison C. White. Über das soziologische Potenzial der Netzwerkforschung", erscheint in: *Soziale Systeme* 15(2).

Lehmann, Maren, 2007: „Negieren lernen. Vom Rechnen mit Individualität", in: *Soziale Systeme* 13, 468-479.

Lizardo, Omar, 2006: „How cultural tastes shape personal networks", in: *American Sociological Review* 71: 778-807.

Lorrain, Francois/Harrison C. White, 1971: „Structural equivalence of individuals in social networks", in: *Journal of Mathematical Sociology* 1: 49-80.

Lüdicke, Jörg/Martin Diewald (Hrsg.), 2007: *Soziale Netzwerke und soziale Ungleichheit. Zur Rolle von Sozialkapital in modernen Gesellschaften*. Wiebaden: VS Verlag.

Martin, John Levi, 1998: „Structures of Power in Naturally Occurring Communities“, in: *Social Networks* 20: 197-225.
Martin, John Levi, 2000: „What do animals do all day?: The division of labor, class bodies, and totemic thinking in the popular imagination“, in: *Poetics* 27: 195-231.
Martin, John Levi, 2002: „Power, Authority, and the Constraint of Belief Systems“, in: *American Journal of Sociology* 107: 861-904.
Martin, John Levi, 2003: „What is field theory?“, in: *American Journal of Sociology* 109: 1-49.
Martin, John Levi, 2005: „Is Power Sexy?“, in: *American Journal of Sociology* 111: 408-446.
Martin, John Levi, 2009: *Social Structures*. Princeton: Princeton University Press.
Martin, John Levi/Matt George, 2006: „Theories of Sexual Stratification: Toward an Analytics of the Sexual Field and a Theory of Sexual Capital“, in: *Sociological Theory* 24: 107-132.
McLean, Paul, 2007: *The Art of the Network. Strategic Interaction and Patronage in Renaissance Florence*. Durham/ North Carolina: Duke University Press.
Mische, Ann, 2003: „Cross-talk in movements: reconceiving the culture-network link“, in: Mario Diani/ Doug McAdam (Hrsg.), *Social Movements and Networks*. Oxford: Oxford University Press: 258-280.
Mische, Ann, 2008: *Partisan Publics. Communication and contention across Brazilian youth activist networks*. Princeton: Princeton University Press.
Mische, Ann, i.E.: „Relational Sociology, Culture, and Agency“, in: John Scott (Hrsg.), *Sage Handbook of Social Network Analysis*. Thousands Oaks: Sage.
Mische, Ann/Philippa Pattison, 2000: „Composing a civic arena: Publics, projects, and social settings“, in: *Poetics* 27: 163-194.
Mische, Ann/Harrison C. White, 1998: „Between conversation and situation: public switching dynamics across network domains“, in: *Social Research* 65: 695-724.
Mohr, John W., 1998: „Measuring meaning structures“, in: *Annual Review of Sociology* 24: 345-370.
Mohr, John W., 2000: „Introduction: Structures, institutions, and cultural analysis“, in: *Poetics* 27: 57-68.
Mohr, John W./Vincent Duquenne, 1997: „The duality of culture and practice: poverty relief in New York City, 1888-1917“, in: *Theory & Society* 26: 305-356.
Mohr, John W./Roger Friedland, 2008: „Theorizing the institution: foundations, duality, and data“, in: *Theory and Society* 37: 421-426.
Mohr, John W./Helene Lee, 2000: „From affirmative action to outreach: discourse shifts at the University of California“, in: *Poetics* 28: 47-71.
Mohr, John W./Harrison C. White, 2008: „How to model an institution“, in: *Theory and Society* 37: 485-512.
Mullins, Nicholas, 1973: *Theories and Theory Groups in Contemporary American Sociology*. New York: Harper & Row.
Mützel, Sophie, 2002: *Making meaning of the move of the German capital: networks, logics, and the emergence of capital city journalism*. Ann Arbor: UMI.
Mützel, Sophie, 2006: „Strukturelle Netzwerkanalyse und Bourdieus Praxistheorie: Weiterführende Ideen für die neue Wirtschaftssoziologie“, in: Michael Florian/Frank Hillebrandt (Hrsg.), *Pierre Bourdieu: Neue Perspektiven für die Soziologie der Wirtschaft*. Wiesbaden: VS Verlag: 109-125.
Mützel, Sophie, 2007: „Marktkonstitution durch narrativen Wettbewerb“, in: *Berliner Journal für Soziologie* 17: 451-464.
Mützel, Sophie, 2008: „Handlungskoordination in der neuen Wirtschaftssoziologie. Französische und US-amerikanische Ansätze im Vergleich“, in: Karl-Siegbert Rehberg (Hrsg.), *Die Natur der Gesellschaft, Verhandlungsband des 33. Kongresses der DGS*. Frankfurt a.M./New York: Campus.
Mützel, Sophie, 2009a: „Geschichten als Signale: Zur diskursiven Konstruktion von Märkten“, in: Rainer Diaz-Bone/Gertraude Krell (Hrsg.), *Diskurs und Ökonomie. Diskursanalytische Perspektiven auf Märkte und Organisationen*. Wiesbaden: VS Verlag: 225-244.
Mützel, Sophie, 2009b: „Koordinierung von Märkten durch narrativen Wettbewerb“, in: Jens Beckert/Christoph Deutschmann (Hrsg.), *Wirtschaftssoziologie. 49. Sonderheft der KZfSS*. Wiesbaden: VS Verlag: 87-106.
Mützel, Sophie, 2009c: „Networks as Culturally Constituted Processes: A Comparison of Relational Sociology and Actor-network Theory“, in: *Current Sociology* 57: 871-887.

Pachucki, Mark A./Ronald L. Breiger, 2010: „Cultural Holes: Beyond Relationality in Social Networks and Culture", in: *Annual Review of Sociology* 36.

Reckwitz, Andreas, 2008: „Latours Plädoyer für eine poststrukturalistische Heuristik des Sozialen", in: *Soziologische Revue* 31: 336-343.

Santoro, Marco, 2008: „Framing Notes. An Introduction to ‚Catnets'", in: *Sociologica* 1/2008, http://www.sociologica.mulino.it/doi/10.2383/26574.

Schmid, Michael, 2006: *Die Logik mechanismischer Erklärungen*. Wiesbaden: VS Verlag.

Schmitt, Marco, 2009: *Trennen und Verbinden. Soziologische Untersuchungen zur Theorie des Gedächtnisses*. Wiesbaden: VS Verlag.

Schulz-Schaeffer, Ingo, 2000: „Akteur-Netzwerk-Theorie. Zur Koevolution von Gesellschaft, Natur und Technik", in: Johannes Weyer (Hrsg.), *Soziale Netzwerke*. München: Oldenbourg: 187-209.

Schwartz, Michael, 2008: „A postscript to ‚Catnets'", in: *Sociologica* http://www.sociologica.mulino.it/doi/10.2383/26577.

Schweizer, Thomas, 1996: *Muster sozialer Ordnung: Netzwerkanalyse als Fundament der Sozialethnologie*. Berlin: Dietrich Reimer Verlag.

Scott, John, 2000: *Social Network Analysis*. 2nd. Newbury Park: Sage.

Smith, Tammy, 2007: „Narrative boundaries and the dynamics of ethnic conflict and conciliation", in: *Poetics* 35: 22-46.

Snyder, David/Edward L. Kick, 1979: „Structural Position in the World System and Economic Growth, 1955-1970: A Multiple-Network Analysis of Transnational Interactions", in: *The American Journal of Sociology* 84: 1096-1126.

Sonnett, John/Ronald L. Breiger, 2004: „How relational methods matter", in: *Culture* 19: 8-9.

Stegbauer, Christian, 2002: *Reziprozität. Einführung in soziale Formen der Gegenseitigkeit*. Wiesbaden: Westdeutscher Verlag.

Stegbauer, Christian (Hrsg.), 2008: *Netzwerkanalyse und Netzwerktheorie: Ein neues Paradigma in den Sozialwissenschaften*. Wiesbaden: VS Verlag.

Stegbauer, Christian, 2008b: „Weak und Strong Ties. Freundschaft aus netzwerktheoretischer Perspektive", in: ders. (Hrsg.): *Netzwerkanalyse und Netzwerktheorie*, Wiesbaden: VS Verlag, 105-119.

Stegbauer, Christian, 2009: *Wikipedia. Das Rätsel der Kooperation*. Wiesbaden: VS Verlag.

Stegbauer, Christian/Alexander Rausch, 2006: *Strukturalistische Internetforschung; Netzwerkanalysen internetbasierter Kommunikationsräume*. Wiesbaden: VS Verlag.

Sydow, Jörg/Arnold Windeler (Hrsg.), 1999: *Steuerung von Netzwerken*. Opladen: Westdeutscher Verlag.

Tacke, Veronika, 2000: „Netzwerk und Adresse", in: *Soziale Systeme* 6, 291-320.

Tilly, Charles, 1978: *From Mobilization to Revolution*. New York: McGraw-Hill.

Tilly, Charles, 2005: *Identities, Boundaries, and Social Ties*. Boulder: Paradigm Publishers.

Trezzini, Bruno, 1998a: „Konzepte und Methoden der sozialwissenschaftlichen Netzwerkanalyse: Eine aktuelle Übersicht", in: *Zeitschrift für Soziologie* 27: 378-394.

Trezzini, Bruno, 1998b: „Theoretische Aspekte der sozialwissenschaftlichen Netzwerkanalyse", in: *Schweizerische Zeitschrift für Soziologie* 24: 511-544.

Wasserman, Stanley/Katherine Faust, 1994: *Social Network Analysis: Methods and Applications*. Cambridge, UK; New York: Cambridge University Press.

Watts, Duncan J., 2004: „The ‚New' Science of Networks", in: *Annual Review of Sociology* 30: 243-270.

Wellman, Barry, 1988: „Structural analysis: from method and metaphor to theory and substance", in: Barry Wellman/S. D. Berkowitz (Hrsg.), *Social Structures: A Network Approach*. Cambridge: Cambridge University Press: 19-61.

Weyer, Johannes (Hrsg.), 2000: *Soziale Netzwerke. Konzepte und Methoden der sozialwissenschaftlichen Netzwerkforschung*. München/Wien: Oldenbourg.

White, Harrison C., 1970: *Chains of opportunity: system models of mobility in organizations*. Cambridge/Massachusetts: Harvard University Press.

White, Harrison C., 1992: *Identity and Control: A Structural Theory of Social Action.* Princeton, NJ: Princeton University Press.

White, Harrison C., 1995: „Network switchings and Bayesian forks: reconstructing the social and behavioral sicences", in: *Social Research* 62: 1035-1063.

White, Harrison C., 2000: „Modeling discourse in and around markets", in: *Poetics* 27: 117-133.

White, Harrison C., 2003: „Meanings out of ambiguity from switchings, with grammar as one trace: directions for a sociology of language", The Cultural Turn at UC Santa Barbara: Instituting and Institutions, UC Santa Barbara.

White, Harrison C., 2008a: *Identity and Control: How Social Formations Emerge.* Princeton: Princeton University Press.

White, Harrison C., 2008b: „Notes on the Constituents of Social Structure. Soc. Rel. 10 – Spring '65", in: *Sociologica* 1/2008, http://www.sociologica.mulino.it/doi/10.2383/26576.

White, Harrison C./Scott Boorman/Ronald L. Breiger, 1976: „Social structure from multiple networks. I. Blockmodels of roles and positions", in: *American Journal of Sociology* 81: 730-779.

White, Harrison C./Ronald L. Breiger, 1975: „Pattern across Networks", in: *Society* 12: 68-73.

White, Harrison C./Jan Fuhse/Matthias Thiemann/Larissa Buchholz, 2007: „Networks and Meaning: Styles and Switchings", in: *Soziale Systeme* 13: 514-526.

White, Harrison C./Frédéric Godart, 2007: „Stories from Identity and Control", in: *Sociologica* 3/2007, http://www.sociologica.mulino.it/doi/10.2383/25960.

Yeung, King-To, 2005: „What does love mean? Exploring network culture in two network settings", in: *Social Forces* 84: 391-420.

Zablocki, Benjamin, 1980: Alienation and Charisma: A Study of Contemporary American Communes. New York: Free Press.

Dualities of Culture and Structure: Seeing Through Cultural Holes[1]

Ronald L. Breiger

Just three decades ago, Peter Blau declared that "social structure is not culture." Blau averred that the study of the quantitative dimensions of social structure had long been neglected, "two exceptions being Harrison C. White and Bruce H. Mayhew," and moreover that the quantitative dimensions constitute the core of social structure and "distinguish it from culture" (Blau 1977: 245). Indeed, the oft-proclaimed "breakthrough" in the 1970s that "firmly established" network analysis as a method of structural analysis (Scott 2000: 33-37) defined itself in opposition to culture. White and his coauthors, of whom I was one (White et al. 1976: 734), seemed to take pride in announcing that "the cultural and social-psychological meanings of actual ties are largely bypassed.... We focus instead on interpreting the patterns among types of tie."

Some sort of explanation is therefore required to understand how and why, today, social network researchers can say that social networks and all social structures are inherently cultural in that they are based on meaning (Fuhse 2009), how it could be that Harrison White and Frédéric Godart write now (2007) that "the complexity and dynamics of culture are intertwined with the dynamics and complexity of structure, as reflected in forms of discourse."

Explanations for this important cultural turn in structural analysis are difficult to pin down.[2] My reading of Fuchs (2010) suggests that a reductionist stance toward cultures "below" – or the fabrication of a culture positing that culture doesn't matter – could have been a posture, or a projective effort on the part of the 1970s researchers

---

1 Thanks to the editors for many helpful insights, comments, and suggestions.

2 Peter Bearman (personal communication, October 2009) has taken me to task for my assertion that there has been a "cultural turn" after which structural analysts considered culture more seriously. In Bearman's view, for example, the White et al. (1976) paper only appears to be a repudiation of "culture" because "culture" was then theorized at the wrong level by other analysts. Bearman views algebraic analysis of the interrelation of types of tie (the "role structures" of Boorman and White 1976) as a distinctively structural (and operationally viable) way to get at culture (see also Bearman 1993 for an application to the study of social relations, rhetoric, and elite power in an English county in the sixteenth and seventeenth centuries). However, I mean "culture" in the sense of local practices and meanings, discourse, and repertoires (e.g., Mische 2008) and consistent with the five-point research agenda put forward by Fuhse (2009: 68-69). This sense of culture was indeed rejected in the 1970s work of Blau and of White and coauthors.

to seize a high-status position for social-network analysis.[3] Pachucki and Breiger (2010) put forward a half-dozen candidate reasons as to why the boundary[4] between structure and culture began to be spanned, among which are

- Critiques by symbolic interactionists and cultural sociologists pointing to what network analysis was missing (e.g., Fine and Kleinman 1983, Brint 1992, and most influentially Emirbayer and Goodwin 1994);
- Anomalies arising within network analysis forcing investigators to consider cognition within networks (see the "reverse small world problem" reviewed in Marsden 2005; studies of recall, Brewer 2000; Carley's 1986 "constructuralist" model and subsequent developments);
- Harrison White's rethinking and upending of network theory in *Identity and Control* (1992; second ed., 2008), White now writing that "stories describe the ties in networks," that "a social network is a network of meanings," and that agency is "the dynamic face of networks" (1992: 65, 67, 245, 315), and the synergy of White's theorizing with that of others (e.g., Somers 1994, 1998; Fuchs 2001; Eliasoph and Lichterman 2003; Collins 2003; 2004, Martin 2009).
- Realization that the most iconic settings within which social network data is collected (e.g., self-reports on who one's friends are) are essentially discursive and, hence, constituted by cultural products that should be analyzed with reference to constructions of meaning (Mische 2003, 2008). In particular, disputes have careers that entangle actors within simultaneously emergent logics of identity (Mützel 2002: 270-74).

However, these candidate reasons to explain a shift toward culture seem largely descriptive. And in any case, White and Godart (2007: 2, 17) reject conceiving of the relation between structure and culture as "interdependent yet autonomous" (as implied by the four candidate reasons listed above), preferring instead to view "structure" and "culture," "social networks" and "discursive forms," as second-order processes which need to be accounted for fundamentally by the dynamics of identity and control among network domains. What I think White and Godart are saying here is that a focus on unifying research on social networks with that on culture (for example, many of the recent efforts reviewed in Pachucki and Breiger 2010) is to some extent misdirected. While it is true that structure and culture partially influence each other, White and Godart envision a deeper set of forces, namely identity and control; the playing out of these forces generates both the social networks ("structure") and the local rules and practices ("culture") that other theorists take as their focal constructs. ("Identity begins as and from a primordial and continuing urge to control, which can be seen always, in all contexts";

3 There is an interesting comparison to be made here between the culture-denying structuralism of Chomsky and the eventful structuralism of Jakobson (e.g., Waugh and Monville-Burston 1990).

4 In this context the ideas of Athanasios Karafillidis (2010) are indispensable: there is a duality between networks and boundaries.

White 1992: 312). Humans participate in multiple realms (such as family and village, job and secret society), so that the playing out of identity and control crosscuts these relams or network domains (White 1992: 313). In my reading, the concept of duality[5] is central to White and Godart's portrayal of this dynamic. For example, it allows them to say (2007: 9) that "stereotyped content" such as the proper role relations or story lines ("plots") connecting students and teachers decouple events in one role frame (the classroom) from events in other frames (such as after-school play among students); nonetheless, events (such as a fight at school among students) serve to decouple role frames (in this example, the role of student and the role of leader among children who engage together in non-school activities). In this example plots (story lines consistent with role frames) and events represent two levels of action that are dual to each other in the sense that connections within either level imply disconnection at the other level.

1. Cultural Holes

In thinking about dualities of structure and culture, it would be useful to consider the cultural underpinnings for, and constitution of, "structural holes." In formulating the latter concept, Burt (1992, 2005) refers to the strategic bridging of relational ties that may connect otherwise disjoint clumps of social actors; these ties are hypothesized to lead to enhanced information benefits and social capital for those who bridge holes. Burt (1992: 12) recognized that strong (potentially bridging) ties often connect those individuals with shared interests, and more generally that we "find people with similar tastes attractive." As Mark Pachucki and I argue, however, Burt lost sight of culture as he worked out his more restrictive vision of a calculus for the maximization of interest (Pachucki and Breiger 2010). By the term *cultural hole* Pachucki and I mean contingencies of meaning, practice, and discourse that enable social structure.

Pachucki and Breiger (2010) elaborates four implications of the cultural hole concept which I briefly summarize here. First, research (including that of Erickson 1996 and Lizardo 2006) suggests that is often forms of popular culture that flow through and evoke those bridging ties emphasized in Burt's work. Second, an important way to empirically identify genres, disciplines, communities of practice, and dimensions of cultural classification is to search for patterned absences of relations, to see these sociocultural forms as patterned around holes (as in DiMaggio's emphasis on "ritual boundaries and … barriers that make it difficult for artists and enterprises to move among genres" as allowing an analyst to discover categories of artistic classification; DiMaggio 1987: 441). Third, if and when structural holes "work" is fundamentally culturally contingent; for example, the typical collectivistic culture of China and the high-commitment culture of Chinese firms is likely to dampen the effectiveness of structural-hole strategies

5 I think duality is a central concept appearing and evolving in White's body of work (see Breiger 2005: 885).

in comparison to the West (Xiao and Tsui 2007). And fourth, cultural holes may refer to the incommensurabilities in institutional logics. A research agenda following from this fourth point would be to understand how partially interdependent, partially divergent logics can be either differentiated, bridged, contested, or mediated (Friedland 2009). In what Pachucki and I (2010) see as a related theoretical move to Friedland's, White and Godart posit that it is precisely when identities do bridging work across network-domains – when they span cultural holes – that "identities generate some specific meanings, together with forms of discourse" (2007: 2).

2. Seeing through Cultural Holes

In this chapter I would like to further extend the conceptualization of cultural holes put forward in Pachucki and Breiger (2010) by exploring its analytical depth. How can this concept help us to peer more incisively into the dualities of culture and structure? I will propose four perspectives.

2.1 Hole-Bridging via Cultural Homophily

Consider clumps of actors who are grouped together on the basis of shared social resemblances (social homophily). Fine and Kleinman (1983) reviewed Gary Fine's ethnographic study of boys who were involved in voluntary sports clubs known in the US as Little League baseball teams. At the beginning of the season in which this sport is played, the young players are likely to be divided into friendship groups on the basis of neighborhood of residence and shared attendance at a school (Fine and Kleinman 1983: 101); we might refer to this as friendship on the basis of social homophily. How do the holes between these socially homophilous cliques of boys get bridged? One answer is that an actor encounters a stranger with whom he shares relevant tastes, activities, lifestyles, attitudes, or interests, and the fact of the similarity itself increases the probability that the actors will spend more time with each other, deepening their tie. This form of similarity might be termed homophily on the basis of shared tastes or culture. In the case of the young Little League players, as teams play other teams of unfamiliar boys, the boys encounter others who share talk of heterosexual activities or baseball skills, and this homphily on the basis of shared culture ("the ease of fitting together these lines of action") leads "some boys [to] spend more time with their new friends than with old ones," creating bridging ties (1983: 101).

A tie that spans a cultural hole may simultaneously create a new hole. In the case of one Little League player who found new friends on the basis of shared tastes, the boy's "former friends turned sharply on him, precipitating a neighborhood crisis" (Fine and Kleinman 1983: 101). This dialectic of bridging and creation of boundaries is fundamental to the study of social change, as in Fine and Kleinman's example of a new boy arriving in the neighborhood, leading to the formation of new ties simultaneous with the disruption of some existing ones.

Health-related behaviors have traditionally been studied without reference to social networks. However, recent research of Christakis and collaborators (e.g., Christakis and Fowler 2007, on obesity) argues that obesity and other health-related behaviors "appear to spread through social ties." Brashears (2008, building on earlier methodological work of Kandel 1978, and the classic essay of Lazarsfeld and Merton 1954) provides an analytic framework for distinguishing the extent to which such network similarity might be the result of, on the one hand, selection effects (people developing social ties on the basis of similarity) and, on the other hand, what Brashears calls "harmonization effects," referring to the idea that individuals connected by network ties might over time change their attitudes, beliefs, and behaviors in evolving synchrony with those with whom they (and the contacts of their contacts, etc.) are connected. From my perspective, both effects, selection and (especially) harmonization, have important cultural dimensions that lead to the bridging of cultural holes (as when people associate with new arrivals who share their religious beliefs; Brashears 2008) and to the creation of new boundaries (as when people drop ties with former friends who do not share religious beliefs with them).

2.2 Hole-Bridging via Cultural Difference, Opposition and Complementarity

One of the most powerful concepts of network analysis, owing to the research and theorization of Miller McPherson and his colleagues, is homophily (shared resemblances) as the basis of network ties. McPherson et al. (2001: 416) write,

> "A pattern as powerful and pervasive as the relationship between association and similarity did not go unnoticed in classical Western thought. In Aristotle's *Rhetoric* and *Nichomachean Ethics*, he noted that people 'love those who are like themselves.' Plato observed in *Phaedrus* that 'similarity begets friendship.'"

McPherson and colleagues also recognized that both Aristotle and Plato stated "in other locations" that opposites might attract, "so it would be inappropriate to think of them as unambiguously anticipating later social scientific observations" (2001: 416). Nonetheless, it is the attraction of similar individuals – the idea that "similarity breeds connection" – that is taken by McPherson and colleagues to be "the homophily principle" that "structures network ties of every type, including marriage, friendship, work, advice, support" and all the others (2001: 415).

There has been little attention in the literature to other sociologists who have ruminated on Aristotle's thinking about friendship, but I would like to point out that Émile Durkheim began his master work, *The Division of Labor in Society*, with just such a concern. Chapter 1 of Durkheim's 1893 work features a discussion of whether we choose our friends on the basis of similarity or complementarity. Turning to a review of classical authors, Durkheim ([1893] 1933: 54) proclaims that "'Friendship,' says Aristotle, 'causes much discussion.'" Think of McPherson and contemporary colleagues while recalling Durkheim's observation that

> "Everybody knows that we like those who resemble us, those who think and feel as we do. But the opposite is no less true. It very often happens that we feel kindly towards those who do not resemble us, precisely because of this lack of resemblance.... The Greeks had long ago posed this problem.... Thus it is that a theorist, a subtle and reasoning individual, often has a very special sympathy for practical men, with their quick sense and rapid intuitions; the timid for the firm and resolute, the weak for the strong, and conversely." ([1893] 1933: 54-55).

The culmination of Durkheim's discussion of friendship in the first chapter of his 1893 work is his conclusion that "we seek in our friends the qualities that we lack, since in joining with them, we participate in some measure in their nature and thus feel less incomplete." Finally, it is "this division of labor, which determines the relations of friendship" ([1893] 1933: 55-56). In my reading, therefore, a paradigm case of Durkheim's theorization of the division of labor is the creation of social ties, the bridging of holes, on the basis of cultural difference or complementarity. In this sense Durkheim was a theorist of cultural holes, arguing that the social division of labor provided integration on the basis of differentiated individuals and their social connections.

2.3 Cultural Holes as Negative Space

How can we theorize the absence of relations? Burt (1992: 25-26) acknowledges the origins of his "structural holes" argument in Harrison White's work on vacancy chains (White 1970: 281, taking as an underlying principle of his models of mobility that it is vacancies, not individual job-holders, that are free to move between categories according to fixed transition probabilities), and on blockmodels. White et al. (1976: 732 n. 3) write that "recognizing that the 'holes' in a network may define its structure was a primary substantive motivation for the work reported here" on the blockmodeling of social networks.

How can we theorize the role of *culture* as constituting the absence of relations? A highly innovative formulation is that of Ikegami (2005), which itself was influenced by White's (1995) enfolding of the concept of "publics" within a broader network theory. Ikegami (2005: 24) defines "publics" as interactional and communicative spaces within network connections; they are "the imagined or actual realms in which different social and cognitive network connections meet and intersect" (see also White 2008: 179-80). For Ikegami (2005: 45), the identity of a person or a collectivity "is not a fixed, pre-existing entity but is fluid and revisable through interactions with others in the space of a public."

Of most relevance for my discussion, Ikegami sees publics as in dialectical relation to "negative space." In analogy to academic instruction in a drawing class, where novice students might be asked to draw oranges and apples on a sheet of paper, "negative space" is "the space between the objects' solid or material contours." To the artist with trained perception, it is clear that "the negative space and the object work together to create the picture" (Ikegami 2005: 45).

Negative space is a metaphor for a public "in which the actions of switching/connecting and decoupling of networks takes place" (Ikegami 2005: 48, with explicit reference to White 1995 and related works). Actors participating in communication within the interactional space of a public "experience a temporal suspension of the social and cognitive networks that existed prior to their participation," and "such a suspension can potentially create a source for revising one's perception of the self, the other, and the world" (Ikegami 2005: 49). Ikegami describes a uniquely collective form of arts and poetry that arose in medieval Japanese society and that emphasized horizontal fellowship by means of the clever use of the ritual logic of *mu'en* ("no relation"; 2005; 383). This logic of *mu'en* "applied to people and sites that trespassed borders and intersected multiple worlds and thereby could form connections between this world and the worlds of the sacred and the dead" (2005: 383). Within the rigidly hierarchical society of Tokugawa Japan, the *mu'en* logic was used "from below" by informal social and artistic associations to create what Ikegami (ch. 1) calls "civility without civil society." Ikegami (2005: 384) suggests that, even in our contemporary societies, publics are locales that paradoxically underscore "the human ability to create connectivity by means of decoupling into a 'no relation' mode within relational networks." This broad and dialectical theorization of the absence of relations moves beyond Burt's conceptualization of structural holes, which provides perhaps a highly specialized case. I argue that the broader generalization is reflected by the concept of "cultural holes" as referenced in this chapter.

2.4 The Strength of Weak Culture

Granovetter's (1973) highly influential theorization of the strength of social ties is claimed by Burt as the third antecedent of his "structural holes" concept (in addition to work of White on vacancy chains, and work of White and collaborators on the asymmetry between the ties and the "holes" in social networks). The relevant point here (Burt 1992: 26) is that Granovetter proposed that people typically live within a cluster of others with whom they have strong relations (in the sense of a high density of social ties, and also in the sense of investing highly in time and energy in maintaining the ties; the network alters tend to be kin or close friends, rather than mere acquaintances). "Each person tends to know what the other people know" (Burt 1992: 26). The spread of information on new ideas and opportunities, therefore, must come through the weak ties that connect people across separate clusters.

The theoretical work of Granovetter on the strength of social ties needs to be extended to the study of cultural objects and relations (see also Fuhse 2009: 62).[6] Jenni-

6 The word "culture" appears in only one paragraph of Granovetter's agenda-setting article, a paragraph in which he distinguishes his structural tie-strength theory from opposing explanations rooted in what he proceeds to dismiss as "variations in culture and personality" (1973: 1373)

fer Schultz and I (Schultz and Breiger 2010) propose that the tie that binds an actor to a cultural taste might be strong (purposive, intensive in time or commitment, fostered by a tightly integrated community bounded by social symbols and representations) or weak (banal, non-instrumental, non-demanding, non-exclusive). Weak culture can be "strong" in several different respects, for example by bridging across otherwise disconnected social groups, or by bonding actors to a wider collectivity than is possible on the basis of strong-culture commitments.

While Granovetter's strong social ties might often coincide with a pervasive culture that is exclusive of those outside the clump of connected actors (and conversely, weak social ties might connect actors who share little culture), such parallelism of structure and culture need not be the case. Collins (2004: 383 n. 12) suggests that all bridging ties have to be at least minimally successful as interaction rituals (for example, the sharing of a culture of smoking or social drinking while conducting business among mere acquaintances), and that, conversely, seemingly "strongly" connected cliques of actors bound by dense mutual ties might nonetheless be "emotionally flat and perfunctory in the symbols they pass around" (for example, I would assert, the mandatory socializing among longstanding members of an academic department, at least of the sort satirized mercilessly in Robert Barnard's 1977 novel, *Death of an Old Goat*). The strength of culture and the strength of social ties are correlated dimensions, but only imperfectly so.

Schultz and Breiger (2010) report a research finding indicating how weak culture makes a difference. They take a new look at survey data (from the "culture module" of the 1993 US General Social Survey) on the degree of preference of 1,500 respondents for eighteen types of musical genres (jazz, opera, reggae, and so on). The dependent variable is whether the respondent perceives the American people to be "united" or "divided" in their "most important values." The key independent variable is the number of the eighteen genres that a respondent "likes very much" and the number that are merely "liked." If strong culture is exclusive and demanding of commitment, then we should expect that liking genres "very much" will be associated with an *increased* perception of division among Americans in their values. On the other hand, if weak culture tends to span genres, then we should expect that merely "liking" genres (a weaker form of approval than liking a genre very strongly) should be associated with a *decreased* perception of division among Americans in their values. The logistic regression analysis of Schultz and Breiger finds exactly this result, even when controlling for other degrees of liking (and disliking) each genre as well as controlling for education and race. Weak culture has a strong and significant impact on shaping attitudes about national values, even in the presence of reasonable control variables.

Concluding Observations

For an important segment of social network analysts (who nonetheless still probably constitute a minority of social scientists who study networks), there has undeniably been a profound and fundamental cultural turn (Fuhse 2009, Pachucki and Breiger 2010). Whereas in the 1970s much effort was expended on policing an asserted boundary between culture and structure, today there is an expanding set of analytical techniques for understanding the dualities of culture and structure, for example that "what makes an institution work is that it interpenetrates the social with the cultural" (Mohr and White 2008). This set of relevant analytical techniques includes Galois lattice analysis, multidimensional scaling, and correspondence analysis; an excellent overview is provided by Mohr (1998). In addition, boundaries between human and nonhuman networks are increasingly being subverted in innovative ways (Mützel 2009).

The concept of "cultural hole" is intended to capture contingencies of meaning, practice, and discourse that enable social structure and structural holes. Building on Pachucki and Breiger's (2010) formulation of "cultural holes," I have endeavored in this chapter to extend the concept in several directions. The genesis of a social tie may be motivated by cultural similarity, but also by difference and even opposition of culture. The bridging of a cultural hole (for example, a connection to new neighborhood residents who share my religion or my more specific religious orientation) might create other holes (such as my dropping of ties to neighbors with whom I once bonded on other dimensions, such as hobbies or occupation). Moving the focus from the interpersonal to a more systemic level, integration and differentiation – the key processes postulated in Durkheim's *Division of Labor* – are generalizations of connections and disruptions caused by the bridging of network domains. Ikegami's metaphor of "negative space" provides a suggestive means of understanding some key aspects of White's (1995, 2008; White and Godart 2007) theorization of domains, publics, and switching, and of attaining new insight (as in Ikegami's analysis of civility in the absence of civil society). On a plane that is dual to the many research studies of strong and weak social ties, there is the question of strong and weak forms of culture that infuse such ties and enable them. No longer can it be said (White et al. 1976) that the cultural and social-psychological meanings of ties are largely bypassed in network analysis.

References

Barnard, Robert, 1977: *Death of an Old Goat.* New York: Walker.

Bearman, Peter S., 1993: *Relations into Rhetorics. Local Elite Social Structure in Norfolk, England, 1540-1640.* New Brunswick: Rutgers University Press.

Blau, Peter Michael, 1977: *Inequality and Heterogeneity. A Primitive Theory of Social Structure.* New York: Free Press.

Boorman, Scott A./Harrison C. White, 1976: "Social Structure from Multiple Networks. II. Role Structures", in: *American Journal of Sociology* 81: 1384-1446.

Brashears, Matthew E., 2008: "Picking and Choosing, Accepting and Changing: The Effects of Selection and Harmonization on Network Structure and Content". PhD dissertation, University of Arizona, Department of Sociology.

Breiger, Ronald L., 2005: "White, Harrison", in: George Ritzer (ed.): *Encyclopedia of Social Theory.* Thousand Oaks: Sage: 884-886.

Brewer, Devon D., 2000: "Forgetting in the Recall-Based Elicitation of Personal and Social Networks", in: *Social Networks* 22: 29.

Brint, Steven, 1992: "Hidden Meanings: Cultural Content and Context in Harrison White's Structural Sociology", in: *Sociological Theory* 10: 194-208.

Burt, Ronald S., 1992: *Structural Holes. The Social Structure of Competition.* Cambridge, Mass.: Harvard University Press.

Burt, Ronald S., 2005: *Brokerage and Closure.* Oxford: Oxford University Press.

Carley, Kathleen M., 1986: "An Approach for Relating Social Structure to Cognitive Structure", in: *Journal of Mathematical Sociology* 12: 137-189.

Christakis, N. A./J. H. Fowler, 2007: "The Spread of Obesity in a Large Social Network Over 32 Years", in: *The New England Journal of Medicine* 357: 370-379.

Collins, Randall, 2003: "A Network-Location Theory of Culture", in: *Sociological Theory* 21: 69-73.

Collins, Randall, 2004: *Interaction Ritual Chains.* Princeton: Princeton University Press.

DiMaggio, Paul, 1987: "Classification in Art", in: *American Sociological Review* 52: 440-455.

Durkheim, Emile [1893] 1933: *The Division of Labor in Society.* Glencoe, Ill.: Free Press.

Eliasoph, Nina/Paul Lichterman, 2003: "Culture in Interaction", in: *American Journal of Sociology* 108: 735-794.

Emirbayer, Mustafa/Jeff Goodwin, 1994: "Network Analysis, Culture, and the Problem of Agency", in: *American Journal of Sociology* 99: 1411-1454.

Erickson, Bonnie H., 1996: "Culture, Class, and Connections", in: *American Journal of Sociology* 102: 217-251.

Fine, Gary A./Sherryl Kleinman, 1983: "Network and Meaning: An Interactionist Approach to Structure", in: *Symbolic Interaction* 6: 97-110.

Friedland, Roger, 2009: "The Endless Fields of Pierre Bourdieu", in: *Organization* 16: 1-31.

Fuchs, Stephan, 2001: *Against Essentialism. A Theory of Culture and Society.* Cambridge, Mass.: Harvard University Press.

Fuchs, Stephan, 2010: "Kulturelle Netzwerke. Zu einer Relationalen Soziologie symbolischer Formen", in: Jan Fuhse /Sophie Mützel (eds.): *Relationale Soziologie*, Wiesbaden: VS.

Fuhse, Jan A., 2009: "The Meaning Structure of Social Networks", in: *Sociological Theory* 27: 51-73.

Granovetter, Mark S., 1973: "The Strength of Weak Ties", in: *American Journal of Sociology* 78: 1360-1380.

Ikegami, Eiko, 2005: *Bonds of Civility : Aesthetic Networks and the Political Origins of Japanese Culture.* New York: Cambridge University Press.

Kandel, Denise B., 1978: "Homophily, Selection, and Socialization in Adolescent Friendships", in: *American Journal of Sociology* 84: 427-436.

Karafillidis, Athanasios 2010: "Grenzen und Relationen", in: Jan Fuhse /Sophie Mützel (eds.): *Relationale Soziologie*, Wiesbaden: VS.

Lazarsfeld, Paul F./Robert K. Merton, 1954: "Friendship as a Social Process: A Substantive and Methodological Analysis", in: Morroe Berger/Theodore Abel/Charles H. Page (eds.): *Freedom and Control in Modern Society.* Princeton, NJ: Van Nostrand, 18-66.

Lizardo, Omar, 2006: "How Cultural Tastes Shape Personal Networks", in: *American Sociological Review* 71: 778-807.

Marsden, Peter V., 2005: "Recent Developments in Network Measurement", in: Peter J. Carrington/John Scott/Stanley Wasserman (eds.): *Models and Methods in Social Network Analysis*. New York: Cambridge University Press: 8-30.

Martin, John Levi, 2009: *Social Structures*. Princeton: Princeton University Press.

McPherson, Miller/Lynn Smith-Lovin/James M. Cook, 2001: "Birds of a Feather: Homophily in Social Networks", in: *Annual Review of Sociology* 27: 415-444.

Mische, Ann, 2003: "Cross-Talk in Movements: Reconceiving the Culture-Network Link", in: Mario Diani/Doug McAdam (eds.): *Social Movements and Networks: Relational Approaches to Collective Action*. New York: Oxford University Press: 258-281.

Mische, Ann, 2008: *Partisan Publics. Communication and Contention Across Brazilian Youth Activist Networks*. Princeton: Princeton University Press.

Mohr, John W., 1998: "Measuring Meaning Structures", in: *Annual Review of Sociology* 24: 345-370.

Mohr, John W./Harrison C. White, 2008: "How to Model an Institution", in: *Theory and Society* 37: 485-512.

Mützel, Sophie, 2002: "Making Meaning of the Move of the German Capital: Networks, Logics, and the Emergence of Capital City Journalism". PhD dissertation, Columbia University, Department of Sociology.

Mützel, Sophie, 2009: "Networks as Culturally Constituted Processes: A Comparison of Relational Sociology and Actor-network Theory", in: *Current Sociology* 57: 871-887.

Pachucki, Mark A./Ronald L. Breiger, 2010: "Cultural Holes: Beyond Relationality in Social Networks and Culture", in: *Annual Review of Sociology* 36: in press.

Schultz, Jennifer L./Ronald L. Breiger, 2010: "The Strength of Weak Culture", in: *Poetics* 38: in press.

Scott, John, 2000: *Social Network Analysis. A Handbook*. London: Sage.

Somers, Margaret R., 1994: "The Narrative Constitution of Identity: A Relational and Network Approach", in: *Theory and Society* 23: 605-649.

Somers, Margaret R., 1998: ""We're no Angels": Realism, Rational Choice, and Relationality in Social Science", in: *American Journal of Sociology* 104: 722-784.

Waugh, Linda R./Monique Monville-Burston, 1990: "Introduction", in: Linda R. Waugh/Monique Monville-Burston (eds.): *Roman Jakobson on Language*. Cambridge, Mass.: Harvard University Press: 1-45.

White, Harrison C., 1970: *Chains of Opportunity. System Models of Mobility in Organizations*. Cambridge, Mass.: Harvard University Press.

White, Harrison C., 1992: *Identity and Control. A Structural Theory of Social Action*. Princeton, N.J.: Princeton University Press.

White, Harrison C., 1995: "Network Switchings and Bayesian Forks: Reconstructing the Social and Behavioral Sciences. (Defining the Boundaries of Social Inquiry)", in: *Social Research* 62: 1035-1063.

White, Harrison C., 2008: *Identity and Control. How Social Formations Emerge*. Princeton: Princeton University Press.

White, Harrison C./Scott A. Boorman/Ronald L. Breiger, 1976: "Social Structure from Multiple Networks. I. Blockmodels of Roles and Positions", in: *American Journal of Sociology* 81: 730-780.

White, Harrison C./Frédéric C. Godart, 2007: "Stories from Identity and Control", in: *Sociologica* 3: 1-17.

Xiao, Zhixing/Anne S. Tsui, 2007: "When Brokers may Not Work: The Cultural Contingency of Social Capital in Chinese High-Tech Firms", in: *Administrative Science Quarterly* 52: 1-31.

Kulturelle Netzwerke
Zu einer relationalen Soziologie symbolischer Formen[1]

Stephan Fuchs

Welche Rolle spielt der Begriff „Kultur“ in der relationalen Soziologie, also etwa in der Systemtheorie oder Netzwerkforschung? Die Systemtheorie untersucht das Verhältnis von Gesellschaftsstruktur und Semantik und stellt dabei fest, dass kulturelle Formen und Strukturen der Gesellschaft einander „entsprechen“ und miteinander „korrespondieren“. Zwar wird das Verhältnis von Sozialstruktur und Kultur nicht kausal verstanden und auch wird Kultur nicht marxistisch als „Überbau“ auf eine strukturelle Basis „reduziert“, wohl aber werden „Struktur“ (Gesellschaft) und „Sinn“ (Kultur) voneinander unterschieden und dann aufeinander bezogen (Luhmann 1980: 7, 15). Diese Unterscheidung jedoch ist selbst innerhalb der Systemtheorie fraglich und umstritten, denn soziale Strukturen sind doch auch – oder sogar ausschließlich – Strukturen der Kommunikation und damit des Sinnes. Wenn dies so ist, wird die Beziehung zwischen Struktur und Kultur zumindest redundant.

In der Netzwerkforschung, die lange auf rein formaler und strukturaler Ebene betrieben wurde, kommen der Kulturbegriff und damit verwandte Begriffe wie „Sinn“ und „Bedeutung“ erst seit kurzer Zeit, dann aber so entschieden vor, dass man geradezu eine „phänomenologische“ Netzwerkanalyse identifiziert hat (Fuhse 2008). Jedoch bleibt dabei unklar, wie der Begriff des „Phänomens“ zu verstehen ist, denn in der Geschichte der Metaphysik von Plato bis Kant und heute hat das „Phänomen“ sehr verschiedene Bedeutungen angenommen, wie ja auch der Begriff „Phänomenologie“ etwa bei Hegel etwas dramatisch anderes meint als bei Husserl, Heidegger oder Schütz. Wie die Netzwerkanalyse Struktur und Kultur aufeinander bezieht, ist daher ebenfalls unklar. White (2008: 337) sieht beide als „intertwined“ und Kommunikation als einen „Aspekt“ von Struktur, sagt aber nicht, auf genau welche Weise Kultur und Struktur miteinander interagieren und verbunden sind.

Wenn Struktur und Kultur einander gegenübergestellt werden, kann der Eindruck entstehen, als hätte Kultur in sich selbst keine Struktur und als hätte Struktur als solche keine Bedeutung oder „phänomenale“ Dimension. Dies stellt dieser Beitrag infrage, indem er Kultur selbst als Struktur versteht, die mit Konzepten der Netzwerkanalyse begriffen werden kann. Eine Kultur ist ein semantisches Netzwerk von Bedeutungen, die

1 Ich habe den Veranstaltern der Konferenz und Herausgebern dieses Bandes, Sophie Mützel und Jan Fuhse, für ihre Hinweise und Vorschläge zu meinem Text herzlich zu danken.

aufeinander verweisen und miteinander verbunden sind, wobei die Art und Weise der Verbindungen in den verschiedenen Bereichen des Netzwerkes ebenso variieren wie die Beziehungen der Bereiche untereinander und die Durchlässigkeit der Grenze, die eine Kultur von dem abgrenzt , was sie selbst nicht ist, also beispielsweise von einer anderen Kultur oder von ihrer eigenen Frühzeit. Ein semantisches oder kulturelles Netzwerk ist eine „symbolische Form" in dem Sinne, den Cassirer (1955: 73-85) in der Folge Kants diesem Begriff gegeben hat. Symbolische Formen, also bei Cassirer z.B. Kunst, Religion, Wissenschaft oder Mythos, sind relationale Gewebe von Begriffen, Symbolen und Bedeutungen, die sich zu einer Einheit verdichten, ohne dass es möglich wäre, eine kulturelle Form auf eine andere zu reduzieren: „None of these forms can simply be reduced to, or derived from, the others; each of them designates a particular approach, in which and through which it constitutes its own aspects of ‚reality'" (Cassirer 1955: 78).

Außerhalb des südwestdeutschen Neokantianismus stammt der Vorschlag, Kulturen, beispielsweise wissenschaftliche Theorien, als semantische Netzwerke zu begreifen, aus einem Zweig der Wissenschaftstheorie, dem sogenannten „semantischen Holismus" (Hesse 1980; Quine 1964; Wittgenstein 1953). Der semantische Holismus bezieht die Gegenposition zum logischen Positivismus und Verifikationismus in zwei entscheidenden Fragen – der Frage nach der Bedeutung von Begriffen und der Frage, ob und wie Theorien falsifizierbar sind. Für den Verifikationismus wird die Bedeutung theoretischer Begriffe und wissenschaftlicher Hypothesen durch die Methode festgelegt, nach der sie an den Tatsachen überprüfbar sind. Dies kann für jeden Begriff und jede Hypothese einzeln und getrennt voneinander geschehen. Man versteht die Bedeutung eines Begriffs, wenn man versteht, wie er sich zu den Tatsachen und Beobachtungen verhält, die seine empirische Wirklichkeit ausmachen. Man versteht eine Hypothese, wenn man die Bedingungen kennt, unter denen sie wahr ist. Diese Wahrheit ist eine Wahrheit von Sätzen, die mit dem, wovon und worüber sie handeln, „übereinstimmen".

Demgegenüber weist der Holismus darauf hin, dass die Bedeutung eines Begriffes davon abhängt, mit welchen anderen Begriffen er verbunden und verknüpft ist. Holistisch gesehen ist die Bedeutung von Begriffen nichts, was für jeden Begriff isoliert und unabhängig von anderen Begriffen entschieden und festgelegt werden könnte. Die Bedeutung von Begriffen wechselt zusammen mit der Position und Rolle, die solche Begriffe im Ganzen eines Netzwerkes einnehmen und spielen. Wenn sich die Beziehungen ändern, in die Begriffe eingebettet sind, ändert sich auch ihre Bedeutung. Dies kann man gut daran ablesen, was geschieht, wenn ein Begriff aus einem Beziehungsganzen entfernt wird. Seine Bedeutung besteht in dem Unterschied, den genau dieser Unterschied für das Netzwerk als solches und Ganzes macht. Solche Netzwerke haben eine charakteristische Struktur und Gestalt. Es ist diese Struktur oder Gestalt, die letztlich darüber entscheidet, welche Bedeutung einem Begriff innerhalb dieser Struktur zukommt. Wahrheit wird dann zum Einklang der Gestalt mit sich selbst.

Allerdings bestehen semantische Netzwerke nicht nur aus Begriffen und Hypothesen und die Beziehungen zwischen ihnen sind nicht nur rein formale oder logische (Latour

1987). In einer wissenschaftlichen Theorie zum Beispiel finden sich neben mehr oder weniger expliziten Begriffen und Aussagen eine ganze Reihe unterschiedlicher Komponenten und Bestandteile, wie Anwendungsverfahren und Methoden, exemplarische Problemlösungen und metaphysische Modelle des jeweiligen Gegenstandsbereiches oder auch Vergleiche mit rivalisierenden Theorien. Die Beziehungen zwischen diesen Komponenten werden in erster Linie nicht durch formale Logik und abstrakte Vernunft geknüpft, sondern durch eine mehr oder weniger lokale Praxis und deren eingespielte kulturelle Gewohnheiten (Margolis 1993).

Alle Netzwerke, nicht nur Kulturen, bestehen aus ihren spezifischen Elementen und den Beziehungen zwischen diesen. Die Beziehungen sind jeweils das Primäre. Die Elemente sind nicht der Ursprung des Netzwerkes, sondern dessen Resultat. Die Stabilität eines Netzwerkes ruht nicht auf der Unveränderlichkeit der Elemente, sondern auf der relativen Dauer seiner strukturellen Form. Die Elemente sind, was sie sind, nur innerhalb eines jeweiligen Netzwerkes. Harrison White (2008: 5) unterscheidet demgemäß zwischen „Identität" und „Person", wobei „Identität" auf spezifische Netzwerke, etwa Spielplätze, bezogen ist, während „Person" einen Zusammenhang verschiedener Identitäten aus verschiedenen Netzwerken bezeichnet. Die Elemente eines Netzwerkes werden definiert und bestimmt durch die Relationen des Netzwerkes und den Platz, den sie in diesem Beziehungsgefüge einnehmen. Außerhalb des Netzwerkes, in dem und durch das sie sind, was sie sind, sind die Elemente schwer zu definieren und zu bestimmen, wenn überhaupt (Fuchs 2001: 251). Ein völlig isoliertes Element, abgeschnitten von seinen Beziehungen zu anderen Elementen im Netzwerk, hat keine feststellbare Identität und wird kaum überleben. Es kann nicht mehr leisten, was es zuvor leistete, und was es noch ist und leistet, macht keinen Unterschied mehr (Latour 1988: 186).

Die Neuronen in einem Gehirn beispielsweise sind Neuronen nur in diesem Gehirn und nirgendwo sonst. Außerhalb des Gehirns kann eine Gehirnzelle nicht überleben und nichts tun. Es ist auch (noch) nicht möglich, eine reife und ausdifferenzierte Gehirnzelle einfach in ein anderes Organ zu verpflanzen, so dass aus ihr dann etwa eine Leberzelle würde. Die Sache liegt etwas anders bei den sogenannten Stammzellen, da diese noch nicht durch ein bestimmtes Netzwerk eindeutig festgelegt sind, was sie für Forschungs- und Heilungszwecke sehr vielversprechend macht. Je länger aber ein Element ein Element in einem bestimmten Netzwerk gewesen ist, desto schwerer wird es für dieses Element, eine Rolle und Position in einem Netzwerk anderer Art zu finden und auszubilden.

Dementsprechend sind auch etwa die Resultate wissenschaftlicher Forschung die Resultate, die sie sind, nur innerhalb eines Kontextes und Zusammenhanges ähnlicher Resultate. Für sich genommen sind solche Resultate schwer zu interpretieren, wenn überhaupt. Ihre Bedeutung und ihren Stellenwert erhalten sie nur innerhalb eines Rahmens oder Horizontes, aus dem heraus sie zu verstehen sind. Wenn sich der Rahmen oder Horizont ändert, so ändern sich auch die Bedeutung und Relevanz des Forschungsergebnisses. Alle Tatsachen sind Fest-Stellungen; sie sprechen nie für sich, sondern nur innerhalb eines Netzwerkes, dessen Beziehungen ein Element feststellen, das heißt, ihm einen bestimmten Platz innerhalb des Ganzen zuweisen. Aus diesem Grund sind „wörtliche" Übersetzungen nicht möglich. Ein in eine andere Sprache oder Kultur übersetzter Text wird durch die Interpretationsgewohnheiten, die in dieser Sprache oder Kultur herrschen, notwendig ein anderer, als er war.

Ein semantisches Netzwerk reagiert immer als Ganzes auf Störungen und Veränderungen innerhalb seiner verschiedenen Teilbereiche und Regionen. Dabei kommt es vor allem darauf an, die Struktur und Identität des Netzwerkes als solches und Ganzes zu ermöglichen und aufrechtzuerhalten. Je nachdem, wie zentral und entscheidend ein Bestandteil des Netzwerkes für das Netzwerk als Ganzes ist, ziehen Veränderungen in solchen Bestandteilen Veränderungen in anderen Regionen nach sich. In Theorien beispielsweise gibt es zentrale Begriffe und Konzepte in den Kernregionen des Netzwerkes, auf denen das ganze Netzwerk ruht, um die es sich dreht und ohne die es nicht auskommen kann. Was in und mit den Kernregionen eines Netzwerkes geschieht, hat daher weitreichende Konsequenzen für andere Regionen des Netzwerkes und das Netzwerk als solches, im Gegensatz zu den Außenbezirken, wo Veränderungen eher lokalisierbar und begrenzt sind. Je mehr und enger eine Netzwerkregion mit allen anderen Regionen verbunden ist, desto gravierender und folgenreicher die Auswirkungen von Störungen und Veränderungen in solchen Kernstrukturen und Grundbegriffen. So hat Perrow (1984) für den Fall von komplexen technischen Systemen gezeigt, wie sich „normale Unfälle" dadurch zu Katastrophen ausweiten, dass die verschiedenen Bereiche und Komponenten des Systems sehr eng miteinander vernetzt sind. Enge strukturelle Kopplung erschwert die Begrenzung von Unfällen und Störungen auf einzelne Teilbereiche des Systems, zumal dann, wenn diese Störungen auf überraschende Weise miteinander interagieren und dies auch noch sehr schnell. Man muss dann erwarten, dass Unerwartbares geschieht, und dies macht solche Unfälle und Katastrophen „normal". Die Möglichkeit und Wahrscheinlichkeit massiver Katastrophen ist in die Struktur solcher Systeme gleichsam eingebaut.

Im Falle semantischer Netzwerke oder Theorien sind Falsifikationen solche Störungen. Ob und wie sich Falsifikationen auf semantische Netzwerke auswirken, hängt von der Struktur des Netzwerkes, das heißt davon ab, auf welche Weise und wie dicht seine Komponenten und Regionen miteinander verbunden sind. Die strikte Trennung zwischen einer Theorie und ihrer empirischen Basis lässt sich wohl nicht aufrechterhalten, denn die empirische Basis ist selbst von Falsifikationen nicht ausgenommen. Die sogenannten „Protokollsätze" in der empirischen Basis sind ebenso falsifizierbar wie die eher theoretischen und begrifflichen Sektoren des Netzwerkes. Daher sind Falsifikationen nicht Konflikte zwischen Theorie und Realität, sondern zwischen zwei Bereichen desselben semantischen Netzwerkes: „Clashes between theories and factual propositions are not ‚falsifications' but merely inconsistencies" (Lakatos 1970: 99).

Falsifikationen betreffen daher immer das ganze Netzwerk, jedoch abhängig davon, wie es strukturiert ist, wie eng es zusammenhängt und wie dicht seine einzelnen Regionen und Bestandteile miteinander verkoppelt sind. In jedem Falle hängt es vom Netzwerk selbst ab, ob und wie es auf Falsifikationen reagiert. Keine Theorie verschwindet einfach als Folge von Falsifizierung, und keine Theorie ist je frei von allen Anomalien. Weil Theorien nicht nur im engeren Sinn theoretisch sind, sondern als Netzwerke in Beziehung stehen zu Messungen, Indikatoren und Anwendungsregeln, sind Falsifizierungen nie klar, eindeutig und unstrittig, sondern lösen verschiedene Reaktionen in verschiedenen Sektoren des Netzwerkes aus, die auch untereinander abgestimmt werden. Dies gilt insbesondere für solche Falsifizierungen und Anomalien, die die Kernbereiche und Grundbegriffe des Netzwerkes betreffen. Da die Stabilität des Netzwerkes mit der Stabilität seines Kerns oder Zentrums steht und fällt, wird es diesen Kern unter allen Umständen zu erhalten versuchen und zu diesem Ende Anpassungen und Modifikationen in seinen eher peripheren Regionen vornehmen.

1. Die Konsolidierung von Netzwerken

Die Entstehung und Stabilisierung von Netzwerken brauchen Zeit. Sehr junge Netzwerke sind vergleichsweise unstrukturiert und instabil. Daher ist es sehr wahrscheinlich, dass solche Netzwerke bald an der „Gefährdung durch Neuheit“ scheitern (Hannan/Freeman 1989). In den Anfangsphasen der Netzwerkbildung haben die Elemente des Netzwerkes noch keine feste Position innerhalb der ohnehin labilen Gesamtstruktur, und sie sind kaum zu definieren und festzustellen. Turbulenz und unstrukturierte Komplexität sind die Regel. Das Netzwerk hat noch keine eindeutige und rigorose Grenze und kann sich deshalb nicht klar von seiner Umwelt und den schon bestehenden Netzwerken in seiner Nische differenzieren und absetzen. Die Identität solcher jungen Netzwerke ist kaum zu definieren und kontrovers. Die Ausgangsbedingungen des Netzwerkes werden noch dadurch erschwert, dass es auf bereits etablierte Netzwerke in seiner Nische trifft, wie das zum Beispiel in Märkten und Wissenschaften regulär der Fall ist. Weder die Elemente noch die Beziehungen zwischen ihnen sind bereits an „ihrem“ Platz, das heißt an dem Platz, den sie einnehmen werden, falls und wenn das Netzwerk es schafft, sich gegen seine eigene Unwahrscheinlichkeit und Konkurrenz durchzusetzen und zu etablieren. Junge Netzwerke haben sich noch nicht auf Routinen abgestimmt und eingespielt, sie können noch nicht auf eine erfolgreiche Geschichte verweisen. Unter diesen Umständen ist zu erwarten, dass solche Netzwerke bald zerfallen oder aber durch bereits etablierte Netzwerke absorbiert werden. Die „Gefährdung durch Neuheit“ bedroht Netzwerke in vielen verschiedenen Regionen und Nischen – von biologischen Arten über neue Unternehmen bis hin zu sozialen Bewegungen.

Falls es dem Netzwerk gelingt, seine Neuheitskrise durchzustehen, wird es allmählich in Routinen einschwingen, die für es charakteristisch werden. Dadurch wird es ihm möglich, seine Elemente und deren Beziehungen nach und nach zu definieren und festzustellen. Die Freiheitsgrade der Elemente werden schrittweise dadurch beschnitten, dass sie in festen Beziehungsgefügen vernetzt und eingebettet werden. Vernetzung und Einbettung machen aus anfänglich unbestimmten und frei schwebenden Elementen mehr oder weniger stabile Objekte in festen Beziehungen. Die Grenze zwischen dem Netzwerk und seiner Umwelt bildet sich aus und kann zu einer „Wand“ (Krieger 1992: 7-14) werden, die fast nichts durchlässt und das, was sie noch durchlässt, nach strengen Regeln und Kriterien inspiziert und nach eigener Maßgabe de- und restrukturiert. So operieren beispielsweise Immunsysteme, Sekten oder die Grenzbehörden totalitärer Staaten. Aber auch die neuronalen Netzwerke des Gehirns können das, was sie von „außen“ auf- und wahrnehmen, nur nach eigener Maßgabe verarbeiten. Im Laufe des Alterns verhärten sich solche Netzwerke, so dass es ihnen immer weniger möglich wird, auf Neues als Neues zu reagieren. Sie werden starrsinnig, wie Spengler (1993 [1918]: 43) dies für den „Winter“ einer Kultur, also ihre „Zivilisation“, diagnostiziert.

Im Zuge ihrer Etablierung und Konsolidierung wenden sich Netzwerke nach innen, *ihrem* Inneren, und grenzen sich dadurch von dem ab, was dann und danach zu ihrem Außen wird. Sie entwickeln dadurch eine mehr oder weniger stabile Identität, die sich von anderen solchen Identitäten unterscheidet und in dieser Unterscheidung durchhält. Eine Wissenschaft zum Beispiel bildet nach und nach Routinen aus, die festlegen, was in ihr als kompetente und normale Praxis gelten soll und muss. Sie grenzt ihren spezifischen Gegenstandsbereich und ihre besonderen Verfahren, Theorien und Modelle gegen die anderer Wissenschaften ab und nimmt all dies für sich in Alleinanspruch. Dies tun alle Professionen, mit mehr oder weniger Erfolg und mit wechselnder Dauer, denn Professionen können sich auch de-professionalisieren. Routinen institutionalisieren sich in dem, was zum harten Kern oder Zentrum des Netzwerkes wird. Im Kern des Netzwerkes finden sich standardisierte Methoden, Lehrbücher, unbestrittene und -bestreitbare Tatsachen, Axiome und paradigmatische Problemlösungen. Zum Kern gehört auch all das, was als fester Bestand gelehrt und ständig und überall dort wiederholt wird, wo diese Wissenschaft betrieben wird. Ein ganz wesentliches Element des Kerns sind die Instrumente, Apparaturen und Maschinen einer Wissenschaft, also all das, was den Kern besonders „hart“ macht und was in „weicheren“ Wissenschaften unausgebildet ist oder ganz fehlt.

All dies heißt nicht, dass der Kern des Netzwerkes sich überhaupt nicht mehr verändert, wohl aber, dass solche Veränderungen sehr eng darauf begrenzt sind, den Kern weiter auszubauen und schrittweise durch solche Ergebnisse zu festigen, die bereits im Horizont des Kerns liegen und seine eigentliche Substanz nicht infrage stellen. Wenn dies trotzdem geschieht, wie im Falle eines verunglückten Lehr- oder Demonstrationsexperimentes, so liegt das eben daran, dass jemand einen Fehler gemacht hat und noch kein kompetenter Wissenschaftler ist. Im Kernbereich einer Wissenschaft lernt man nur das, was man ohnehin und „im Grunde“ schon wusste. Nur dadurch kann eine Wissenschaft gesichert auf ihrem Weg und in ihren Bahnen „fortschreiten“, dass sie in ihrem Grund und Kern fest ruht.

Sobald sich ein Netzwerk dadurch konsolidiert, dass es seine gegenwärtigen Ergebnisse und Leistungen so auf seine bereits gewonnenen Ergebnisse und Leistungen gründet, dass daraus seine Zukunft entsteht, akkumuliert es Tradition und Geschichte. Es sieht seine Vergangenheit linear als Vorbereitung seiner Gegenwart und die Gegenwart als ersten Schritt zu seiner Zukunft. Die Zukunft sieht mehr oder weniger so aus wie die Gegenwart, nur wird alles noch viel besser als es schon ist, gesetzt, dass immer mehr und immer bessere Forschungsmittel verfügbar werden. So erscheint die Geschichte als kontinuierlicher Fortschritt in den Bahnen und Rahmen, die durch die Kernstruktur des Netzwerkes festgelegt und begrenzt sind. Mullins (1973: 23) nennt dies die „cluster stage" des Netzwerkes, in der sich das Beziehungsgefüge des Netzwerkes so verhärtet, dass aus ihm eine „Normalwissenschaft" wird, mit festen institutionellen Ankern und maßgebenden Texten, Lehrbeispielen und Forschungsmustern.

Im Laufe seiner Konsolidierung schließt sich ein Netzwerk mehr und mehr nach außen ab. Es kann immer noch auf seine Umwelt reagieren, vor allem auf die anderen Netzwerke in seiner Nische, aber es kann dies nur nach Maßgabe dessen tun, was ihm und in ihm möglich ist. Das Netzwerk entscheidet selbst darüber, was es in seiner Umwelt beachtet und nicht beachtet und wie es dies tut (Berg 1997: 409). Kein Netzwerk kann die Umwelt als solche und Ganze in ihm selbst repräsentieren oder gar abbilden. Daran scheitern alle „Korrespondenztheorien" der Wahrheit. Eine Theorie zum Beispiel entscheidet selbst darüber, welche Ereignisse und Gegebenheiten sie als mögliche Falsifizierungen ihrer selbst anerkennen will und wie sie auf solche Widersprüche reagieren wird, wenn überhaupt. Eine Theorie kann solche Entscheidungen auch revidieren oder anders treffen. Die „Realität" des Netzwerkes ist in jedem Falle seine Eigenleistung. Sie endet an und mit seiner Grenze. Es bleibt die Möglichkeit, diese Grenze zu verlegen und auszudehnen, so dass das Netzwerk seine eigene Wirklichkeit und Wahrheit auch für andere Netzwerke beansprucht und geltend macht, aber alles, was überhaupt geschieht, geschieht an einem bestimmten Ort, zu einer bestimmten Zeit. Nichts „Universales" beginnt universal, und selbst Weltreligionen und -reiche waren und sind nie Religionen oder Reiche der ganzen Welt. Universalien sind in der Regel Übertreibungen einer letztlich doch begrenzten und zeitweiligen Wirklichkeit. Es wird immer mehr Konsensus beansprucht als tatsächlich im kritischen Testfall eingelöst werden kann. Dies führt zu ideologischen Inflationen.

Ein mehr oder weniger geschlossenes und kohärentes Netzwerk kann nichts „roh" verarbeiten, sondern muss es auf eigene Weise „kochen". Ein gutes Beispiel bieten Immunsystem und Metabolismus in Organismen. Das, wovon sich ein Organismus ernährt, kann nicht in seinem Rohzustand in ihn eingeführt werden, sondern muss zuvor durch diesen Organismus selbst zerlegt und nach seinen eigenen Anweisungen wieder zusammengebaut werden. Dies ist eher möglich, wenn das Netzwerk und das, was es beachtet und bearbeitet, in ähnlicher und kompatibler Form und Gestalt vorliegen. Wissenschaftliche Theorien beispielsweise können eher auf andere wissenschaftliche Theorien reagieren als auf Religionen oder Kunst, und sie können noch eher auf solche Theorien eingehen, wenn diese in derselben Nische angesiedelt sind wie sie selbst. Eine physikalische Theorie kann aber kaum auf eine Gesellschaftstheorie antworten, jedenfalls nicht *als* physikalische. Was die Literaturwissenschaft treibt, geht die evolutionäre Biologie nichts an. Daher ist der Ausschnitt der Welt, der für eine Theorie bedeutsam werden kann, sehr eng begrenzt, und daher ist besondere Skepsis gegenüber solchen Theorien geboten, die beanspruchen, „alles" erklären zu können und das auch noch „abschließend". In der Regel jedoch können nur Netzwerke, die eine Nische teilen, sich gegenseitig beobachten, wie Harrison White (1988) für Unternehmen in Marktsektoren gezeigt hat. Zu einem ähnlichen Resultat kommt Collins (1998) im Falle der Philosophie. Die Anzahl philosophischer Schulen und Richtungen, die sich aufeinander beziehen und miteinander um Aufmerksamkeit streiten, ist in der Regel auf drei bis fünf beschränkt. Philosophische Schulen beobachten sich gegenseitig, hingegen fast nichts, was nicht auch Philosophie ist, wobei die Frage, was Philosophie ist, strittig sein kann und auch ist. Zwar behauptet die analytische Philosophie, nicht sich selbst oder andere Philosophien, sondern die Wissenschaft zu beobachten, aber erstens gibt es „die" Wissenschaft in dieser allgemeinen Form gar nicht und zweitens ist die Art und Weise, in der die analytische Philosophie Wissenschaft beobachtet, doch sicher nicht wissenschaftlich, also etwa physikalisch oder biologisch. Auch gibt es keine Physik der Physik, und es kann sie auch nicht geben, denn die Physik ist selbst nichts physikalisches.

Kein Netzwerk hat es mit der Welt „an sich" zu tun, sondern allenfalls mit *einer* Welt, also der eigenen. Das meiste, was in der Welt geschieht, bleibt für ein Netzwerk jeglicher Art ohne Belang, und das, wessen sich ein Netzwerk annimmt, muss von ihm und durch es als für es bedeutsam erkannt und aufgenommen werden. Ein Beitrag zu einer Kunst beispielsweise muss von dieser Kunst als solcher wahr- und aufgenommen werden. Geschieht dies nicht, dann ist es keine Kunst oder jedenfalls noch nicht, nicht jetzt oder nicht mehr. Dies schließt Debatten über das, was Kunst sei, keinesfalls aus, sondern ein. Daher wird Kunst unwahrscheinlicher, wenn es nur *eine* Kunst gibt und nur eine Stelle, etwa einen Hof, von woher dirigiert wird, was Kunst ist und was nicht.

Je nach dem Grad der Professionalisierung und inneren Geschlossenheit einer Kunst beobachtet sie potenzielle Neuzugänge, indem sie diese auf das bezieht, was sie bereits als Kunst anerkennt. Ein Werk wird zu einem Werk einer Kunst, wenn diese Kunst das Werk auf ihre eigenen Institutionen, wie Kunstkritik, Ausstellungen, Museen und dergleichen, beziehen kann. Konstruktivismus heißt, dass es nicht länger möglich ist, das „Wesen" der Kunst ein für allemal zu bestimmen. Ähnliches gilt für Literatur und Wissenschaft. Was noch kommt, ob und wie es kommt, hängt immer davon ab, was schon da und etabliert ist. Dies macht Netzwerke strukturell „konservativ", was lediglich heißt, dass sie in erster Linie an ihrem eigenen Fortbestand „interessiert" sind. Nicht jedes Werk wird Kunst, nicht jedes Gedicht Literatur und nicht jede empirische Beobachtung Wissenschaft. Und mehr: Auch die meisten Beobachtungen eines Wissenschaftlers werden nicht und nie zu Wissenschaft. Was Wissenschaftler beobachten, wenn sie nicht *als* Wissenschaftler beobachten, geht ihre Wissenschaft nichts an. Bei weitem das meiste dessen, was beobachtet wird und werden kann, bleibt also draußen und vom Netzwerk ausgeschlossen. Auch kommt es vor, dass zum Beispiel eine wissenschaftliche Tatsache durch spätere Arbeiten diesen Status wieder verliert, und Fakt zu Artefakt wird. Daher haben Tatsachen ebenso eine Geschichte wie Kunstwerke oder Romane.

Allerdings hängt all dies ganz entscheidend davon ab, wie geschlossen die entsprechenden Netzwerke sind, wie viele solcher Netzwerke in einer Nische miteinander konkurrieren und welche Alternativen einem Werk zur Verfügung stehen, um zu Kunst, Literatur oder Wissenschaft zu werden. Wenn es viele Kunstnetzwerke gibt, gibt es auch mehr Kunstwerke. Allerdings ist ein Kunstwerk dann keine Kunst in allen Kunstnetzwerken, und es wird selten und unwahrscheinlich, dass ein Werk „Kunst schlechthin" oder zum „Klassiker" wird. In der Soziologie ist es ähnlich, denn bei dem bestehenden Theorie- und Methodenpluralismus ist umstritten, was Soziologie ist, was nicht und woran man „gute" Soziologie erkennen kann. Das erlaubt es, fast alles als „Soziologie" anzubieten, bedeutet aber auch, dass es, wenn überhaupt, „Soziologie" nur in einer sehr engen und begrenzten Subnische wird und außerhalb dieser Nische weitgehend oder ganz unbeachtet bleibt. Schließlich kann sich die Grenze zwischen Netzwerken und ihrer Umwelt verschieben. Dies geschieht etwa dann, wenn der Unterschied zwischen „hoher" und „niederer" Kunst verschwimmt und schließlich überhaupt nicht mehr erkennbar wird oder jedenfalls nicht mehr überall und jederzeit verbindlich ist. Dann werden auch Tomatensuppen und Filzpantoffeln zu Kunst, allerdings nur da, wo sie als Kunst öffentlich ausgestellt und -staffiert sind, und nicht etwa bei sich zuhause.

In sehr seltenen Fällen gelingt es einem Werk, zum Klassiker zu avancieren. Dabei hilft es, bereits indirekt mit einem solchen liiert zu sein. Solche Klassiker und Paradigmen finden sich im Kernbereich des jeweiligen Netzwerkes. Je länger sie im Kern bleiben, desto robuster und unstrittiger wird ihr Status als Klassiker und Modell für alles, was im Netzwerk geschieht. Auch Klassiker jedoch werden nicht als solche geboren, und es dauert lange, bis die Konsolidierung eines Netzwerkes einen solchen Rang ermöglicht und gestattet. In jungen Netzwerken gibt es sie nicht. Und selbst etablierte Klassiker sind klassisch in einem bestimmten Netzwerk, und nicht etwa überall. Goethe ist Klassiker in der Literatur, nicht aber in der Optik und Farbenlehre, wo er als Dilettant in den Kuriositäten der Geschichte verschwindet. Auch war Goethe natürlich noch kein Klassiker in der Literatur des Altertums, und außerhalb des Okzidents ist er es nie gewesen und wird es auch nicht sein.

2. Zentrum und Peripherie

Ein wichtiges Ergebnis der Konsolidierung von (kulturellen) Netzwerken ist die Differenzierung zwischen Zentrum und Peripherie (Quine 1964: 42). Das Zentrum birgt diejenigen Bestandteile und Relationen, die für das gesamte Netzwerk von tragender und grundlegender Bedeutung sind. Die Stabilität des Netzwerkes hängt ganz entscheidend davon ab, wie robust seine Kernstrukturen sind. Im Kernbereich sind die Komponenten des Netzwerkes sehr eng und auf verschiedenen direkten und indirekten Wegen und Weisen vielfach miteinander verbunden. Das Beziehungsmuster im Kern ist ausgesprochen redundant, mit wenigen oder keinen „strukturellen Löchern" zwischen seinen Komponenten (Burt 1992). Die Beziehungen selbst sind gegenüber Störungen und Irritationen hochresistent. Der Kern birgt und bewahrt diejenigen Strukturen, die für das Netzwerk als solches fundamental und unentbehrlich sind. Philosophisch gesprochen, finden sich hier die „Essenzen" und „Substanzen" des Netzwerkes. Diese bestimmen das „Wesen" des Netzwerkes, das heißt das, was es im Grunde und im Kern eigentlich ist und bleibt, solange das Netzwerk überhaupt existiert. Die Operationen innerhalb des Kerns sind für das Netzwerk notwendig, nicht kontingent. Im Kernbereich wird alles so gemacht, wie es notwendigerweise gemacht werden muss, wenn man es richtig macht; nicht aber geht es auch anders. Die Sinnstrukturen im Kern sind „technisiert" (Luhmann 1990: 46). Sie lassen wenig oder nichts offen und bieten kaum Spielraum für alternative Interpretationen. Wenn man innerhalb des Zentrums unterwegs ist, ist alles vertraut und gesichert, wie in der „Lebenswelt" (Husserl 1954: 126 ff.). Man kann sich hier im Grunde nicht verirren und kommt immer dort wieder an, von wo man ausgegangen ist. Dies liegt an der zirkulären und tautologischen Struktur des Kerns: „A rule is amended if it yields an inference we are unwilling to accept; an inference is rejected if it violates a rule that we are unwilling to amend" (Goodman 1983: 64).

Die Pfade, auf denen man den Beziehungen innerhalb des Kerns folgt, sind hell erleuchtet, gut ausgebaut und mit eindeutigen Wegweisern ausgestattet. Es gibt hier nichts Fremdes, Überraschendes, Unsicheres oder Unentschiedenes. Solange man sich an die Regeln und Methoden hält, kommt man, und zwar immer wieder, zu den bekannten und vorhersehbaren Ergebnissen, den unbestreitbaren Tatsachen des Netzwerkes. Alles ist so, wie es ist und sein muss, und zwar für jeden, der sich innerhalb des Kernbereiches aufhält und bewegt. Das „Subjekt" im Kern ist das „Man" (Heidegger 2006 [1927]: 127). Hier ist alles immer wahr und versteht sich von selbst. Die Arbeit im Kern ist Routine. Man weiß genau, woran man ist und womit man es zu tun hat. Dies gilt auch und insbesondere für die technischen Apparaturen und standardisierten Verfahren, die den Kern mit ausmachen, wie zum Beispiel kompakte und mechanisierte statistische Programme. Solche „Automaten" sind unempfindlich gegenüber denen, die sie bedienen und in Gang setzen. Sie produzieren mehr oder weniger dieselben Resultate, auch wenn sie an verschiedenen Orten, wie Labors, angebracht sind oder zu verschiedenen Zeiten von unterschiedlichen Angestellten des Gestells bedient werden. Man kann solche Maschinen auch „Institutionen" nennen: „Institutionen jeder Art sind in hohem Grade formalisierbar, sie werden ‚transportabel', so wie der Formalismus der politischen Demokratie über die halbe Welt gewandert ist, mit jedoch jeweils sehr verschiedener Inhaltsbesetzung" (Gehlen 1964 [1956]: 40).

In Rortys (1979: 315 f.) Begriffen verfährt der Kern des Netzwerkes „epistemologisch", nicht „hermeneutisch". Der Unterschied zwischen Hermeneutik und Erkenntnistheorie deckt sich, so Rorty, nicht mit dem Unterschied von Natur- und Geisteswissenschaften und hat auch nichts mit den materialen und ontischen Besonderheiten des jeweiligen Gegenstandsbereiches einer Wissenschaft zu tun: „We will be epistemological where we understand perfectly well what is happening but want to codify it in order to extend, strengthen, or teach, or ‚ground' it. We must be hermeneutical where we do not understand what is happening but are honest enough to admit it" (Rorty 1979: 321). Im inneren, „epistemologischen" Kern eines Netzwerkes herrscht eine Wirklichkeit, die man sich anders überhaupt nicht vorstellen kann und die jeder, der innerhalb des Netzwerkes operiert, als „natürlich" und notwendig anerkennt und anerkennen muss. Jedes Ergebnis, das den fundamentalen und notwendigen Wahrheiten des Kerns widerspricht, wird als unmöglich und unsinnig zurückgewiesen werden. Wenn etwa im Zuge eines Lehr- oder Demonstrationsexperimentes etwas anderes geschieht als immer und überall geschehen muss, dann heißt das, dass jemand einen Fehler gemacht hat und die elementaren Verfahren, Methoden und Techniken des Netzwerkes nicht oder noch nicht beherrscht.

3. Der gesunde Menschenverstand

Wer sich im Kern des Netzwerkes bewegt, folgt einfach und lediglich seinem, das heißt demjenigen „gesunden Menschenverstand", der als „common sense" des Netzwerkes festlegt, wie man sich verhält und verhalten muss, wenn man als kompetentes Mitglied des Netzwerkes gelten will. Der gesunde Menschenverstand ist nicht und nie der Verstand aller Menschen überhaupt, sondern nur derjenigen Mitglieder einer Gemeinschaft, die diesen Verstand „gemein" haben („sensus communis"). Innerhalb einer solchen Gemeinschaft legt der gesunde Menschenverstand fest, was jeder wissen und können und wie jeder sein muss, der überhaupt Mitglied dieser Gemeinschaft ist. Auch eine Wissenschaft etwa hat ihren eigenen *common sense*, ihren „gemeinen" Verstand, der all denen gemeinsam ist, die sich in ihrem Kernbereich aufhalten und die innerhalb des Netzwerkes als kompetente Praktiker anerkannt und ausgewiesen sind. Der *common sense* ist der *Habitus* eines kulturellen Netzwerkes, erworben durch langjährige Bildung, Disziplin und Eingewöhnung in die Routinen und Institutionen einer Kultur.

Der gesunde Menschenverstand kann nicht falsifiziert werden, und schon gar nicht als Ganzes. Wohl aber kann er zusammenbrechen, und zwar dann, wenn sich die Gemeinschaft, die ihn trägt, auflöst, grundlegend wandelt oder wenn sie zerstört wird. Dies ist etwa in wissenschaftlichen Revolutionen der Fall, wenn sich nicht nur Teilbereiche einer Wissenschaft ändern, sondern die ganze Art und Weise dessen, was als Wissenschaft gelten soll und kann, wie sie betrieben wird, und was als Wirklichkeit der Wissenschaft zählen kann (Kuhn 1970 [1962]). Im Allgemeinen jedoch ist der gesunde Menschenverstand nur sehr begrenzt lernbereit und -fähig. Er hat ein ungemein robustes Vertrauen in sich selbst und in seine Fähigkeit, alle Situationen und Schwierigkeiten bewältigen zu können, wie auch immer sie ausfallen mögen. Am Ende behält der gesunde Menschenverstand immer Recht, denn er besteht ja nur auf dem, was zu jeder Zeit und für alle selbstverständlich und offensichtlich ganz einfach wahr und gültig ist. Wer den gesunden

Menschenverstand infrage stellt, und dazu noch als solchen und im Ganzen, der zeigt damit lediglich, dass er nichts versteht und kann, und daher nicht zu uns, das heißt zu denen gehört, für die der gesunde Menschenverstand zur zweiten Natur geworden ist. Weil unser Verstand der aller normalen Menschen ist, haben diejenigen, die unseren Verstand nicht teilen, eben deshalb überhaupt keinen. Wenn man ihn nicht schon hat, kann man ihn auch kaum erwerben, und jedenfalls nicht so, wie man sich ein Tatsachenwissen verschafft. Es ist nicht nur so, dass die anderen und Fremden dies oder jenes anders sehen oder machen als wir. Sondern irgendetwas stimmt nicht mit ihnen. Der gesunde Menschenverstand ist nie (und mehr als) eine Theorie oder ein System von Hypothesen. Eher ist er wie das Haus und Heim, in dem man sich ruhig, sicher und geborgen aufhält. Solange man das tut, kann einem eigentlich nichts passieren.

Feindselig und misstrauisch reagiert der gesunde Menschenverstand auf Beobachtungen zweiter Ordnung (Luhmann 1992, Kapitel 2). Denn im Beobachten eines Beobachters erscheinen dessen Beobachtungen in einem ganz anderen Licht. Was für den Beobachter erster Ordnung als selbstverständlich, notwendig und allgemein verbindlich gilt, erscheint dem Beobachter zweiter Ordnung als kontingente Auswahl inmitten anderer Möglichkeiten. Was der erste Beobachter unversehens der Welt zurechnet, rechnet der zweite Beobachter dem ersten Beobachter zu. Während der erste Beobachter sieht, was er sieht, und sich und anderen das damit erklärt, dass alles so ist, wie er es sieht, sieht der zweite Beobachter das Sehen des ersten Beobachters als dessen eigenes und ihm eigentümliches Sehen. Der erste Beobachter versteht das so, als wäre seine Realität nur Illusion. Wenn er dann seinerseits den zweiten Beobachter beobachtet und nun dessen Beobachtungen gleichfalls nicht seinem Gegenstand, das heißt der Wirklichkeit des ersten Beobachters, sondern ihm selbst, dem zweiten Beobachter, zurechnet, wird der Ideologieverdacht allgemein und womöglich „total“.

Aus diesen Gründen ist die Beobachtung des gesunden Menschenverstandes ausgesprochen heikel und erfordert spezielle Vorbereitungen und Techniken, wie zum Beispiel die „breaching experiments“ eines Garfinkel (1967) oder die „Einklammerungen“ der husserlschen (1976 [1913]: 61 ff.) Epoché. Es ist sehr schwer, sich vom gesunden Menschenverstand loszumachen, und dies gelingt, wenn überhaupt, nur für kurze Zeit. Denn das Leben im gesunden Menschenverstand ist das normale und alltägliche Leben, und seine Welt ist die Lebenswelt. Werden dieses Leben und diese Welt infrage gestellt und außer Kraft gesetzt, so kann der gesunde Menschenverstand dies nicht anders erfahren denn als ungehörige und ungeheure Zumutung und reagiert dementsprechend mit moralisierender Empörung. Das Ungehörige ist eben das, was sich ganz einfach nicht gehört, und das Ungeheure ist das, was nicht ganz geheuer, also unbekannt und darum gefährlich ist. In der emotionalen Vehemenz dieser Reaktion zeigt sich, dass der gesunde Menschenverstand nicht einfach eine Annahme oder Vermutung ist, die sich ohne weiteres falsifizieren ließe.

4. Anomalien und Fremde

Je stärker der Zusammenhalt eines Netzwerkes oder auch einer Gemeinschaft oder Gruppe, desto robuster ihr gesunder Menschenverstand und umso misstrauischer und abweisender das Verhalten gegenüber Fremden, Außenseitern und Anomalien. Im Anschluss an Mary Douglas' (1986) „grid/group"-Modell von Gesellschaften und deren Kulturen hat David Bloor (1983: 142) gezeigt, wie die Reaktion auf solche Anomalien von der strukturellen Dichte des jeweiligen Netzwerkes oder Netzwerkbereiches abhängt. In den dichtesten Netzwerkbereichen, also im Kern, werden Anomalien als etwas angesehen, was nicht sein kann und nicht sein darf, weil es mit dem, was im Kern wahr ist und allgemein verbindlich gilt, nicht zu vereinbaren ist. Daher müssen solche Anomalien unter allen Umständen ausgemerzt und beseitigt werden. Das gesamte Netzwerk reagiert daher auf sie so, dass sie vom Kern ferngehalten werden. In einigen Fällen, wie etwa in Religionen oder kulturell isolierten Sekten, wird der Kern sogar sakralisiert. Dann beherbergt er das Heilige. Das Heilige ist das, worum sich das Netzwerk als Ganzes und im Kern dreht. Als Heiliges wird es durch ebenfalls heilige Riten und Tabus bewahrt und beschützt. In jedem Fall befinden sich im Kern und Zentrum des Netzwerkes diejenigen Institutionen, ohne die eine entsprechende Lebensform nicht möglich wäre. Für den Fall von Organisationen hat Thompson (1967) nachgewiesen, wie ihr operationaler Kern durch eine Reihe von Sicherungen von Störungen und Unfällen weitgehend ferngehalten und abgegrenzt wird. Den technischen oder operationalen Kern einer Organisation umringt ein Gürtel von Sicherungen und Schutzmaßnahmen, die verhüten, dass der Kern von solchen Störungen betroffen wird.

Kulturelle Netzwerke, zum Beispiel Theorien, verfahren ähnlich. Auch sie reagieren auf Herausforderungen so, dass ihr Kern so weit wie möglich von eventuellen Veränderungen in anderen Bereichen des Netzwerkes unbetroffen bleibt. Wenn solche Veränderungen unvermeidbar werden, dann werden sie so vorgenommen, dass der Kern grundsätzlich und im Voraus davon ausgenommen bleibt. Falsifizierungen können dann etwa damit erklärt werden, dass die Theorie falsch interpretiert wurde, die gewählten Indikatoren unverlässlich sind, die Messungen fehlerhaft waren oder dass unangemessene statistische Auswertungsmethoden angewendet wurden. Andere Erklärungen lauten, dass übliche Regeln der Datenerhebung nicht befolgt wurden, dass eine Falsifikation außerhalb des Geltungsbereiches liegt, den die Theorie für sich in Anspruch nimmt, oder dass eine Anomalie auf lokale und temporale Besonderheiten und Ausnahmen zurückzuführen ist. Was auf jeden Fall *nicht* sein kann, ist, dass die Theorie selbst und als solche, das heißt *in ihrem Kern* unhaltbar ist.

Mit Luhmann (1984: 440 f.) könnte man vielleicht sagen, dass im Kern „normativ", in der Peripherie jedoch „kognitiv" erwartet wird. Normative Erwartungen werden im Enttäuschungsfall nicht aufgegeben oder revidiert. Sie bestehen auf sich selbst gegen alle „Wirklichkeit". Wer normativ erwartet, erwartet lernunwillig und -resistent. Kognitive Erwartungen sind demgegenüber solche, die miterwarten, dass sie sich als falsch herausstellen können. Daher sind sie anpassungsfähiger und leichter zu revidieren. Verteilt Luhmann jedoch diese beiden Erwartungsmöglichkeiten auf verschiedene Funktionssysteme, also normative Erwartungen auf das Recht und kognitive auf die Wissenschaft, so findet die Netzwerkanalyse einen graduellen Übergang zwischen beiden Erwartungsmodalitäten innerhalb ein und desselben Netzwerkes, unabhängig davon, ob es sich um Recht oder Wissenschaft handelt: Je mehr man sich dem Kern eines Netzwerkes nähert, desto normativer wird der Erwartungsmodus, und umso geringer die Bereitschaft, zu lernen und die Kernwahrheiten und -institutionen „einzuklammern".

Der umgekehrte Weg führt in die äußeren Regionen des Netzwerks. In diesen findet sich ein ganz anderes Beziehungsmuster als im Kern. In der Peripherie sind die Elemente und Bestandteile des Netzwerkes eher lose gekoppelt und nicht so fest in einen rigiden und redundanten Zusammenhang eingebunden wie im Kern. Daher ist es schwieriger, diese Bestandteile eindeutig und verbindlich festzustellen und zu definieren, zumal dann, wenn sich die Beziehungen zwischen ihnen oft und vielfach ändern. Wenn das so ist, lässt sich nur schwer ausmachen, worum es sich bei den Bestandteilen und deren Beziehungen „eigentlich" und „im Wesen" handelt. Denn die Außenbezirke sind durch strukturelle Löcher voneinander und vom Kern getrennt: „The less interconnected the system of knowledge [...] the less stable and more miracle-prone is its reality" (Fleck 1979 [1935]: 102). Dadurch entstehen Zonen der Unsicherheit und Räume für Überraschungen. Wer den Pfaden in der Peripherie, soweit diese überhaupt schon vorgezeichnet sind, folgt, muss damit rechnen, dass sie plötzlich versanden oder sich im Dunkeln verlaufen. Man bewegt sich auf unsicherem Grund und Boden und ist von unbekanntem Neuland umgeben. Je mehr man sich vom Kern entfernt und je weiter man sich in die Außenbezirke bis hin zur Grenze des Netzwerkes vorwagt, desto weniger kann man damit rechnen, Bekanntes aus Bekanntem einfach „ableiten" zu können. Anders als im Kern sind die Beziehungen in der Peripherie nie solche der logischen oder begrifflichen Implikation. Denn diese Beziehungen sind nicht schon im Vorhinein festgelegt, sondern werden erst versuchsweise und auf verschiedenen möglichen Wegen geknüpft, und zwar zwischen solchen Komponenten, die selbst noch unbekannt und flexibel sind. Auch kann man sich hier nicht auf die Regeln, Methoden und Routinen verlassen, die im Kern, und zwar immer wieder, zu festen und eindeutigen Ergebnissen führen.

Die Arbeit in und an der Peripherie ist demnach eine ganz andere als die im Kern. In der Peripherie treffen wir auf die Avantgarde einer Kultur, auf die Neuerer und Entdecker, die letztlich darüber entscheiden, auf welche Weise und in welche Richtung sich das Netzwerk in Zukunft entwickeln wird. In der Peripherie kommt es nicht darauf an, Bestehendes und Bekanntes durch Lehre und Wiederholung zu konsolidieren und fester auszubauen, sondern darauf, Neues zu entdecken und Unbekanntes zu erforschen. Anders als im Kern werden Anomalien daher nicht als widersinnige Unmöglichkeiten verbannt, sondern als Gelegenheit für Neuerungen begrüßt. Weil es für innovative Arbeit keine festen Protokolle gibt und weil hier Neuland entdeckt wird, sind diese Arbeit und deren Ergebnisse sehr viel umstrittener und kontroverser als Arbeit im und am

Kern. Allerdings wird solche Arbeit durch Reputation belohnt, und daher ist der Unterschied zwischen Kern und Peripherie auch ein solcher des Status innerhalb einer Kultur. In einer Wissenschaft zum Beispiel sind Status und Reputation sehr ungleich verteilt und am höchsten dort, wo wissenschaftliche Forschung zu dramatischen Neuerungen und bahnbrechenden Entdeckungen führt. Denn hier entscheidet sich die Zukunft des Netzwerks als solches.

5. Soziologische Erkenntnistheorie

Ein wichtiges Resultat der Kern/Peripherie-Differenzierung in kulturellen Netzwerken ist die klassische Unterscheidung zwischen analytischen und synthetischen Aussagen oder Urteilen. Die Theorie kultureller Netzwerke soziologisiert diese Unterscheidung, das heißt behandelt sie nicht als notwendige und universale Unterscheidung zwischen verschiedenen natürlichen Arten von Aussagen, sondern als variables Ergebnis des Netzwerkes und seiner Operationen selbst. Was als synthetische und was als analytische Wahrheit gilt, kann nicht ein für allemal durch logische Analyse der Sprache und ihrer Semantik entschieden werden, sondern hängt davon ab, wie sich ein kulturelles Netzwerk in Kern und Peripherie ausdifferenziert. Weil diese Differenz nicht im vorhinein festgelegt werden kann, sondern aus der Arbeit des Netzwerkes selbst folgt, ist die Kern/Peripherie-Unterscheidung selbst variabel und damit auch die Unterscheidung zwischen analytischen und synthetischen Aussagen. Wir rechnen daher mit der kulturellen „Relativität" dieser Unterscheidung, das heißt damit, dass sie nicht absolut, sondern relativ auf ein Netzwerk ist und daher von unterschiedlichen Netzwerken in verschiedener Weise gezogen werden kann.

Kants (1998 [1781]: 57) Philosophie gründet auf der Unterscheidung zwischen empirischen Aussagen über Gegenstände der Erfahrung und transzendentalen Aussagen über Aussagen über Gegenstände der Erfahrung. Transzendentales Wissen wiederum gliedert sich in zwei Bereiche, a priori und a posteriori. Transzendentales Wissen a posteriori bezieht sich auf die Bedingungen der Möglichkeit von Erfahrung, gegründet auf die sinnliche Wahrnehmung. Innerhalb des transzendentalen a posteriori wiederholt sich die Unterscheidung zwischen a priori und a posteriori. Das a priori innerhalb des a posteriori bezeichnet die „Form" der Erfahrung, also Raum und Zeit als Themen der transzendentalen Ästhetik, wohingegen das a posteriori innerhalb des a posteriori es nicht mit der „Form", sondern mit dem „Inhalt" der Erfahrung zu tun hat, also mit dem epistemischen Status von rohen Erfahrungsdaten und unstrukturierter Komplexität (Krach und Lärm).

Gemäß derselben „fraktalen" Logik ist transzendentales Wissen a priori Logik, nicht Ästhetik, und befasst sich daher nicht mit der Erfahrung, sondern mit dem Denken als reiner Vernunft. In solches Denken gehören die „analytischen" Urteile. Diese müssen zwei Kriterien genügen. Zum einen müssen analytische Urteile notwendig wahr sein, und zwar in allen möglichen Welten, völlig unabhängig von der Erfahrung. Zum anderen kann es zu analytischen Wahrheiten keinerlei Ausnahmen geben, weil diese undenkbar sind, also den Gesetzen der Vernunft widersprechen würden. Ein Beispiel ist die Aussage, „alle Körper sind ausgedehnt", weil „ausgedehnt" zu dem gehört, was der Begriff „Körper" bedeutet. Man kommt zu analytischen Wahrheiten durch Zwiebelschälen, also dadurch, dass man vom Wissen all das abzieht, was aus der äußeren Erfahrung stammt, bis zu dem Punkt, an dem die Vernunft im Kern „rein" wird und sich dem Ding an sich nähert. Weil aber das Ding an sich nur von einem Wissen gewusst werden kann, das dieses Ding im Letzten selbst geschaffen hat, also von Gott, ist es für ein endliches und sterbliches Wesen unzugänglich. Aus diesem Grund geht es Kant hauptsächlich nicht um analytische, sondern um synthetische Urteile a priori, wie etwa Kausalität.

Für Kant und die Philosophie ist die Unterscheidung von synthetischen und analytischen Urteilen selbst analytisch und nicht synthetisch, also universal, notwendig und ausnahmslos für alle Beobachter jederzeit dieselbe und in derselben Weise allgemein verbindlich. Für die Theorie kultureller Netzwerke hingegen handelt es sich bei diesem Unterschied nicht um einen Wesensunterschied, sondern um einen solchen des Grades, relativ auf das Netzwerk, in dem und für das dieser Unterschied gilt. Je mehr man sich in einem kulturellen Netzwerk dem Kernbereich nähert, umso analytischer werden die entsprechenden Aussagen, Urteile und Wahrheiten, bis hin zu dem Punkt, wo die Relationen „rein logisch" werden. Was aber im Kern des Netzwerkes den Status analytischer Wahrheiten erhält, hängt von der Arbeit des Netzwerkes an sich selbst ab. Das Netzwerk selbst entscheidet im Laufe seiner Konsolidierung und Institutionalisierung darüber, wie es den Unterschied zwischen analytischen und synthetischen Bereichen zieht und welche seiner Bestandteile in den einen oder anderen Bereich fallen. Auch ist es möglich, dass eine analytische Wahrheit aufgrund von Änderungen innerhalb des Netzwerkes zu einer synthetischen wird und umgekehrt. Dies beobachtet Hanson (1969 [1958]: 98) für den Fall der newtonschen Mechanik: „In 1687 the law of inertia was apparently nothing but an empirical extrapolation; but in 1894 it functioned mostly in an a priori way."

Dementsprechend sind Kants synthetische Urteile a priori im Grenzbereich zwischen Kern und Peripherie angesiedelt, denn sie verbinden Erfahrung (Peripherie) und Vernunft (Kern). Aus diesem Grund sind die analytischen Wahrheiten innerhalb des Kerns nicht absolut und universal, sondern wahr nur für und innerhalb des Netzwerkes, das sie als solche zu seinem Zentrum macht. Freilich ist und bleibt es möglich, dass ein Netzwerk sich ausdehnt oder andere Netzwerke absorbiert, und dann wird auch seine Wahrheit über sich selbst hinaus verbindlich für andere Netzwerke und Beobachter. Ähnliches geschieht, wenn ein Reich Territorien erobert und in diesen sein eigenes Steuersystem und Verwaltungswesen durchsetzt. Dann wird die Wirklichkeit des Reiches „universaler". Weil aber ein Netzwerk immer nur bis zu seiner Grenze reicht und weil kein Netzwerk „grenzenlos" ist, gilt seine Wahrheit auch nur bis dahin, und nicht etwa „überall". Zerfällt ein Netzwerk als solches, wie es etwa in wissenschaftlichen und anderen Revolutionen der Fall ist, so verfällt auch dessen Wahrheit. Dies meint Heidegger

(1998 [1938/40]: 20) mit „Seinsgeschichte" – die Geschichte der Wahrheit des Seins (genitivus subjectivus), also wie sich das Sein jeweils geschichtlich „lichtet".

Die Unterscheidung zwischen Kern und Peripherie erlaubt es weiterhin, das Verhältnis beider nicht nur innerhalb desselben Netzwerkes, sondern über verschiedene Netzwerke hinweg zu untersuchen. Dann zeigt sich zum Beispiel das Verhältnis von Religion und Wissenschaft in einem anderen Licht. Üblicherweise werden beide so unterschieden, dass die Religion auf Glauben und Zuversicht, die Wissenschaft aber auf Wissen und Erfahrung gründet. Damit übersieht man, dass man auch an Wissen glauben kann und muss und dass auch Wissenschaft Vertrauen in Erfahrung und Methode beansprucht (Shapin 1994). Die Theorie kultureller Netzwerke sieht den Unterschied beider darin, dass der Kernbereich in Religionen verhältnismäßig robuster und größer ist als in Wissenschaften, wobei nicht übersehen werden darf, dass nicht alle Religionen und nicht alle Wissenschaften einander gleichen. In einer Religion jedoch sind alles und die ganze Wahrheit bereits bekannt. Die Wahrheit der Religion wurde zugleich mit ihrer Gründung etabliert und festgelegt, und zwar in den grundlegenden Verkündungen und Prophezeiungen. In einer Religion wird keine grundlegende neue Wahrheit erwartet; im Gegenteil, solche neuen Entdeckungen würden vielmehr die religionsstiftende Botschaft korrumpieren. Weil die Wahrheit als solche und ganze bereits und seit langer Zeit bekannt und gesichert ist, bleibt einer Religion im Grunde nur die Bewahrung und Verteidigung dieser Wahrheit gegen Vergessen und Häresie. Die intellektuelle Arbeit der Religion beschränkt sich daher auf die Ausarbeitung, synoptische Zusammenfassung und katholische Systematisierung der grundlegenden Wahrheit und Wahrheiten („summae"). Ergebnis solcher Arbeit ist ein geschlossenes System des Wissens, eine *ordo*, in der alles und jedes seinen festen und unabänderlichen Platz hat, und zwar den Platz, der ihm im Ganzen der Weltordnung seinem innersten Wesen gemäß gebührt („analogia entis"). Was dieser Ordnung nicht entspricht und widerspricht kann und darf nicht sein und wird als gefährliche Häresie aus der Ordnung ausgeschlossen und verbannt. Eine Religion wendet sich, anders als die Wissenschaft, ihrer Vergangenheit, insbesondere ihrer Gründung, zu. Sie sieht ihre Zukunft als „dialektische", also nicht einfache, Rückkehr zu ihrer Stiftung.

Eine Wissenschaft hat ebenfalls einen Kern, und zwar in ihren Grundbegriffen, elementaren Tatsachen, Routinen und Axiomen. Jedoch nimmt sich der Kernbereich im Ganzen des Netzwerkes vergleichsweise geringer aus als in einer Religion. Eine Wissenschaft, die an ihrer Vergangenheit festhält und darauf besteht, was sie zu ihrem Anfang war, ist eine tote Wissenschaft. Daher überlassen Wissenschaftler die Geschichte ihrer Wissenschaft den Historikern. Eine Wissenschaft kommt nicht zur Ruhe wie eine Religion, in der alles auf ewig in Gott ruht. Sie muss sich selbst ständige „Fortschritte" ermöglichen. Sie kann sich nicht ausschließlich auf bereits Erreichtes berufen. Die Wissenschaft kann sich nicht auf die Verehrung ihrer Heroen beschränken und sich nicht in der Exegese ihrer grundlegenden Texte erschöpfen. Die Vergangenheit einer Wissenschaft ist das, was sie überholen und überwinden muss, um für Fortschritte in ihrer

Zukunft gerüstet zu sein. Die eigentliche Größe einer Wissenschaft liegt daher nicht in ihrer Vergangenheit, sondern kommt erst noch. Daher wird Status in der Wissenschaft anders verteilt als in einer Religion. Hoher Status in der Wissenschaft ist an Innovationen und Entdeckungen gekoppelt, während in der Religion Status auf Nähe zu den Stiftern und Stiftungen der Vergangenheit beruht, geordnet in einer Hierarchie des Guten, Wahren und Schönen.

Wie angedeutet, rechnen wir allerdings auch damit, dass Unterschiede in der Netzwerkstruktur nicht nur zwischen Wissenschaft und Religion als solchen bestehen, sondern auch zwischen verschiedenen Wissenschaften und Religionen und selbst innerhalb der Entstehungsgeschichte einer einzelnen Wissenschaft oder Religion. Eine entscheidende Dimension ist in diesem Zusammenhang die Verteilung der Produktionsmittel einer Kultur. Eine extreme Möglichkeit ist ein kulturelles Monopol, wo eine zentrale und hegemoniale Organisation sämtliche Mittel der kulturellen Produktion in sich aufsaugt und versammelt. Dies ist etwa der Fall in der mittelalterlichen prä-reformatorischen Kirche, im zentralisierten Staatssozialismus oder auch bei den verbeamteten Staatsintellektuellen der chinesischen Mandarine. Unter diesen Bedingungen bestehen kaum Möglichkeiten für kulturelle Produktion außerhalb des klerikalen oder staatlichen Monopols. Die Intellektuellen sind Angestellte einer Kirche oder des Staats, arbeiten in Tempeln, Höfen oder staatlich kontrollierten Akademien und haben daher wenig Freiraum in ihrer Arbeit. Es gibt keine unabhängigen und selbstregulierten Professionen. Unter solchen Bedingungen wird intellektuelle Arbeit zur ideologischen Rationalisierung und Zementierung der hegemonialen Organisation. „Kultur" beschränkt sich auf die offiziellen Selbstbeschreibungen und Zelebrierung des Staats, der Partei oder der Kirche. Die Intellektuellen sind die Sprachrohre des Monopols, dessen Herrschaft sie kulturell untermauern, rechtfertigen und verklären.

Unter solchen Umständen gibt es nur eine dominante Kultur und deren Netzwerk wird von einem überaus robusten und ausgedehnten Kern getragen. Das Netzwerk beschränkt sich auf die dogmatische Verfestigung der Kernstrukturen. Diese werden zu notwendigen, universalen und unantastbaren Wahrheiten. Der Kern konzentriert alle Kultur auf sich selbst und verbannt Kritik und Innovation in den häretischen Untergrund. Es gibt nur eine „legitime" Kultur, die der Organisation, und was unterhalb und außerhalb dieser als „Kultur" noch zu gelten beansprucht, ist, wenn es nicht überhaupt nichts ist, minderwertig, barbarisch und des Teufels. Eine solche hegemoniale Kultur ist realistisch und scholastisch. Sie ist in sich geschlossen und dreht sich ausschließlich um ihren eigenen Kern.

Ganz anders ist die Lage, wenn es verschiedene und dezentralisierte „Märkte" für Kultur gibt, wie sie sich in der Moderne ausdifferenzieren. Dann ist es überaus unwahrscheinlich, dass es einen privilegierten Beobachter an der Spitze einer Hierarchie gibt. Denn kulturelle Arbeit wird dann durch unabhängige und intern regulierte Professionen ermöglicht und getragen. Wie Peterson (1994: 175) für populäre Musik und Collins (1998) für die Philosophie gezeigt haben, sind Dezentralisierung und Differenzierung die strukturellen Bedingungen von Kreativität. Hoher Status geht unter solchen Bedingungen nicht an die Bewahrer und Verteidiger ewiger und sakrosankter Wahrheiten, sondern an Neuerer und Entdecker. Keine Kultur kann unter diesen Umständen beanspruchen, die einzig mögliche, legitime oder überlegene zu sein. Entsprechend anders sind die kulturellen Netzwerke strukturiert, mit schwächeren und weniger ausgebildeten und ausgedehnten Kernen. Die Phänomenologie solcher Netzwerke ist nicht realistisch und scholastisch, sondern eher konstruktivistisch, bis hin zu einem ausgesprochenen multikulturellen Relativismus.

Literatur

Berg, Marc, 1997: „Of forms, containers, and the electronic medical record. Some tools for a sociology of the formal“, in: *Science, Technology, and Human Values* 22: 403-433.

Bloor, David, 1983: *Wittgenstein. A Social Theory of Knowledge*. New York: Columbia University Press.

Burt, Ronald S., 1992: *Structural Holes. The Social Structure of Competition*. Cambridge, Mass.: Harvard University Press.

Cassirer, Ernst, 1955: *The Philosophy of Symbolic Forms. Vol. 1: Language*. New Haven: Yale University Press.

Collins, Randall, 1998: *The Sociology of Philosophies. A Global Theory of Intellectual Change*. Cambridge, Mass: Belknap of Harvard University Press.

Douglas, Mary, 1986: *How Institutions Think*. Syracuse: Syracuse University Press.

Fleck, Ludwik, 1979 [1935]: *Genesis and Development of a Scientific Fact*. Chicago: University of Chicago Press.

Fuchs, Stephan, 2001: *Against Essentialism*. Cambridge, Mass.: Harvard University Press.

Fuhse, Jan, 2008: „Gibt es eine Phänomenologische Netzwerktheorie?“, in: *Soziale Welt* 59: 31-52.

Garfinkel, Harold, 1967: *Studies in Ethnomethodology*. Englewood Cliffs: Prentice Hall.

Gehlen, Arnold, 1964 [1956]: *Urmensch und Spätkultur*. Frankfurt am Main: Athenäum.

Goodman, Nelson, 1983: *Fact, Fiction, and Forecast*. Cambridge, Mass.: Harvard University Press.

Hannan, Michael T./John Freeman, 1989: *Organizational Ecology*. Cambridge, Mass.: Harvard University Press.

Hanson, Norwood R., 1969 [1958]: *Patterns of Discovery. An Enquiry into the Conceptual Foundations of Science*. Cambridge, UK: Cambridge University Press.

Heidegger, Martin, 2006 [1927]: *Sein und Zeit*. Tübingen: Niemeyer.

Heidegger, Martin, 1998 [1938/40]: *Die Geschichte des Seyns*. Frankfurt am Main: Klostermann (GA 69).

Hesse, Mary, 1980: *Revolutions and Reconstructions in the Philosophy of Science*. Bloomington: Indiana University Press.

Husserl, Edmund, 1976 [1913]: *Ideen zu einer reinen Phänomenologie und Phänomenologischen Philosophie*. Den Haag: Nijhoff (GA III/1).

Husserl, Edmund, 1954: *Die Krisis der europäischen Wissenschaften und die transzendentale Phänomenologie*. Den Haag: Nijhoff (GA 6).

Kant, Immanuel, 1998 [1781]: *Kritik der reinen Vernunft*. Hamburg: Meiner.

Krieger, Martin, 1992: *Doing Physics. How Physicists Take Hold of the World*. Bloomington: Indiana University Press.

Kuhn, Thomas S., 1962/70: *The Structure of Scientific Revolutions*. Chicago: University of Chicago Press.

Lakatos, Imre, 1970: „Falsification and the Methodology of Scientific Research Programmes“, in: Imre Lakatos/Alan Musgrave (Hrsg.), *Criticism and the Growth of Knowledge*. Cambridge, UK: Cambridge University Press: 91-196.

Latour, Bruno, 1987: *Science in Action*. Cambridge, Mass: Harvard University Press.

Latour, Bruno, 1988: *The Pasteurization of France*. Cambridge, Mass.: Harvard University Press.

Luhmann, Niklas, 1980: „Gesellschaftliche Struktur und semantische Tradition“, in: Niklas Luhmann, *Gesellschaftsstruktur und Semantik*, Bd. 1. Frankfurt am Main: Suhrkamp.

Luhmann, Niklas, 1984: *Soziale Systeme. Grundlagen einer allgemeinen Theorie*. Frankfurt am Main: Suhrkamp.

Luhmann, Niklas, 1990: *Essays on Self-Reference*. New York: Columbia University Press.

Luhmann, Niklas, 1992: *Die Wissenschaft der Gesellschaft*. Frankfurt am Main: Suhrkamp.

Margolis, Howard, 1993: *Paradigms and Barriers. How Habits of Mind Govern Scientific Beliefs*. Chicago: University of Chicago Press.

Mullins, Nicholas C., 1973: *Theories and Theory Groups in Contemporary American Sociology*. New York: Harper & Row.

Perrow, Charles, 1984: *Normal Accidents*. New York: Basic Books.

Peterson, Richard A., 1994: „Culture Studies through the Production Perspective“, in: Diana Crane (Hrsg.), *The Sociology of Culture. Emerging Theoretical Perspectives*. Oxford: Blackwell: 163-189.

Quine, Willard van Ornam, 1964: *From a Logical Point of View*. Cambridge, Mass.: Harvard University Press.

Rorty, Richard, 1979: *Philosophy and the Mirror of Nature*. Princeton: Princeton University Press.

Shapin, Steven, 1994: *A Social History of Truth*. Chicago: University of Chicago Press.

Spengler, Oswald, 1993 [1918]: *Der Untergang des Abendlandes*. München: DTV.

Thompson, James D., 1967: *Organizations in Action*. New York: McGraw Hill.

White, Harrison C., 1988: „Where do Markets come from?“, in: *American Journal of Sociology* 87: 730-780.

White, Harrison C., 2008: *Identity and Control. How Social Formations Emerge*, 2. Auflage, Princeton: Princeton University Press.

Wittgenstein, Ludwig, 1953: *Philosophical Investigations*. New York: Macmillan.

Grenzen und Relationen

Athanasios Karafillidis

> „To ‚be' means *to be related*. To be related involves multidimensional *order* and results in *structure*."
> *(Korzybski 1994 [1933]: 161; Hervorhebungen im Original)*

Wer über Grenzen spricht, muss auch über Relationen sprechen. Neuere Untersuchungen zu sozialen Grenzen aus ganz unterschiedlichen Blickwinkeln bestätigen diese Annahme.[1] Für eine „relationale Soziologie" ist sie sogar programmatisch, denn unter dieser Bezeichnung versammeln sich seit einiger Zeit Versuche, empirische Gegebenheiten gleich welcher Art als Netzwerke von Relationen zu beschreiben (Emirbayer 1997; Wellman 1988). Insofern mahnt das Adjektiv „relational" nicht einfach an, dass die Soziologie außer Handlungen, Akteuren, Normen, Rollen oder Institutionen nun auch Relationen beachten müsse. Vielmehr macht es darauf aufmerksam, dass prinzipiell keine soziale Einheit als selbstverständlich hingenommen werden kann und deshalb alle interessierenden Phänomene, also auch Handlungen, Akteure, Normen, Rollen oder Institutionen, als Effekte einer bestimmten Relationierung von Relationen begriffen werden müssen. Der primäre Fokus liegt dann nicht mehr auf Subjekten und Objekten oder auf Akteuren und Intentionen, sondern auf Relationen. Das verändert zwangsläufig unsere Sicht auf die soziale Welt und dementsprechend auch auf das, was wir unter sozialen Grenzen verstehen. Aber weitaus schwerer wiegt der Umstand, dass sich durch diese Umstellung auch die Möglichkeiten der soziologischen Theoriebildung verändern. Nicht nur jede soziale Einheit und jedes Phänomen stehen auf dem Prüfstand, sondern auch die Formen ihrer begrifflichen und theoretischen Erfassung. Es werden mitunter andere Grundbegriffe erforderlich. Da eine relationale Herangehensweise in erster Linie von einer Verwunderung darüber lebt, wie distinkte Identitäten, begrenzte soziale Bereiche und abgegrenzte Sinndomänen aus Netzwerken von Relationen heraus entstehen (Emirbayer 1997: 303 f.), rückt die Frage in den Mittelpunkt, wie unterscheidbare Einheiten empirisch entstehen. Der Begriff der Relation verweist also grundlegend und immer auf Grenzfragen. Das ist die wahrscheinlich auffälligste Konsequenz einer relationalen Problemstellung: Grenzen sind sowohl Forschungsgegenstand als auch Begriff. Wer über Relationen spricht, muss auch über Grenzen sprechen.

Diese Problemlage mündet in die These, dass etwas nur dann relationiert sein kann, wenn das, was relationiert wird (seien es nun Identitäten, Rollen, Akteure, Personen, Handlungen oder was auch immer), gegeneinander abgegrenzt ist – sonst würden Rela-

1 Siehe zum Beispiel Abbott 1995; Alexander 2007; Beck/Lau 2004; Eigmüller/Vobruba 2006; Lamont/Molnár 2002; Lindemann 2009; Nippert-Eng 2005; Smith 2007; Tilly 1998, 2005 und Zerubavel 1991.

tionen weder theoretisch noch empirisch Sinn „machen". Das gilt auch ganz unabhängig vom Typ der jeweiligen Relation. Ob professionelle, ungleiche, intime, gesellige, verwandtschaftliche, spielerische, feindliche, konkurrierende oder industrielle Beziehungen: Möglichkeiten der Relationierung existieren nur, weil es Grenzen gibt. Eine relationale Soziologie bleibt ohne Grenzbegriff unvollständig.

Vor dem Hintergrund dieser These versucht der Text vor allem zwei miteinander verknüpfte Dinge zu leisten: eine formalistische Beweisführung zum grundbegrifflichen Status von Grenzen und eine empirische Beobachtungsanweisung für das Aufspüren und Nachzeichnen von Grenzen. Zunächst bedarf es einer theoretischen Grundlage und Argumentation, weshalb ein relationales Vorgehen gleichsam unvermeidlich auch einen Begriff der Grenze entwickeln und mitführen muss. Aus diesem Grund wird eine theoretische Spur verfolgt und, falls nötig, auch gelegt, die es rechtfertigt, Grenzen in der Soziologie als Grundbegriff zu verstehen.[2] Grenzen (beziehungsweise Grenzziehung) sind nicht bloß ein abgeleitetes soziales Phänomen, sondern liegen jeder Praxis und jedem Verständnis des Sozialen zu Grunde. Wir werden Grenzen deshalb mit Hilfe einer Theorie der Unterscheidung von allen Bezügen auf irgendwelche abzugrenzenden Einheiten lösen, um den Blick auf Grenzziehung selbst frei zu legen und zu einem einfachen Formalismus zu gelangen, der nicht nur ihren Zusammenhang mit Relationierung deutlich macht, sondern darüber hinaus weitere Forschung anleiten kann.

Anschließend wird geschaut, inwiefern sich damit auch Grundlagen für eine soziologische Theorie der Grenze erarbeiten lassen, die es ermöglichen, das Phänomen sozialer Grenzen differenziert zu erfassen und untersuchen zu können. Die Soziologie hat die Entwicklung eines Grenzbegriffs bislang stark vernachlässigt, obwohl die Anregungen von Georg Simmel (1992: 694 ff.; 1999: 212 ff.) Anlass genug hätten sein können, sich eingehender damit zu beschäftigen.[3] Zwar nimmt die Anzahl der Veröffentlichungen seit Kurzem zu.[4] Aber diese Untersuchungen laufen sehr oft auf eine Beschreibung der *Effekte* von Grenzen hinaus, also beispielsweise auf Identitätsbildung, Strukturierung des Raums, Territorien, Ungleichheiten, Personen, Inklusion, Exklusion, Geschlecht oder ethnische Abgrenzung. Dabei wird versäumt, grundlegend in Erfahrung zu brin-

2 Ausgangspunkt ist zwar die Problemstellung einer wie auch immer verstandenen „relationalen Soziologie", aber es gibt keinen Grund, diese Überlegungen darauf zu beschränken. Der Anspruch dieser Forschungsrichtung zielt ohnehin darauf ab, einen Beitrag zur Entwicklung der Soziologie insgesamt zu leisten. Sie ist keinesfalls bloß spezielle Soziologie. Aber ganz davon abgesehen: ist soziologische Theorie in ihren anspruchsvollsten Momenten nicht immer schon relational vorgegangen?

3 *Explizite* Auseinandersetzungen der allgemeinen Soziologie mit Grenzen sind nicht leicht auszumachen und finden sich noch immer recht selten. Nach Simmel lassen sich bis in die 1990er Jahre hinein eigentlich nur Thomas Luckmann (1970), Niklas Luhmann (1975, 1984) und Raimondo Strassoldo (1982) nennen. Entweder man konsultiert speziellere Bereiche, wie zum Beispiel die Organisationssoziologie (darauf kommen wir zurück), oder man muss sich an Disziplinen wie die Ethnologie wenden, wo sich in Bezug auf Grenzen sehr interessante Untersuchungen und Anregungen finden – auch bezüglich der im weiteren Verlauf zu bestimmenden Unterscheidung von Koppeln und Entkoppeln (vgl. Barth 1969; Douglas 2002; Leach 1976; Turner 1977).

4 Siehe die Literatur in Fußnote 1.

gen, wie Grenzen selbst beschaffen sind, wenn sie denn derartige Phänomene erzeugen. Hinzu kommt das Problem, dass Grenzen meist als einfache Trennstriche ohne eigene Dimension konzipiert werden. Sie werden gleichsam als feine Linien betrachtet, die mal rigide institutionalisiert, mal durchlässig, mal flexibel sind, jedoch selbst keine Ausdehnung haben. So fällt der Blick vornehmlich auf die eine oder andere Seite der Grenze (wer gehört dazu und wer nicht?), auf entsprechende Sortiermechanismen und auf Beziehungen, die „über" eine Grenze hinweg entstehen. Doch die Grenze selbst bleibt dabei meist unterbelichtet.

Um genau beschreiben (und wenn man so will: erklären) zu können, wie es im Zusammenhang mit Grenzen zu den genannten und weiteren sozialen Effekten kommt, ist es entscheidend herauszufinden, wie Grenzen gebaut sind, wie sie gleichsam aussehen, welche empirische Gestalt, oder besser: Form, sie haben. Ein erster Vorschlag in diese Richtung wird lauten, dass Grenzen als Netzwerke begriffen werden können – aber auch jedes Netzwerk als Grenze. Die Beobachtungsanweisung lautet entsprechend: *Beobachte Grenzen als Netzwerke und Netzwerke als Grenzen*. Diese zunächst kontraphänomenologische Aufforderung gründet sich auf eine Sichtung der entsprechenden soziologischen Literatur, in der sowohl Grenzen als auch Netzwerke unabhängig voneinander durch die Unterscheidung von Kopplung und Entkopplung beschrieben werden. Mit anderen Worten wird die Oszillation zwischen Entkopplung und Kopplung als generativer Mechanismus verstanden, der sie jeweils als *Sinnstrukturen* kennzeichnet und hervorbringt (Karafillidis 2009). Gerade in Bezug auf Netzwerke ist dieses Verständnis als Sinnzusammenhang zunächst ungewöhnlich. Aber es ist genau dieser Gedanke, der schon längst die theoretische Diskussion bestimmt (Fuhse 2009). Man muss sich allerdings davor hüten, daraus zu schließen, dass ein solcher Netzwerkbegriff Netzwerke dazu verdammt, „nur" symbolischer Natur zu sein. Auf diese Idee kommt man nur, wenn man die in der amerikanischen Soziologie gängige, und in der Netzwerktheorie zum Teil noch immer gepflegte, Unterscheidung von sozialen und kulturellen Phänomenen (und Theorien) beibehält. Die soziale Welt ist aber nicht per se in verschiedene Ebenen unterteilt und auch nicht in soziale und kulturelle Phänomene.[5] Harrison White versucht bereits seit geraumer Zeit, diese von ihm selbst lange reproduzierte analytische Trennung zu überwinden, zum Beispiel durch den aus „network" und „domain" gebildeten Begriff „netdom" (White 1995) oder auch einfach durch die Bestimmung von Netzwerken als „networks of meaning" (White 1992: 67). Und für Stephan Fuchs sind Netzwerke nichts anderes als Netzwerke sinnhafter Unterscheidungen (2001b: 1 ff., 18 f.).[6]

5 Oder mit Stephan Fuchs: „The social is of one piece." (Fuchs 2001a: 31)

6 Es ist kein Zufall, wenn einem hier die Systemtheorie mit ihrer Konzeption und Diskussion von Sinngrenzen in den Sinn kommt (siehe grundlegend insbesondere Luhmann 1984: 34 ff. und 242 ff.) – zumal sich Stephan Fuchs selbst dort bedient. Das Problem der Grenze könnte sich sogar als eine gemeinsame Problemstellung von System- und Netzwerktheorie erweisen, die notwendig ist, wenn denn kontrollierte Versuche der wechselseitigen Bezugnahme oder gar Verknüpfung möglich sein sollen. Systemtheoretische Überlegungen zu Grenzen laufen im Folgenden allerdings nur im Hintergrund

Schon diese sehr kurzen Hinweise zum Stand der Theorieentwicklung machen einen wichtigen Punkt deutlich, ohne den die folgende Argumentation leicht missverstanden werden kann: Die Bemühungen um eine Netzwerk*theorie* – wozu die Arbeiten von Harrison White (1992, 2008) genauso zählen wie die von Andrew Abbott (2001a, 2001b), Stephan Fuchs (2001b) oder Bruno Latour (2007) (wohl wissend, dass diese Forscher sich wahrscheinlich eher ungern derart zusammenfassen lassen) – haben sich von netzwerkanalytischen Fragen der Datenerhebung und dem Problem der Begrenzung des Forschungsgegenstands längst entkoppelt. Während die Netzwerktheorie mit dem Problem der Grenzziehung ringt, hat die Netzwerk*analyse* es auf ihre Weise ausreichend im Griff – was die Fülle an entsprechenden Studien und Lehrbüchern eindrucksvoll belegt. Man kann freilich immer noch bessere Lösungen für netzwerkanalytische Grenzziehungsprobleme zu finden versuchen, aber hier ist die Problemstellung eine andere. Es geht nicht um eine methodische Technik, mit der die Grenzen des Untersuchungsgegenstands objektiv, reliabel und valide bestimmt werden können. Es geht vielmehr darum, das theoretische Profil einer relationalen Soziologie zu schärfen und dabei Ansatzpunkte für die Arbeit an einer Theorie der Grenze zu gewinnen.

Drei Einschränkungen

Um die zentralen theoretischen Ideen aus der Literatur zu sozialen Grenzen herauszuarbeiten, nehme ich drei Einschränkungen vor. Sie dienen als eine Art Filter, der die in der Literatur bereits vorhandenen Säulen für eine Theorie sozialer Grenzen sichtbar macht. Sie klammern ferner diejenigen Beschäftigungsfelder der Grenzforschung ein, die unsere Aufmerksamkeit vom eigentlichen Thema, nämlich der Unterscheidung von Grenzen und Relationen, abziehen. Und zugleich liefern sie auch eine Beschreibung der Grenzen dieses Texts in Bezug auf die Forschung zu Relationen, Grenzen und Netzwerken, indem sie gleichsam die Form seiner Selektivität freilegen.

Meine erste und zentrale Einschränkung besteht darin, nur solche Überlegungen aufzugreifen und zu diskutieren, die auf Theorie abzielen und sich *explizit* mit Grenzen befassen. Das erweist sich als hilfreich, weil zahlreiche soziologische Studien zu Grenzen sehr spezifische Fälle untersuchen und sich dabei zudem vornehmlich mit Fragen der Identität beschäftigen.[7] Sicher geht die Entstehung von Identitäten mit einer Setzung und Etablierung von Grenzen einher, so dass jede Identität als Indikator einer Grenze gelten kann. Dennoch unterscheiden sich Identitäten und Grenzen, weil eine Grenze immer mindestens zwei Identitäten erzeugt, die sich auf der einen und anderen Seite der Grenze bilden und adressiert werden können. Ihre Unterscheidung ist auch deshalb wichtig, weil man die Frage nach der Identität einer Grenze stellen können muss, was nicht mög-

---

mit. Etwas ausführlicher zum Zusammenhang von Sinn, Unterscheidung und Netzwerk Karafillidis, in Vorb.

7 Siehe Tilly 2004: 213 f., vor allem auch die dort aufgeführte Literatur.

lich ist, wenn man eine Grenze nur als zwischen Identitäten verlaufende oder Identitäten umschließende Linie begreift. Solche Vorstellungen von Grenzen folgen letzten Endes dem Vorbild räumlicher Grenzen, von dem man sich jedoch lösen muss, wenn man sich ein Bild von der Eigentümlichkeit sozialer Grenzen machen möchte.

Die zweite Einschränkung besteht darin, Probleme der Grenzspezifikation im Rahmen der Sozialforschung und ihrer Datenerhebung auszuschließen.[8] Zum Zwecke der Datenerhebung wird zumeist vernachlässigt, dass Grenzen kontextabhängig, zeitlich variabel und abhängig vom jeweiligen Beobachter sind. Man geht stattdessen einfach davon aus, dass Grenzen um Gruppen von Individuen herum verlaufen. Es besteht kein Zweifel daran, dass dies womöglich der einzig gangbare Weg ist, wenn es darum geht, die üblichen Instrumente der Sozialforschung zum Einsatz zu bringen. Aber dabei wird das Problem verdeckt, wie Grenzen in bestimmten Momenten spezifiziert und empirisch reproduziert werden. Mit irgendwelchen vorausgesetzten Knoten eines Netzwerks zu beginnen (Individuen, Organisationen etc.), verpasst zudem den entscheidenden Punkt eines relationalen Vorgehens, nämlich die Verbindungen nachzuzeichnen, die zur Knotenbildung führen (White 1992, 2008).

Die dritte Einschränkung ist allgemeiner Art und betrifft die Konzentration auf Annahmen, die *Selbstreferenz* zulassen (Luhmann 1984: 593 ff. und passim, 1997: 1128 ff.; Platt 1989; Varela 1975). Das bedeutet, dass es möglich sein muss, die Konstitution von Relationen, Grenzen und Netzwerken auf ebensolche Relationen, Grenzen und Netzwerke zurückführen zu können. Andernfalls hätten wir es hierbei nicht mit grundlegenden beziehungsweise paradigmatischen (Merton 1968: 69 ff.), sondern allenfalls mit abgeleiteten Begriffen zu tun. Das bedeutet, dass man Fragen nach Ursachen und Wirkungen nur noch nachrangig stellt und sich in erster Linie Phänomenen und Problemen der Reflexivität und Rekursivität widmet. Der Vorteil liegt nicht zuletzt darin, dass selbstreferentielle Überlegungen uns daran erinnern, dass Forschung selbst von der Setzung, Akzeptanz und vielleicht sogar Verteidigung von Grenzen abhängig ist. Das bringt uns näher an den Kern des Prozessierens von Grenzen, weil es zunächst nicht darum geht, spezifische Grenzen dieser oder jener Gruppe zu untersuchen, sondern die Selbstähnlichkeit und Verteiltheit (Abbott 2001a; White 1992: 3 ff.) gesellschaftlicher Grenzen zu erfassen. Das schließt es nicht aus, Grenzen zu untersuchen, die nicht unsere eigenen sind. Aber eine soziologische Theorie der Grenze muss die Behandlung fremder wie auch eigener Grenzen umfassen.

8 Siehe zum Umgang mit dem Problem der Grenzziehung bei der Erhebung relationaler Daten Knoke/Yang (2008), Laumann/Marsden/Prensky (1983), Scott (2000) und Wassermann/Faust (1994).

Grenzen als Ereignisse

Ohne Grenzen und ihre Überschreitung wäre soziale Ordnung nicht möglich.[9] Grenzen sorgen für ein Erkennen und Nachvollziehen regelmäßiger Muster und Abläufe und sind eine zentrale Form der Erzeugung und Bewältigung von Unsicherheit und Kontingenz. In diesem Sinne sind Grenzen grundlegend für jeden sozialen Prozess, schon weil es nicht möglich ist, keinerlei Unterscheidung zu treffen (Abbott 2007: 96; Baecker 2005; Bourdieu 1982; Lamont/Fournier 1992; Luhmann 1997; Simmel 1989: 137; Zerubavel 1991).[10] So gesehen kommen Grenzziehungen ohne Zweifel in jeder Situation vor. Irgendeine soziale Limitierung (und sei es die Situation selbst) ist in jeder Kommunikation und Handlung präsent. Doch meist fällt das nicht auf, weil Grenzen einfach selbstverständlich mitlaufen. Sie werden nur in Ausnahmefällen thematisiert und müssen daher dem zugerechnet werden, was Metakommunikation genannt wird.[11] In der Sprache der Ethnomethodologie ausgedrückt, könnte man auch sagen, dass Grenzen zu einem „shared agreement" gehören, von dem Harold Garfinkel (1967: 3 ff.) behauptet, dass darüber fortwährend berichtet wird, ohne es ausdrücklich erwähnen zu müssen. Grenzen sind also immer präsent, bleiben aber oftmals unerkannt und verschieben sich schnell wieder, falls sich keine Absicherungen finden, die sie reproduzieren und dadurch dauerhaft erhalten. Meist sind es genau solche aufrechterhaltene und verteidigte Grenzen – wie beispielsweise Grenzen der Ethnie, einer Organisation, des Geschlechts oder eines Territoriums – die sozial sichtbar sind, das heißt auch im Alltag in irgendeiner Form ausdrücklich als Grenzen beobachtet werden. Trotzdem sollte die Grenzforschung sich nicht nur auf solche handfesten und offensichtlichen Grenzen beschränken. Vielmehr müssen wir unseren Blick für Grenzen stärker verfeinern, um sehen zu können, dass Grenzen auch dann maßgebend sind, wenn sie gar nicht thematisiert werden.

Aber wie lässt sich das erreichen? Der erste Schritt besteht in einer Sensibilisierung dafür, dass Grenzziehung sich ereignishaft vollzieht.[12] Grenzen sind immer *gegenwärtig* gezogene Grenzen. Wie alles andere, was in die Welt kommt, muss auch eine Grenze in

---

9 Glaubt man Georg Simmel (1999: 212 ff.), ist die Differenz von Grenzziehung und Grenzüberschreitung sogar konstitutiv für jegliches Leben.

10 Nachweise für die Tatsache, dass das Treffen einer Unterscheidung eine basale kognitive Operation ist, liefern auch die Kognitionswissenschaften, insbesondere die biologische Epistemologie und die Kybernetik zweiter Ordnung (vgl. Bateson 2000; von Foerster 1981; Glanville 1990; Maturana 1981; Varela 1979). Dass und wie das Treffen einer Unterscheidung mit Grenzsetzung zu tun hat, werden wir anschließend mit Hilfe von Andrew Abbott (1995) und George Spencer-Brown (1994) zeigen.

11 Jede Kommunikation wird durch Metakommunikation begleitet. Beispielsweise ist die Nachricht „Das ist ein Spiel" eine Metakommunikation, die bei einem Spiel stets mitläuft, obwohl sie nicht explizit mitgeteilt wird (Ruesch/Bateson 1987: 203 ff).

12 Sofern die Welt eine Welt von Ereignissen ist, wie George Herbert Mead (2002) bereits vor über siebzig Jahren überzeugend argumentiert hat, dann muss das auch für Grenzen gelten, weil sie ebenfalls zu dieser Welt gehören. Diese temporalisierte, ereignisbasierte Sicht auf soziale Phänomene wird unter anderem von Andrew Abbott (2001b) vertreten und findet sich in all ihrer Radikalität vor allem bei Niklas Luhmann (1984).

einem bestimmten Moment von einem bestimmten Beobachter in einem bestimmten Kontext aktualisiert werden. Eine Konsequenz daraus ist, dass jede Operation der Abgrenzung zunächst einmal keine Dauer hat.[13] Jede Grenzziehung ist ein Ereignis in der Gegenwart und es bleibt zunächst offen, ob eine intendierte Abgrenzung in einer Situation überhaupt aufgegriffen und zum Gegenstand weiterer Kommunikation gemacht wird.

Diese Perspektive auf Grenzen eröffnet uns die Möglichkeit, sie auf einer mikrologischen Ebene zu beobachten, insofern „mikro" nicht einen Bezug auf Individuen oder Akteure, sondern auf Operationen meint – was soziologisch zumeist bedeutet: auf Handlung und/oder Kommunikation (Baecker 2005; Luhmann 1984). Das hat für unser Vorhaben wichtige Implikationen. Erstens wird damit eine robuste empirische Grundlage geschaffen, weil Operationen die sachlich, sozial und zeitlich kleinstmöglichen Einheiten sind, die ein *Beobachter* registrieren kann. Nichts ist empirisch gewisser, als dass sich irgendetwas ereignen muss, wenn irgendetwas beobachtbar sein soll. Wirklich ist nur die sich in einem Moment ereignende, selbst nicht Zeit in Anspruch nehmende Gegenwart (Simmel 1999: 218 ff.). Das schließt vergangene und zukünftige Ereignisse mit ein, denn auch sie können nur gegenwärtig markiert werden. Zweitens kommen Operationen nie als singuläre Ereignisse vor, weil es immer zumindest einer weiteren Operation bedarf, um eine vorherige Operation als Operation zu beobachten und jede Operation auf andere mögliche Operationen vorausweist. Daher ist „Operation" nichts anderes als eine Einheitsbezeichnung für ein *ereignishaftes Element-in-Relation*.[14] Und drittens wird dadurch eine skalenunabhängige Untersuchung möglich, die überdies von Beginn an hochempfindlich für die Dynamik des Problems ist. Grenzen von Interaktionen, Rollen, Status, Personen, Berufen, Professionen, Organisationen und Märkten oder auch von Bereichen wie Wissenschaft, Politik, Wirtschaft oder Religion reproduzieren sich selbstähnlich, das heißt sie müssen sich empirisch stets sowohl auf der Mikro- als auch auf der Makroebene realisieren. Die Dynamik bleibt dabei schließlich im Blick, weil jede dieser Grenzen als ein Phänomen verstanden wird, das, wenn es denn als Grenze sichtbar und wirksam werden soll, in einem bestimmten Moment operativ aktualisiert und situiert werden muss, ohne zu wissen, ob das im nächsten Moment auch so bleibt.

Diese operative, ereignishafte Sicht steckt auch in der Unterscheidung von sozialen und symbolischen Grenzen, die Michèle Lamont und Virág Molnár (2002) auf Basis einer umfangreichen Sichtung der Grenzforschung vorschlagen. Unter sozialen Grenzen

---

13 Das Problem ist dann nicht, wie rigide Grenzen überwunden oder durchschritten werden können, was den Blick wieder von ihnen ablenken würde, sondern unter welchen Bedingungen und in welcher Form sie Moment für Moment reproduziert werden. Es ist die Stabilität und Eindeutigkeit einer Grenze, die erklärungsbedürftig ist.

14 Deswegen ist auch die Systemtheorie, die für ihre Beobachtung von Operationen bekannt ist, tatsächlich eine grundlegend relationale Theorie, auch wenn sie nicht im Rahmen dieses Ausdrucks gehandelt wird (siehe jedoch Emirbayer 1997: 288, Fn. 9). Abgesehen davon zielt die *Differenz* von System und Umwelt immer schon auf die Frage ihrer Relationierung ab. Siehe in Bezug auf Relationen bereits Bateson/Bateson (1993) und für die soziologische Systemtheorie insbesondere Luhmann (1984, 1997).

verstehen sie den ungleichen Zugang zu (und die ungleiche Verteilung von) Ressourcen und Gelegenheiten. Das sind für sie diejenigen Grenzen, die schwer zu modifizieren oder zu überwinden sind und die deshalb als beständig erscheinen. Beispielsweise wirken ethnische, geschlechtliche, nationale, klassenbedingte oder rassenbezogene Grenzen empirisch oftmals manifest und verhärtet. Sie sind mit anderen Worten institutionalisiert. Dagegen verstehen die Autoren unter symbolischen Grenzen jede begriffliche Unterscheidung, die für Zwecke der Kategorisierung oder Klassifikation verwendet wird. Eine symbolische Grenze ist also bereits dann im Spiel, wenn man Autos von Fahrrädern kategorial unterscheidet. Derartige Grenzen sind demgemäß flüchtig, aber auch allgegenwärtig, weil empirisch und praktisch in jedem Augenblick irgendwelche Unterscheidungen im Spiel sind. Es wäre jedoch ein Missverständnis, sie aufgrund dessen für weniger folgenreich und real zu halten als die so genannten „sozialen" Grenzen. Ganz im Gegenteil. Weil jeder kognitive Akt, jede Kommunikation, jede Handlung von irgendeiner expliziten oder impliziten Unterscheidung abhängt, ist dieser Typ von Grenze offensichtlich fundamentaler. Man muss ihn überdies ereignishaft begreifen, weil solche Grenzen in einer Situation sowohl rasch (wenn auch nicht: willkürlich) gewechselt als auch miteinander kombiniert werden können. Jede Situation bringt symbolische Grenzen ins Spiel, um die Möglichkeit zu schaffen herauszufinden, was gerade abläuft. Oder wie Lamont und Molnár es ausdrücken (2002: 168): „They are tools by which individuals and groups struggle over and come to agree upon definitions of reality." Da eine solche Auseinandersetzung über Realitätsdefinitionen ein zentrales Charakteristikum von Situationen schlechthin ist, muss man davon ausgehen, dass irgendwelche symbolischen Grenzen stets mitlaufen. Das spricht nicht nur dafür, dass sie leicht wandelbar und verschiebbar sein müssen, sondern auch entschieden dafür, dass sie, und damit ist zugleich die große (semantische) Schwäche dieser Unterscheidung genannt, *soziale* Grenzen sein müssen, weil sie nur in Situationen (wo sonst?) wirksam werden können. An dieser Stelle kollabiert die Unterscheidung von symbolischen und sozialen Grenzen – zumindest ist es keine Unterscheidung, mit der man in der Grenzforschung beginnen kann, weil auch ganz unabhängig von der Frage der Benennung der gewählten Grenztypen etwas typologisiert wird, von dem man noch zu wenig weiß, als dass man es bereits in Typen kategorisieren könnte. Eine Typologie ist eben noch keine Theorie.

Dennoch ist der Punkt, auf den die beiden Autoren hinauswollen, in zweierlei Hinsicht fruchtbar. Erstens wird dadurch die Beobachtung von Machtbeziehungen ermöglicht, die mit dem Setzen, Aufrechterhalten und Verteidigen von Grenzen einhergehen. Anders gesagt ermöglicht die Idee hinter dieser Unterscheidung die Beobachtung von umkämpften Grenzen. Wie wird eine spontane, willkürlich gesetzte symbolische Grenze so dargestellt und abgesichert, dass sie als „soziale" Grenze erscheint? Zweitens eignet sich die Unterscheidung für eine historische Beobachtung von Grenzen. Nur unter bestimmten Umständen werden symbolische Grenzen im Laufe der Zeit derart zwingend für Kommunikation, dass sie auch zu sozialen Grenzen im Sinne von Lamont und Molnár werden. Fasst man diese beiden Punkte zusammen, lässt sich sagen, dass diese

Unterscheidung die Beobachtung verschiedener Formen der Transformation von symbolischen in soziale Grenzen und ihrer verflochtenen Relationierung im Zeitverlauf ermöglicht. Das kommt einem Interesse an der Transformation von Ereignissen in (dauerhafte) Strukturen und der Suche nach entsprechenden empirischen Mechanismen dieser Transformation gleich. Dahinter steckt die für ein relationales Vorgehen typische Idee, dass jegliche Dauerhaftigkeit oder Stabilität empirisch durch eine bedingte Sequenz von ereignishaften Unterscheidungen reproduziert wird. Das ist das zentrale Problem, und Lamont und Molnár gebührt der Verdienst darauf hinzuweisen – was nichts daran ändert, dass diese Unterscheidung zum einen semantisch unglücklich gewählt ist und zum anderen auch nicht als Grundlage für eine Theorie der Grenze dienen kann.

Charles Tillys Abhandlung zu sozialen Grenzmechanismen präsentiert zwar eine andere Argumentation, versorgt uns aber ebenfalls mit Hinweisen darauf, dass es sinnvoll ist, Grenzen als Ereignisse zu betrachten (Tilly 2004). Ihm geht es vor allem darum, einen Wandel von Grenzen und die ihn auslösenden und konstituierenden Mechanismen zu untersuchen. Auf den zweiten Blick offenbart sich jedoch der Witz seiner Argumentation: ein Wandel von Grenzen ist nicht die Ausnahme, sondern die Regel. Wenn eine Grenze kommunikativ gesetzt wird – und sie wird immer *kommunikativ* gesetzt, das heißt auch eine harsche körperliche, mithin auf Gewalt beruhende Handlung realisiert Kommunikation (Gambetta 2009: ix f.) – dann ist der Wandel, und damit die Unbeständigkeit, dieser Grenze automatisch mit eingebaut. Denn im nächsten Moment kann diese Grenze schon wieder überschritten und durch eine andere ersetzt werden. Das Setzen einer Grenze kommt geradezu einer Afforderung gleich, sie zu überschreiten (Simmel 1999: 216 f.; Spencer-Brown 1994). Das wird deutlich, wenn man sich die von Tilly identifizierten Mechanismen des Grenzwandels genauer anschaut.[15] Jeder Mechanismus, den er nennt,[16] beschreibt eine in Raum und Zeit situierte Operation, die die Grenze erst hervorbringt, die sich dann wandelt. Wo hätte die Grenze vorher auch sein sollen? All diese Mechanismen lassen sich deshalb auf die Operation der *Aktivierung und Deaktivierung* von Grenzen reduzieren. Das ist ein im sozialen Leben alltägliches Phänomen. Grenzen, sogar die scheinbar dauerhaften wie Geschlecht oder Ethnizität, müssen schon aktiviert werden, wenn denn eine Chance bestehen soll, dass sich Identitäten daraufhin bilden, organisieren und wechselseitig kontrollieren, und zwar um den Preis, dass dafür zugleich andere Grenzen deaktiviert werden. Insofern Grenzen Sinn produzieren beziehungsweise ein Phänomen sind, das sich über sinnhafte Unterscheidungen konstituiert, kommt es auf Beobachter (Sozialdimension) und Kontexte (Sachdimensi-

---

15 Wie bereits angedeutet, unterscheidet Tilly Mechanismen, die einen Grenzwandel auslösen von Mechanismen, die ihn konstituieren. An dieser Stelle kann diese Unterscheidung jedoch vernachlässigt werden, weil ich mich hier nicht für die Bestimmung von Kausalitäten interessiere, sondern nach Beweisen für die These suche, dass Grenzen immer ereignishaft aktualisiert werden.

16 Nämlich: „encounter", „imposition of boundaries by authorities", „borrowing of boundaries from elsewhere", „conversation", „shift of boundary maintaining incentives", „inscription and erasure of boundaries", „activation and deactivation of boundaries", „site transfer within a boundary" und „relocation of boundaries" als Kombination mehrerer Mechanismen (Tilly 2004: 217 ff.).

on) an, wenn man bestimmen will, welche Grenzen aktiviert werden und welche dabei gezwungenermaßen deaktiviert werden – zumindest für den Moment (Zeitdimension). Und natürlich muss man dann in dieser Hinsicht empirisch genau untersuchen, ob unterschiedliche strukturelle Formen entstehen, wenn Grenzen eher in der Sozial-, Sach- oder Zeitdimension des Sinns gezogen werden – auch wenn immer alle drei Dimensionen gleichzeitig präsent sind (Luhmann 1971).

Nackte Grenzen

Doch lassen sich Grenzen als Ereignisse überhaupt beobachten? Wie kann man sie sozialwissenschaftlich sichtbar machen? Wie wird es empirisch möglich, dass allen Beteiligten auch ohne eine Thematisierung der aktuellen Grenzen rasch klar werden kann, welche Grenzen im Spiel sind und wie mit ihnen gespielt werden kann? Die typologische Unterscheidung zwischen sozialen und symbolischen Grenzen liefert darauf keine Antwort. Sie hilft zwar dabei, Vorhaben in der Grenzforschung zu rahmen, aber sie sagt nichts darüber aus, wie Grenzen hervorgebracht werden oder anders gesagt: sie sagt nichts darüber aus, was Grenzen *als* Grenzen *tun*. Da es sich sowohl bei sozialen als auch bei symbolischen Grenzen um (soziale) Grenzen handelt, müssen wir erst einmal herausfinden, was *beide* überhaupt zu Grenzen macht. Solange diese Frage nicht in Ansätzen geklärt ist, greift die Bestimmung von Grenztypen, genauso wie Fragen nach der Institutionalisierung, dem Wandel oder der Durchlässigkeit von Grenzen, ins Leere.

Hier schafft die in Bezug auf Grenzen vermutlich radikalste soziologische Abhandlung Abhilfe (Abbott 1995). Normalerweise, so Andrew Abbott, startet man mit Dingen, Objekten oder Einheiten und fragt nach ihren Grenzen oder nach den Grenzen, die zwischen ihnen verlaufen. Abbott schlägt nun eine Umkehrung vor: man muss zunächst Grenzen untersuchen, ohne mit irgendwelchen vorher bereits existierenden Einheiten zu beginnen. Seine Begründung dafür ist ziemlich einfach und in unserem Kontext kaum mehr verwunderlich: Beginnt man mit einer Sichtweise von sozialer Struktur, die auf Ereignisse, Prozesse und Relationen abstellt, gerät automatisch das Problem in den Vordergrund, wie Einheiten entstehen und sich wieder auflösen. Aber wie lassen sich nun kahle, nackte Grenzen ermitteln, das heißt wie geraten Grenzen selbst in den Fokus, ohne dass sie sich erst einmal auf irgendetwas anderes außer sich selbst beziehen? Abbott entschließt sich diesbezüglich für einen Rückgriff auf die algebraische Topologie, um einige formale Ideen zu gewinnen, wie man in einem solchen Fall vorgehen kann. Ohne an dieser Stelle in die Details gehen zu müssen, ergibt seine Suche, dass Grenzen und Entitäten in topologischer Hinsicht äquivalent sind. Nachdem er sich einige Anregungen geholt hat, verlässt er die Topologie allerdings wieder recht rasch, weil die Bestimmung eines Punkts x als Grenzpunkt dort noch immer auf vorher existierende Einheiten, nämlich Mengen, setzen muss. Wenn Grenzen jedoch Bedingung der Existenz von Einheiten sind, wie Abbott zu zeigen versucht, bedarf es einer selbsttragenden Grenzdefinition, die ohne irgendeine vorausgesetzte Einheit auskommt:

> „To do this, I shall replace the concept of set membership with the more general notion of ‚difference of character'. Thus, I shall define a point x as boundary point in space S if every neighborhood of x contains at least two points that differ in some respect ... (Note that the boundary point is defined ‚in a Space S' rather than ‚of a set M.') In the simple case, this difference will be a single known property—color, gender, creed, education. In the more complicated (and more likely) case, it will be a combination of properties or dimensions of difference." (Abbott 1995: 862)

Mit diesem Grenzbegriff ausgestattet, fährt er damit fort zu zeigen, wie solche Differenzstellen (sites of difference) kombiniert und verbunden werden, um eine soziale Einheit zu formen und illustriert das am Beispiel der Entstehung der Sozialarbeit als soziale Entität (Profession) im späten 19. Jahrhundert. Anstatt Abbotts empirische Darstellung einfach zu duplizieren, möchte ich die theoretische Idee unterstreichen, auf der seine Annahme basiert und sie weiter ausbauen. Wenn nämlich jede soziale Entität das Produkt einer Differenzstelle beziehungsweise einer Kombination unterschiedlicher Differenzstellen ist, müssen wir zunächst mehr über solche Differenzstellen in Erfahrung bringen.

Dazu kehren wir wieder zur Mathematik zurück, die Abbott zuvor verlassen hatte. Eine am mathematischen Kalkül von George Spencer-Brown (1994) orientierte Theorie der Unterscheidung erweist sich als hilfreich. Was letzterer nämlich „form of distinction" nennt, ist gleichbedeutend mit dem, was Abbott als „site of difference" bezeichnet. Um das zu sehen, genügt ein Blick auf die Begriffe „Unterscheidung" beziehungsweise „Form der Unterscheidung" und ein Vergleich mit der oben zitierten Stelle von Abbott:

> „*Dinstinction is perfect continence.* That is to say, a distinction is drawn by arranging a boundary with separate sides so that a point on one side cannot reach the other side without crossing the boundary. ... Call the space cloven by any distinction, together with the entire content of the space, the form of the distinction." (Spencer-Brown 1994: 1, 4; Hervorhebung im Original)

Die Idee der Form einer Unterscheidung schließt Abbotts Vorstellung offensichtlich ein und ist ein aussichtsreicher Kandidat für unsere Suche nach einer Theorie der Unterscheidung, wie sie Abbott für eine Theorie der Grenze und seit kurzem sogar für die Soziologie insgesamt fordert (Abbott 2007: 96). Was Spencer-Browns nicht-numerische Mathematik weiterhin attraktiv macht, ist die Einführung einer Notation für Unterscheidungen, deren Möglichkeiten und Konsequenzen für soziologische Modellierung man gerade erst zu erkunden beginnt (Baecker 2005; Karafillidis, in Vorb.). Es dürfte sich gerade für eine Theorie der Grenze lohnen, diese Möglichkeiten aufzugreifen, weil eine Notation für Unterscheidungen es mitunter erlaubt, die *Form* eines Phänomens, in unserem Fall: soziale Grenzen, als Kombination und Ordnung mehrerer Unterscheidungen darzustellen.

Unterscheidungen, Relationen und Grenzen

Abbotts Ausführungen machen deutlich, dass eine fundamentale Definition von Grenzen, die auf keinerlei Einheiten (Identitäten, Dinge) außerhalb der Grenze Bezug nimmt, bis auf Differenzen oder Differenzstellen zurückgehen muss. Auch wenn für Abbott damit erst einmal eine Definition gewonnen ist, die für die Darstellung seines Problems ausreicht, möchte ich an genau dieser Stelle die Möglichkeit platzieren, mit Spencer-Browns Notation zu arbeiten. Dadurch wird eine formale Darstellungsmöglichkeit für solche „sites of difference" möglich, die ihre Relationierung und ihre Kombinationsmöglichkeiten mit sichtbar machen kann. Wir verwenden die Notation in einer soziologischen Interpretation wie sie von Dirk Baecker (2005) vorgeschlagen worden ist. Auch wenn hier nur ungenügend auf die methodologischen Implikationen einer Formtheorie und ihrer Notation eingegangen werden kann, wird dennoch in aller Kürze deutlich, dass in Bezug auf Unterscheidungen neue Analysemöglichkeiten gewonnen werden können. Vor allem lässt sich auf diese Weise ein differenziertes Bild des Treffens von Unterscheidungen und der damit verbundenen Konsequenzen zeichnen.[17]

Die Notation ist äußerst sparsam. Sie besteht nur aus einem Markierungszeichen für Unterscheidungen, dem „mark of distinction" (Spencer-Brown 1994: 4):

⏋

Dieses Markierungszeichen markiert eine Unterscheidungsoperation. Es ist mit anderen Worten ein Zeichen für ein Unterscheidungs*ereignis*. Man beachte, dass Spencer-Brown mit einer leeren (nackten) Unterscheidung beginnt, das heißt die beiden angezeigten Sei-

17 Notationen sind keine passiven Werkzeuge. Ihr Gebrauch entspricht einer aktiven Limitierung unserer Beobachtungsmöglichkeiten (Long 1999). Genau deshalb erlauben sie allerdings eine Wahrnehmung von Phänomenen und Relationen, die ansonsten unerkannt bleiben würden (siehe dazu in Bezug auf Schrift Havelock 1963). Paradox ausgedrückt: eine Notation ist eine überlegt eingesetzte Einschränkung der Beobachtung zum Zwecke der Ausweitung der Beobachtung. Obwohl in der Soziologie immer wieder Unterscheidungen Verwendung finden, die dabei helfen sollen, die empirisch im Gebrauch befindlichen Unterscheidungen zu erklären, zu verstehen oder zu analysieren, fehlt noch immer eine Möglichkeit der angemessenen Darstellung und Repräsentation von Unterscheidungen (siehe bereits Bateson 2000: 454 ff.). Sprache kann Unterscheidungen zwar transportieren und auch transformieren, ihre (nackten) Eigenschaften aber nur schlecht darstellen. Sie ist abhängig von einer sequentiellen Entfaltung und braucht Bindewörter wie „und", „oder" oder „zwischen", um eine Unterscheidung zu bezeichnen. Aber Unterscheidungen sind vollkommen indifferent gegenüber solchen Bindewörtern. Letztere qualifizieren eine Unterscheidung bereits viel zu stark, denn eine Unterscheidung meint einfach nur die Nachbarschaft von zwei (oder mehr) Seiten und überlässt es dann weiteren Unterscheidungen, die Relation zwischen diesen beiden Seiten in der einen oder anderen Richtung näher zu bestimmen. Die mangelnde Fähigkeit der Schriftsprache, Unterscheidungen selbst bezeichnen zu können, wird sogar noch deutlicher, wenn es wie bei Abbott darum geht, Unterscheidungen zu bezeichnen, ohne dass es irgendwelche Identitäten gibt, die es zu unterscheiden gilt. Freilich kann das Wort „Unterscheidung" in diesem Fall als Markierung fungieren, aber das ist reichlich unbefriedigend, wenn mit einem Blick auch die Implikationen des Treffens von Unterscheidungen mitbegriffen werden sollen.

ten sind anfangs inhaltlich nicht weiter qualifiziert. Das Treffen einer Unterscheidung ist folglich nichts anderes als eine Trennung von zwei Seiten, *die genau deshalb in Beziehung stehen*. Das verweist auf eine grundlegende Eigenart von Relationierung: dass es sie nur dann geben kann, wenn eine Trennung vorliegt, weil es andernfalls nichts zu relationieren gäbe. Mit solchen grenzsetzenden Ereignissen zu starten bedeutet, dass die Herstellung einer Relation in einem bestimmten Moment die beiden Seiten erst hervorbringt, die sie relationiert. Die Relation und ihre Relata (Elemente, Identitäten) entstehen praktisch gleichzeitig, und zwar durch das Treffen einer Unterscheidung. Die Notation der Unterscheidung macht dies deutlich: die konkave Seite des Zeichens entsteht zugleich mit der anderen Seite und auch zugleich mit dem Raum, in dem die Unterscheidung getroffen wird. Kurz: Keine Relation ohne Unterscheidung. Jede relationale Soziologie muss auf diesen Umstand Rücksicht nehmen. Die folgende Abbildung illustriert im Detail, wie dieses Zeichen vor dem Hintergrund der oben zitierten Passage von Spencer-Brown gelesen werden kann und was es impliziert:

Abbildung 1: Komponenten der Beobachtung einer Unterscheidung

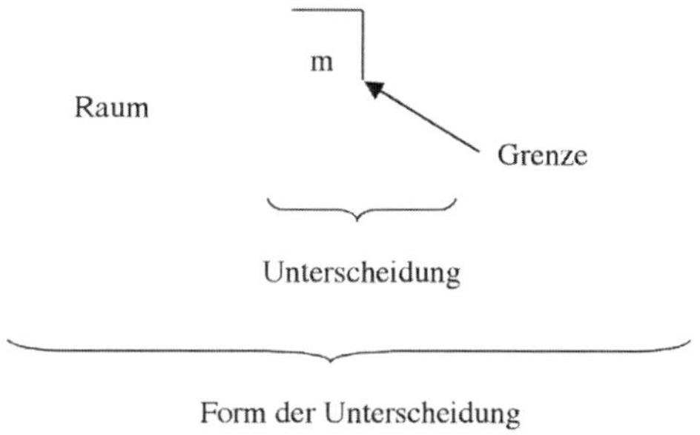

Die Abbildung macht deutlich, dass die Setzung einer Grenze gleichzeitig zwei Seiten produziert: die markierte Seite (hier zusätzlich markiert mit dem Buchstaben *m*) und die unmarkierte Seite. Man sieht außerdem, dass die unmarkierte Seite der Unterscheidung ebenfalls zur Unterscheidung beziehungsweise zur Form dazugehört und auch, dass die Beobachtung einer Unterscheidung als Unterscheidung (eine Grenze, mindestens zwei Seiten und der dadurch entstehende Raum) der Beobachtung ihrer *Form* entspricht. Die Grenze einer Unterscheidung trennt die beiden Seiten, ist aber auch verantwortlich für ihre Relationierung. Eine Grenze steht also sowohl für Trennung als auch für Verbindung. Sie ist letztlich dasjenige Element einer Unterscheidung, das für den perfekten Zusammenhalt („perfect continence" in Spencer-Browns Definition) des Unterschiedenen sorgt.

Abbotts Definition eines Grenzpunkts *x* (siehe das Zitat im vorangehenden Abschnitt) lässt sich nun mit Hilfe dieser Notation formalisieren:

Abbildung 2: Abbotts Definition von Grenzen dargestellt mit der Notation für Unterscheidungen

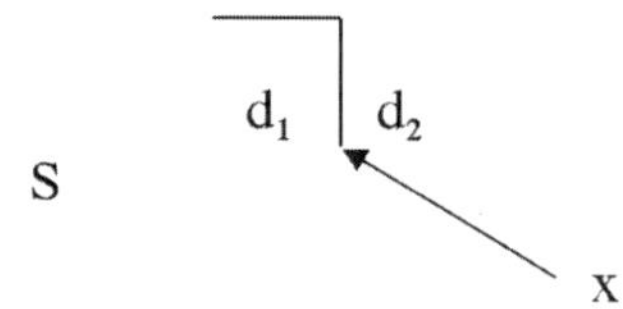

Der Grenzpunkt *x* im Raum *S* weist in jeder seiner Nachbarschaften eine Differenz (d_1, d_2) auf, deren Relationierung er ermöglicht – wobei diese Darstellung noch offen lässt, wie die Relationierung letztendlich erfolgt. Man kann nun demonstrieren, dass Abbotts Vorschlag äquivalent ist zu dem von Spencer-Brown, wenn man die beiden Axiome von Spencer-Brown einsetzt, auf die er seinen Kalkül gründet. Er stellt sie mit Hilfe seiner Notation wie folgt dar (Spencer-Brown 1994: 5):

Axiom 1: 

Axiom 2: 

Axiom 1 besagt, in unserem Kontext, dass das wiederholte Setzen einer Grenze nichts anderes als die Bestätigung dieser Grenze ist. Axiom 2 besagt, dass das Überschreiten einer gesetzten Grenze in die entgegengesetzte Richtung einer Aufhebung der Grenze gleichkommt. Da es sich bei den Punkten d_1 und d_2 in Abbildung 2 um Differenzen handelt und sie auf dieser Argumentationsebene ebenfalls noch nicht weiter qualifiziert sind, kann man sie jeweils durch den „mark of distinction" ersetzen und erhält (der Raum S braucht jetzt nicht mehr eigens mitmarkiert werden):

Das lässt sich mit Axiom 2 vereinfachen zu:

Damit ist formal-mathematisch, im Rahmen des von Spencer-Brown eingeführten Kalküls, demonstriert, dass Abbotts Vorschlag für einen Grenzbegriff, den er ausgehend von der algebraischen Topologie entwickelt, äquivalent ist zum Treffen einer Unterscheidung, die dem Setzen einer Grenze entspricht, die in einem dadurch erzeugten Raum mindestens zwei Seiten voneinander trennt und dadurch miteinander relationiert. Der

Vorteil gegenüber Abbotts Konzeption liegt in einer weiteren Vereinfachung seines Arguments. Außerdem muss jetzt noch nicht einmal ein Raum *S* vorausgesetzt werden. Der Raum wird durch das Setzen der Grenze, also durch das Treffen einer Unterscheidung, miterzeugt. Das erfüllt Abbotts eigenen Anspruch, eine selbsttragende Grenzdefinition zu entwickeln, die keinerlei Voraussetzungen außerhalb der Grenze selbst benötigt.

Dieser Ausflug in den Kalkül der Form hat vor allem den Zweck vorzuführen, dass jede Diskussion über Grenzen und Relationen sich auf das Problem und die Eigentümlichkeit des Unterscheidens zurückführen lässt und von dort aus rekonstruiert werden kann. Aus formaler Sicht erweist sich damit der Vorgang (die Operation) des Trennens-und-Verbindens als entscheidender Punkt, um den herum eine Theorie der Grenze gebaut werden kann und der überdies einen Ausgangspunkt für eine auf Relationen setzende Soziologie liefert. Aber lässt sich dieser Vorschlag überhaupt soziologisch unterfüttern und rechtfertigen?

Soziologische Interpretationen

Die Charakterisierung von Grenzen als etwas Trennendes-und-Verbindendes ist in den Sozialwissenschaften alles andere als unbekannt. Vielmehr handelt es sich um eine Unterscheidung, auf die auch andere Untersuchungen zu Grenzen immerfort stoßen. Die mittlerweile recht bekannten „boundary objects" von Susan Leigh Star erlauben Kommunikation, also mitunter Relationierung, gerade dort, wo sie aufgrund unterschiedlicher (getrennter) Sprachregister unwahrscheinlich ist (Star/Griesemer 1989). Ethnische Grenzen ermöglichen wiederum über Einschränkungen auf Rollenebene eine laufende Separation und Artikulation einzelner, wiedererkennbarer Gruppen (Barth 1969: 16 f.). Und Niklas Luhmann sieht die Funktion sozialer Systemgrenzen darin, dass sie System und Umwelt nicht nur trennen, sondern auch verantwortlich sind für ihre Relationierung (Luhmann 1984: 52 ff.; siehe auch Zeleny 1996).

Vielleicht am deutlichsten tritt diese Form der Grenze jedoch in der Organisationssoziologie zu Tage, die sich fast schon traditionell mit Grenzen beschäftigt. Sie kann gar nicht anders, weil es für Organisationen geradezu charakteristisch ist, dass sie dauerhafte Grenzen etablieren, um sich von der Gesellschaft zu entkoppeln, es aber zugleich verstehen, genau diese Grenzen zu nutzen, um zahlreiche Bindungen und Verbindungen einzugehen, die sie gesellschaftlich einbetten. Die Literatur weist in dieser Hinsicht eine begriffliche und problembezogene Konformität auf, der man in der soziologischen Forschung sonst selten begegnet.[18] Wir steigen hier nicht tiefer in die einzelnen Analysen ein,

18 Es finden sich in der Literatur auch zahlreiche Grenztypologien von Organisationen (Adams 1980; Hernes 2004; Hirschhorn/Gilmore 1992; Oliver 1993; Santos/Eisenhardt 2005). Jedoch sind solche Typologien weniger interessant, weil sie verschiedene Grenztypen von Organisationen einfach nur aufzählen und, ähnlich wie Lamont und Molnár, kaum diskutieren, *wie* Grenzen operieren, das heißt, was sie überhaupt zu Grenzen macht.

sondern konzentrieren uns nur auf die zentralen Unterscheidungen, die in Bezug auf Grenzen diskutiert werden. Man stellt dabei fest, dass die Idee des Trennens-und-Verbindens, beziehungsweise der Entkopplung-und-Kopplung, in fast allen Untersuchungen zu Organisationsgrenzen auftaucht. Klassisch ist in diesem Zusammenhang die Arbeit von James D. Thompson, der Grenzoperationen durch die Unterscheidung von „buffering" und „spanning" bestimmt (Thompson 1967, 14 ff. und 66 ff.; siehe auch Yan/Louis 1999). Einerseits puffern Grenzen einen Bereich ab und schaffen so einen abgetrennten Raum, in dem verschiedene technische, arbeitsbezogene und kommunikative Verbindungen erprobt und sich geschützt entwickeln können. Und andererseits ermöglichen sie Verhandlungen, Austausch, Verträge und die Bildung von Koalitionen und bringen dadurch ein Netzwerk zum Vorschein, dass die Grenze umspannt. Seit diesem klassischen Beitrag variiert man in der Organisationssoziologie im Wesentlichen diese grenzbestimmende Unterscheidung. Man spricht von „separation and joining" (Cooper 1986), „segregation and blending" (Hannan/Freeman 1989: 53 ff.) oder von Grenzen in ihrer Funktion als „barrier and conduit" (Arrow/McGrath 1995), wenn es darum geht, die eigentümliche Paradoxie der Grenze auf den Punkt zu bringen. Man kann all diese Variationen bündeln, indem man die *Form* der Grenze als Unterscheidung von Entkopplung und Kopplung bestimmt. Wenn wir also noch einmal fragen, was Grenzen tun, das heißt welche Form Grenzoperationen haben, dann lautet die knappe, paradoxe Antwort: Grenzen sind entkoppelnde Kopplungen.

Diese Unterscheidung kann als methodische Anweisung für die Suche und Bestimmung von Grenzen verwendet werden. Alles weitere hängt jetzt mitunter davon ab, wie man Entkopplung und Kopplung jeweils begreift und anschließend operationalisiert. Momentan scheint mir diesbezüglich eine Verknüpfung mit der Identifikation von Kausalitäten hilfreich zu sein. Entkopplung heißt dann nicht, dass keinerlei Relationen vorhanden sind, sondern nur, dass Beobachter bestimmte Kausalketten unterbrechen und damit Bedingungen für die Kontrolle von bestimmten Ursachen schaffen (White 1990: 88). Die Entwicklung von Organisationen wäre beispielsweise ohne die Entkopplung von bestimmten verwandschaftlichen und politischen Zusammenhängen, die nur bestimmte Arten von Produktion ermöglicht haben, kaum in der Form möglich gewesen, wie wir sie heute beobachten können, weil genau das entsprechende Kopplungen erzeugt hat, mit denen man die Kontrolle über Rekrutierungsprozesse gewinnen konnte (Udy 1967).[19]

Eine Untersuchung bestimmter sozialer Grenzen müsste also den Nachweis erbringen, wie die Relationierung von Entkopplung und Kopplung in dem entsprechenden Fall empirisch erfolgt, wenn es sich denn um eine Grenze handeln soll. Nur wenn man eine Kopplung beobachten kann, die Entkopplung ermöglicht, das heißt nur dann,

19 Entkopplung ist auch typisch für Situationen des Scheiterns oder des Zusammenbruchs erwarteter Zusammenhänge. Sie äußert sich dann als Erzeugung von Unbestimmtheit, die eine Suche nach Bestimmungsmöglichkeiten anregt (White 1992: 12 f.). Das Ergebnis dieser Bestimmung von durch Entkopplung erzeugter Unbestimmtheit ist Kopplung. Es ist leicht ersichtlich, dass es sich hier anbietet, diese Überlegungen auch mit der Unterscheidung zwischen loser und fester Kopplung zu verknüpfen.

wenn eine Kopplung im Zusammenhang mit einer Entkopplung möglich wird, hat man es mit einer Grenze zu tun. Man muss also beachten, dass wir es mit einer *Unterscheidung* zu tun haben. Beide Seiten sind maßgebend, und zwar die eine jeweils in ihrem Bezug auf die andere. Es kann mit anderen Worten nicht darum gehen, irgendwelche Entkopplungsprozesse mit irgendwelchen Kopplungsvorgängen in Beziehung zu setzen, sondern es geht vielmehr darum zu erkennen, dass das Setzen einer Grenze der Etablierung einer Relation (!) zwischen Entkopplung und Kopplung gleichkommt. Entkopplung und Kopplung passieren also gleichzeitig. Sequenzen (zum Beispiel erst Entkopplung und dann Kopplung, wie in Arbeitsprozessen), räumliche Verteilung (zum Beispiel Entkopplung hier und Kopplung dort, wie bei einer arbeitsteiligen Differenzierung von Abteilungen) und Rollensegmentierung (zum Beispiel die eine Person übernimmt Aufgaben der Entkopplung, die andere Kopplungsaufgaben) sind beispielsweise typisch organisationale Formen des Managements der Paradoxie, dass jede Verbindung zu einer Trennung und jede Trennung zu einer Verbindung führt, wobei stets ungewiss bleibt, welche Verbindungen und Trennungen sich letzten Endes realisieren (geschweige denn: bewähren) und welche nicht.

Grenzwerke

Mit diesen Überlegungen haben wir unsere anfängliche Behauptung, dass im Sozialen immer eine Unterscheidung getroffen und eine Grenze im Spiel ist – in jedem Moment, in jeder Situation und für jeden Beobachter – auch theoretisch eingeholt. Das daran anschließende Forschungsproblem ist nun, diesen Grenzen jeweils auf die Spur zu kommen, sie gleichsam nachzuzeichnen. Die hier angebotene Unterscheidung könnte dabei hilfreich sein. Jedoch wird man bei Grenzen selten auf nur eine Relation stoßen. Vielmehr wird man es immer mit einem Bündel von Relationen zu tun bekommen, die selbst relationiert sind. Deshalb möchte ich abschließend zeigen, dass Grenzen sich als Relationierung von Relationen oder anders gesagt: als Netzwerke realisieren. Dazu kehre ich zurück zu Charles Tilly. Seine Definition sozialer Grenzen arbeitet im Endeffekt ebenfalls mit der Unterscheidung von Entkopplung (contrast) und Kopplung (density). Bei ihm heißt es genauer:

> „We might ... define a social boundary minimally as any contiguous zone of contrasting density, rapid transition, or separation between internally connected clusters of population and/or activity." (Tilly 2004: 214)

Nach der Diskussion zu Abbott und in Bezug auf sein Diktum „Boundaries come first, then entities" (Abbott 1995: 860), kann diese Definition jedoch abgekürzt und verdichtet werden. Die intern verbundenen Cluster, zwischen denen eine Grenze verläuft, sind Entitäten, die erst durch eine Aktivierung der Grenze zu diesen Entitäten (z.B. Serben und Kroaten oder Arbeitnehmer und Arbeitgeber) werden. Deshalb besteht der Kern dieser Definition in Tillys Beobachtung einer „contiguous zone of contrasting density". Dieser Kern macht zwei Dinge deutlich. Zum einen ist die „contrasting density", die eine Grenze kennzeichnet, auf gleicher Linie zu verorten, wie unsere Operation der Entkopplungskopplung. Die Grenze ist der soziale Ort, an dem Kontraste gezeichnet, aber auch wieder vermindert werden können (Smith 2007). Sie kommuniziert eine Trennung von Gruppen, Systemen, Netzwerken oder von „Dingen", ist zugleich aber ein Ort, in dem Relationen offenbar eine Dichte erreichen, die die Dichte der Beziehungen innerhalb der getrennten Cluster, von denen bei Tilly die Rede ist, mithin übertrifft – was nur ein weiteres Indiz dafür ist, dass es die Kommunikationsdichte der Grenze ist, die zu distinkten Relationen innerhalb der Cluster führt und sie als abgegrenzte Entitäten konstituiert. Zum anderen ist die Grenze in Tillys Definition eine Zone. Sie ist nicht einfach nur eine feine Linie, sondern ein Raum, der zwar auch territoriale Ausprägung haben kann, aber in erster Linie ein relationaler, diskursiver, kommunikativer Raum ist.[20] Das wird an Tillys folgender Auflösung der Grenzoperation deutlich:

> „In the operation of a social boundary, we expect to find 1. distinctive relations between sites on one side; 2. distinctive relations between sites on the other side; 3. distinctive relations across the zone between those two; and 4. on each side, shared representations of the zone itself." (Tilly 2004: 214)

Der Raum der Grenze ist ein relationaler Raum, ein eigenständiges Netzwerk von Relationen, und zwar von Relationen, die struktureller wie auch sinnförmiger Art sind (shared representations/stories).[21] Die damit angezeigte, relationale Komplexität korrespondiert mit Ronald Breigers Annahme, dass man im Rahmen einer relationalen Analyse das Problem der Grenze vermutlich nur dann angemessen behandeln kann, wenn man es reflexiv wendet (Emirbayer 1997: 303, Fn. 36). Sucht man also nach den Grenzen von Netzwerken, wird man davon ausgehen müssen, dass diese Grenzen selbst Netzwerke sind.

Doch das bringt uns in Schwierigkeiten. Denn eigentlich hat Harrison White die Beziehung von Grenzen und Netzwerken eindeutig geklärt:

> „It is an empirical matter how many and which of the ties are activated before, during, and after a switch between network-domains. These activations depend on the scope of involvements among talkers and the interests among observers rather than on any pre-existing ‚boundaries' of such networks. Although any given event, or observation, may seize part of a network as being a separate distinct group, *networks do not have boundaries*." (1995a: 1039; Hervorhebung im Original).

---

20 Eine Vorstellung, die sich im Grunde genommen bereits bei Simmel (1992: 687 ff.) findet. Siehe auch seine Vorstellung der Gegenwart als „Grenzbezirk" (Simmel 1999: 220).

21 Diese soziologische Sichtweise modifiziert dann auch unsere formale Sicht der Grenze in einem formtheoretischen Kontext. Wenn man die Form einer Grenze notieren möchte, kann man sich nicht mit diesem einen Zeichen (dem Unterscheidungshaken) als Markierung der Grenze zufrieden geben, sondern muss die Formtheorie auf sich selbst anwenden und diesen „mark of dinstinction" selbst als Zone beziehungsweise als Form notieren. „Das Geheimnis der Form liegt darin, daß sie Grenze ist" heißt es bei Simmel treffend (1999: 297) – aber genauso liegt das Geheimnis der Grenze darin, dass sie Form ist. Auch einer Grenze liegt eine Unterscheidung zu Grunde. Ein formtheoretischer Modellierungsversuch für Grenzen auf Grundlage von Tillys Überlegungen findet sich bei Karafillidis (2009).

Es gibt nun im Prinzip nur zwei Möglichkeiten, wie man angesichts dieser Behauptung verfahren kann. Entweder man begreift Grenze als Gegenbegriff von Netzwerk, gleichsam als das genaue Gegenteil; oder man setzt Netzwerke und Grenzen gleich. Wenn aber Grenzen ein relationales Phänomen sind, wie müsste man sie dann fassen, wenn sie das Gegenteil eines anderen relationalen Phänomens, nämlich von Netzwerken, sind? Man stünde erneut vor dem Problem, eine Grenze als etwas begreifen zu müssen, das grundlegend anders beschaffen ist als das Netzwerk, das sie begrenzt. Mir scheint die zweite Möglichkeit aus den bisher diskutierten Gründen fruchtbarer und plausibler zu sein. Netzwerke und Grenzen formen eine Dualität (Breiger 2008). Sie sind, konkreter ausgedrückt, strukturell äquivalent; das heißt, sie sind für einen Beobachter im Hinblick auf ihren Orientierungswert für anschließende Operationen austauschbar und deshalb auch: verwechselbar.[22]

An dieser Stelle kommt also der Beobachter ins Spiel. Einige Beobachter sehen Netzwerke, andere sehen Grenzen. Nur ein Beobachter kann bestimmen, ob er eher Grenzen oder Netzwerke sieht, was bereits Harrison White im obigem Zitat andeutet. Ein einfaches Beispiel dafür sind Märkte. Die durch einen Markt definierten Handelsbedingungen sind eine Grenze für Unternehmen, die einen Zugang zum Markt suchen (White 1981). Aber wenn man erst einmal zur kleinen Clique der Produzenten gehört, fängt man an, ein Netzwerk von Kontrollversuchen, Identitäten, Gelegenheiten, Transaktionen und Risiken zu beobachten. Das heißt, dass die formale Symmetrie dieser Unterscheidung von Grenze und Netzwerk empirisch durch verschiedene Beobachter unterschiedlich aufgebrochen wird. Wie das jeweils geschieht und wie es dazu kommt, dass unterschiedliche Beobachter in bestimmten Situationen dazu veranlasst werden, dieselben Grenzen zu unterstellen, ist in diesem Fall eine Frage, die nur empirisch geklärt werden kann.

Man kann letzteres gar nicht stark genug betonen. Ob es sich um eine Grenze oder ein Netzwerk handelt, ist keine Frage der analytischen Entscheidung eines wissenschaftlichen Beobachters, sondern lässt sich nur durch empirische Beobachtung feststellen. Es geht um die Beobachtungen der Beobachter, die in der jeweiligen Situation stecken und daher in erster Linie darum, ob *sie* Zusammenhänge von Verbindungen und Trennungen als Netzwerk oder als Grenze beobachten. Und doch ergibt sich aus dieser strukturellen Äquivalenz von Grenzen und Netzwerken freilich auch ein analytischer Beobachtungsgewinn. Denn jetzt läuft stets die Vermutung mit, dass dort, wo man Grenzziehung beobachtet (zum Beispiel ethnische oder milieuspezifische Abgrenzung in Schulklassen in Form von Hänseln, bestimmten Spielen, Gruppenbildung in den Pausen etc.) ein Netzwerk im Spiel ist, das diese Grenze ausmacht; aber auch, dass dort, wo ein Netzwerk auszumachen ist, bestimmte Beobachter (Kinder, Schüler, Lehrer, die Klasse, die Schule, die Gesellschaft aber auch: die Soziologie) es in bestimmten Situationen und zu be-

22 Die mittlerweile in der soziologischen Netzwerkforschung klassische, kategorientheoretisch formulierte (und deshalb mit einem formtheoretischen Gebrauch nicht einfach deckungsgleiche, wenngleich mathematisch durchaus kompatible) Definition von struktureller Äquivalenz findet sich bei Lorrain/ White (1971).

stimmten Zeiten als Grenze beobachten und erleben. Die Pointe dieser empirisch zu leistenden Arbeit besteht darin, dass sich aus der Beobachtung entweder von Grenzen oder von Netzwerken jeweils ganz andere Situationsbeschreibungen, Handlungsoptionen und Interventionsversuche ergeben. Es ergeben sich jeweils andere Identitäten und andere Kontrollprojekte. Es ergeben sich andere Formen sozialer Ordnung.

Schaut man sich die Netzwerktheorie von Harrison White an, die sich von Beginn an in weiten Teilen von der sozialen Netzwerkanalyse unterscheidet und sich immer weiter von ihr entfernt (was Rückgriffe auf Forschungsergebnisse der Netzwerkanalyse nicht ausschließt), findet man zahlreiche Hinweise für die Plausibilität dieser These einer strukturellen Äquivalenz von Netzwerken und Grenzen.[23] Die beiden zentralen Unterscheidungen, die sich in Harrison Whites Sicht sozialer Prozesse finden, sind Identität/Kontrolle und Kopplung/Entkopplung (beziehungsweise: Einbettung/Entkopplung) (White 1992: 3 ff., 2008 passim). Erstere besagt, dass jede Form sozialer Ordnungsbildung durch die Spannung und Auflösung der Spannung zwischen Identität und Kontrolle angetrieben wird – Identitäten, die nach Kontrollmöglichkeiten suchen und Kontrollprojekte, die die Entstehung von Identitäten auslösen. Jedoch benutzt White diese Unterscheidung für die Beobachtung der Entstehung jeglicher Formen sozialer Organisation. Wenn von *Netzwerken* als einer bestimmten Form sozialer Organisation die Rede ist, kommt man ihrer operativen Eigenart mit der Unterscheidung von Kopplung und Entkopplung näher (White 1966).[24] Ein Netzwerk ist dann ein kontinuierlicher Prozess des Koppelns und Entkoppelns von Kontrollprojekten und Identitäten (oder Kommunikation und Handlung beziehungsweise „agency"), der selbst eingebettet und entkoppelt ist von einem unbestimmten, aber im Rahmen dieses Prozesses durch Beobachter bestimmbaren Kontexts. Jede Kopplung kann nur realisiert werden, wenn parallel Entkopplungen in Kauf genommen werden und jede Entkopplung setzt Kopplungen voraus, wenn sie denn realisierbar sein und Sinn erzeugen soll.

Grenzen und Netzwerke haben also eine engere Verbindung, als die übliche Suche nach den Grenzen von Netzwerken es erahnen lässt. Dass Grenzen selbst als Netzwerke

23 Ich greife hier nur einen Aspekt heraus, obwohl es noch viele weitere gibt, die nicht minder interessant sind. Insbesondere müsste man sich seinen Begriff der „Disziplin" im Hinblick auf Grenzen noch einmal genauer anschauen (White 1992: 22 ff., 2008: 63 ff.). Schließlich hat er vor einiger Zeit bereits vorgeschlagen, den Grenzbegriff durch den Begriff „interface" (ein Typ von Disziplin neben „arena" und „council") zu ersetzen (White 1982: 11). Da Märkte für White diesem Disziplintyp „interface" zugehören, könnte man seine „market plains" (White 2002: 49 ff.) als eine Art formaler Visualisierung von Zonen kontrastierender Dichte (Tilly) betrachten, das heißt als Ausprägungen einer Grenze, die auf einer zweidimensionalen Ebene dargestellt werden.

24 Die Netzwerkforschung zeichnet sich durch eine Schlagseite in Richtung Kopplung aus. Man diskutiert mit Vorliebe Fragen zu „ties" und „embeddedness". Ein Grund für diese Verzerrung in Richtung „Kopplung" könnte sein, dass Entkopplung viel schwieriger zu messen ist (auch wenn „zero blocks" oder „structural holes" eine Lösung sein könnten; siehe White/Boorman/Breiger 1976 und Burt 1992). Die Tatsache, dass Netzwerke nicht nur aus Bindungen bestehen, sondern auch aus Entkopplungen, weil jede Bindung zugleich eine Ent-Bindung impliziert, findet sich auch bei Pool/Kochen 1978.

begriffen werden müssen, ist jedoch nur die eine Seite der vorliegenden Argumentation. Sie unterstreicht die Annahme, dass Netzwerke eher als Paradigma der Soziologie, denn als neuer Gegenstand begriffen werden müssen. Die andere Seite dieser Argumentation lautet aber, dass jedes Netzwerk nichts anderes als eine soziale Grenze ist. Das unterstellt, dass immer wenn ein Netzwerk beschrieben wird (unabhängig davon ob qualitativ oder quantitativ), damit zugleich eine Grenze beschrieben wird. Wir haben es mit *Grenzwerken* zu tun. Man nehme beispielsweise persönliche Netzwerke, wie Claude S. Fischer sie vortrefflich beschrieben hat (Fischer 1982). Das Netzwerk einer Person ist in diesem Fall dann gleichsam die Grenze der Unterstützungsmöglichkeiten dieser Person. Jedoch muss man angesichts der Verschränkung solcher Netzwerke mit kulturellen oder symbolischen Zusammenhängen eigentlich nicht nur die Verbindung zu anderen Personen mit einbeziehen, sondern auch die Kopplung und Entkopplung dieser Person mit bestimmten Ideologien, Symbolen, Wünschen oder Kategorien berücksichtigen. Dann wäre man allerdings wohl nicht mehr nur der Grenze der Unterstützung einer Person auf der Spur, sondern eher der Grenze der Form „Person" selbst.

Grenze als Grundbegriff oder von der Hexenkunst

Grenzen und Netzwerke sind nicht identisch, sondern strukturell äquivalent. Wären sie identisch, würde das die Forschungsmöglichkeiten nur einschränken, aber nicht erweitern. Es geht um die möglichen Schlussfolgerungen, die sich aus dieser Homologie ergeben können und nicht um die bloße Feststellung, dass es so ist. Wie dem auch sei: Eine relationale Soziologie geht ohnehin nicht vollständig im Begriff des Netzwerks auf. Indes lässt sich diese Äquivalenz zumindest dazu nutzen, um das formale, phänomenologische oder analytische Wissen über Netzwerke und Grenzen im jeweils anderen Bereich einzusetzen. Und immerhin können wir damit nun erklären, weshalb der Wunsch der Netzwerkforschung, eine Methode für die Bestimmung von Netzwerkgrenzen zu finden, irreführend ist. Wenn Netzwerke und Grenzen tatsächlich äquivalent sind und es von einem Beobachter abhängt, ob soziale Ordnungsmuster als Grenzen oder Netze beschrieben werden, dann macht die Beschäftigung mit Netzwerken es schwierig zu sehen, dass man dabei schon längst Grenzen beobachtet. Man darf das nicht falsch verstehen. Für Datenerhebungen und andere Untersuchungen muss man bisweilen eine Abgrenzung des zu untersuchenden Netzwerks vornehmen. Allerdings reichen dafür die bisherigen Methoden aus. Die Arbeit an einer relationalen Soziologie und einer phänomenologischen Netzwerktheorie (Fuhse 2009) eröffnet hingegen eine andere Perspektive, die mitunter zu derart ungewöhnlichen theoretischen Schlüssen zwingt, von denen man zu diesem Zeitpunkt noch nicht genau wissen kann, ob, und wenn ja, welchen, soziologischen Effekt sie haben werden.

Eine solche Art der netzwerktheoretisch informierten Grenzforschung ähnelt in gewisser Hinsicht der Hexenkunst. Die mittelalterliche *hagazussa* saß praktisch auf dem

Zaun zwischen Wildnis und Zivilisation und konnte deshalb beide beobachten und kennen (Duerr 1983, insbesondere 52 ff.). Sie wusste nicht nur, wie es auf beiden Seiten der Grenze aussieht und was dort geschieht, sondern sie wusste auch, wie sich diese beiden Seiten unterscheiden und ferner wie man sie miteinander verbinden kann. Sie hielt sich sowohl hier als auch da auf, war zugleich drinnen und draußen. Die Hexe *ist* die Trennung und Verbindung von Wildnis und Zivilisation. Beides hat man durch die Hexe überhaupt erst entdeckt und sie hat vielerlei neue Relationen hervorgebracht, die zuvor nicht existierten. Plötzlich tauchten Verbindungen und Querverbindungen zwischen der Figur des Teufels, der Kirchenlehre, halluzinogenen Pflanzen, sexuellen Praktiken, unterschiedlichen Bewusstseinszuständen, selbstbewusster Weiblichkeit, bestimmten Normen, zivilisiertem Verhalten, speziellen Gruppen und weltlichen und jenseitigen Gerichten auf (di Nola 1990: 265 ff.), die alle aus dieser Beziehung zueinander ihre Identität gewannen. Gewiss sind nicht alle diese Einheiten, zum Beispiel der Teufel oder die Kirchenlehre, durch die Existenz dieser Grenze erst entstanden. Aber nach dieser Relationierung ist keine dieser Identitäten dieselbe wie vorher – und insoweit neu. Und nicht zuletzt stoßen wir hier offensichtlich erneut auf die strukturelle Äquivalenz von Grenzen und Netzwerken: was auf der einen Seite als Grenze beobachtet wird, entspricht auf der anderen Seite gewissermaßen dem relationalen Geflecht der Inquisition.

Die Furcht vor der Hexe war eine Furcht vor der Auflösung sozialer Ordnung, einer Ordnung jedoch, die man erst an ihrer Auflösung durch die Hexe entdeckt hat (Duerr 1983: 89). Sofern man an der Entdeckung der Ordnung *als* Ordnung und *Aufgabe* den Ursprung der Moderne und viele ihrer eigentümlichen Auswüchse festmachen will (Bauman 1995: 16 ff.), wirft das ein anderes Licht auf die historische Rolle der Hexe und damit auch auf die Rolle von Grenzen für die Entstehung sozialer Ordnung. Die Erforschung von Grenzwerken und ihren Grenzgängern (seien es nun Hexen, Fremde, Kriminelle oder Manager) läuft damit auf eine Untersuchung von Formen sozialer Ordnung hinaus (Gambetta 2009: xx f.). Für die Soziologie ist deshalb nicht nur der Teufel interessant, der uns über die paradoxen Unwägbarkeiten des Beobachtens informiert (Luhmann 1990: 118 ff.), sondern auch die Hexe, die nicht umsonst mit dem Teufel paktiert und gleichsam auf der Grenze tanzt, die er unweigerlich durch seine Beobachtung setzt. Mit anderen Worten erzeugt der Teufel die Muster (*patterns*) des Beobachtens, während die Hexe die *Matrix* der Beobachtung erkennbar macht.[25] Sie hat ein Wissen über den Boden, in den die Zaunpfähle eingelassen werden und über Zaun selbst, auf dem sie nicht nur sitzt, sondern auf dem sie auch umherwandern kann, um ihn zu erkunden. Unser Problem ist in ebendiesem Sinne die Erkundung des Zauns und seines Bodens und erst in zweiter Linie die ihn auf der einen oder anderen Seite begleitenden Identitäten. Studien zu sozialen Grenzen zeigen recht deutlich, dass soziale „Zäune" nicht eindimensional wie Linien sind, sondern vielmehr wie Netzwerke aussehen und ihren ei-

25 Die Unterscheidung zwischen *pattern* (mit Bezug auf lat. *pater*), dem verbindenden Muster, und *matrix* (mit Bezug auf lat. *mater*), dem Nährboden für dieses Muster, geht auf Heinz von Foerster (2002: 182 f.) in Anlehnung an Gregory Bateson zurück.

genen topologischen Raum erzeugen (Adams 1980; Aldrich 1971; Barth 1969; Leach 1976; Rumford 2006; Simmel 1992; Smith 1972; Tilly 2005; Turner 1977; Walters 2006). Die vorangehenden Überlegungen sollte man daher als Versuch betrachten, die Möglichkeiten einer Untersuchung solcher Grenzwerke weiter treiben zu können und dabei zu verfeinern. Nicht die eine oder die andere Seite einer sozialen Grenze, sondern die Grenze selbst und die Art und Weise, wie sie eine Ordnung von Identitäten und Relationen hervorbringt, wird zum Gegenstand.

Soll also „Relation" ein Grundbegriff sein, wird man auch Grenzen diesen Status geben müssen. Der Gegenbegriff von „Relation" ist dann nicht mehr „Element", sondern „Grenze". Wie System und Umwelt oder Kontrolle und Identität sind auch Grenze und Relation zwei Seiten einer Unterscheidung. Während wir mehr und mehr zu entdecken beginnen, dass Grenzen ein relationales Phänomen sind (Lamont/Molnár 2002, Tilly 2005), fehlte uns bislang noch eine entsprechende Beweisführung, dass Relationen erst durch Grenzen möglich werden. Aufgrund der empirischen Faszination der soziologischen Grenzforschung für das Treffen von Unterscheidungen (denen man mit der Setzung eigener Unterscheidungen begegnet), lag es in dieser Hinsicht nah, auf eine Theorie der Unterscheidung zu setzen, die die unmittelbare und zirkuläre Verknüpfung von Grenzen und Relationen deutlich machen kann. Eine solche Theorie ergänzt gleichsam das an den Anfang gestellte Zitat von Alfred Korzybski um einen entscheidenden Punkt: Existieren heißt, relationiert zu sein; aber jeder Relationierung liegt eine Unterscheidung zu Grunde, die das Relationierte als zwei oder mehr Seiten *einer* Unterscheidung gegeneinander abgrenzt. Auf dieser Grundlage kann jede soziale Grenze als Grenzwerk rekonstruiert werden: als Relationierung von Unterscheidungen im Medium des Sinns, die eine mehrdimensionale Ordnung sichtbar werden lässt und als Struktur beobachtet werden kann.

Literatur

Abbott, Andrew, 1995: „Things of Boundaries", in: Social Research 62 (4): 857-882.

Abbott, Andrew, 2001a: Chaos of Disciplines. Chicago: The University of Chicago Press.

Abbott, Andrew, 2001b: Time Matters. On Theory and Method. Chicago: The University of Chicago Press.

Abbott, Andrew, 2007: „Against Narrative: A Preface to Lyrical Sociology", in: Sociological Theory 25 (1): 67-99.

Adams, J. Stacy, 1980: „Interorganizational Processes and Organization Boundary Activities", in: Barry M. Staw/Larry L. Cummings (Hrsg.), Research in Organizational Behavior, vol. 2. Greenwich, CT: JAI Press: 321-355.

Aldrich, Howard, 1971: „Organizational Boundaries and Inter-organizational Conflict", in: Human Relations 24 (4): 279-293.

Alexander, Jeffrey C. 2007: „The Meaningful Construction of Inequality and the Struggles Against It: A „Strong Program" Approach to How Social Boundaries Change", in: Cultural Sociology 1: 23-30.

Arrow, Holly/Joseph E. McGrath, 1995: „Membership Dynamics in Groups at Work: A Theoretical Framework", in: Barry M. Staw/Larry L. Cummings (Hrsg.), Research in Organizational Behavior, vol. 17. Greenwich, CT: JAI Press: 373-411.

Baecker, Dirk, 2005: Form und Formen der Kommunikation. Frankfurt am Main: Suhrkamp.

Barth, Fredrik, 1969: „Introduction", in: Fredrik Barth (Hrsg.), Ethnic Groups and Boundaries. The Social Organization of Cultural Difference. Bergen: Universitetsforlaget: 9-38.

Bateson, Gregory, 2000: Steps to an Ecology of Mind. Chicago and London: The University of Chicago Press.

Bateson, Gregory/Mary Catherine Bateson, 1993: Wo Engel zögern. Unterwegs zu einer Epistemologie des Heiligen. Frankfurt am Main: Suhrkamp.

Bauman, Zygmunt, 1995: Moderne und Ambivalenz. Das Ende der Eindeutigkeit. Frankfurt am Main: Fischer.

Beck, Ulrich/Christoph Lau (Hrsg.), 2004: Entgrenzung und Entscheidung: Was ist neu an der Theorie reflexiver Modernisierung? Frankfurt am Main: Suhrkamp.

Bourdieu, Pierre, 1982: Die feinen Unterschiede. Kritik der gesellschaftlichen Urteilskraft. Frankfurt am Main: Suhrkamp.

Breiger, Ronald L., 2008: „Dualities of Culture and Structure". Exposé prepared for the International Symposium on Relational Sociology: Transatlantic Impulses for the Social Sciences, Berlin, 25/26 September. Online: http://www.relational-sociology.de/breiger.pdf (letzter Zugriff am 19.01.10).

Burt, Ronald S., 1992: Structural Holes. The Social Structure of Competition. Cambridge, Mass.: Harvard UP.

Cooper, Robert, 1986: „Organization/Disorganization", in: Social Science Information 25 (2): 299-335.

di Nola, Alfonso, 1990: Der Teufel. Wesen, Wirkung, Geschichte. München: Diederichs.

Douglas, Mary, 2002: Purity and Danger. An Analysis of Concepts of Pollution and Taboo, London and New York: Routledge.

Duerr, Hans Peter, 1983: Traumzeit. Über die Grenzen zwischen Wildnis und Zivilisation. Frankfurt am Main: Syndikat.

Eigmüller, Monika/Georg Vobruba (Hrsg.), 2006: Grenzsoziologie. Die politische Strukturierung des Raumes. Wiesbaden: VS Verlag.

Emirbayer, Mustafa, 1997: „Manifesto for a Relational Sociology", in: American Journal of Sociology 103 (2): 281-317.

Fischer, Claude S., 1982: To Dwell Among Friends. Personal Networks in Town and City. Chicago und London: The University of Chicago Press.

Foerster, Heinz von, 1981: Observing Systems. Seaside, CA: Intersystems.

Fuchs, Stephan (2001a): „Beyond Agency", in: Sociological Theory 19 (1): 24-40.

Fuchs, Stephan (2001b): Against Essentialism. A Theory of Culture and Society. Cambridge, Mass.: Harvard UP.

Fuhse, Jan, 2009: „The Meaning Structure of Social Networks", in: Sociological Theory 27 (1): 51-73.

Gambetta, Diego, 2009: Codes of the Underworld. How Criminals Communicate. Princeton & Oxford: Princeton UP.

Garfinkel, Harold, 1967: Studies in Ethnomethodology. Englewood Cliffs, NJ: Prentice-Hall.

Glanville, Ranulph, 1990: „The Self and the Other: the Purpose of Distinction", in: R. Trappl (Hrsg.), Cybernetics and Systems '90, Proceedings of the European Meeting on Cybernetics and Systems Research. Singapur: World Scientific: 349-356.

Hannan, Michael T./John Freeman, 1989: Organizational Ecology. Cambridge, Mass.: Harvard UP.

Havelock, Eric A., 1963: Preface to Plato. Oxford: Blackwell.

Hernes, Tor, 2004: „Studying Composite Boundaries: A Framework of Analysis", in: Human Relations 57 (1): 9-29.

Hirschhorn, Larry/Thomas Gilmore, 1992: „The New Boundaries of the ‚Boundaryless' Company", in: Harvard Business Review, May-June: 104-115.

Karafillidis, Athanasios, 2009: „Entkopplung und Kopplung. Wie die Netzwerktheorie zur Bestimmung sozialer Grenzen beitragen kann", in: Roger Häußling (Hrsg.), Grenzen von Netzwerken, Wiesbaden: VS Verlag: 105-131.

Karafillidis, Athanasios, in Vorb.: Soziale Formen. Methodologie, Kommunikation, Differenzierung. Dissertation Universität Witten/Herdecke.

Knoke, David/Song Yang, 2008: Social Network Analysis. 2nd Edition. Los Angeles et al.: Sage.

Korzybski, Alfred, 1994 [1933]: Science and Sanity. An Introduction to Non-Aristotelian Systems and General Semantics. Fifth Edition. Brooklyn, NY: Institute of General Semantics.

Lamont, Michèle/Marcel Fournier (Hrsg.), 1992: Cultivating Differences. Symbolic Boundaries and the Making of Inequality. Chicago: University of Chicago Press.

Lamont, Michèle/Virág Molnár, 2002: „The Study of Boundaries in the Social Sciences", in: Annual Review of Sociology 28: 167-195.

Latour, Bruno (2007): Eine neue Soziologie für eine neue Gesellschaft. Einführung in die Akteur-Netzwerk-Theorie. Frankfurt am Main: Suhrkamp.

Laumann, Edward O./Peter V. Marsden/David Prensky, 1983: „The Boundary Specification Problem in Network Analysis", in: Ronald S. Burt/Michael J. Minor (Hrsg.), Applied Network Analysis. A Methodological Introduction. Beverly Hills: Sage: 18-34.

Leach, Edmund, 1976: Culture and Communication: the logic by which symbols are connected. An Introduction to the use of structuralist analysis in social anthropology. Cambridge: Cambridge UP.

Lindemann, Gesa, 2009: Das Soziale von seinen Grenzen her denken. Weilerswist: Velbrück.

Long, Jeffrey G., 1999: „How Could the Notation be the Limitation?" in: Semiotica 125-1/3: 21-31.

Lorrain, François/Harrison C. White, 1971: „Structural Equivalence of Individuals in Social Networks", in: Samuel Leinhardt (Hrsg.), Social Networks. A Developing Paradigm. New York et al.: Academic Press, 1977: 67-98.

Luckmann, Thomas, 1970: „On the Boundaries of the Social World", in: Maurice Natanson (Hrsg.), Phenomenology and Social Reality. Essays in Memory of Alfred Schutz. The Hague: Martinus Nijhoff: 73-100.

Luhmann, Niklas, 1971: „Sinn als Grundbegriff der Soziologie", in: Jürgen Habermas/Niklas Luhmann, Theorie der Gesellschaft oder Sozialtechnologie – Was leistet die Systemforschung? Frankfurt am Main: Suhrkamp: 25-100.

Luhmann, Niklas, 1975: „Interaktion, Organisation, Gesellschaft. Anwendungen der Systemtheorie", in: ders., Soziologische Aufklärung 2. Aufsätze zur Theorie der Gesellschaft, 4. Auflage, Opladen: Westdeutscher Verlag, 1991: 9-20.

Luhmann, Niklas, 1984: Soziale Systeme. Grundriß einer allgemeinen Theorie. Frankfurt am Main: Suhrkamp.

Luhmann, Niklas, 1990: Die Wissenschaft der Gesellschaft. Frankfurt am Main: Suhrkamp.

Luhmann, Niklas, 1997: Die Gesellschaft der Gesellschaft. Frankfurt am Main: Suhrkamp.

Maturana, Humberto R., 1981: „Autopoiesis", in: Milan Zeleny (Hrsg.), Autopoiesis: A Theory of Living Organization. New York: Elsevier North Holland: 21-33.

Mead, George Herbert, 2002: The Philosophy of the Present. Amherst, NY: Prometheus.

Merton, Robert K., 1968: „On Sociological Theories of the Middle Range", in: ders., Social Theory and Social Structure, Enlarged Edition, New York: The Free Press, 1968: 39-72.

Nippert-Eng, Christena, 2005: „Boundary Play", in: Space and Culture 8 (3): 302-324.

Ruesch, Jurgen/Gregory Bateson, 1987: Communication: The Social Matrix of Psychiatry. New York, London: W.W. Norton.

Oliver, Christine, 1993: „Organizational Boundaries: Definitions, Functions, and Properties", in: Canadian Journal of Administration Science 10 (1): 1-17.

Platt, Robert, 1989: „Reflexivity, recursion, and social life: elements for a postmodern sociology", in: Sociological Review 37 (4): 636-667.

Pool, Ithiel de Sola/Manfred Kochen, 1978: „Contacts and Influence", in: Social Networks 1: 5-51.

Rumford, Chris, 2006: „Introduction. Theorizing Borders", in: European Journal of Social Theory 9 (2): 155-169.

Scott, John, 2000: Social Network Analysis. A Handbook, Second Edition, London et al.: Sage.
Santos, Filipe M./Kathleen M. Eisenhardt, 2005: „Organizational Boundaries and Theories of Organization", in: Organization Science 16 (5): 492-508
Simmel, Georg, 1989: „Über sociale Differenzierung", in: Georg Simmel, Gesamtausgabe Band 2, herausgegeben von Otthein Rammstedt. Frankfurt am Main: Suhrkamp: 109-295.
Simmel, Georg, 1992: Soziologie. Untersuchungen über die Formen der Vergesellschaftung. Frankfurt am Main: Suhrkamp.
Simmel, Georg, 1999: „Lebensanschauung. Vier metaphysische Kapitel", in: Georg Simmel, Gesamtausgabe Band 16, herausgegeben von Gregor Fitzi und Otthein Rammstedt. Frankfurt am Main: Suhrkamp: 209-425.
Smith, David Horton, 1972: „Organizational Boundaries and Organizational Affiliates", in: Sociology and Social Research 56 (4): 494-512.
Smith, Tammy, 2007: „Narrative Boundaries and the Dynamics of Ethnic Conflict and Conciliation", in: Poetics 35: 22-46.
Spencer-Brown, George, 1994: Laws of Form. Portland: Cognizer.
Star, Susan Leigh/James R. Griesemer, 1989: „Institutional Ecology, ‚Translations' and Boundary Objects: Amateurs and Professionals in Berkeley's Museum of Vertebrate Zoology, 1907-1939", in: Social Studies of Science 19: 387-420.
Strassoldo, Raimondo, 1982: „Boundaries in Sociological Theory: A Reassessment", in: ders./Giovanni Delli Zotti (Hrsg.), Cooperation and Conflict in Border Areas. Milano: Angeli: 245-271.
Thompson, James D., 1967: Organizations in Action. Social Science Bases of Administrative Theory. New York et al.: McGraw-Hill.
Tilly, Charles, 1998: Durable Inequality. Berkeley/Los Angeles: University of California Press.
Tilly, Charles, 2004: „Social Boundary Mechanisms", in: Philosophy of the Social Sciences 34 (2): 211-236.
Tilly, Charles, 2005: Identities, Boundaries, and Social Ties. Boulder, CO: Paradigm.
Turner, Victor W., 1977: The Ritual Process. Structure and Anti-Structure. Ithaca, NY: Cornell UP.
Udy, Stanley, 1967: Organization of Work: a comparative analysis of production among nonindustrial peoples. New Haven: HRAF Press.
Varela, Francisco J., 1975: A Calculus for Self-Reference, in: International Journal of General Systems 2: 5-24.
Varela, Francisco J., 1979: Principles of Biological Autonomy. New York: North Holland.
von Foerster, Heinz, 2002: Der Anfang von Himmel und Erde hat keinen Namen. Berlin: Kadmos.
Walters, William, 2006: „Border/Control", in: European Journal of Social Theory 9 (2): 187-203.
Wasserman, Stanley/Katherine Faust, 1994: Social Network Analysis: Methods and Applications. Cambridge: Cambridge UP.
Wellman, Barry, 1988: „Structural Analysis: From Method and Metaphor to Theory and Substance", in: Barry Wellman/Steve D. Berkowitz (Hrsg.), Social Structures: A Network Approach. Cambridge: Cambridge UP: 19-61.
White, Harrison C., 1966: Notes on Coupling-Decoupling. Harvard University, Social Relations Department, Cambridge, Mass.
White, Harrison C., 1981: „Where Do Markets Come From?" in: American Journal of Sociology 87 (3): 517-547.
White, Harrison C., 1982: „Interfaces", in: Connections 5 (1): 11-20.
White, Harrison C., 1990: „Interview with Harrison C. White", in: Richard Swedberg, Economics and Sociology. Redefining their Boundaries: Conversations with Economists and Sociologists. Princeton, NJ: Princeton UP: 78-95.
White, Harrison C., 1992: Identity and Control. A Structural Theory of Social Action. Princeton, NJ: Princeton UP.
White, Harrison C., 1995: „Network Switchings and Bayesian Forks: Reconstructing the Social and Behavioral Sciences", in: Social Research 62 (4): 1035-1063.

White, Harrison C., 2002: Markets from Networks. Socioeconomic Models of Production. Princeton: Princeton UP.
White, Harrison C., 2008: Identity and Control. How Social Formations Emerge. Princeton: Princeton UP.
White, Harrison C./Scott A. Boorman/Ronald L. Breiger, 1976: „Social Structure from Multiple Networks. I. Blockmodels of Roles and Positions", in: American Journal of Sociology 81 (4): 730-780
Yan, Aimin/Meryl Reis Louis, 1999: „The Migration of Organizational Functions to the Work Unit Level: Buffering, Spanning, and Bringing Up Boundaries", in: Human Relations 52 (1): 25-47.
Zerubavel, Eviatar, 1991: The Fine Line. Making Distinctions in Everyday Life. Chicago: The University of Chicago Press.

Von der Beziehung zum System – und zurück? Relationale Soziologie und Systemtheorie

Boris Holzer

1. Einleitung

Das Programm einer „relationalen" Soziologie grenzt sich ab von Theorieansätzen, die individuelle oder kollektive Eigenschaften, Dispositionen oder Präferenzen als nicht weiter auflösbare Bestandteile soziologischer Erklärungen voraussetzen. Sein Anspruch ist also „anti-essentialistisch" (Emirbayer 1997; Fuchs 2001); und es verfährt in dem Sinne „strukturalistisch", dass soziale Einheiten auf elementare Strukturen zurückgeführt werden (Martin 2009). Für ein derartiges Programm bietet die klassische soziologische Theorie einige Anknüpfungspunkte. Zu denken ist nicht nur an die oft zitierten Vertreter einer „formalen" Soziologie (Simmel 1958 [1908]; Wiese 1966 [1924/28]). Auch zeitgenössische Theorien geben sich auf unterschiedliche Weise anti-essentialistisch und anti-individualistisch, z.B. Pierre Bourdieus Praxistheorie (1976; 1987) und die Systemtheorie Niklas Luhmanns (1972; 1984). Beide distanzieren sich von individualistischen Handlungstheorien und jeglichem Substanzdenken. Vor dem Hintergrund dieser Übereinstimmung in den Grundintentionen möchte ich im vorliegenden Beitrag genauer überprüfen, wie sich die Systemtheorie zu dem Vorhaben stellt, Beziehungen ins Zentrum der soziologischen Analyse zu rücken.[1]

Dies erfordert zunächst eine Präzisierung und Verschiebung des Bezugsproblems: Der Begriff der (sozialen) Beziehung hat als sozialtheoretisches Grundlagenkonzept keinen Platz in der Systemtheorie, weil er das, was aufeinander bezogen wird, voraussetzen muss. An seine Stelle tritt der Begriff des sozialen Systems, das nicht aus Individuen, sondern aus Kommunikationen besteht. Ein mit kommunikationstheoretischen Mitteln präzisierter Begriff der „sozialen Beziehung" kann daher nicht mehr auf *grundbegrifflicher* Ebene angesiedelt sein. Er wird dadurch frei für die Bezeichnung einer *bestimmten* Form sozialer Systembildung, die sich von anderen Formen unterscheidet. Der Beitrag soll zeigen, wie sich auf dieser Grundlage plausibel machen lässt, dass Beziehungen aus der Sicht anderer Sozialsysteme als Teil ihrer Umwelt behandelt werden. Dies gilt für Interaktion und Organisation, aber auch für die (moderne) Gesellschaft.

Es ist einfach und schwierig zugleich, die Systemtheorie als eine Spielart „relationaler" Soziologie zu lesen (vgl. Bommes/Tacke 2007; Holzer 2006: 93ff.). Einfach, weil

1 Zu Gemeinsamkeiten von Bourdieu und relationaler Soziologie siehe Mützel (2006).

der Begriff des Systems eine Form organisierter Komplexität von Elementen bzw. Operationen indiziert, die man als „vernetzt" bezeichnen kann. Im Anschluss an Maturana (1982) beschreibt Luhmann soziale Systeme als „autopoietische" Systeme, welche „die Elemente, aus denen sie bestehen, im Netzwerk eben dieser Elemente selbst erzeugen" (Luhmann 1997: 65). Kommunikation als elementare und spezifische Operation sozialer Systeme bestimmt sich „als Kommunikation *im* Netzwerk systemeigener Operationen" (ebd.: 76). Und auch das Medium Sinn, das soziale und psychische Systeme in ihren Operationen beanspruchen, ist nicht durch ein zugrunde liegendes Substrat definiert, z.B. durch ein „Subjekt", sondern durch seine Verweisungsstruktur, die den aktuellen Sinn bestimmt durch Verweise auf andere Möglichkeiten des Handelns und Erlebens (Luhmann 1984: Kap. 4). Auch wenn die Grundbegriffe der Systemtheorie in diesem Sinne relational konstruiert sind, ist es schwierig, sie im Ganzen als eine relationale Soziologie zu charakterisieren. Denn nicht die *Verknüpfungen*, sondern die *Grenzen* sind das Bezugsproblem sozialer Systeme. Sie sind nicht einfach *Ausschnitte* einer Weltkomplexität, in der – frei nach Erwin K. Scheuch – „alles mit allem zusammenhängt, aber schwach". Die Grenze zwischen System und Umwelt beruht vielmehr auf einer *Reduktion* von Komplexität, und das heißt: auf der Entkopplung von Systemzuständen und Umweltereignissen. Systemdifferenzierung heißt *decoupling*, um es mit Whites Terminologie zu formulieren, d.h. eine Unterbrechung von Beziehungen und Interdependenzen (White 2008: 36f.). Die Bestimmung dessen, was aus systemtheoretischer Sicht der Inhalt einer „relationalen" Soziologie sein kann, unterscheidet sich deshalb deutlich von einem Relationismus, den nur das Verbundensein, nicht aber das Fehlen und Unterbrechen von Verknüpfungen interessieren würde.

Die Netzwerkanalyse ist durchaus sensibel dafür, dass Relationen gerade im Hinblick auf ihre Selektivität von Interesse sind. Von Netzwerken ist schließlich die Rede, wenn nicht einfach jeder mit jedem verbunden ist. Die voll verbundene graphentheoretische Clique ist ein Grenzfall, von dem aus sich sparsamer verknüpfte Strukturen erschließen. Je nach dem Gegenstandsbereich und Verknüpfungsmodus variiert die Schwelle, ab der nicht mehr alle Elemente mit allen anderen direkt verknüpft sein können. Wenn wir an soziale Beziehungen denken, so erlauben bereits kleine soziale Einheiten wie eine Schulklasse nur noch eingeschränkt eine komplette Relationierung: Auch wenn hier jeder jeden *kennen* mag, ist keineswegs jeder mit jedem *befreundet*. In einem großen Unternehmen, einer Stadt oder einem Staat sind auch Bekanntschaften nur noch selektiv möglich. Schon diese einfachen Beispiele zeigen, dass die Komplexität sozialer Netzwerke nicht nur von der Zahl der Elemente, sondern auch von der Art der Beziehung abhängt. Sowohl die in Frage kommenden Elemente als auch die möglichen Beziehungen sind einerseits in einem allgemeinen Sinne gesellschaftlich definiert, andererseits durch spezifische soziale Systeme geprägt: Die Gesellschaft zeichnet vor, wer überhaupt als Kommunikationspartner in Frage kommt; im Betrieb werden Menschen zu Kollegen; und auf dem Pausenhof trifft man auf Mitschüler, mit denen man sich anfreunden oder die man links liegen lassen kann.

Die Netzwerkforschung setzt das *Ergebnis* dieser Strukturierung von Kontaktchancen durch soziale Systeme stillschweigend voraus, wenn sie beispielsweise informelle Netzwerke innerhalb von Organisationen untersucht. Eine Möglichkeit, es explizit zu machen, ist die Fokustheorie: Sie registriert, dass Beziehungen offenbar von bestimmten sozialen Kontexten oder „Foki" abhängen bzw. von diesen befördert werden (Feld 1981). Dieser Ansatz bleibt aber dadurch beschränkt, dass er auf Interaktionschancen, also Gelegenheiten für Kopräsenz abhebt. Um die Zusammenhänge zwischen Systembildung und Vernetzung detaillierter zu beleuchten, reicht eine Berücksichtigung von Interaktionschancen nicht aus. Deshalb liegt es nahe, sich an der systemtheoretischen Typologie zu orientieren, die Interaktion, Organisation und Gesellschaft zu unterscheiden erlaubt (Luhmann 1975): *Interaktionssysteme* sind dann „Encounters" im Sinne Goffmans (1961), also episodische Begegnungen zwischen Unbekannten an der Kasse im Supermarkt ebenso wie wiederholte Treffen mit mehr oder weniger bekannten Personen; Vorlesungen, Vorstandssitzungen und Gerichtsverhandlungen ebenso wie die intime Konversation unter Freunden und Ehepartnern. Interaktion ist also ein soziales System der „Kommunikation unter Anwesenden" (Kieserling 1999). *Organisationen* beruhen demgegenüber auf dem Kriterium formaler Mitgliedschaft, die eine Entscheidung über die Teilnahme – auf Seiten des Mitglieds und auf Seiten der Organisation – voraussetzt; die Mitgliedschaft ist mit Dienstschluss nicht beendet und kann sich auch in der Kommunikation unter Abwesenden, z.B. in Akten und Berichten, niederschlagen. Die *Gesellschaft* ist das umfassendste Sozialsystem, und das heißt: sie ist die Gesamtheit aller füreinander erreichbaren Kommunikationen – und aller möglichen Kontakte; sie ist also nicht durch territoriale Grenzen definiert und ist – zumindest als *moderne* Gesellschaft – in dem Sinne sozial inklusiv, dass alle Menschen als Kommunikationspartner in Frage kommen.

In dieser Liste tauchen „Netzwerke" nicht auf. Unter der Voraussetzung, dass dabei an „Individuen in Beziehungen" gedacht ist, können sie auch keinen Platz finden, da soziale Systeme nicht aus Individuen bestehen. Möchte man die Unterscheidung zwischen psychischen und sozialen Systemen (die ja keine „analytische" ist) nicht unterlaufen, muss man das Phänomen Netzwerk zunächst reformulieren, um dann zu prüfen, wie es in einer Kommunikationstheorie behandelt werden kann. Das betrifft sowohl die Elemente als auch die Relationen von Netzwerken: Die Kommunikationstheorie wirft ein anderes Licht darauf, was unter „Personen" zu verstehen ist und wie sie sozial relevant werden. Sie zwingt dazu, den Begriff der „sozialen Beziehung" zu präzisieren und ihn nicht mehr grundbegrifflich, sondern im Rahmen der Theorie sozialer Systeme zu verwenden.

2. Systeme, Beziehungen und Personen

Die Unterscheidung zwischen sozialen und psychischen Systemen kann leicht missverstanden werden. Die Systemtheorie geht davon aus, dass soziale Einheiten einschließlich der Gesellschaft *nicht* aus Menschen bestehen. Das ist jedoch für eine soziologische Theorie alles andere als ungewöhnlich. Sicherlich muss zwischen der Ebene sozialer Beziehungen und der physischen Natur individueller Menschen unterschieden werden. Wenn der Schüler wächst, vergrößert sich nicht die Schule, und Verdauungsprobleme führen nicht zwangsläufig zu Kommunikationsproblemen. Nur weil sie sich von den an ihnen beteiligten Menschen unterscheiden, können soziale Einheiten auch deren Wegbleiben, Austritt oder Tod überdauern. Die Systemtheorie geht über diese Grundvoraussetzung soziologischen Denkens hinaus, indem sie klar zwischen dem Bewusstsein psychischer und der Kommunikation sozialer Systeme unterscheidet. Doch selbstverständlich bedeutet das nicht, dass man das Mitlaufen von Bewusstsein in der Kommunikation ignorieren müsste. Nur gibt es keinen Weg, Bewusstseinsinhalte direkt in Kommunikation einzuspeisen. Die Gedanken sind frei – eben weil das Bewusstsein operationell geschlossen ist (Luhmann 1985). Ego mag daran interessiert sein, seine Gedanken oder gar Gefühle mitzuteilen (oder auch nicht), doch nicht sie selbst, sondern nur ihre Mitteilung erlauben es Alter, mit weiterer Kommunikation anzuschließen. Die Frage danach, was man „gerade" denkt, führt direkt in das Dilemma, dass das Bewusstsein sich für kommunikative Zwecke erst mitteilen muss – es aber unmöglich ist, dies im Wortsinne zu tun: Die Gedanken, um die es gehen könnte, sind ja bereits vergangen, und die Frage führt zwangsläufig zu neuen, ihrerseits nicht direkt kommunizierbaren Gedanken (z.B. zur Frage, warum jemand so fragt).

Auch wenn das Bewusstsein als solches nicht direkt in die Kommunikation eingreifen kann, wird die Tatsache, dass es Bewusstsein gibt, kommunikativ beobachtet. Kommunikation bedeutet, dass eine bestimmte Information ausgewählt und mitgeteilt wird. Dies kann als ein Mitteilungshandeln zugerechnet werden, zum Beispiel einem psychischen System, das mitteilungsbedürftig, neugierig oder auch nur verstimmt ist. Sofern Kommunikation in dieser Weise auf ein Bewusstsein zugerechnet wird, nimmt sie dafür das Schema der *Person* in Anspruch. Die „Form Person" (Luhmann 1995) ist damit Ausdruck der strukturellen Kopplung von psychischen und sozialen Systemen. Im sozialen System werden psychische Systeme als Personen beobachtet – und das heißt: als „Erwartungskollagen, die im System als Bezugspunkte für weitere Selektionen fungieren" (Luhmann 1984: 178). Personen haben also durchaus auch in der Systemtheorie ihren Platz – wenn auch keinen, der dem individuellen Bewusstsein sonderlich schmeicheln würde.

Der Begriff der sozialen Beziehung hingegen spielt in der Systemtheorie keine Rolle. Das ist in gewisser Weise folgerichtig. Im Gegensatz zu anderen soziologischen Theorien muss die Systemtheorie die Sozialität den Personen nicht „hinzufügen", etwa indem sie die Personen „in Beziehungen" verortet. Die Personen selbst sind vielmehr bereits *soziale* Personen, nämlich Effekte der Zuschreibung von Kommunikationen und der damit verbundenen Erwartungsbildung. Die Kommunikationstheorie ist in dieser Hinsicht von Beginn an „relational". Aus diesem Grund steht Luhmann dem Begriff der „sozialen Beziehung" nicht nur skeptisch, sondern ablehnend gegenüber. Er spricht von einem „Ausweg aus einem bereits verkorksten Theorieanfang" (Luhmann 1990: 206), weil das im Begriff der Beziehung bereits Vorausgesetzte – Individuen oder andere

„Elemente" – auf diese Weise nur schwer zu explizieren sei. Die Systemtheorie wählt einen anderen Weg: Sie geht nicht von Individuen und den zwischen ihnen „bestehenden" Beziehungen aus, sondern von Kommunikation als der Grundlage für eine eigenständige, emergente Ebene der Systembildung. Der Systembegriff besetzt daher diejenige Stelle, an der ansonsten der Beziehungsbegriff seinen Platz hätte: Jede soziale Beziehung konstituiert einen Bezugsrahmen jenseits individueller Absichten und Motive, eine soziale Realität *sui generis*: „Die Beziehung wird selbst zur Reduktion von Komplexität. Das aber heißt: sie muß als emergentes System begriffen werden" (Luhmann 1984: 154).[2]

Die Ablehnung des Begriffs der sozialen Beziehungen bezieht sich also auf den Versuch, die Soziologie *grundsätzlich* auf den Begriff der Beziehung aufzubauen. Damit ist aber noch nicht entschieden, ob es auch und gerade aus kommunikationstheoretischer Perspektive Sinn machen könnte, den Begriff der sozialen Beziehung für *bestimmte* Formen der Kommunikation zu reservieren und auszuarbeiten (Schmidt 2007). Soll die soziale Beziehung nicht elementarer Grundbegriff sein, sondern eine spezifische Form sozialer Systembildung bezeichnen, muss sie sich von anderen Sozialsystemen – also zum Beispiel von Interaktion, Organisation und Gesellschaft – unterscheiden. Es muss deshalb genauer bestimmt werden, *was* eine soziale Beziehung eigentlich ist und warum sie, beispielsweise, nicht mit face-to-face-Interaktion gleichgesetzt werden kann. Man könnte schließlich vermuten, bei einer sozialen Beziehung handele es sich einfach um das Phänomen einer wiederholten Interaktion mit identischem oder nur leicht variierendem Personal. Dass zum Beispiel zwei Freunde in diesem Sinne miteinander in „Beziehung" stehen, wäre dann eine andere Formulierung für eine Art „Interaktionszusammenhang" (Kieserling 1999: 221ff.): Man generalisiert die Erwartungen an die einzelne Interaktionsepisode so weit, dass man eine Vielzahl von Begegnungen als Einheit erwarten kann. Das „Treffen mit Freunden" beispielsweise ist durch bereits behandelte Themen und die Erfahrung mit den beteiligten Personen vorstrukturiert. Das Beziehungs-„System" beruht auf einer Geschichte von Interaktionsepisoden, erschöpft sich aber nicht in diesen: Es stellt den paradoxen Fall einer Interaktion dar, die ihr eigenes Ende überdauert (Schmidt 2007: 519).

Die Leistung der sozialen Beziehung bestünde demnach darin, dass sie eine *Mehrzahl* von Interaktionen zu einem generalisierten Erwartungskomplex zusammenfasst. Das heißt, dass sie nicht *Personen*, sondern *Interaktionen* miteinander relationiert. So formuliert macht es bereits keinen Sinn mehr, die soziale Beziehung selbst als Interaktion aufzufassen. Denn mehrere Interaktionen werden ja eben nicht durch eine weitere Interaktion aufeinander bezogen, sondern entweder durch eine *von außen vorgegebene Struktur* oder durch eine *aus dem Interaktionszusammenhang selbst extrahierte Selbstbeschreibung* (ebd.: 522ff.).

2 In dieselbe Richtung zielt Fuhse (2003: 6; 2005: 16). Es sei allerdings betont, dass Luhmann sich mit dieser Aussage *nicht* auf das im Folgenden zugrunde gelegte Konzept der „sozialen Beziehung" als einer *spezifischen* Form der Bildung sozialer Systeme bezieht. Man muss sie vielmehr so interpretieren, dass jeder soziale Kontakt als System zu begreifen ist (vgl. Luhmann 1984: 33). Das schließt es aber keineswegs aus, den Systembegriff zur Spezifizierung des Beziehungsbegriffs zu benutzen.

Im ersten Fall machen andere Systeme Strukturvorgaben, zum Beispiel wenn die Themen, Rollen und Termine einer Interaktion durch die Organisation, in der sie stattfindet, definiert sind. Die zweite Möglichkeit dagegen greift auf Personen zurück, um über deren wiederholte Identifikation in neuen Zusammenhängen Kontinuität herzustellen:

> „So wie die Abfolge mehrerer Interaktionen es (erst) ermöglicht, die Person als etwas über die einzelne Interaktionen hinaus Konstantes kennenzulernen, so ermöglicht umgekehrt die (kommunikativ unterstellte) Konstanz der an den Interaktionen beteiligten Personen eine Einheitsbeobachtung einer Mehrzahl von Interaktionen." (Schmidt 2007: 525)

Den Aufbau von Struktur über die wiederholte Begegnung von Personen hat auch Luhmann im Auge, wenn er im Zusammenhang seiner Verfahrenstheorie so genannte „Kontaktsysteme" behandelt: Sie entstehen, wenn „dieselben Beteiligten häufiger aus verschiedenen Anlässen zusammentreffen und dabei in wechselnde Abhängigkeit voneinander geraten" (Luhmann 1983: 75). Zu denken ist an Kontakte sowohl zwischen Verwaltungen und Interessenverbänden als auch zwischen Personen, zum Beispiel Richtern und Anwälten. Im Gegensatz zur ansonsten bei face-to-face-Interaktionen im Vordergrund stehenden episodischen Interaktion zwischen Unbekannten muss man auch bei Kontaktsystemen davon ausgehen, dass die wiederholte Begegnung der gleichen Personen zu einer eigenen Interaktions- bzw. dann: Beziehungsgeschichte führt, die Erwartungen über künftige Interaktionen steuert. Zum Beispiel weiß man dann, ob man vom Gegenüber Gefälligkeiten und Entgegenkommen erwarten kann, was die Verletzung von Normen der Rolle einschließen kann. Um diesen Bereich von konstitutiv an *Personen* orientierten Strukturen – und nicht etwa: soziale Strukturen allgemein – zu bezeichnen, eignet sich der Begriff der „sozialen Beziehung". Eine soziale Beziehung stellt demnach nicht eine „Verbindung" zwischen existierenden Elementen (Personen) her, sondern konstituiert eine emergente Ebene sozialer Realität.

Die Eigenständigkeit der Beziehung zeigt sich nicht zuletzt daran, dass die „Personalität" der Beteiligten von der Beziehung selbst definiert wird. In einer intimen Beziehung (Partnerschaft, Familie) wird in der Regel die Komplettberücksichtigung der Person erwartet, was die kommunikative Relevanz ihrer subjektiven Welt beinhaltet (Luhmann 1982). In einer Freundschaft hingegen kann zwar erwartet werden, dass man als Person behandelt wird und nicht etwa nach Maßgabe seiner beruflichen Rolle. Doch die „Person" des Freundes bzw. der Freundin steht für andere Erwartungen an die Diskretion, aber auch an Möglichkeiten des Latentbleibens über längere Phasen, als jene des Partners oder der Partnerin. Auch unter dem Titel der „Bekanntschaften" schließlich generalisiert man Erwartungen anhand von Personen, die zumindest *namentlich* bekannt sind. Doch genau darin mag sich der Bereich des Erwartbaren auch erschöpfen: nämlich im „Erkennen" im Sinne reiner Identifizierbarkeit – im Unterschied zum „Kennen" einer Person auf der Basis einer geteilten Interaktionsgeschichte (Simmel 1958 [1908]: 264). Trotz oder gerade wegen der in allen Fällen *persönlichen* Verankerung der Beziehung ist also die Art und Weise, in der die „Form Person" Erwartungen strukturiert, durchaus variabel. Personen gehen nicht der Beziehung vor, sondern sie entstehen durch die Teilnahme an Kommunikation. Sie sind „Konstruktionen der Kommunikation für Zwecke der Kommunikation" (Luhmann 2000: 90f.).[3]

Auch wenn eine soziale Beziehung bezeichnet und beschrieben werden kann, heißt das nicht, dass das Reden über die Beziehung Voraussetzung ihrer Realität wäre. White (2008: 20ff.) hat mit seinem Begriff der *stories* genau solche Narrative im Auge und sieht sie als konstitutiv für *ties* an. Richtig daran ist, dass – zumal aus kommunikationstheoretischer Perspektive – Beziehungen nur *durch* und *als* Kommunikation soziale Sachverhalte sein können. Doch muss hierbei unterschieden werden, ob es um Kommunikation *über* oder Kommunikation *in* Beziehungen geht. Natürlich können Beziehungen thematisiert werden: Man kann sich über die Vorzüge einer Freundschaft unterhalten oder Partnerschaftsprobleme diskutieren. Voraussetzung für eine soziale Beziehung ist eine solche Meta-Kommunikation freilich nicht. Man kann eine Beziehung ebenso wenig herbeireden wie wegkommunizieren. Mit anderen Worten: Die Selbstbeschreibung der Beziehung setzt die Konstitution eines Systems bereits voraus und kann sie nicht einfach vorwegnehmen. Sie ist aber andererseits auch nicht festgelegt, sondern ein eigenständiges Element, das einerseits Vergleichbarkeiten qua Gattungszugehörigkeit herstellen, andererseits die Einmaligkeit jeder einzelnen Beziehung darstellen kann.

3. Beziehungssysteme: An- und Abwesenheit

Die starke Affinität von sozialen Beziehungen und Interaktionssystemen wirft die Frage auf, ob sie überhaupt unterschieden werden können. Wie erwähnt entwickeln sich soziale Beziehungen regelmäßig aus Anlass von „fokussierten", zum Beispiel von Organisationen vorgezeichneten Interaktionssituationen (Feld 1981). Insbesondere, wenn Übergänge zu „geselligen" Formen der Interaktion möglich sind, können Kontakte zu Beziehungen ausgebaut werden. Auch unabhängig von den Anfangsbedingungen können wir uns nur mit Mühe vorstellen, dass solche Beziehungen die Möglichkeit einer Realisierung im face-to-face-Kontakt nicht zumindest antizipieren müssen. Heißt das aber gleichzeitig, dass soziale Beziehungen Interaktionen sind, etwa in dem Sinne, dass sie aus wiederholten und einheitlich erwartbaren Interaktionen bestehen?

Schmidt (2007: 524ff.) optiert in dieser Frage dafür, die Beziehung als einen sich selbst beschreibenden „Interaktionszusammenhang" aufzufassen, der zwar selbst keine

3 Im Gegensatz zu Fuhse (2010) denke ich nicht, dass es nötig ist, zur Bezeichnung dieses Sachverhalts auf den Begriff des „Akteurs" zurückzugreifen. Fragen der Zuschreibung von Mitteilungshandeln scheinen mir im Begriff der Person gut aufgehoben. Wenn man die Engführung auf Personen ablehnt, könnte man so zwar auch „kollektive Akteure", zum Beispiel Organisationen, einbeziehen. Doch dann würde der Akteursbegriff mit dem der „sozialen Adresse" (Fuchs 1997) konkurrieren, der ebenfalls auf Personen und Organisationen anwendbar ist. Die Frage, ob und wie der im Folgenden verwendete, auf persönliche Beziehungen zugeschnittene Begriff anzupassen wäre, um Organisationen einzuschließen, kann an dieser Stelle nicht geklärt werden.

Interaktion ist, aber aus einer Vielzahl von Interaktionen besteht. Die Beziehung wäre demnach ein „System zweiter Ordnung", das sich auf der Basis anderer Systeme ausdifferenziert – also gewissermaßen ein System von Interaktionssystemen. Zweifellos sind Interaktionen entscheidend daran beteiligt, dass es soziale Beziehungen überhaupt gibt. Aber Beziehungen beschränken sich keineswegs auf die Kommunikation unter Anwesenden. Sie greifen auch auf Formen des Kommunizierens unter *Ab*wesenden zurück. Schriftliche, fernmündliche und Tele-Kommunikation ergänzen das Repertoire der Beziehungskommunikation. Je vielfältiger und alltäglicher die Möglichkeiten der Kommunikation unter Abwesenden sind, desto stärker tritt deshalb die Unterscheidung von Interaktion und sozialen Beziehungen als *Differenzierung verschiedener Formen sozialen Kontakts* hervor (Holzer 2010a). Das heißt natürlich nicht, dass wir ausschließen müssten, dass Beziehungen sich (auch) in Interaktionen realisieren. Doch die Interaktion *ist* nicht die Beziehung. Möchte man die Engführung auf Interaktion vermeiden, muss man das Verhältnis von Beziehung und Interaktion als eines von System und Umwelt beschreiben: Ähnlich wie eine Interaktion „in" einer Organisation stattfinden kann, kann sie sich „in" einer Beziehung vollziehen. „In" heißt dann aber, dass Organisationen oder Beziehungen je spezifische, in besonderer Weise relevante *Umwelten* eines Interaktionssystems bezeichnen.

Das gilt erstens in zeitlicher Hinsicht: Beziehungen produzieren – ebenso wie Organisationen – Anlässe für Interaktionsepisoden. In Organisationen werden Treffen anberaumt, um Entscheidungen vorzubereiten; oder es sind routinemäßige Besprechungen vorgesehen. Beziehungen können gleichfalls eine regelmäßige Interaktionsgelegenheit erwartbar machen; ist dies nicht der Fall, kann die Tatsache, dass man sich lange nicht gesehen hat, wiederum zum Anlass werden, um ein Treffen zu verabreden. Die Beziehung geht dann der Interaktion voraus. Sie strukturiert Interaktionsmöglichkeiten, indem sie Schwellen der Ansprechbarkeit senkt und den Eigenwert des Einandertreffens als Ersatz für spezifische Anlässe oder Themen für Interaktion einsetzt. Nicht die Interaktionen begründen demnach die Beziehung (auch wenn eine Interaktion am Anfang gestanden haben mag, und selbst das ist nicht zwingend). Sondern die Beziehung liefert den Kontext bzw. die maßgebliche soziale Umwelt, um die jeweilige Interaktionssituation einzuordnen.

An diesem System/Umwelt-Verhältnis ändert sich nichts, wenn wir es statt aus diachroner aus synchroner Perspektive betrachten. Beziehungen und Interaktionen können gleichzeitig aktualisiert werden (teilweise natürlich auch dieselben Ereignisse verarbeiten), ohne dass damit die „Beziehungsumwelt" der Interaktion verschwände: Erstens sind die Beziehungen der Beteiligten zu nicht anwesenden Dritten zu nennen. Aus der Perspektive einzelner Interaktionen könnte man frei nach Sartre formulieren: Die „Beziehungen", das sind immer die Anderen. Denn in der Tat ist zumindest in einer komplexen Gesellschaft stets damit zu rechnen, dass die gerade *Anwesenden* in Beziehungen zu *Abwesenden* stehen. Das schließt die Möglichkeit mit ein, dass die Anwesenden über Beziehungen zu Dritten *indirekt* miteinander „in Beziehung" stehen. Auch wenn über diese Beziehungen geredet werden kann, sind ihre Strukturen nicht Strukturen der Interaktion. Sie gehören vielmehr zur (sozialen) Umwelt der Interaktion.

Zweitens gehen auch die Beziehungen unter den *Anwesenden* nicht vollständig in der Interaktion auf: Was Ego und Alter schon zusammen erlebt haben und was dies für ihre Beziehung bedeutet, geht nur in Ausschnitten in eine bestimmte Interaktionssituation ein, zumal in eine Interaktion, an der Dritte teilnehmen. Es gibt vielfältige Möglichkeiten, auf vorhandene Beziehungen situativ Rücksicht zu nehmen: Man hält in der Gegenwart eines Paares Informationen zurück, die eine Seite in den Augen der anderen kompromittieren könnten; man setzt alte Feinde nicht nebeneinander und vermeidet, den Anlass ihres Konflikts zu thematisieren. Dies setzt voraus, dass Beziehungen auch mitgeteilt werden. Dies kann in Form direkter Kommunikation geschehen, zum Beispiel anlässlich des miteinander Bekanntmachens zweier Freunde. Doch auch indirekte Kommunikation gibt Aufschlüsse darüber, welche Beziehung vorliegt. Soziale Situationen implizieren gewisse Rechte, aber auch Pflichten hinsichtlich einer *partiellen* Darstellung von Beziehungen (Goffman 1971: 198): Man darf in der Öffentlichkeit einer Interaktionssituation kommunikative Hinweise auf Beziehungen geben, zum Beispiel, indem man sich „viel sagende" Blicke zuwirft. Es besteht aber in der Regel keine Verpflichtung, über Beziehungen zu den Anwesenden explizit „Rechenschaft" abzulegen; vielmehr ist ein gewisses Maß an Diskretion oder „Geheimnis" (Simmel 1958 [1908]) nicht nur konstitutiv für die Grenze zwischen dem Interaktionssystem und den Beziehungen der Beteiligten, sondern auch für die Grenzen der Beziehungen selbst. Zur Grenzerhaltung von Beziehungen gehört, dass bestimmte Informationen vertraulich bleiben, die Beziehung also als „terminiert" verstanden wird (Paine 1969).

Es ist zweifellos ungewöhnlich, in dieser Weise zwischen Interaktion und Beziehung zu unterscheiden. Offensichtlich ist diese Unterscheidung nur nötig und sinnvoll, wenn man den Begriff des Interaktionssystems streng auf die Kommunikation unter Anwesenden beschränkt. In diesem Fall aber umfassen Beziehungen nicht nur Episoden der Kommunikation unter *Anwesenden*, sondern auch unter *Abwesenden*. Es ist letztlich eine empirische Frage, welche Bedeutung Briefe, Emails und Telefongespräche in sozialen Beziehungen haben. Es wäre aber sicherlich gewagt, sie gering zu veranschlagen oder gar für vernachlässigenswert zu halten. Die Alltagssemantik würdigt durchaus auch diese interaktionsfreien Möglichkeiten der „Beziehungspflege". Auch lässt sich nicht argumentieren, die Interaktion ginge der Beziehung stets voraus – man denke nur an Brieffreundschaften oder an die Möglichkeiten, Intimbeziehungen durch Briefe oder per Email anzubahnen und zu vertiefen.[4] Die zusammenfassende (Selbst-)Beschreibung von Interaktionsepisoden wäre demnach nur ein Teilaspekt sozialer Beziehungen. Sie hängt, wie bereits erwähnt, davon ab, dass Personen über verschiedene Situationen hinweg identifizierbar bleiben. Dies gilt aber nicht nur für den Bereich der face-to-face-Kommunikation,

4 Die Bedeutung schriftlicher Kommunikation für die Anbahnung von persönlichen Beziehungen wird auch deutlich am Beispiel der Empfehlungsschreiben, die im Florenz der Renaissance der Dreh- und Angelpunkt einer elaborierten „Kunst des Netzwerkens" waren (McLean 2007).

sondern auch für interaktionsfreie Kommunikation. Die „persönliche“, auf Mitteilungshandeln von Personen zurechnende Kommunikation ist gewissermaßen der Operationsmodus sozialer Beziehungen. Das setzt voraus, dass man auch anders zurechnen und unterscheiden kann, zum Beispiel indem man eine Bewertung „nicht persönlich nimmt“ (wir kommen auf die Unterscheidung persönlich/unpersönlich weiter unten zurück).

Ein so gefasster Beziehungsbegriff ähnelt dem, was Goffman (1971: Kap. 5) als „anchored relations“ bezeichnet. Im Gegensatz zu anonymen, zum Beispiel auf Rollenschemata beruhenden Kontakten, sind diese Beziehungen in personalisierten Erwartungen verankert. Sie stellen einen „Rahmen gegenseitigen Kennens“ bereit (ebd.: 189). Im elementarsten Fall, dem der Bekanntschaft, beschränken sich die daraus resultierenden Verpflichtungen auf wechselseitiges Erkennen und Anerkennen (z.B. durch Begrüßungen). In komplexeren „verankerten“ Beziehungen treten weitere Bestimmungen hinzu: die Regeln (*terms*), die Karriere und der Name einer Beziehung. Unter *terms* fallen beispielsweise Erwartungen darüber, wie intim, vertrauensvoll und kooperativ das Verhältnis ist; dies wird aber in den seltensten Fällen entschieden oder einmalig festgelegt, sondern ist das Ergebnis einer eigenen Geschichte oder „Karriere“ der Beziehung. Diese kann zusammenfassend symbolisiert werden durch die Benennung der Beziehung, z.B. als Freundschaft oder Verwandtschaft. Es handelt sich, anders ausgedrückt, um ein soziales System mit eigenen Strukturen, mit eigenem Gedächtnis und eigener Selbstbeschreibung – also um ein „Beziehungssystem“.[5]

Die Tatsache, dass „Beziehungssysteme“ faktisch in hohem Maße auf Interaktion angewiesen bleiben, kann leicht mit den Besonderheiten der face-to-face-Interaktion erklärt werden. Insofern Beziehungen sich von diesen besonderen Kommunikationsbedingungen abhängig machen, zum Beispiel im Bereich des Aufbaus von persönlichem Vertrauen, unterhalten sie eine Art strukturelle Kopplung oder sogar ein „symbiotisches“ Verhältnis mit Interaktionssystemen: In Form einer wechselseitigen Begünstigung stellt einerseits die Interaktion der Beziehung Möglichkeiten der Personalisierung von Kommunikation zur Verfügung, während andererseits die Beziehung Anlässe dafür liefert, sich zu treffen und nicht nur in Abwesenheit miteinander zu kommunizieren. Insoweit für diese Leistungen Äquivalente vorhanden sind oder entwickelt werden, kann sich diese enge Kopplung aber durchaus verändern und lockern.

4. Beziehungen in Organisationen

In mancherlei Hinsicht ähnlich – und im Hinblick auf die Unterschiede sicherlich evidenter – stellt sich das Verhältnis von Beziehungen und Organisationen dar. Formale Organisationen erlauben es, klar zu unterscheiden zwischen jenen, die Mitglied der

5 Ähnlich, aber mit einem unter dem Titel „doppelte Kontingenz“ zu weit gefassten Bezugsproblem plädiert Fuhse (2009: 59f.) für eine Interpretation des Beziehungsbegriffs durch den Systembegriff und betont ebenfalls die Gedächtnisfunktion einer „relationship culture“.

Organisation sind, und jenen, für die das nicht gilt. Die Mitgliedschaft in einer formalen Organisation ist nur durch Entscheidung möglich, die in der Regel dem Mitglied als freiwillig zugerechnet wird (Luhmann 1964: 39ff.; 2000: 80ff.). In den wenigsten Organisationen ist man Mitglied, weil man dazu gezwungen wird. Es kommt natürlich nicht darauf an, ob das Mitglied in einem psychologischen Sinne einen „freien" Entschluss gefasst hat, sondern allein darauf, dass die Organisation jedes Mitglied so behandeln kann, *als ob* die Eintrittsentscheidung freiwillig sei. Nur dann kann ohne weitere Prüfung davon ausgegangen werden, dass die Übernahme der Mitgliedschaftsrolle die Bereitschaft zur Erfüllung eines bestimmten Sets von „formalisierten" Verhaltenserwartungen – und nur dieser Erwartungen – signalisiert. Auf der Basis der Mitgliedschaft können formale Organisationen über Erwartungen entscheiden und erwarten, dass die Mitglieder diese als Prämissen akzeptieren oder ansonsten ihre eigene Mitgliedschaft in Frage stellen. Gleichzeitig können die Mitglieder sich darauf einstellen, dass die formalisierten Erwartungen die Voraussetzungen der Mitgliedschaft hinreichend bestimmen und dass andere, davon abweichende oder darüber hinausgehende Erwartungen nicht erfüllt bzw. dann anders motiviert werden müssen. Der Chef kann sich darauf verlassen, die Erwartung des pünktlichen Erscheinens am Arbeitsplatz notfalls mit Abmahnungen oder Kündigungen durchsetzen zu können. Lobende Worte über sein Rasierwasser jedoch können auf der Grundlage der formalen Ordnung nicht eingefordert werden. Dennoch können solche „informalen" Erwartungen natürlich durchsetzbar sein, zum Beispiel, weil bei Nichterfüllung der Entzug anderer, ihrerseits informaler Gefälligkeiten droht. Während die formale Ordnung weitgehend unpersönlich konstituiert ist und auf die Unterstützung Dritter verweist, ist die informale Ordnung in der Regel in persönlichen (Tausch-)Beziehungen verankert.

Die Mitgliedschaftsrolle in einer Organisation definiert demnach einen Pool von Adressen, deren Kontakte untereinander durch formale Kommunikationswege und Befehlshierarchien vorgezeichnet sind. Auch der Kontakt nach außen, also die Kommunikation mit der gesellschaftlichen Umwelt wird reguliert und spezifischen „Grenzstellen" (Luhmann 1964: 220ff.) übertragen. Die formale Organisation begründet also eigene, rollenförmige „Beziehungen", zum Beispiel zwischen Kolleginnen und Kollegen, Chefs und Untergebenen und Mitgliedern und Klienten. Netzwerke persönlicher Beziehungen, die sich entweder auf dieser Grundlage entwickeln oder von den Mitgliedern „mitgebracht" werden, sind der formalen Ordnung hingegen äußerlich. Sie gehören, wie alle organisationsfremden Engagements der Mitglieder, zur Umwelt der Organisation. Wenn zwei Organisationsmitglieder eine Intimbeziehung oder auch ein innige Feindschaft pflegen, so ist das für die formale Organisation keineswegs bedeutungslos. Aber es wirkt sich auch nicht unmittelbar auf die Entscheidungspraxis aus. Ablehnung oder Unterstützung kann sich im Rahmen des offiziellen Entscheidungsprozesses nicht auf persönliche Beziehungen berufen; und ebenso wenig kann sich die Mitarbeiterin beim Chef darüber beschweren, dass der Kollege sie in der Liebesbeziehung vernachlässige. Will man innerhalb der Organisation richtig kommunizieren und sich auf die formale Ordnung berufen, muss man sich an die dadurch vorgezeichneten formalen Rollenerwartungen halten.

Doch es ist offensichtlich, dass eine solche differenzierte Zuordnung, die es beispielsweise erlaubt, selbst „nur" als Mitglied zu handeln und andere allein unter diesem Aspekt zu beobachten, eher die Ausnahme ist als die Regel. Im alltäglichen Routineverkehr orientiert man sich an Personen, während ein ausschnitthafter, rollenmäßiger Kontakt voraussetzungsvoll ist. Es ist also nicht so, als ob die persönlichen Beziehungen der Mitglieder keine Bedeutung für die Organisation hätten. Ganz im Gegenteil: Die ihnen zugrunde liegenden Erwartungen, Interessenabschätzungen, Sympathien und Antipathien dirigieren durchaus einen wesentlichen Teil des alltäglichen Geschehens. Es ist deshalb nicht verwunderlich, dass die Netzwerkanalyse bei der empirischen Untersuchung von Organisationen nur Beziehungen sieht (vgl. Kilduff/Tsai 2003). Es ist nur ein geringer Teil der in einer Organisation wirksamen Erwartungen formalisiert. Die formale Ordnung bestimmt nicht die Selektivität und die konkrete Ausgestaltung von alltäglichen Kontakten, sondern strukturiert das Verhalten in Grenzfällen – vor allem natürlich jene Fälle, welche die Mitgliedschaft selbst in Frage stellen könnten (Luhmann 1964: 272ff.).

Die formale Erwartungsstruktur von Organisationen ist auf den nach außen dargestellten Organisationszweck zugeschnitten. Sie dient deshalb vor allem der Anpassung der Organisation an die Erwartungen von Nicht-Mitgliedern. Sie ist keine ausreichende Grundlage, um die Interessen und Erwartungen *innerhalb* der Organisation zu beschreiben und zu ordnen. Gerade für die organisationsinternen sozialen Beziehungen sind deshalb *informale Erwartungszusammenhänge* von Bedeutung, die sich weniger an den offiziellen Entscheidungsprämissen als an Personen orientieren (Luhmann 1964: 268ff.). Informale Regeln entwickeln sich innerhalb formaler Organisationen für jene Alltagssituationen, die von Formalisierung nicht vollständig erfasst werden, wie z.B. die Feinheiten der Interaktion unter Anwesenden. In diesem Fall kann Informalität nicht gänzlich von den formalen Mitgliedschaftsrollen der Beteiligten absehen, selbst wenn es sich um auch außerhalb der Organisation „alltägliche" Situationen und Handlungen dreht, zum Beispiel um Dankbarkeit, Takt und Scherzen. Vor allem können sich informale Erwartungen darüber bilden, wie mit den durch Formalisierung eingerichteten Kompetenzen und Ressourcen umzugehen ist, wann also beispielsweise eine formal nicht erwartbare – und damit nicht einklagbare – Gefälligkeit trotzdem erwartet werden kann. Dazu zählt dann insbesondere der Verzicht darauf, Formalisierungen beim Wort zu nehmen: Ein Hauptaspekt der informalen Ordnung liegt darin, dass sie regelt, wann man sich auf formale Erwartungen beruft (und diese dann im Konfliktfall auf seiner Seite hat) – und wann man sie guten Gewissens ignorieren kann oder sogar muss.

Es kann in einer formalen Organisation als bekannt vorausgesetzt werden, welche Pflichten und Rechte an die *Rolle* des Mitglieds geknüpft sind. Nicht so eindeutig ist hingegen, was daneben oder auch darüber hinaus von der konkreten *Person* erwartet werden kann. Dass man in diesem Sinne zwischen rollen- und personenbezogenen Erwartungen und Situationen unterscheiden muss, ist eine Folge von Formalisierung. Informale

Erwartungen haben einen Bezug zur formalen Ordnung allein schon dadurch, dass sie in der Regel zwischen Personen existieren, die sich nur als Mitglieder der Organisation bekannt sind (Kieserling 1999: 341). Es ist deshalb unwahrscheinlich, dass sich die informale Ordnung ausschließlich oder auch nur hauptsächlich an Bedürfnissen orientiert, die gar nichts mit der Organisation zu tun haben. Die Unterscheidung zwischen formalen und informalen Strukturen entsteht mit der formalen Organisation. Sie ist deshalb nicht mit der Unterscheidung von Organisation und Gesellschaft zu verwechseln, sondern eine organisationsinterne Differenz. Innerhalb von Organisationen beruhen Netzwerke darauf, dass „persönliche" Beziehungen von Rollen *unterschieden* werden können (Tacke 2007: 172).

Ähnlich wie im Fall der Interaktion ist zu unterscheiden zwischen persönlichen Beziehungen *innerhalb* der Organisation, also den informalen Beziehungen unter den Mitgliedern, und den Beziehungen nach *außerhalb*, also zu Nichtmitgliedern. Beide sind Teil der Umwelt einer formalen Organisation, weil über sie nicht entschieden, sondern allenfalls Einfluss auf sie genommen werden kann. Für die Beziehungen der Mitglieder untereinander ist es, im Gegensatz zur Interaktion, eher der Ausnahmefall, dass diese bereits „mitgebracht" werden. Es ist wahrscheinlicher, dass der Kontakt in der formalen Rolle einer *möglichen* Beziehung vorausgeht. Die Entwicklung einer informalen Beziehung zwischen Organisationsmitgliedern beruht dann auf einer schrittweisen Ausweitung der faktischen Bekanntschaft in Rollensituationen auf Personen. Dazu müssen Hürden überwunden werden, die der formale Kontakt gegen eine solche Ausweitung errichtet. Oft reicht dazu aber bereits das „Gesetz des Wiedersehens" in einer Organisation, das die Möglichkeit wiederholter Begegnungen in verschiedenen Rollenkonstellationen mit sich bringt. Schon aus diesem Grund können Ranggefälle nicht unvermittelt von der formalen in die informale Ordnung übernommen werden. Sie sind nicht unwichtig, können aber im Rahmen persönlicher Beziehungen nur durch Latenz Wirkung entfalten, zum Beispiel dadurch, dass man gegenüber Kollegen oder Untergegebenen auf Weisungsmöglichkeiten verzichtet. Solche Möglichkeiten können in persönlichen Beziehungen im Modus der Reziprozität, d.h. auf Tauschbasis genutzt und verrechnet werden, so dass Gefälligkeiten gleichsam zur Währung der organisationsinternen Beziehungen werden.

Während die Beziehungen unter Mitgliedern in vielfältiger Weise auf die formale Ordnung bezogen bleiben, genießen Beziehungen über die Grenze der Organisation hinweg größere Freiheitsgrade. Das Verhalten von Nichtmitgliedern kann nicht einmal mehr im Ausschnitt einer Rolle von der Organisation vorstrukturiert werden. Aus diesem Grund stellt sich dort, wo Mitglieder Beziehungen (und nicht nur: gelegentliche Kontakte) mit Nichtmitgliedern unterhalten, ein besonderes Kontrollproblem. An den entsprechenden „Grenzstellen" der Organisation fallen daher die Folgeprobleme, aber auch die Vorteile von persönlichen Beziehungen besonders auf: Man kann einerseits in einer komplexen Umwelt Vertrauen und damit Verhaltenssicherheit aufbauen, indem man sie anhand von Beziehungen zu spezifischen anderen Personen strukturiert (die selbst Grenzstellen anderer Organisationen sein können); andererseits kondensieren diese Vorteile dann oft an konkreten Personen und sind deshalb durch Personalwechsel bedroht. Der Versuch, Grenzstellen samt ihrer Außenbeziehungen zu formalisieren, kann nur dort gelingen, wo sich entsprechende Partner in der gesellschaftlichen Umwelt finden, zum Beispiel andere formale Organisationen. Wo dies nicht der Fall ist, treten typisch Probleme der Trennung von Rolle (oder Amt) und Person auf. „Netzwerke" im Sinne mehrgliedriger Sozialbeziehungen, die über die Grenze der Organisation und der Mitgliedschaftsrolle hinaus Bindungseffekte haben, werden dann mitunter zu Quellen der „Korruption".

5. Und Gesellschaft?

Wenn Beziehungen nicht mit Interaktionen gleichzusetzen sind, aber auch nicht mit formalen Organisationen, sind sie dann nicht einfach: Gesellschaft? Das trifft allenfalls insoweit zu, als Beziehungen Gesellschaft vollziehen. Doch das gilt auch für Interaktion und Organisation. Es wäre mit dieser Bestimmung also noch nichts darüber ausgesagt, was Beziehungen als eine besondere Form der Kommunikation *in* der Gesellschaft auszeichnet. An dieser Stelle unterscheidet sich die Systemtheorie vielleicht am deutlichsten von relationalen Ansätzen, die Netzwerke zum nicht weiter auflösbaren Ausgangs- und Endpunkt der soziologischen Analyse machen. Eine Netzwerktheorie würde sicherlich zustimmen, dass Netzwerke weder auf Interaktion noch auf Organisation reduzierbar sind. Aber sie hätte größere Schwierigkeiten damit (bzw.: keinen Bedarf dafür), darüber hinaus auch noch zwischen Netzwerken und Gesellschaft zu unterscheiden.

Aus systemtheoretischer Perspektive macht eine begriffliche Berücksichtigung von Beziehungen bzw. Netzwerken dann Sinn, wenn damit spezifische Formen der Kommunikation unter der Bedingung bereits reduzierter Komplexität bezeichnet werden, d.h. nicht die Grundlage von Sozialität schlechthin. Das ergibt sich schon daraus, dass Gesellschaft nicht als Summe der Beziehungen zwischen Menschen darstellbar ist. Gleichzeitig sollte klar sein, dass ein revidierter Beziehungsbegriff es auch erlaubt, die Frage nach dem Verhältnis von Netzwerk und Gesellschaft anders zu stellen. Sie muss dann nicht mehr grundbegrifflich formuliert werden, sondern kann selbst historisiert werden. In analoger Weise dazu, wie Luhmann (1987) dies für das Verhältnis von Interaktion und Gesellschaft gezeigt hat, lässt sich dann beispielsweise feststellen, dass sich Interaktion und Netzwerke, aber auch Netzwerke und Gesellschaft im Laufe gesellschaftlicher Evolution voneinander differenzieren (Holzer 2010a). Die Differenzierung von Interaktion und Beziehungen hängt unmittelbar mit der Entwicklung von Kommunikationstechnologien zusammen, die eine nicht mehr nur auf interaktive Realisierung angewiesene und dadurch von dieser unterscheidbare Beziehung erst ermöglichen. Weniger offensichtlich ist die Unterscheidung von Beziehungen und Gesellschaft. Auch auf der Grundlage eines systemtheoretisch „geläuterten" Beziehungsbegriffs könnte man versucht sein, auf einen Begriff der Gesellschaft zu verzichten. In der Tat können wir uns „Netzwerkgesellschaften“ in dem Sinne vorstellen, dass die Erfolgschancen sozialen Handelns oder sogar die Inklusion in die Gesellschaft als solche in hohem Maße von persönlichen Beziehungen abhängig sind (siehe hierzu Holzer 2010b). Solche Verhältnisse sind in vormodernen Gesellschaften insofern mit der Differenzierungsform vereinbar, als diese selbst auf verwandtschaftlichen Beziehungen beruht: Wenn beispielsweise Clans oder Schichten die primären Teilsysteme der Gesellschaft sind, kann das Individuum ohnehin nur als „ganze“ Person inkludiert und einem Teilbereich zugeordnet werden. Für die moderne Gesellschaft gilt dies nicht: Sie institutionalisiert die Trennung und zunehmende Differenzierung persönlicher und unpersönlicher Kontakte, die im Einzugsbereich funktionaler Teilsysteme wie Wirtschaft, Politik und Wissenschaft eine *universalistische* Inklusion „ohne Ansehen der Person“ erlaubt und erforderlich macht.

Komplementär zu der dadurch beförderten *Expansion* des Bereichs unpersönlicher Kontakte in der modernen Gesellschaft findet im Bereich persönlicher Beziehungen eine *Intensivierung* statt: Diese können stärker auf Individualität eingestellt werden und, im Fall intimer Beziehungen, „prinzipiell alle Eigenschaften einer Person bedeutsam“ werden lassen (Luhmann 1982: 13). Die Differenzierung zwischen persönlichen und unpersönlichen Kontakten bedeutet also eine Steigerung auf *beiden* Seiten. Es handelt sich nicht um ein Nullsummenspiel, in dem eine scheinbar unpersönlicher und anonymer werdende Gesellschaft zu Lasten des Bereichs persönlicher Beziehungen geht (Geiger 1962). Wenn man es überhaupt mit diesen Begriffen formulieren möchte, wird die moderne Gesellschaft vielmehr persönlicher und unpersönlicher zugleich: Man muss, um erfolgreich kommunizieren zu können, zwischen Person und Rolle differenzieren und die dadurch vorgezeichneten Erwartungen situationsadäquat nutzen können (Luhmann 1984: 431f.).

Es wäre gewissermaßen die Umkehrung der These von der Massengesellschaft, wenn man die moderne Gesellschaft auf persönliche Beziehungen reduzieren würde. Noch offensichtlicher als im umgekehrten Fall würde man damit nicht zu einer adäquaten Beschreibung der Gesellschaft, geschweige denn zu einer Gesellschaftstheorie kommen. Dagegen spricht nicht nur die Expansion unpersönlicher Kontakte, sondern vor allem die hohe Bedeutung der interaktionsfreien und anonymen Massenmedienkommunikation. Kommunikation in der modernen Gesellschaft ist keineswegs nur Kommunikation von Angesicht zu Angesicht, und schon gar nicht von Bekannten zu Bekannten. Sie ist vielmehr gerade dort, wo sie gesellschaftliche Effekte entfaltet, in aller Regel technologisch vermittelt. Man stößt selbstverständlich in Märkten (Baker 1984; White 1981), in der Wissenschaft (Crane 1972) oder in der Politik (Knoke 1990) *auch* auf Beziehungen und Beziehungsnetzwerke. Doch so wichtig diese auch sein mögen, um Phänomene wie Vertrauensbildung oder Diffusion erklären zu können – ihre gesellschaftliche Bedeutung, aber auch ihre Grenzen ergeben sich gerade aus der Differenz zu anonymen Märkten und wissenschaftlichen und politischen Öffentlichkeiten.

Gegenüber der inklusiven und zugleich funktionsorientierten Spezialisierung von Kommunikation in gesellschaftlichen Teilsystemen basieren Netzwerke auf einer Logik der Verknüpfung, die dem „Primat der Adressen“ folgt (siehe auch Bommes/Tacke 2006; Tacke 2000). Sie benutzen die sachliche Dimension von Sinn allenfalls als Ausgangspunkt für eine an der Sozialdimension, d.h. an der Unterscheidung von Ego und Alter orientierte Verknüpfung von Kontakten. Beziehungen fallen in der *modernen* Gesellschaft dadurch auf, dass sie sich vom Universalismus der Funktionssysteme unterscheiden. Darüber hinaus liegen die durch Beziehungen eröffneten Verknüpfungsmöglichkeiten quer zu einer primär nach sachlogischen Kriterien verknüpften Kommunikation einer „funktional“ differenzierten Gesellschaft. Jede Person ist eine polyvalente und polykontexturale „soziale Adresse“ in unterschiedlichen Funktionsbereichen und kann genutzt werden, um zwischen diesen zu vermitteln. Teilsystemspezifische *Rollen* wie jene des Wählers oder des Politikers setzen einer solchen Vermittlung Schranken.[6] Die Inklusion von *Personen* in Beziehungen hingegen kann gegenüber solchen Rollentrennungen indifferent sein.

Die zu funktionaler Differenzierung quer liegende Verknüpfung durch soziale Beziehungen könnte immer noch den Gedanken nahe legen, wenn nicht einzelne Beziehungen, so doch die daraus durch Verkettung entstehenden Netzwerke als Träger von Gesellschaft zu verstehen. Dies wäre gewissermaßen eine Gesellschaft unter Abzug der Funktionssysteme und daher eine amputierte (oder sogar: geköpfte) Gesellschaft. Doch selbst in dieser Form müsste die Gesellschaft zumindest als „Gesamtheit der berücksichtigungsfähigen Kontakte“ begriffen werden – und diese umfasst kein einzelnes Netzwerk, wenn wir den Grenzfall der „kleinen Welt“ (Milgram 1967) außer Acht lassen. Es ist daher für die Bestimmung von Netzwerken daran festzuhalten und durchaus aufschlussreich, dass sie mit Gesellschaft nicht identisch sind, auch wenn sie zweifellos in der Gesellschaft, d.h. als Kommunikation auftreten.

6. Fazit

Auch eine relationale Soziologie kommt nicht ohne Annahmen darüber aus, welche Elemente für eine Verknüpfung in Frage kommen. Die klassische Analyse sozialer Netzwerke geht in der Regel von Individuen als scheinbar unproblematisch gegebenen Einheiten aus. Selbst Harrison White (2008), der sich von der Idee eines die Beziehungen fundierenden Individuums distanziert, muss stattdessen „Identitäten“ aufbieten, die „Kontrolle“ suchen. Man gerät auf diesem Weg leicht auf handlungstheoretisches Terrain, weil Beziehungen dann stets Beziehungen zwischen existierenden Individuen, Personen oder „Identitäten“ sind. Demgegenüber lässt sich mit systemtheoretischen Mitteln das Problem in einer Weise umkehren, die dem Anspruch einer relationalen Soziologie besser gerecht wird: Statt von Personen und ihren Beziehungen kann man dann nämlich von Beziehungen und ihren Personen sprechen. Beziehungen als Sozialsysteme, die im Sinne Goffmans in Personen „verankert“ sind, erzeugen „ihre“ Personen in Form von in-

6 Siehe beispielhaft für die Rolle des Wählers in der politischen Wahl: Luhmann (1983: 155-173).

dividuell zugeschriebenen Verhaltenseinschränkungen. Man wird durch Freundschaft zum Freund, durch Bekanntschaft zum Bekannten und durch Intimität zum Partner. Aus dieser Perspektive ist es unnötig, Individuen in einem anderen Sinne vorauszusetzen als in dem, dass sie die bewusstseinsmäßigen und körperlichen Grundlagen für eine solche Individualisierung von Erwartungsstrukturen zur Verfügung stellen. Menschen sind, das will niemand bestreiten, immer schon da. Doch soziale Adressen und insbesondere Personen werden in der Kommunikation erzeugt.

Diese Reformulierung des Problems erlaubt eine weitere, zunächst paradox erscheinende Umstellung dessen, was wir unter Netzwerken verstehen. Nicht die Individuen, sondern die *Beziehungen* fungieren als *Elemente* von Netzwerken. Ein Netzwerk besteht aus miteinander verknüpften Beziehungen, nicht aus miteinander verknüpften Menschen.[7] Wie John Levi Martin (2009: 14, Fn. 18) bemerkt, führt diese Auffassung dazu, dass die vormaligen Elemente – die Personen – zu Relationen umgewidmet werden. Martin lehnt dies mit dem allzu vertrauten Argument ab, die Personen würden damit gleichsam aus der Theorie (wenn auch nicht aus der Wirklichkeit) verschwinden. Doch es geht ja keineswegs darum, von Personen gänzlich abzusehen. Deutlich wird vielmehr ihre Doppelfunktion im Zusammenhang sozialer Netzwerke: als Elemente *in* sozialen Beziehungen und als Relationen *zwischen* sozialen Beziehungen. Die von Simmel beschriebene „Kreuzung sozialer Kreise" ist Folge der Mehrfachrelevanz von Personen in unterschiedlichen sozialen Beziehungen. Diese werden durch Personen aber nicht zwangsläufig „verknüpft". Der Begriff der Relation erlaubt es durchaus, auch dem Sachverhalt der fehlenden Verknüpfung – etwa im Sinne „struktureller Löcher" (Burt 1992) – gerecht zu werden: Es bleibt offen, ob die Person soziale Beziehungen vermittelt – oder entkoppelt. Die Konsistenz dieser Perspektive zeigt sich nicht zuletzt darin, dass genau diese Frage aber nicht als Entscheidung der Person aufgefasst werden kann. Je nach Beziehung mag eher die eine oder die andere Richtung vorgezeichnet sein: Freundschaftliche Beziehungen zu einem gemeinsamen Dritten zum Beispiel machen diesen zu einem potentiellen „Vermittler"; die Frau mit zwei Liebhabern aber wird dafür kaum in Frage kommen, wenn sie in beiden Beziehungen die Person bleiben möchte, die zu sein sie vorgibt. Die „Person" bezeichnet eine Struktur, die spezifische Erwartungen innerhalb *einer* Beziehung auf sich zieht, gleichzeitig aber auch über *verschiedene* Beziehungen hinweg für sich und andere konsistent erscheinen muss. Sie ist ein Element nur dadurch, dass sie die entsprechenden Erwartungen aufeinander beziehen kann – was den Einbau von Widersprüchen und Konflikten einschließt.

Man kann demnach feststellen, dass die Unterscheidung von Element und Relation ihre theoriestrategische Bedeutung verliert, wenn man wie die Systemtheorie auf Operationen abhebt. Das entzieht der Problemformulierung der relationalen Soziologie einerseits einen Teil ihres Provokationsgehalts; andererseits transformiert es die metho-

7 Die Beziehungen auf diese Weise hervorzuheben, ist auch das Anliegen von Fine/Kleinman (1983) und Fuhse (2003); dies liegt sowohl aus symbolisch-interaktionistischer als auch aus kommunikationstheoretischer Perspektive nahe.

dologische Maxime, auf die „Beziehungen“ zu achten, in Fragen zu einem spezifischen sozialen Phänomen. Dass die Beziehung in der Systemtheorie nicht mehr als Grundbegriff in Frage kommt, bedeutet also nicht, dass nach der Verabschiedung des Beziehungsbegriffs der Weg zu einer adäquaten Beschreibung des entsprechenden Phänomens versperrt wäre. Doch der Weg „zurück“ zur Beziehung führt über eine Klärung dessen, was Beziehungen von anderen Formen sozialer Systembildung unterscheidet. Beziehungen beruhen nicht (nur) auf Anwesenheit oder formaler Mitgliedschaft, aber sie sind auch nicht mit Kommunikation schlechthin gleichzusetzen. Die Abhängigkeit oder zumindest Antizipation von Interaktionschancen darf nicht darüber hinwegtäuschen, dass Beziehungen über lange Strecken auf Anwesenheit verzichten können. Und die Mitgliedschaft in einer formalen Organisation definiert allenfalls einen Pool möglicher Beziehungspartner; die Beziehung etabliert sich aber gerade in der Differenz zur formalen Mitgliedschaftsrolle. Ähnliches gilt im Hinblick auf die Gesellschaft und ihre Funktionssysteme, die jeweils weit inklusiver sind als Beziehungen, die sich an den dadurch vorgezeichneten Adressen und Kommunikationschancen orientieren. Die Differenz lässt sich in all diesen Fällen darauf zurückführen, dass die Beziehungskommunikation ihren Halt und ihre Grenze in „Personen“ findet – und nicht in den Anwesenden, den Mitgliedern oder der Gesamtheit der möglichen Kontakte. Im Blick zurück aus systemtheoretischer Perspektive sind es vor allem diese Differenzen – und nicht die Annahme, alles müsse in Beziehungen aufgelöst werden –, die eine Wiederaufnahme des Begriffs der sozialen Beziehung sinnvoll erscheinen lassen.

Literatur

Baker, Wayne E., 1984: „The social structure of a national securities market“, in: *American Journal of Sociology* 89: 775-811.

Bommes, Michael/Veronika Tacke, 2006: „Das Allgemeine und das Besondere des Netzwerkes“, in: Betina Hollstein/Florian Straus (Hrsg.), *Qualitative Netzwerkanalyse. Konzepte, Methoden, Anwendungen.* Wiesbaden: VS Verlag für Sozialwissenschaften: 37-62.

Bommes, Michael/Veronika Tacke, 2007: „Netzwerke in der ‚*Gesellschaft der Gesellschaft*‘. Funktionen und Folgen einer doppelten Begriffsverwendung“, in: *Soziale Systeme* 13: 9-20.

Bourdieu, Pierre, 1976: *Entwurf einer Theorie der Praxis auf der ethnologischen Grundlage der kabylischen Gesellschaft.* Frankfurt/Main: Suhrkamp.

Bourdieu, Pierre, 1987: *Sozialer Sinn. Kritik der theoretischen Vernunft.* Frankfurt/Main: Suhrkamp.

Burt, Ronald S., 1992: *Structural Holes. The Social Structure of Competition.* Cambridge, MA: Harvard University Press.

Crane, Diane, 1972: *Invisible Colleges: Diffusion of Knowledge in Scientific Communities.* Chicago: University of Chicago Press.

Emirbayer, Mustafa, 1997: „Manifesto for a relational sociology“, in: *American Journal of Sociology* 103: 281-317.

Feld, Scott L., 1981: „The focused organization of social ties“, in: *American Journal of Sociology* 86: 1015-1035.

Fine, Gary Alan/Sherryl Kleinman, 1983: „Network and meaning: an interactionist approch to structure“, in: *Symbolic Interaction* 6: 97-110.

Fuchs, Peter, 1997: „Adressabilität als Grundbegriff der soziologischen Systemtheorie“, in: *Soziale Systeme* 3: 57-80.

Fuchs, Stephan, 2001: *Against Essentialism. A Theory of Culture and Society*. Cambridge, MA: Harvard University Press.

Fuhse, Jan, 2003: „Systeme, Netzwerke, Identitäten. Die Konstitution sozialer Grenzziehungen am Beispiel amerikanischer Straßengangs (SISS 1/2003)“. SISS: Schriftenreihe des Instituts für Sozialwissenschaften der Universität Stuttgart.

Fuhse, Jan, 2005: „Persönliche Netzwerke in der Systemtheorie (SISS 1/2005)“. SISS: Schriftenreihe des Instituts für Sozialwissenschaften der Universität Stuttgart.

Fuhse, Jan, 2009: „The meaning structure of social networks“, in: *Sociological Theory* 27: 51-73.

Fuhse, Jan, 2010: „Die kommunikative Konstruktion von Akteuren in Netzwerken“, in: *Soziale Systeme* Themenheft „Netzwerktheorie oder Theorie der Netzwerke“: i.E.

Geiger, Theodor, 1962: „Die Legende von der Massengesellschaft (1951)“, in: ders., *Arbeiten zur Soziologie*. Neuwied: Luchterhand: 171-185.

Goffman, Erving, 1961: *Encounters*. Indianapolis: Bobbs-Merrill.

Goffman, Erving, 1971: *Relations in Public. Microstudies of the Public Order*. New York: Basic Books.

Holzer, Boris, 2006: *Netzwerke*. Bielefeld: transcript.

Holzer, Boris, 2010a: „Die Differenzierung von Netzwerk, Interaktion und Gesellschaft“, in: Michael Bommes/Veronika Tacke (Hrsg.), *Netzwerke in der funktional differenzierten Gesellschaft*. Wiesbaden: VS Verlag für Sozialwissenschaften: i.E.

Holzer, Boris, 2010b: „Unsicherheit und Vertrauen in „Netzwerk-Gesellschaften“.“ in: Hans-Georg Soeffner (Hrsg.), *Unsichere Zeiten: Herausforderungen gesellschaftlicher Transformationen. Verhandlungen des 34. Kongresses der Deutschen Gesellschaft für Soziologie in Jena 2008*. Wiesbaden: VS Verlag für Sozialwissenschaften: i.E.

Kieserling, André, 1999: *Kommunikation unter Anwesenden. Studien über Interaktionssysteme*. Frankfurt/Main: Suhrkamp.

Kilduff, Martin/Wenpin Tsai, 2003: *Social Networks and Organizations*. London: Sage.

Knoke, David, 1990: *Political Networks. The Structural Perspective*. Cambridge: Cambridge University Press.

Luhmann, Niklas, 1964: *Funktionen und Folgen formaler Organisation*. Berlin: Duncker und Humblot.

Luhmann, Niklas, 1972: „Soziologie als Theorie sozialer Systeme“, in: ders., *Soziologische Aufklärung 1*. Opladen: Westdeutscher Verlag: 113-136.

Luhmann, Niklas, 1975: „Interaktion, Organisation, Gesellschaft“, in: ders., *Soziologische Aufklärung, Band 2*. Opladen: Westdeutscher Verlag: 9-20.

Luhmann, Niklas, 1982: *Liebe als Passion. Zur Codierung von Intimität*. Frankfurt/Main: Suhrkamp.

Luhmann, Niklas, 1983: *Legitimation durch Verfahren*. Frankfurt/Main: Suhrkamp.

Luhmann, Niklas, 1984: *Soziale Systeme. Grundriß einer allgemeinen Theorie*. Frankfurt/Main: Suhrkamp.

Luhmann, Niklas, 1985: „Die Autopoiesis des Bewußtseins“, in: *Soziale Welt* 36: 402-446.

Luhmann, Niklas, 1987: „The evolutionary differentiation between society and interaction“, in: Jeffrey C. Alexander/Bernhard Giesen/Richard Münch/Neil J. Smelser (Hrsg.), *The Micro-Macro Link*. Berkeley: Unversity of California Press: 112-134.

Luhmann, Niklas, 1990: „Sozialsystem Familie“, in: ders., *Soziologische Aufklärung 5*. Opladen: Westdeutscher Verlag: 196-217.

Luhmann, Niklas, 1995: „Die Form „Person““, in: ders., *Soziologische Aufklärung 6. Die Soziologie und der Mensch*. Opladen: Westdeutscher Verlag: 142-154.

Luhmann, Niklas, 1997: *Die Gesellschaft der Gesellschaft (2 Teilbde.)*. Frankfurt/Main: Suhrkamp.

Luhmann, Niklas, 2000: *Organisation und Entscheidung*. Opladen: Westdeutscher Verlag.

Martin, John Levi, 2009: *Social Structures*. Princeton, NJ: Princeton University Press.

Maturana, Humberto, 1982: *Erkennen: Die Organisation und Verkörperung von Wirklichkeit.* Braunschweig/ Wiesbaden: Vieweg.

McLean, Paul D., 2007: *The Art of the Network: Strategic Interaction and Patronage in Renaissance Florence.* Durham/London: Duke University Press.

Milgram, Stanley, 1967: „The small-world problem", in: *Psychology Today* 1: 60-67.

Mützel, Sophie, 2006: „Strukturelle Netzwerkanalyse und Bourdieus Praxistheorie: Weiterführende Ideen für die neue Wirtschaftssoziologie", in: Michael Florian/Frank Hillebrandt (Hrsg.), *Pierre Bourdieu: Neue Perspektiven für die Soziologie der Wirtschaft?* Wiesbaden: VS Verlag für Sozialwissenschaften: 109-125.

Paine, Robert, 1969: „In search of friendship: an exploratory analysis in ‚middle-class' culture", in: *Man, n.s.* 4: 505-524.

Schmidt, Johannes F.K., 2007: „Soziale Beziehung als systemtheoretischer Begriff?" in: *Soziale Systeme* 13: 516-527.

Simmel, Georg, 1958 [1908]: *Soziologie. Untersuchungen über die Formen der Vergesellschaftung.* Leipzig: Duncker & Humblot (4. Aufl.).

Tacke, Veronika, 2000: „Netzwerk und Adresse", in: *Soziale Systeme* 6: 291-320.

Tacke, Veronika, 2007: „Netzwerk und Geschlecht – im Kontext", in: Christine Weinbach (Hrsg.), *Geschlechtliche Ungleichheit in systemtheoretischer Perspektive.* Wiesbaden: VS Verlag für Sozialwissenschaften: 165-189.

White, Harrison C., 1981: „Where do markets come from?" in: *American Journal of Sociology* 87: 517-547.

White, Harrison C., 2008: *Identity and Control. How Social Formations Emerge.* Princeton, NJ: Princeton University Press (2. Aufl.).

Wiese, Leopold von, 1966 [1924/28]: *System der Allgemeinen Soziologie als Lehre von den sozialen Prozessen und den sozialen Gebilden der Menschen.* Berlin: Duncker & Humblot (4. Aufl.).

Wie entstehen große soziale Strukturen?

John Levi Martin/Monica Lee

Wie entstehen große soziale Strukturen wie politische Parteien oder das Militär?[1] Die Antwort, die wir im Folgenden darlegen wollen, lautet: ‚Aus kleineren Strukturen'. Diese naheliegende Behauptung ist in der Soziologie recht ungewöhnlich, weil weder überpersönliche systemische Prozesse (wie in der Systemtheorie) noch individuelle Handlungsmotivationen als Ausgangspunkt von solchen großen Strukturen gesehen werden. Wir weisen unsere Behauptung hier jedoch nicht nach, sondern wählen sie als Ausgangsannahme und suchen von dort aus Fälle, in denen aus kleinen Gebilden große Strukturen entstehen. Von besonderem Interesse hierfür sind die Einsichten, die uns 60 Jahre Netzwerkanalyse liefern. Natürlich entstehen große Strukturen auch aus anderen großen Strukturen heraus. Wenn sich etwas Großes langsam verändert, können wir *immer* behaupten, dass das später entstandene Etwas aus dem Ersteren hervorgegangen ist. Dies ist in diesem Fall jedoch nicht von Interesse. Stattdessen fragen wir, ob wir von der Netzwerkanalyse lernen können, welche Beziehungen im Besonderen dazu tendieren, stabile Gebilde entstehen zu lassen, und wie diese zu größeren Strukturen anwachsen.

Soziologie als Disziplin beginnt eigentlich mit der Frage nach sozialen Strukturen. Anfangs werden Strukturen als *Organe* gesehen. Als Spencer (z.B. 1896 [1873]: 56-60) zum ersten Mal den Ausdruck ‚Strukturen' verwendete, meinte er soziale Phänomene, die bestimmte gesellschaftliche Funktionen erfüllen. Wenn Spencer und andere Zeitgenossen von sozialen Strukturen sprachen, hatten sie meistens Aspekte des Nationalstaates im Sinn. Damals wie heute war es schwierig, Nationalstaat und Gesellschaft deutlich voneinander zu unterscheiden. So scheint z.B. die Armee, die eigentlich eine Organisation des Staates ist, gleichzeitig gesellschaftliche Funktionen zu erfüllen (die Armee schützt die Gesellschaft vor Übergriffen aus dem Ausland).

Wir alle kennen die Beschränkungen dieser Art des Funktionalismus. Aber es gibt einen anderen analytischen Ansatz – den Relationalen, der weniger vorraussetzungsvoll ist und neuartige (auch empirisch nachweisbare) Einsichten erlaubt. Solche Analysen beginnen auf der zwischenmenschlichen Ebene. Menschen unterhalten verschiedene Arten von Beziehungen zueinander, die wiederum unterschiedliche Möglichkeiten für gewisse Wechselwirkungen anbieten. Diese Beziehungen haben verschiedene Inhalte, so

1 Wir danken Jan Doering und Michaela Soyer für ihre Unterstützung bei der Übersetzung des Textes ins Deutsche. Besonders danken möchten wir auch Jan Fuhse und Sophie Mützel, deren wertvolle intellektuelle Anregungen und unermüdliche Unterstützung das Manuskript maßgeblich verbessert haben.

ist z.B. der Inhalt einer Beziehung zwischen zwei Freunden anders als der zwischen Arbeitnehmer und Arbeitgeber. Die meisten Netzwerkanalytiker haben sich auf die äußere Form der Beziehungen konzentriert. Leider wird der Inhalt der Beziehungen oft ignoriert. Neuerdings gibt es jedoch verstärktes Interesse von relationalen Soziologen an einer eingehenden Untersuchung des Verhältnisses zwischen (einerseits) objektiven Mustern der Netzwerkstruktur und (andererseits) der kulturellen Bedeutung der Verbindungen und Handlungen. Allerdings scheint das Verhältnis zwischen kulturellen und strukturellen Aspekten von Netzwerken Aufgabe größerer theoretischer Arbeit zu sein (Baecker 2009; Karafililidis 2010). Einige Forscher behandeln diese Frage unter der Annahme, dass es eine Dualität zwischen Form und Inhalt gäbe (z.B. Fuhse 2008a, 2008b, 2009; Fuchs 2010; Mische 2006). Obgleich es verschiedene Interpretationsarten für diese Dualität gibt, folgen wir den Forschern, die vorschlagen, dass der Inhalt einer Beziehung auch formal interpretiert werden kann (White 2008).

Anders gesagt: Struktur und Kultur sind untrennbar miteinander verflochten. Diese Begriffe sind nur analytisch unterscheidbar. Eine heterosexuelle Ehe ist zum Beispiel inhaltlich eine Beziehung des Vertrauens, der Verpflichtung, der Liebe, der Ausschließlichkeit, usw. Formal ist sie eine Bijektion zweier Mengen, die verheirateter Männer und die verheirateter Frauen. Handelt es sich hier nicht um zwei Formulierungen, die ein und dasselbe ausdrücken? Wie Ann Swidler (2001) betont, resultiert unsere Vorstellung von „Liebe" als Alles oder Nichts nicht aus der Natur unseres emotionalen Lebens, sondern aus den formalen Eigenschaften der Ehe. Innerhalb dieses relational-soziologischen Rahmens erklären wir hier den analytischen Vorteil, den wir gewinnen, wenn wir Struktur ohne Kultur sehen und erklären, wie kulturelle Verständnisse der Strukturen entstehen, weil es viele Umstände gibt, in denen strukturelle Muster von Analytikern entdeckt werden können, aber die Logik des Handelns noch nicht als Handlungsimperativ von Akteuren internalisiert worden ist. Wir wollen induktiv betrachten, wie bestimmte Beziehungen strukturelle Gebilde hervorbringen – und interessieren uns nicht dafür, wie diese in die größere soziale Struktur einpassen. Genau genommen lautet unser Argument, dass anti-transitive Patronagestrukturen aus antisymmetrischen Beziehungen bestehen. Durch die Etablierung von Transitivität in diesen kleinteiligen Patronagestrukturen, werden diese zu größeren Strukturen.[2]

1. Symmetrische, asymmetrische, und antisymmetrische Beziehungen

Zunächst gehen wir von der einfachstmöglichen inhaltlichen Unterscheidung verschiedener Beziehungen aus. Dann explorieren wir, welche sozialen Gebilde aus diesen Be-

2 Die Wichtigkeit solcher Transitivität wird auch von Holzer (2006: 18) betont.

ziehungsinhalten entstehen. Schließlich untersuchen wir, welche Gebilde Bausteine für übergeordnete Gebilde – größere soziale Strukturen – sind.[3]
Wir beginnen mit einer ziemlich einfachen Unterscheidung: Der Inhalt einer Beziehung kann symmetrisch, asymmetrisch, oder antisymmetrisch sein. Unter symmetrisch verstehen wir, dass die ‚Aktionsprofile' (das nötige Verhalten in der Sozialbeziehung, die Beziehung zu erhalten) von zwei Personen in der Beziehung identisch sind. Wenn beispielsweise bei der Beziehung ‚Zeit miteinander verbringen', Ego Zeit mit Alter verbringt, muss Alter die gleiche Zeitspanne mit Ego verbringen.

Mit ‚asymmetrisch' meinen wir ‚nicht unbedingt symmetrisch … aber möglicherweise schon'. Wenn in einer Situation, in der Personen gefragt werden, zu wem sie sich setzen wollen, Ego Alter auswählt, *muss* Alter das nicht unbedingt erwidern.

‚Antisymmetrisch' bedeutet, dass die Beziehung *definitiv nicht* symmetrisch sein kann. Ego und Alter *müssen* unterschiedliche Aktionsprofile haben, z.B. ein Arbeitgeber und ein Arbeiter, oder ein Arzt und ein Patient müssen unterschiedliche Dinge tun, um die Beziehung zu erhalten.

Wir werden Beispiele von Beziehungen dieser drei Arten erforschen und die Gebilde beschreiben, die aus ihnen entstehen. Dabei konzentrieren wir uns auf antisymmetrische Beziehungen, Grundlage unserer Überlegungen ist die vorhandene historische Literatur.

1.1 Symmetrische Beziehungen

Wir beginnen mit dem einfachsten Typ von Beziehungen (der von der Netzwerkanalyse als erstes formalisiert wurde): symmetrische Beziehungen. Welche Beziehungen sind an sich symmetrisch und implizieren, dass zwei Individuen strukturell austauschbar sind? Die offensichtlichsten Beispiele sind Bündnisse und Freundschaften. Ein Bündnis – die Beziehung zwischen zwei Ländern, die sich im Krieg gegenseitig unterstützen würden – bedeutet, dass die zwei Parteien in der Beziehung austauschbar sind, ganz im Sinne des alten angelsächsischen Eides: „Deine Freunde werden meine Freunde; Deine Feinde, meine Feinde".

Freundschaft funktioniert ähnlich (Stegbauer 2008). Nach einer intensiven Untersuchung von Spinozas *Ethik* (1930 [1677]) behauptete Fritz Heider (1946), dass positive Beziehungen wie Freundschaft bedeuten, dass wir Freunde mit den Freunden unserer Freunde und Feinde mit den Feinden unserer Freunde seien. Zudem sollten wir Feinde mit den Freunden unserer Feinde, und Freunde mit den Feinden unserer Feinde sein. Wie eine Tradition der Netzwerkforschung nachgewiesen hat, führen diese Verbindungen zu einer bestimmten Menge an Beziehungen, die die Gestalt einer Anzahl von ‚Cliquen' annehmen – alle Mitglieder einer Clique sind miteinander befreundet oder verbündet, und Mitglieder unterschiedlicher Cliquen sind entweder verfeindet oder stehen sich gleichgültig gegenüber. Dies ist dann eine ‚balanced' Struktur (Cartwright/Harary 1956: 286).

3 Unsere Analyse hat seine Wurzeln in Martin (2009), in dem die Leser detaillierte Literaturnachweise nachschlagen können. Der vorliegende Aufsatz enthält allerdings ganz neue Formulierungen.

Cliquen haben zwei wichtige Eigenschaften. Erstens sind sie sehr stabile und einfache Gebilde. Algebraisch formuliert ist die Clique eine Äquivalenzklasse, d.h. sie hat drei Eigenschaften: 1) Reflexivität (jeder ist gleich mit sich selbst), 2) Symmetrie (wenn Hänsel gleich mit Gretel ist, ist Gretel gleich mit Hänsel), 3) Transitivität (wenn Hänsel gleich mit Gretel ist und Gretel gleich mit Susi ist, dann sind auch Susi und Hänsel gleich). Durch die Vereinigung zweier Cliquen von Freunden können wir ein größeres soziales Gebilde vielleicht bauen. Um die strukturellen Prinzipien zu erhalten, muss dann jede Person mit jeder anderen befreundet sein. Dieses Resultat ist jedoch unwahrscheinlich. Deswegen sind Cliquen von symmetrischen Beziehungen keine guten Bausteine für größere Strukturen.

Zweitens müssen wir eingestehen, dass echte Cliquen selten entstehen. Individuen folgen diesen logischen Regeln nicht, auch wenn es um wichtige Angelegenheiten, wie das Schließen eines Bündnisses geht. Und eigentlich ergibt das Sinn. Die Logik behauptet, dass der Freund deines Feindes dein Feind ist, weil er deinen Feind unterstützen wird. Aber warum sollte man sich nicht trotzdem mit ihm anfreunden? Wenn dies funktioniert, hätte man einen Feind weniger. Meistens entstehen ‚balanced' Gebilde nur in Bündnissen, in denen zwei konkurrierende Hegemonien einander gegenübertreten und die Verbündeten ihre Feinden bestrafen.[4] Im Falle der Freundschaft entstehen Cliquen nicht, weil starke Freundschaften nach einer räumlichen Logik verlaufen. Genau wie Schöneberg in der Nähe von Kreuzberg liegt, und Kreuzberg in der Nähe von Friedrichshain, aber Schöneberg eher nicht in der Nähe von Friedrichshain ist, sind die besten Freunde meiner besten Freunde vielleicht nur meine Bekannten. Obwohl jede dieser Beziehungen symmetrisch ist, entstehen daraus nicht unbedingt Cliquen.

Ein weiterer Punkt: Als Netzwerkanalytiker versuchten, diese Beziehungen zu untersuchen, fragten sie Individuen, mit wem sie befreundet waren. In der Interpretation ihrer Datensätze mussten sie immer öfter zugeben, dass menschliche Beziehungen im Wesentlichen hierarchisch sind (z.B. Davis/Leinhardt 1972). Erst nach langer Zeit begriffen sie, dass lose Cliquen im Sinne Heiders nicht aufzufinden waren. Im Grunde folgten die Beziehungen einer anderen Logik – dem Beliebtheitswettbewerb. Beim Beliebtheitswettbewerb entscheiden wir uns, mit wem wir befreundet sein wollen, weder aufgrund von gegenseitiger Sympathie noch aufgrund unserer Ähnlichkeit (unserer Nähe im sozialen Raum). Stattdessen wählen wir die ‚coole' Personen aus und daher werden ‚coole' Personen überproportional ausgewählt. Ihre ‚Coolness' ist vielleicht eine Netzwerk-Eigenschaft, aber es scheint uns eher eine Eigenschaft auf der Ebene des Individuums zu sein.

Wir haben also entdeckt, was wir ‚das Problem der Gleichheit' nennen wollen. Wir begannen mit der Freundschaft, die sich durch Gemeinsamkeit und folglich Gleichheit der Teilnehmer auszeichnet. Aber aus diesen gemeinsamen und gleichen Beziehungen entsteht Ungleichheit auf der Strukturebene. Diese Ungleichheit kann dann manchmal an den Beziehungen zehren, aus denen sie entstand. Das heißt, wir können eine Men-

4 Ein Beispiel hierfür ist die Rivalität zwischen Athen und Sparta. Fast kein griechischer Kleinstaat konnte es sich leisten, neutral zu bleiben.

ge ‚total egalitärer Freundschaften' finden, aber manche Personen haben viele Freundschaften und andere Personen haben gar keine. Stellen Sie sich diese Beziehung der Ungleichheit vor. Ich habe mehr Freunde als du, und das wirkt sich auf unsere Beziehung aus: Weil ich so viele andere Freunde habe, bedeutest du mir weniger, als ich dir (Abbildung 1). Und deswegen wähle ich dich vielleicht in Zukunft nicht mehr als Freund.

Abbildung 1: Beliebtheitswettbewerb in symmetrischen Beziehungen

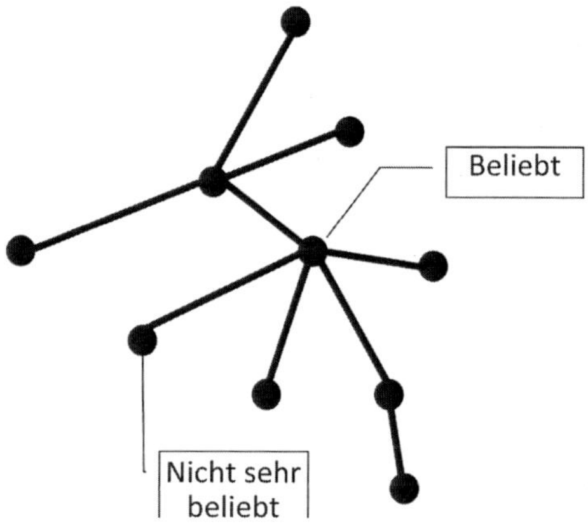

1.2 Asymmetrische Beziehungen

Ist es möglich, diese strukturellen Probleme einzugrenzen? Wenn das so wäre, hätten Forscher Lösungen gefunden, als sie asymmetrische Beziehungen untersuchten. Freundschaft ist eigentlich oft asymmetrisch, weil eine ‚Benennung der Freundschaft' erwidert werden kann oder nicht. Es liegt umfangreiche Forschungsliteratur zu sozialen Strukturen vor, welche sich mit den Ungleichheiten in solchen Beziehungen befasst – die Literatur zum Frauentausch in der Anthropologie.

Obwohl man die Ehe häufig als eine Beziehung zwischen Einzelmenschen sieht, kann man sie ebenso als eine Beziehung zwischen Abstammungslinien sehen. Patriarchal organisierte Verwandtschaft lässt sich so modellieren, dass jede Linie ihre Töchter besitzt, und dass die Ehe einer Tochter mit jemandem von außerhalb der eigenen Linie eine Übergabe dieser Frau ist. Daraus entsteht möglicherweise ein Problem: Nur Frauen können Babys kriegen. Wenn alle Frauen weggegeben werden und im Gegenzug keine neuen hinzukommen, stirbt die Linie aus. So entsteht die Frage, wie man das (oben vorgestellte) Problem der Gleichheit löst, ohne dass ein neues Problem entsteht: das Problem der Ungleichheit – nämlich dass die Ungleichheit einige Parteien (Abstammungslinien) in der Beziehung vernichtet.

Hier findet die große Anzahl der Werke zur Anthropologie der Verwandtschaft von Levi-Strauss (1969 [1949]) zwei Wege (obwohl spätere Theoretiker [Tjon Sie Fat 1996] nachgewiesen haben, dass sie nicht immer so unterschiedlich sind, wie Levi-Strauss geglaubt hat). Der Erste, der beschränkte Austausch [restricted exchange] entsteht, wenn zwei Verwandtschaftslinien einander regelmäßig heiraten. Dies ist keine allgemeine Lösung des Problems, weil er zur Fragmentierung der Gesellschaft führen kann – diese zwei Linien sind dann nicht mehr abhängig von anderen Linien im Hinblick auf Frauen. Der Zweite, der verallgemeinerte Austausch [generalized exchange] (Bearman 1997) vereinigt die ganze Gesellschaft durch die kreisförmige Organisation der Übergabe von Frauen [Abbildung 2]. Die Töchter jeder Linie heiraten die Männer aus einer Gruppe, und die Söhne dieser gleichen Linie heiraten die Frauen einer dritten Gruppe.

Dieser Ablauf löst das Problem der Ungleichheit abstrakt, weil jede Gruppe sowohl gibt als auch empfängt; keine Gruppe stirbt aus.

Abbildung 2: Verallgemeinerter Austausch

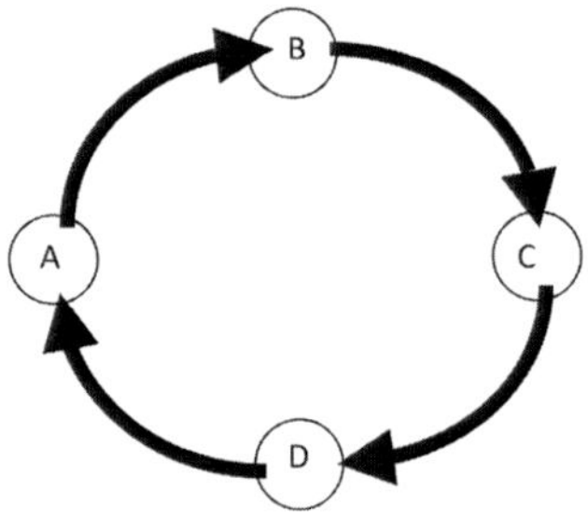

Jedoch setzt diese Lösung Gleichheit voraus. Wie Levi-Strauss betont hat, ist eine überproportional mächtige Linie immer in der Versuchung, sich nicht an die Regeln zu halten. Vielleicht empfängt sie Frauen aus ihrer ihr zugewiesenen Gebergruppe, aber sie weigert sich, Frauen wegzugeben. Der Kreis wird durchbrochen und die Frauen beginnen, sich an einem Punkt zu sammeln. Weiterhin nach Levi-Strauss (1953: 547) wird der Kreis der Gleichrangigen eine lineare Hierarchie, wie eine Gemeinschaft von Bauernhofhennen. Anders gesagt, genau wie wir gesehen haben, dass eine an sich symmetrische Beziehung (die Freundschaft) dazu tendiert, sich in eine asymmetrische (die Wahl) zu verwandeln, sehen wir jetzt, dass eine schon an sich asymmetrische Beziehung (Spende oder Übergabe) dazu neigt, sich in eine antisymetrische zu verwandeln, nämlich Dominanz im Sinne einer Rangordnung. Vielleicht ist diese Beziehung immer noch ein stabiles soziales Gebilde, das die Grundlage für die Entstehung eines Größeren schaffen kann.

1.3 Antisymmetrische Beziehungen

Bestimmte Arten antisymmetrischer Beziehungen tendieren dazu, sich zu größeren Strukturen zu entwickeln. Wir untersuchen nun Dominanz und zeigen auf, was für Muster die Beziehungen bilden. Wir alle kennen den Begriff der Hackordnung oder Rangordnung. Sie entsteht bei vielen Tierarten – nicht nur beim Geflügel, wie der Ausdruck zu implizieren scheint, sondern auch bei vielen unserer Primatverwandten wie den Schimpansen. Einige Soziologen und Anthropologen haben grundsätzlich angenommen, dass Menschen (weil wir wenig mehr als Schimpansen sind, die Brillen und Anzüge tragen) eine angeborene Tendenz haben müssen, uns selbst in vertikale Hierarchien der Dominanz zu organisieren (z.B. Tiger 1970).

Die Denkmethode ist folgendermaßen: die Dominanz ist eine wesentlich antisymmetrische Beziehung. Zwei Personen in dieser Beziehung können nicht die gleichen Handlungsprofile haben. Wenn Person A Person B dominiert, kann nicht gleichzeitig B A dominieren. Warum dominiert A B? Vermutlich weil A größer, stärker, oder „härter" ist. Alle Tiere stehen deshalb auf einer Skala der „Härte", und die Härteren dominieren die weniger Harten. So tendiert das Verhältnis auch dazu, transitiv zu sein – wenn A härter als B und B härter als C ist, dann ist A sicherlich auch härter als C, und A wird dazu tendieren, C zu dominieren. Zudem ist die Beziehung *vollständig (total)*[5] – für zwei beliebige Tiere muss eins härter als das andere sein und eins deshalb das andere dominieren. Diese Gegebenheiten decken den Bedarf einer Ordnung – eine soziale Struktur beruht auf der Rangordnung aller Individuen.

Aber eigentlich sind solche Ordnungen die Ausnahme, nicht die Regel. Bei Tieren in einer *vollständigen* Menge von Beziehungen, wie Hühnern, ist Nicht-Transitivität häufig – es handelt sich um Kreisläufe, wobei A B dominiert, B C dominiert, aber C A dominiert. Für Tiere, bei denen weitreichende *Transitivität* existiert, wie bei bestimmten Affen, ist die Beziehung möglicherweise nicht vollständig – zwei Affen werden sich voneinander ausreichend fernhalten, so dass keiner sich dem Anderen unterwerfen muss. Manche frühere Untersuchungen ließen es so scheinen, als ob diese sozialen Gebilde vollständig wären, weil sie im Wesentlichen eingesperrte Tiere beobachteten, die einander nicht entkommen konnten. Aber unter natürlichen Bedingungen ist es meistens möglich, Distanz zu halten.

Im Gegensatz dazu sind Menschen in hohem Maße eingesperrt – nach Michael Mann (1986) ist die Zivilisation dafür verantwortlich. So ist es keine absurde Vorstellung, dass wir häufiger als unsere Affencousins dazu neigen, Rangordnungen herzustellen. Aber ein wichtiges Merkmal der Rangordnungen, die wir in der Tierwelt sehen, ist die ritualisierte Darstellung der Unterwerfung. Tiere, die keine solchen ritualisierten Darstellungen haben, können kämpfen, aber sie haben keine Rangordnungen. Sie haben generell sehr wenig soziale Struktur.

5 Diese Bedingung ist auch bekannt als eine „trichotome Bedingung".

Was führt also zu diesen ritualisierten Darstellungen der Unterwerfung? Es ist die Angst vor eskalierender körperlicher Gewalt. Tiere mit Rangordnungen sind soziale Tiere, deren agonistischer Streit etwas gehemmt ist. Aber wenn zwei Tiere dennoch kämpfen und keines der beiden nachgibt, beginnen sie, ihre Hemmungen abzubauen. Wenn ein Tier unwillig ist, den Streit um einen weiteren Grad zu steigern, deutet es seine Hemmungen durch ein kommunikatives Verhaltensmuster an.

Es gibt sehr wenige Bereiche, in denen der Streit unter Menschen diese Gestalt annimmt. Auch wenn es zu einem Kampf kommt, verfügen Menschen über die Fähigkeit, den Charakter des Streites zu ändern. Das bedeutet, dass niemand nachgeben oder Unterwerfung demonstrieren muss. Falls jemand nachgibt, ist dies ein ausreichender Beleg für die Entstehung einer Rangordnung. Ein Beispiel sind Kinder in Ferienlagern. Sie *können* bei Konflikten einen Betreuer um Hilfe rufen, aber meistens tun sie das nicht. So stellen sie annähernde Rangordnungen her. Erwachsene sind anders – wenn viele Randalierer zusammenkommen und kämpfen, nehmen sie meistens an, dass jemand, der auch nur das geringste Zeichen von Unterwerfung zeigt, ein Stück „totes Fleisch" (*dead meat*) ist. So unterwerfen Erwachsene sich nicht und stellen keine Rangordnungen her; sie können verlieren, aber sie geben niemals nach.

1.4 Nicht-transitive Einflussstrukturen

Obgleich wir kein Fundament für größere soziale Gebilde in gleichrangigen Beziehungen gefunden haben, haben wir auch keine Personen in perfekten Rangordnungen gefunden. Darum wollen wir die Dominanz ein bißchen abschwächen. Im Wesentlichen bedeutet Unterwerfung, dass man keine Wahl hat. Wenn Bruno härter als Albert ist, dominiert Bruno Albert. Wir sollten also diese Art von Wahl jetzt einbringen. Wir haben dann, was wir generell als ‚Einfluss' bezeichnen. Bruno ist Albert immer noch überlegen – er ist klüger oder cooler als Albert – aber Albert muss *einwilligen*, dass Bruno ihn beeinflussen darf.

Wir haben hier eine sehr übliche Form von Einflussstruktur – eine einfache Entspannung der Hackordnung. Individuen können von den Personen, die unter ihnen stehen, *durchaus nicht* beeinflusst werden, aber sie *müssen nicht* von allen Personen, die über ihnen stehen, beeinflusst werden. Das gibt der Struktur ein ganz anderes Gesicht. Erstens kommt die horizontale Differenzierung hinzu – unsere sozialen Gebilde sehen etwa so aus, wie in Abbildung 3 dargestellt. Zweitens verliert das Gebilde Transitivität. Bloß weil Albert eine Einflussbeziehung auf Bruno hat und Bruno eine Einflussbeziehung auf Christoph hat, bedeutet das nicht, dass Albert eine Einflußbeziehung auf Christoph hat. George Homans (1950) hat anhand der besten strukturellen Untersuchung des nichtexperimentellen Einflusses – Whytes *Streetcorner Society* (1981 [1943]) – behauptet, dass wir diese Nicht-Transitivität erwarten sollten. Das ist so, weil man Einfluss von Personen mit überlegenem sozialen Status wahrscheinlich akzeptieren wird, die Individuen aber dazu tendieren, nicht mit Personen zu interagieren, die sich von ihrem eigenen sozialen Status stark unterschieden. So werden wir wahrscheinlich eine Art von vermittelter Struktur mit mehreren Ebenen und wenigen Interaktionen von Vermittlern zwischen den Ebenen finden.

Abbildung 3: Eine typische Einflussstruktur

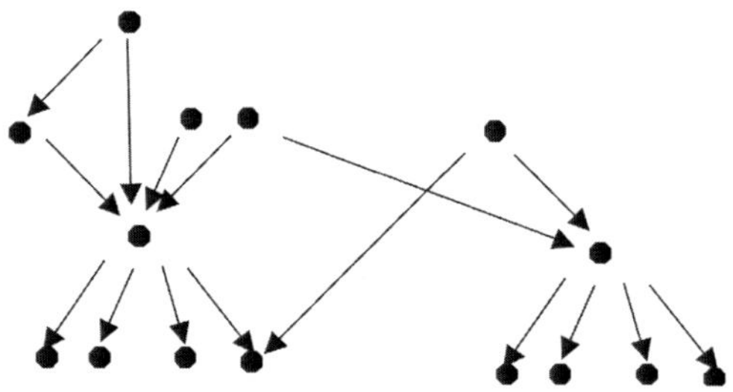

Der letzte Punkt zu dieser Art von Struktur ist die Möglichkeit mehrerer Einflüsse auf jeden Mensch. Zwei Linien führen oft zu einer Einzelperson (Abbildung 3). Vergleichen Sie das mit einer typischen Hierarchie, etwa einer Verwaltungshierarchie oder einer Militärhierarchie: Diese sozialen Gebilde versuchen diese Strukturform zu vermeiden, weil sie zu Verwirrung führt — zumindest kommt es den Personen ganz oben so vor. Also wenn wir fragen ‚Wie entstehen große Strukturen wie die Armee?' können wir erkennen, dass *diese Gebilde* von Einflussstrukturen ein unwahrscheinlicher Ausgangspunkt sind.

1.5 Anti-transitive „Patronagestrukturen"

Aber nun wollen wir diese Gebilde mit genau den gleichen vergleichen, wenn wir einfach die Regel hinzufügen, dass niemand von mehr als einer Person beeinflusst werden kann. Dann haben wir eine typische Baumstruktur wie diese [Abbildung 4], die ein Baustein für größere gesellschaftliche Strukturen sein kann. Dieses Gebilde sieht wie ein Stammbaum der unilinealen Abstammung aus – wenn wir nur die Abstammung eines Vaters oder einer Mutter beachten. Zunächst stellen wir uns vor, dass sich ganz oben eine Einzelperson befindet (der Großvater), dann seine Kinder, und schließlich die Kinder seiner Kinder. Wenn der Großvater und seine Kinder am Leben sind, könnte dies natürlich die Grundlage für eine kleine Befehlsstruktur schaffen – der Großvater könnte seinen Kindern Befehle geben und diese Kinder könnten wiederum ihre Kinder befehligen. Dann haben wir eine kleine Armee. Und im Gegensatz zur nicht-transitiven Einflussstruktur besteht diese Struktur fort – auch wenn der Großvater und seine Kinder lange tot sind, können die Enkel die Struktur weiterhin für die Organisation ihrer Beziehungen benutzen.

Abbildung 4: Eine typische Baumstruktur

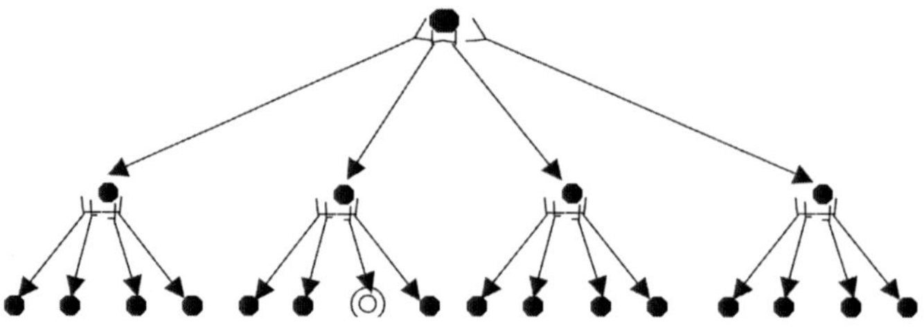

Dies verhält sich so, weil diese Art von Struktur eine neue Relation unter ihren Mitgliedern erzeugt – eine Äquivalenzrelation. Aus der Perspektive eines bestimmten Sohnes sind alle Kinder seines Vaters auch die Mitglieder einer Äquivalenzklasse der Brüder. Ich bin der Bruder meines Bruders, und der andere Bruder meines Bruders ist auch mein Bruder. Das gilt auch für Cousins – der Cousin meines Cousins ist auch mein Cousin. Das trifft für bilineale Verwandtschaft nicht immer zu, wo wir also die Abstammungslinien der Mutter und des Vaters gemeinsam betrachten. Aber ganz gewiss herrscht Baumdenken in unilinealen Abstammungslinien. Grundsätzlich braucht man meistens keine Armee, wenn man das Vertrauen hat, dass sich Brüder gemeinsam gegen Cousins oder jemand anderen verteidigen werden, und dass Cousins gemeinsam gegen einen Cousin zweiten Grades oder jemand anderen verteidigen werden, usw..

Folglich erscheint es sinnvoll, größere Strukturen auf dieser Art von Gebilde zu begründen. Es ist in der Tat sinnvoll, dass Menschen sie manchmal erfinden, wo sie überhaupt nicht existieren. Das heißt, Personen erfinden fiktionale Abstammungslinien, um zu erklären, warum sie manchen Verbündeten näher stehen als anderen, und warum einige Personen ihre Feinde sind, wie z. B. in einigen Bibelgenealogien.

Aber es kommt noch ein Vorteil der Beziehung der patrilinealen Abstammung hinzu. Sie kann den Inhalt einer Beziehung bezeichnen, die sowohl hierarchisch als auch intim ist, in der zwei Parteien einander unterstützen können, ohne Gleichheit vorauszusetzen. Stattdessen baut diese Beziehung auf Ungleichheit auf.

Zivilisationen sperren nicht nur Individuen ein, sondern sie produzieren auch viele Güter. Diese Güter werden nirgendwo gleichmäßig verteilt. Ist eine Regierung vorhanden, können die Reichen laut Rousseau tief schlafen. Aber was machen sie, wenn es keine Regierung gibt? Sie vertrauen einander nicht genug, um sich zu verbünden (sie müssen ziemlich skrupellos sein; anderenfalls hätten sie nicht so viel Besitz erwerben können). Deshalb müssen sie sich die Unterstützung der Armen sichern. Meist werben die reichsten Individuen eine Anzahl von Personen, die weniger besitzen, als ‚Klienten' an. Sie werden ihre überlegenen Ressourcen einsetzen, um die Besitzlosen irgendwie zu unterstützen, und die Besitzlosen unterstützen sie im Gegenzug auf eine andere Art und Weise. Die resultierenden Strukturen – häufig ‚Patronagestrukturen' gennant – haben drei sehr interessante Eigenschaften (Weingrod 1968; Eisenstadt/Roniger 1980).

Erstens finden wir sie überall – vor allem in schwachen Staaten oder Enklaven der Anarchie mit bilinealer Verwandtschaft. In patrilinealen Verwandtschaftssystemen dagegen, die relevant für die Regierungsführung oder das Eigentum sind, kann der Verwandtschaftsstammbaum als Patronagepyramide fungieren. Warum sollte man einen ‚Patron' suchen, wenn man schon einen ‚Pater' hat? So ist die erste Eigenschaft der Patronagestrukturen ihre Allgegenwart. Zweitens sind diese Gebilde *anti-transitiv*. Menschen wissen explizit, dass der Klient eines Klienten des Patrons nicht der Klient des Patrons ist. Das macht es sehr einfach, diese Gebilde zu kumulieren. Ein Patron kann ohne die Mitarbeit und Zustimmung seiner Klienten entscheiden, der Klient eines mächtigeren Patrons zu werden. Vor allem wegen dieser Anti-Transitivität können Patronagestrukturen sehr groß werden, ohne die Art der Beziehung unterzugraben. Das ist bei Freundschaftscliquen, Rangordnungen und Einflussstrukturen *nicht* der Fall. Drittens entstehen gesellschaftliche Strukturen wie eine Partei oder Armee tatsächlich *aus diesen Gebilden*. Wenn wir daher eine Antwort auf die Frage „Was lehrt uns die strukturelle Analyse über die Entstehung der riesengroßen sozialen Gebilde, die das moderne Leben ausmacht?" geben wollen, dann ist die erste annähernde Antwort: Sie bauen auf Patronagestrukturen auf.

Wie verwandeln sich diese Patronagestrukturen in die großen Strukturen, mit denen wir diesen Aufsatz angefangen haben – die Gebilde, die uns als gesellschaftliche Organe erscheinen können? Dies geschieht durch die Einführung von Transitivität in solche Strukturen, die zuvor von einer Tendenz zur Anti-Transitivität geprägt waren. Diese These wird im Folgenden anhand der Entwicklung der zwei wichtigsten sozialen Strukturen des modernen Staates erläutert – der Partei und der Armee.

Aber unter sozialen Strukturen verstehen wir nicht ‚Institutionen'. Institutionen im modernen Staat sind 30% Gesetz, 30% Klassenkultur, 30% Tradition, und 10% Unsinn. Sie existieren nicht unbedingt als soziale Strukturen in unserem Sinne – nämlich als Menge von Personen, die durch eine bestimmte Art von Beziehungen miteinander verbunden sind. Und viele soziale Gebilde, die den Nationalstaat betreffen, sind entweder relativ klein, auch wenn sie interessant sind (wie die NASA oder die Behörde des Bundesbeauftragten für die Unterlagen des Staatssicherheitsdienstes der ehemaligen DDR), oder sind überhaupt keine Besonderheiten des Nationalstaates. Große moderne Staaten haben verschiedenste Aufgaben: sie liefern die Post, kontrollieren Fleisch, drucken Reisepässe, verwalten Wälder, usw. Aber diese Staaten unterscheiden sich von früheren Staatsformen, dadurch dass dort große Mengen von mobilisierten Bürgern anzutreffen sind. Die Strukturen, die für diese Massenmobilisierung verantwortlich sind, sind die Armee und die Partei.

2. Beispiele: die Armee und die Partei

Bei beiden handelt es sich um echte soziale Strukturen – Mengen von Personen, die durch sehr wenigen Arten von Beziehungen verbunden werden. Zudem sind beide genuin *soziale* Strukturen – sie befassen sich primär mit Menschen, nicht mit Geld, Weizen oder Raupen. Wie bereits erwähnt, mobilisieren diese soziale Strukturen die Menschen. Die Armee mobilisiert die Bürger hauptsächlich, um den gemeinsamen Feind der Eliten außerhalb der Staatsgrenzen anzugreifen; die Partei mobilisiert viele derselben Bürger, um die Feinde verschiedener Teile der Eliten innerhalb der Staatsgrenzen anzugreifen. Wir alle sind vertraut mit der Idee, dass es eine Kontinuität zwischen Politik und Krieg gibt – wie von Clausewitz formuliert, ist der Krieg „eine bloße Fortsetzung der Politik mit anderen Mitteln". Aber es gibt auch eine strukturelle Ähnlichkeit zwischen Armeen und Parteien, die häufig herausgestellt worden ist. Formal sehen beide wie Befehlsbäume aus.

Beide resultieren hauptsächlich aus Patronagedreiecken. Zugegeben, wir müssen hier sehr viel Spielraum lassen, weil wir ein analytisch-strukturelles Argument vorbringen, das zwar viel Aufschluss über historische Prozesse gibt, aber nicht mit ihnen identisch sind. Hier eine Analogie: Viele Wirtschaftsmodelle können Aufschluss über historische Prozesse geben, aber man kann sie nicht ohne Vorbehalte auf jedes Beispiel anwenden. Wir können zum Beispiel die Produktdifferenzierung in einer räumlichen Organisation der Präferenzen betrachten, aber nicht *alle* Produktdifferenzierungen können auf diese Weise erklärt werden. Manche Differenzierungen sind historisch pfadabhängig, manche sind Zufall, und manchmal kann die Differenzierung den Grundideen des Modells total *widersprechen* – z.B. wenn Personen einen differenzierten Markt *erschaffen* wollen, wo es vorher keinen gegeben hat. In allen Fällen zeigt das Wirtschaftsmodell gewisse Spannungen und Anreize auf, welche die historische Entwicklung beeinflussen können, obwohl dies für die einfachste Version des Modells nicht gilt.

Wenn natürlich das einfachste Modell überhaupt nicht zutrifft, ist die Erklärung wahrscheinlich ziemlich schlecht. Unsere hier vorgestellte Darstellung passt in den meisten Fällen ziemlich gut – und wenn sie nicht perfekt zutrifft, so gibt sie doch Aufschluss darüber, was passiert ist.

2.1 Die Armee

Moderne Armeen sind grundsätzlich soziale Gebilde, die Befehle geben. Natürlich ist das nicht alles, aber diese Beschreibung entspricht ihren Kampffunktionen. Wenn man die Gründung der Nationalstaaten in Europa oder in Japan untersucht, stellt man grundsätzlich eine strukturelle Veränderung der Armee fest. Davor waren Armeen Patronagestrukturen – was wir ‚Feudalismus' nennen. In diesem Sinne bezieht der Feudalismus sich auf eine Struktur freiwilliger Beziehungen zwischen dem Adel, wobei der niedrige Adel sich verpflichtet, dem höheren zu dienen, und so im Tausch das Recht erwirbt, ein Grundstück zu nutzen. Der Feudalismus erzeugt etwas, was wie eine große Armee aussieht – es gibt einen König, der einige größere Vasallen unter sich mobilisiert. Und jeder größere Vassall mobilisiert einige kleinere Vassallen unter sich, usw. Aber das ist kein echter Befehlsbaum, weil er nicht transitiv ist. Wenn ein Fürst, z.B. in einer Schlacht enthauptet wird, sind seine direkten Untergebenen frei. Man war nur ihm verpflichtet, nicht dem König.

Natürlich kann das dem König nicht gefallen. Er würde vermutlich eine vollkommen transitive Struktur vorziehen. Aber wie entsteht diese? Die bekannteste Methode, sie zu erlangen, ist die Umwandlung der Dienstverpflichtungen in Geldverpflichtungen, auch wenn dies meistens nur schwer durchzusetzen ist. Das bedeutet, dass der König seinen bedeutenderen Vasallen erlaubt, sich vom Militärdienst freizukaufen. Mit diesem Geld kann der König dann einige Söldner verpflichten, die etwas leichter zu beherrschen sind. Damit verfügt der König über eine große, direkte Herrschaftsstruktur. Eins der besten Beispiele kommt aus Preußen: 1653 verkaufte Friedrich Wilhelm den Junkern ihre Lehnsverpflichtungen. Sie gaben ihm insgesamt 530.000 Taler, mit denen er eine moderne Armee aufbauen konnte. So konnten die Junker ihre Grundstücke voll und ganz besitzen und ohne weitere Zahlung an den König ihre Bauern besteuern. Friedrich Wilhelm schaffte dadurch einen starken, von seinem Willen unabhängigeren Adel; mit dem Geld konnte er ein kleines, aber nicht feudales Militär aufbauen. Es gab, so zeigt die Geschichte, zwar häufig Komplikationen, aber an in den meisten Fällen war die Schaffung der modernen Armee die holprige Geschichte der Monetarisierung der Verpflichtungen und schließlich die der beginnenden Transitivität in nicht-transitive Patronagebeziehungen. Das ist so in der britischen, preußischen, und japanischen Armee geschehen (Ganshof 1964: 90f; Prestwich 1996: 14f, 63, 151; Ikegami 1995: 140ff).

Bis ungefähr zum Ersten Weltkrieg waren Nationalstaaten in den meisten Fällen wenig mehr als diese Gebilde. Der Nationalstaat war grundsätzlich ein Lebenserhaltungssystem für die Armee. Das galt ebenso für viele Verfassungen, einschließlich vieler Gebietsreiche, wie das Römische Reich.

2.2 *Die Partei*

Moderne Staaten unterscheiden sich von früheren Staatsformen nicht, dadurch dass sie demokratisch oder bürokratisch sind, sondern weil sie Bürger durch politische Parteien (und auch durch Armeen) mobilisieren.

Wie entstehen Parteien? Leider ist die Antwort auf die Frage in fast jedem Fall ‚aus früheren Parteien' oder wenigstens aus deren Teilen. Wir müssen lange suchen, um Fälle zu finden, in denen Parteien vollständig neu entstanden sind – soziale Gebilde, die sich aus der Konkatenation von Beziehungen herausgebildet haben. Einige Beispiele bietet vielleicht die Entstehung neuer Parteien in Russland nach dem Zusammenbruch des Realsozialismus oder in den USA nach dem amerikanischen Unabhängigkeitskrieg. In beiden Fällen spielen Patronagepyramiden eine entscheidende Rolle in der Entstehung der Parteien (vgl. zu Russland Fish 1995: 55-7, 109, 114, 137, 197, 204; Luchterhandt 1992: 1043; McAllister and White 1995: 50f; zu den USA siehe unten). Die Geschichte ähnelt allgemein der Entwicklung der Armee – in pyramidenförmige Gebilde wurden Transitivität eingeführt. Aber in diesem Fall ist die Transitivität sowohl vertikal als auch horizontal.

Um diesen Prozess analytisch zu erklären, können wir zwischen Fraktionen und Parteien unterscheiden. Fraktionen sind Mengen von Akteuren innerhalb einer Organisation, die generell durch vertikale Beziehungen verbunden sind. Jeder Untergeordnete kann nur einen Übergeordneten haben. Formal sind sie den Patronagepyramiden ähnlich, aber sie bestehen aus Mitgliedern der politischen Elite. Einige Politologen behaupten deshalb, dass eine Patronagepyramide *innerhalb* einer Gruppe, zum Beispiel einer Partei, eine Fraktion ist (Nathan 1977 [1973]: 383f), aber dies ist keine allgemeingültige Regel – es gibt auch ‚Politische Maschinen'. In Politischen Maschinen verteilen Patrone Patronage, um ihr eigenes Vermögen zu vermehren, aber generell müssen sie dazu nicht versuchen, andere Fraktionen zu übertreffen. Nach Webers Definition der Politik als Kampf um Macht, können wir sagen, dass die Patronagestruktur in der Politischen Maschine nicht politisiert ist. Echte Fraktionen sind *politisierte* Patronagepyramiden; ihr Hauptzweck ist es, andere Fraktionen zu übertreffen. Patronagestrukturen werden politisiert, wenn die Güter verschiedener Art, welche die Patrone unter ihren Kunden verteilen können relativ unteilbar oder nach dem Prinzip ‚winner-takes-all' organisiert sind. Jeder Patron versucht, seine Kunden zu mobilisieren, um als Sieger hervorzugehen, und jeder Kunde gibt sein Bestes, um auf der Siegerseite zu stehen.

Abbildung 5: Pfade zur Parteibildung.

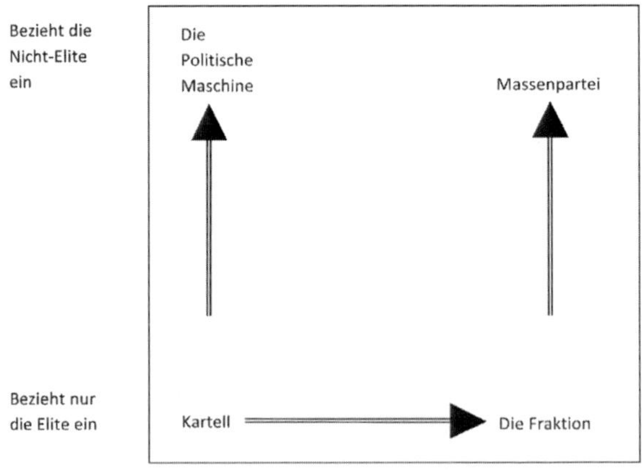

Man stelle sich vor, dass wir mit einer kleinen Elite beginnen, die eine Reihe von staatlichen Gütern monopolisieren – z.B. einträgliche Verwaltungspositionen. Es gibt zwei

Möglichkeiten, diese Situation zu verändern (Abbildung 5). Im Falle der Ersten (der Politischen Maschine) erstrecken sich die Patronagebeziehungen außerhalb der Elite, aber die Güter bleiben teilbar: es gibt immer etwas zu verteilen (obwohl die Menschen selten der Meinung sind, dass sie genug haben). Wenn wir uns an dieses Beispiel halten, können Eliten möglicherweise das Recht haben, kommunale Posten wie etwa bei der Stadtreinigung in ihren Gemeinden zu verteilen. Folglich wird das Ausmaß der Konkurrenz gedämpft, obwohl ein größerer Teil der Bevölkerung beteiligt ist. Im Falle der zweiten Möglichkeit (der Fraktion) müssen die Eliten ausschließlich Verpflichtungen für eine Fraktion bedienen, weil die Personen auf der Verliererseite gar nichts erhalten. Beispielsweise sind Entscheidungen über die Personen, welche die obersten Ränge des Militärs in einem Einheitsparteienstaat innehaben, unteilbar in diesem Sinn – eine Seite gewinnt Herrschaft über die Armee und die andere Seite nicht. Obwohl in diesem Gebilde ein geringerer Anteil der Menschen außerhalb der Elite beteiligt ist als in der Politischen Maschine, gibt es hier mehr Konkurrenz zwischen Fraktionen.

Zumindest vorläufig behaupten wir, dass sich Fraktionen zu Parteien entwickeln können, aber Maschinen nicht. Eine echte Politische Maschine setzt eine Partei schon voraus; außerhalb einer Partei wäre ein solches soziales Gebilde einfach eine Patronagepyramide. Solche Pyramiden haben definitionsgemäß bereits viele Anhänger außerhalb der Eliten mobilisiert. Möglicherweise stoßen sie plötzlich auf ein unteilbares Gut, aber das Resultat muss nicht immer die Entstehung einer Partei sein. Im Gegenteil käme es wahrscheinlich zu einem ‚Bürgerkrieg'.[6] Warum sollte man versuchen, eine bereits mobilisierte Anzahl von Anhängern in einer politischen Partei zu organisieren? Es wäre einfacher, die bestehende Struktur zu erhalten und die Anhänger in eine Armee zu verwandeln.

Im Gegenteil, wenn es *zuerst* einen Wandel zum unteilbaren Gut gibt (z.B. wenn Ressourcensteuerung an ein vereinigtes Entscheidungsorgan anschließt), und Fraktionen innerhalb dieses Entscheidungsorgans Bürger erst *später* mobilisieren, ist Mobilisation stabiler und gradueller. Sie tendiert dazu, in eine reguliertere Richtung zu gehen und sich stufenweise durch größer werdende Einschlusskreise zu entwickeln. Im einfachsten Fall zwingt die Konkurrenz zwischen Fraktionen diese, durch die Steigerung der Anzahl von mobilisierten Personen einen Vorteil gegenüber den anderen zu erreichen. Ein wunderbares Beispiel ist das Toulouse des 19. Jahrhunderts. Aminzade (1977) weist nach, dass die meisten Mitglieder der Royalistenpartei Arbeiter waren. Das scheint absurd, wenn

6 Das eleganteste Beispiel dieses Phänomens ist wohl das England des 16. Jahrhunderts. Im Gegensatz zur erfolgreichen Politik Elizabeths, die das Vermögen aller wichtigen Patronagepyramiden ausglich, strebte der einflussreiche Earl of Essex ein Monopol an. Das verwandelte ein vorher teilbares Gut in ein unteilbares Gut. Die Feinde von Essex verbündeten sich und Essex wurde dazu gebracht, sich zu übernehmen und die Königin zu verärgern. Daraufhin wurde ihm eine wichtige Patronagestellung verweigert. Im Gegenzug zettelte er einen bewaffneten Aufstand an. Ähnliche Vorgänge waren weit verbreitet und hielten lange an. Nach Bearman (1993) gab es eine ansteigende Integration von Patronage-Einstellungen auf nationaler Ebene, und auch eine zunehmende Ideologisierung solcher Konflikte, die schließlich mit zum englischen Bürgerkrieg führten (MacCaffrey 1961: 98ff; Neale 1958: 70f; Somerset 2003: 338-43, 476, 500-503; Lacey 1971: 214).

man bedenkt, dass Parteien mobilisierte Interessengruppen sind. Aber Patronagebeziehungen wurden einfach in die Arbeiterklasse ausgedehnt und schafften damit die Grundlage für eine Partei. Aber dieser reine Fall, in dem Fraktionen zu Parteien werden, ist weitgehend auf kleinere Orte beschränkt. Die Entstehung von nationalen Parteien erfordert den Zusammenschluss der teilweise selbständigen örtlichen Patronagegebilde.

Parteien auf nationaler Ebene können aus der Verknüpfung bereits bestehender Fraktionen entstehen. Kleinere Einheiten werden verbunden, wenn sie gemeinsame Übergeordnete akzeptieren. Diese Gebilde bestehen aus formal freiwilligen Beziehungen und sind deshalb antitransitiv und leicht verknüpfbar – eine örtliche Elite kann einen Vertrag mit einer größeren politischen Elite ohne die Zustimmung der Gemeine schließen. Wenn Transitivität hinzukommt[7], erwirbt der mächtigere Führer direkte Herrschaft über die Kunden des örtlichen Führers.

Es gibt aber eine Schwierigkeit für die Partei, die für Armeen nicht besteht. In der Armee kann die Führung ziemlich leicht eine nicht-transitive Patronagepyramide in eine größere Befehlsarmee verwandeln, wenn sie droht, einfache Mitglieder bei Ungehorsam zu erschießen. Aber die Partei kann ihre Anhänger und Mitglieder meist nicht auf diese Weise disziplinieren. Örtliche politische Eliten müssen ihre Kunden durch Appell an ihre bereits existierenden Interessen überreden. Weil Interessen je nach Ort verschieden sind, schließen echte Parteien nicht nur vertikale Befehlsbeziehungen, sondern auch horizontale, freiwillige Bündnisbeziehungen ein.

Diese horizontalen Beziehungen erzeugen eine neue Art von Transitivität, eine horizontale Transitivität aus Identität oder Ideologie. Nach Carl Schmitt ([1927] 1996) können Bündnissysteme entstehen, weil Personen die gleichen Feinde haben – wenn zwei Personen die gleichen Leute hassen, werden sie wahrscheinlich zusammenarbeiten, auch wenn sie unabhängig voneinander versuchen, die Leben ihrer Feinde zur Hölle zu machen. Die Gründung eines Bündnisses ist noch leichter, wenn Menschen sich mit einer Seite eines weitreichenden Kampfes zwischen Ideologien identifizieren. Es gibt wunderbare aber entmutigende Beispiele kriegsführender Familien, die Katastrophen wie Revolutionen ausnutzen, um ihre trivialen Fehden als ideologische Oppositionen neu zu definieren, bevor sie ihre Feinde vernichten.

Echte politische Parteien auf nationaler Ebene verursachen deshalb zwei Arten von Transitivität. Die eine ist vertikal und entspricht der Befehlstransitivität in Armeen. Die andere ist horizontal und erlaubt die ortsübergreifende Verknüpfung der Bündnisse. Historisch scheint es möglich, dass sich Parteien entweder durch die Herausbildung von Fraktionen und ihrem anschließenden Zusammenschluss durch horizontale Bündnisse, oder durch horizontale Organisation und anschließend langsam mobilisierte Fraktionen entwickelten.

Horizontale Transitivität entsteht auf lokaler Ebene durch die Übereinstimmung von Interessen. Dies geschieht höchstwahrscheinlich, wenn die Politik lokale Vertretung

7 Obwohl Transitivität hier als „zweiter Schritt" betrachtet wird, um diesen Prozess zu erklären, gibt es natürlich Konkatenationen von Gebilden, die bereits über ein gewisses Maß an Transitivität verfügen.

ermöglicht. Weil Personen aus der gleichen Region oft gleiche Interessen haben, tendieren Vertreter dazu, einheitlich abzustimmen (*block voting*) – z.B. wenn alle Vertreter des Binnenlandes einheitlich, und alle Vertreter des Küstengebiets wiederum gleich abstimmen. Diese Abstimmungsblöcke sind eigentlich Cliquen und haben die horizontale Transitivität einer Äquivalenzklasse (Lorrain/White 1971). Weil diese Gemeinsamkeiten der Interessen einfachen gesellschaftlichen Einteilungen entsprechen (wie etwa Region), steht jeder Mensch fest auf der einen oder der anderen Seite. Niemand ist ungebunden; so kann es nur relativ wenig Konkurrenz um Anhänger (und deren Stimmen) geben. Niemand auf der einen oder der anderen Seite kann umgestimmt werden. Daher gibt es keinen Grund, Menschen zu mobilisieren oder politische Handlungen zu koordinieren. Die Politik in der US amerikanischen Kolonie Virginia während des Unabhängigkeitskrieges entsprach dieser Beschreibung.

Aber politische Mobilisierung kann auch gering sein, wenn Interessengruppen nicht existieren und politische Organisationen immer noch nur in den hierarchischen Beziehungen einer engen Elite bestehen. Mitglieder einer Fraktion haben möglicherweise gar keine gemeinsamen Interessen, bevor sie sich der Fraktion anschließen; eine Gemeinsamkeit der Interessen entspringt erst später aus dem Kampf um ein ‚winner-takes-all' Gut. Diese Gebilde sind strukturell komplizierter als die Gebilde der einheitlichen Abstimmung, weil das Verhalten der Individuen in Fraktionen (z.B. Verlogenheit, Schmeicheleien, Klatsch, Verschwörungen) zu mehrstufigen Hierarchien führen kann. Politische Akteure müssen nicht die Vertreter anderer Personen sein, weil die wichtigen Interessen im Prozess der Entstehung der Fraktionen endogen sind. Diesem Modell entsprach die Politik in der Kolonie New York (Martin 2009).

Die Partei entsteht aus dem Zusammenschluss von Elementen des Blockes (horizontalen Beziehungen mit einer starken Tendenz zu Transitivität) und Elementen der Fraktion (vertikalen Beziehungen, ebenfalls potentiell transitiv). Anders gesagt ist eine Partei die Integration (1) die Elaboration einer Organisation mit (2) einer Verbindung der Interessen der Elite mit denen der Massen. Und eigentlich entstanden die ersten Parteien der USA aus einem Zusammenschluss der politischen Beziehungen aus Virginia mit solchen aus New York. Und deswegen dominierten Personen aus Virginia und New York die neue Regierung. Es fand keine einzige Verwandlung der Fraktion in eine moderne Partei durch steigende Mobilisation statt. Im Gegenteil – die Partei entwickelte sich als eine Verschmelzung von bereits existierenden Blöcken, die typischerweise mit der Region korrespondierten und Fraktionen, die meist aus bereits existierenden, vertikalen Beziehungen gebildet worden waren.

Schließlich ist der springende Punkt wie bei der Entwicklung der Armeen das Hinzukommen der Transitivität in den Beziehungen. In der Armee bedeutet Transitivität Übertragbarkeit der Befehlsmacht: Wenn der Leutnant stirbt, kann der Hauptmann den Zug des Leutnants immer noch führen. Deshalb löst sich der Zug nicht auf, wenn sein Leutnant stirbt. In ähnlicher Weise überlebt die politische Partei nicht lange, wenn sie während ihres Wachstums keine vertikale Transitivität entwickelt. Parteien brauchen jedoch auch horizontale Transitivität. V.O. Key (1964) hat dies als ein übergreifendes ‚Gefühl gemeinsamer Sache' bezeichnet, das durch Ideologie erzeugt wird.

3. Schluss

Abschließend lässt sich festhalten, dass gewisse Beziehungen strukturelles Potenzial haben. Wenn dieses Potenzial genutzt wird und zur Konkatenation der Beziehungen führt, entstehen lokale soziale Gebilde. Aber nur wenige von ihnen können Bausteine für größere soziale Strukturen sein, weil sie durch die Probleme der Gleichheit, Vollständigkeit, und Transitivität beschränkt werden. Die großen Strukturen entstehen aus dem Hinzukommen der Transitivität in Pyramiden von Patronageverhältnissen, die kombiniert werden konnten, eben weil ihnen die Transitivität zu Beginn *fehlte*. Somit gibt uns diese Analyse Einblick in die Entstehung großer sozialen Strukturen. Wir haben angedeutet, dass die strukturelle Analyse bereits viel zu grundsätzlichen Fragen der Sozialwissenschaft beigetragen hat. Sie hilft uns nun auch, in empirischen Untersuchungen zur Dualität von Kultur und Struktur fortzuschreiten: Wir haben herausgearbeitet, dass gewisse kulturelle Inhalte der Sozialbeziehungen die Auswahl von strukturellen Formen bestimmen, die überhaupt entstehen können. Und dies gilt auch umgekehrt: bestimmte strukturelle Formen von verknüpften Beziehungen erzeugen bestimmte kulturelle Verständnisse des Handelns für Akteure. Wir haben auf die Aussagekraft hingewiesen, die wir gewinnen, wenn wir wechselweise und dialektisch eine Seite dieser Dualität fixieren, und die Implikationen für die dementsprechende Elemente erforschen. Dualität ist kein Monismus, und es wäre voreilig zu glauben, dass, weil Kultur und Struktur nur analytisch trennbar sind, sie nicht getrennt werden sollen – eben analytisch.

Literatur

Aminzade, Ronald, 1977: „Breaking the Chains of Dependency: From Patronage to Class Politics, Toulouse, France, 1830-1872", in: *Journal of Urban History* 3: 485-506.

Baecker, Dirk, 2009: „Systems, Network, and Culture", erscheint in: *Soziale Systeme* 15/2.

Bearman, Peter S., 1993: *Relations into Rhetorics: Local Elite Social Structure in Norfolk, England 1540-1640*. New Brunswick, New Jersey: Rutgers University Press, ASA Rose Monograph Series.

Bearman, Peter S., 1997: „Generalized Exchange", in: *American Journal of Sociology* 102: 1383-1415.

Breiger, Ronald L., 1974: „The Duality of Persons and Groups", in: *Social Forces* 53: 181-190.

Cartwright, Dorwin/Frank Harary, 1956: „Structural Balance: A Generalization of Heider's Theory", in: *Psychological Review* 63: 277-293.

Davis, James A./Samuel Leinhardt, 1972: „The Structure of Positive Interpersonal Relations in Small Groups", in: Joseph Berger/Morris Zelditch, Jr./Bo Anderson (Hrsg.), *Sociological Theories in Progress.* Boston: Houghton Mifflin Company: 218-251.

Eisenstadt, Shmuel N./Louis Roniger, 1980: „Patron-Client Relations as a Model of Structuring Social Exchange", in: *Comparative Studies in Society and History* 22: 42-77.

Fish, M. Steven, 1995: *Democracy from Scratch.* Princeton: Princeton University Press.

Fuchs, Stephan, 2010: „Kulturelle Netzwerke. Zu einer Relationalen Soziologie symbolischer Formen", in: Jan Fuhse/Sophie Mützel (Hrsg.), *Relationale Soziologie: Zur kulturellen Wende der Netzwerkforschung.* Wiesbaden: VS Verlag.

Fuhse, Jan, 2008a: *Ethnizität, Akkulturation und persönliche Netzwerke von italienschen Migranten.* Leverkusen: Barbara Budrich.

Fuhse, Jan, 2008b: „Gibt es eine Phänomenologische Netzwerktheorie?", in: *Soziale Welt* 59: 31-52.

Fuhse, Jan, 2009: „The Meaning Structure of Social Networks", in: *Sociological Theory* 27: 51-73.

Ganshof, François-Louis, 1964 [1952]. *Feudalism.* New York: Harper and Row.

Heider, Fritz, 1946: „Attitudes and Cognitive Orientation", in: *The Journal of Psychology* 21: 107-112.

Holzer, Boris, 2006: *Netzwerke.* Bielefeld: Transcript Verlag.

Homans, George C., 1950: *The Human Group.* New York: Harcourt, Brace and Company.

Ikegami, Eiko, 1995: *The Taming of the Samurai.* Cambridge, MA: Harvard University Press.

Karafillidis, Athanasios, 2010: „Grenzen und Relationen", in: Jan Fuhse/Sophie Mützel (Hrsg.), *Relationale Soziologie: Zur kulturellen Wende der Netzwerkforschung.* Wiesbaden: VS Verlag.

Key, Valdimer O., 1964: *Politics, Parties, and Pressure Groups.* Fifth edition. New York: Thomas Y. Crowell Company.

Lacey, Robert, 1971: *Robert, Earl of Essex: An Elizabethan Icarus.* New York: Atheneum.

Levi-Strauss, Claude, 1953: „Social Structure", in: Alfred L. Kroeber (Hrsg.), *Anthropology Today: An Encyclopedic Inventory.* Chicago: University of Chicago Press: 524-53.

Levi-Strauss, Claude, 1969 [1949]: *The Elementary Structures of Kinship.* Boston: Beacon Press.

Lorrain, François/Harrison C. White, 1971: „Structural Equivalence of Individuals in Social Networks", in: *Journal of Mathematical Sociology* 1: 49-80.

Luchterhandt, Galina, 1992: „Die russländische Parteienlandschaft: kommunistische und sozialistische Parteien und Bewegungen", in: *Osteuropa* 42: 1037-49.

MacCaffrey, Wallace T., 1961: „Place and Patronage in Elizabethan Politics", in: Stanley T. Bindoff/Joel Hurstfield/C. H. Williams (Hrsg.), *Elizabethan Government and Society.* London: The Athalone Press: 95-126

Mann, Michael, 1986: *The Sources of Social Power, Volume I: A History of Power from the Beginning to A.D. 1760.* Cambridge: Cambridge University Press.

Martin, John Levi, 2009: *Social Structures.* Princeton: Princeton University Press.

McAllister, Ian/Stephen White, 1995: „Democracy, Political Parties, and Party Formation in Postcommunist Russia", in: *Party Politics* 1: 49-72.

Mische, Ann, 2006: *Partisan Publics.* Princeton: Princeton University Press.

Nathan, Andrew J., 1977 [1973]: „A Factionalism Model for CCP Politics", in: Steffen W. Schmidt/Laura Guasti (Hrsg.), *Friends, Followers, and Factions: A Reader in Political Clientelism.* Berkeley: University of California: 55–73.

Neale, John E., 1958: *Essays in Elizabethan History.* New York: St. Martin's Press.

Prestwich, Michael, 1996: *Armies and Warfare in the Middle Ages: The English Experience.* New Haven: Yale University Press.

Schmitt, Carl, 1996 [1927]: *The Concept of the Political.* Trans. George Schwab. Chicago: University of Chicago Press.

Somerset, Anne, 2003: *Elizabeth I.* Garden City, New York: Anchor Books.

Spencer, Herbert, 1896 [1863]: *The Study of Sociology.* New York: D. Appleton and Company.

de Spinoza, Benedict, 1930 [1677]: *Ethic.* Translated by W. Hale White and Amelia Hutchinson. London: Oxford University Press.

Stegbauer, Christian, 2008: „Weak und Strong Ties. Freundschaft aus netzwerktheoretischer Perspektive“, in: Christian Stegbauer (Hrsg.), *Netzwerkanalyse und Netzwerktheorie*. Wiesbaden: VS Verlag für Sozialwissenschaften: 105-120.

Swidler, Ann, 2001: *Talk of Love*. Chicago: University of Chicago Press.

Tiger, Lionel, 1970: „Dominance in Human Societies“, in: *Annual Review of Ecology and Systematics* 1: 287–306.

Weingrod, Alex, 1968: „Patrons, Patronage, and Political Parties“, in: *Comparative Studies in Society and History* 10: 377-400.

White, Harrison, 2008: *Identity and Control. How Social Formations Emerge*. Second edition. Princeton: Princeton University Press.

Whyte, William Foote, 1981 [1943]: *Street Corner Society*. Third edition. Chicago: University of Chicago Press.

Zum Design(begriff) der Netzwerkgesellschaft
Design als zentrales Element der Identitätsformation in Netzwerken

Roger Häußling

1. Vorüberlegungen zu einem noch zu erarbeitenden Grundbegriff relationaler Soziologie

Damit sich eine Identität (menschlicher Akteur, Gruppe, Organisation etc.) relativ stabil in einem sozialen Netzwerk formieren kann, muss es ihr nach White (1992, 2008) gelingen, die vom Umfeld lancierten Einflussnahmen zu kontrollieren. Derartige geglückte „Kontrollprojekte" bilden dann ihrerseits Einflussnahmen auf die Identitäten des Umfelds. Das heißt, die Formation einer Identität hängt maßgeblich davon ab, dass die Kontrollprojekte auch im betreffenden Umfeld tatsächlich greifen, von den dort befindlichen Identitäten als legitime oder zumindest hinzunehmende Einflussnahme akzeptiert werden. Dies wirft zentral die Frage nach der Gestaltung dieser Kontrollprojekte auf. Dabei stellt sich als besondere Herausforderung, dass Netzwerke nicht wie Systeme ein selbstinstanziiertes „Reinheitsgebot" besitzen, was ihre Elemente anlangt. Man denke an Netzwerke, die sich von vornherein durch die Zusammensetzung von heterogenen Akteuren auszeichnen – wie zum Beispiel Policy-Netzwerke, bestehend aus politischen, wirtschaftlichen, wissenschaftlichen Akteuren und ggf. noch aus NGOs beziehungsweise sozialen Bewegungen (z. B. Jansen/Schubert 1995: 10 f.). Aber nicht nur die Knoten, sondern auch die Kanten können Heterogenität aufweisen – man denke an multiplexe Netzwerke, in denen Zuneigung, wirtschaftliche Unterstützung, Freizeitaktivitäten und anderes mehr miteinander geteilt werden.

Positiv formuliert kann ein Konstitutiv von Netzwerken ihre Heterogenität sein. Doch wie kann dann Heterogenes füreinander anschlussfähig gemacht werden im Sinne von wechselseitig sich austarierenden Kontrollprojekten? Die Schlagkraft von Systemen resultiert ja nicht zuletzt aus ihrer Homogenität, was ihre „Elemente", genauer ihre Anschlussoperationen, anlangt. Netzwerke stellen in dieser Hinsicht ein völlig anderes Koordinationsgebilde dar.

Doch damit nicht genug: Soziale Netzwerke sind eingebettet in Nichtsoziales, von dem sie mitgeprägt werden. Dies hat bereits Georg Simmel auf den Punkt gebracht[1]: „Die Art des Vergesellschaftet-Seins ist bestimmt oder mitbestimmt durch die Art sei-

---

1 Im Folgenden werden immer wieder Bezüge zu Simmel hergestellt, da sich bei ihm viele Gedanken aktueller Netzwerktheorie bereits prototypisch wiederfinden lassen (vgl. auch Breiger 1990).

nes Nicht-Vergesellschaftet-Seins" (Simmel 1992: 51).[2] Das Soziale kann sich demgemäß nur dauerhaft konstituieren, wenn es Kontrollprojekte auch in Richtung des Nichtsozialen betreibt, wie umgekehrt das Nichtsoziale in einem gewissen Sinne auch das Soziale kontrolliert. Zu denken wäre hier an Großtechnologien, wie das Elektrizitätsnetz oder Datennetze, von denen sich die Gesellschaft abhängig gemacht hat, aber auch im Kleinen an spezifische Gefühlslagen – also innerpsychische Dispositionen –, die eine Interaktion dominieren können.

Aus einer relationalen Perspektive ist also die Hoffnung hinfällig, fein säuberlich zwischen Sozialem und Nichtsozialem in dem Sinne trennen zu können, dass nur Soziales Soziales erzeuge und man nur auf Soziales rekurrieren müsse, um Soziales zu erklären. Dies ist im Übrigen auch eine zentrale Übereinstimmung der genannten relationalen Theorien mit der Actor-Network-Theory (im Folgenden kurz: ANT). Umso brisanter wird dann die oben gestellte Frage, wie heterogene Identitäten sich wechselseitig durch Kontrollprojekte beeinflussen und somit Eigenes an Nichteigenes, das ganz anderen Prinzipien folgen kann, ankoppeln können.

Zur Beantwortung dieser Frage wird der Designbegriff eine entscheidende Rolle spielen. Ihn herauszuarbeiten, wird das zentrale Anliegen des Beitrags sein. Der Designbegriff liefert auch eine Erklärung, wie sich Identitäten in einem mehr oder weniger turbulenten Umfeld relativ dauerhaft bewähren können. Und die Turbulenz, mag man aktuellen Beschreibungen der Gegenwartsgesellschaft Glauben schenken, wächst – und mit ihr die Notwendigkeit, derartig gestaltete Einflussnahmen zu lancieren. Eine prominente Beschreibung ist diejenige der „next society". Im nächsten Abschnitt sollen deshalb die diesbezüglichen Ausführungen von Dirk Baecker vorgestellt werden, der entgegen der Mainstream-Soziologie einen mit dem Begriff der „next society" in Bezug stehenden soziologischen Designbegriff zur Anwendung bringt. Im darauf folgenden Abschnitt 3 wird dann das eigene relationale Designkonzept vorgestellt, das einen Designbegriff auf Basis einer zunächst vorgenommenen Konzentration auf Designphänomene im engeren Sinn gewinnt, also auf Gestaltungsprozesse von Designern. Ein besonderes Augenmerk wird dabei darauf gelegt, dass dieser Designbegriff auch als eine gangbare Alternative zum Übersetzungsbegriff der ANT fungiert. Eine weitere These (vgl. Abschnitt 3.4) hebt darauf ab, dass Design nicht nur zur Identitätsbildung von Akteuren beiträgt, sondern auch zur Konstituierung ganzer Milieus und Kulturen. Insofern vermittelt der Designbegriff zwischen sozialen Mikro- und Makrophänomenen. Im abschließenden 4. Abschnitt wird eine Ausweitung des Designkonzepts vorgeschlagen, das alle gestalterischen Aspekte der Identitätsformation, die sich in sozialen Netzwerken beobachten lassen, erfassen soll. Der Transmissionsriemen dafür stellt eine aktuelle Debatte einer Ausweitung des Betätigungsfeldes der Designer dar, die bereits weit über die Designprofession hinaus wirkt: Die Debatte über *design thinking*. Design thinking kann – so meine These – als die Grammatik vielversprechender Kontrollprojekte in der „next society" aufgefasst werden.

2 Ähnlich sieht White (1992: 24) das Soziale eingebettet in Nichtsoziales und von diesem tangiert.

2. Gesellschaft und Design[3] – Dirk Baeckers Gedanken zur „next society" und zum Design

In seinem Buch „Studien zur nächsten Gesellschaft" (2007) skizziert Dirk Baecker eine sich abzeichnende neue Gesellschaft, die jenseits hierarchischer oder funktionaler Ordnungsprinzipien aufgebaut ist, da sie sich zunehmend durch Netzwerke leiten lässt. Die Bezeichnung „next society" selbst geht auf Peter F. Drucker (2002) zurück. Baecker postuliert kommunikationsmediendeterministisch: „Die Einführung der Sprache konstituierte die Stammesgesellschaft, die Einführung der Schrift die antike Hochkultur, die Einführung des Buchdrucks die moderne Gesellschaft und die Einführung des Computers die nächste Gesellschaft." (Baecker 2007: 7) Dabei erzeuge jedes neue Verbreitungsmedium „überschüssige Möglichkeiten der Kommunikation", denen die bisherigen gesellschaftlichen Strukturen nicht gewachsen sind. Baecker spricht deshalb in Bezug auf das neue Verbreitungsmedium von einem Attraktor der gesellschaftlichen Entwicklung. Die dabei neu entstehenden Struktur- und Kulturformen sind entsprechend Erweiterungen, welche die hinzugewonnenen Möglichkeiten produktiv auffangen.

Bei der „nächsten Gesellschaft" verschwimmen nun – so Baecker – die Grenzen gesellschaftlicher Teilbereiche und machen einer „Temporalordnung" Platz, in der heterogene Bereiche wechselseitig Eingriffe und Kontrollversuche vornehmen. Beispielsweise versucht die Wirtschaft in das Ausbildungssystem der Hochschulen einzugreifen,

3 Für eine Soziologie des Designs gäbe es vielfältige Bezugsmöglichkeiten, auch wenn eine umfassende soziologische Theorie des Designs bislang nicht vorliegt. Baeckers diesbezügliche Ausführungen stellen m. E. das ambitionierteste Unterfangen bislang dar. Andere Bezüge wären gewesen (ohne Anspruch auf Vollständigkeit): Georg Simmel, der sich mit Aufsätzen wie „Der Henkel" (Simmel 1996: 278-286) oder „Philosophie der Mode" (Simmel 1995 [1905]: 7-37) als einer der ersten Soziologen mit Designthemen befasst hat. Man kann ihn als Inaugurator der kleinen Forschungstradition einer Soziologie der Mode bezeichnen, zu der auch René König (1999) und in jüngerer Zeit Elena Esposito (2004) zu rechnen sind. Auch zum Thema der Marke und des Markenvertrauens liegen Studien vor (Hellmann 2003; Karmasin 1998). Nicht zuletzt bei der Soziologie der (technischen) Artefakte lassen sich Anleihen für eine Soziologie des Designs finden, worauf noch eigens eingegangen wird (vgl. Abschnitt 3.2). Schnittmengen lassen sich auch mit einer Reihe von speziellen Soziologien ausmachen, wie zum Beispiel der Konsumsoziologie, der Soziologie des Wohnens und der Architektursoziologie (Schäfers 2003).

Vonseiten der soziologischen Theorie ließen sich Berührungspunkte zum Beispiel bei Alfred Schütz und seinem Konzept objektvermittelter impliziter Beziehungen finden (Schütz/Luckmann 1975: 90 ff.). Auch Erving Goffmans (1997: 23 ff.) Ausstaffierung der Vorderbühne wäre hier zu nennen. Ferner denke man an Norbert Elias (1995: 164 f., 170 f.) und seine Ausführungen zum Gebrauch von Messer und Gabel; ebenso an den Objektbegriff bei Herbert Blumer (1973: 90 ff.).

In der Empirie gibt es einige Forschungsrichtungen, die sich mit Teilaspekten des Designs befasst haben: So wurde in den Laborstudien (Knorr-Cetina 1984, Latour/Woolgar 1979), den „studies of work" (Lynch/Livingston/Garfinkel 1985) und den „workplace studies" (Suchman 1987) das Verhältnis von gestalteter Objektwelt und Mensch feingliedrig untersucht. Ferner haben die „cultural studies" auf den kreativen Aneignungsaspekt von Produkten der Massenkultur abgehoben (Hörning/Winter 1999). Nicht zuletzt wäre auch an die Milieustudien – etwa an die Sinus-Milieus (z. B. Kalka/Allgayer 2006) – zu denken.

religiöse Symbole tauchen im Bereich der Politik auf, die Massenmedien werden von der Politik unterlaufen. Sinnbild dafür ist das Internet, das vorab mehr oder weniger isolierte Bereiche mit einem Netzwerk überzieht, so dass Ereignisse eines Bereichs direkt in andere Bereiche diffundieren und dort Effekte auslösen können. Jedes einzelne Ereignis in dieser neuen Gesellschaftsformation ist dann als ein „nächster Schritt in einem prinzipiell unsicheren Gelände" (Baecker 2007: 8) definiert. Baecker spricht von einer „ökologischen Ordnung", in der Nachbarschaftsverhältnisse zwischen heterogenen Bereichen vorherrschen, die weniger in einer prästabilierten Harmonie koexistieren, als vielmehr ein Arrangement von Kontrollprojekten bilden, bei dem – ganz im Sinn von Harrison C. White – jederzeit benachbarte Bereiche auf Kollisionskurs zueinander geraten können (Baecker 2007: 9). Ökologische Ordnung heißt dann auch, dass jeder Bereich in grundlegender Weise von den anderen Bereichen seiner Nachbarschaft abhängig wird.

Identität und Kontrolle sind dabei die entscheidenden Elemente, welche die neue gesellschaftliche Form sozialer Ordnung prägen: Wir haben es „in Wirtschaft und Politik, Wissenschaft und Erziehung, Kunst und Religion und zwischen allen diesen Bereichen mit Netzwerken zu tun [...], in denen Leute, Ideen, Geschichten und Institutionen um ihre Identität kämpfen, indem sie mal sanft, mal rücksichtslos all jene zu kontrollieren versuchen, von denen sie abhängig sind" (Baecker 2007: 9). Das Netzwerk ist deshalb als Ordnungsgebilde für die „next society" so prominent, da sich seine Spezifik nicht nur aus den aktuell, sondern aus den potenziell vorliegenden Verknüpfungen ergibt. Damit kann das Netzwerk durch Substitution von Beziehungen, Re- und Neukombination von Verknüpfungen raschen und vor allem unberechenbaren „Gestaltwandel" realisieren. Insofern kann man die „next society" auch als „Netzwerkgesellschaft" (Castells 2001) bezeichnen.[4]

Baecker sieht nun die einzige erfolgversprechende Möglichkeit wirkungsvoller und dauerhafter Einflussnahmen zwischen Heterogenem in der Kopplung des entsprechenden Anliegens an geeignete Designprozesse, die gleichsam die Befolgungsofferte für den zu beeinflussenden Bereich liefern – ganz so, wie das Betätigen von Druckknöpfen an Geräten bestimmte technische Prozeduren auslöst, die für die Nutzer in der Regel uneinsehbar bleiben, obwohl sie ihre volle Wirkung entfalten.

Die sich abzeichnende Netzwerkgesellschaft ist geprägt von derartigen designten Einflussnahmen zwischen heterogenem Sozialen, aber auch zwischen Sozialem und Nicht-Sozialem. Dies macht Baecker an den Erfordernissen von Organisationen in der „next society" deutlich: Für ihn dreht sich das „Design der ‚nächsten' Organisation" um den Menschen „in seiner einzigartigen Konstitution der Kombination mentaler und

4 In der Tat existiert eine Reihe von Parallelen in der Kennzeichnung der sich abzeichnenden neuen Gesellschaftsformation bei Baecker und Castells: Beide heben sowohl auf die gesteigerte Turbulenz gesellschaftlicher Prozesse ab als auch auf die Überlegenheit des Netzwerks gegenüber anderen Koordinationsgebilden, auf diese adäquat zu reagieren. „Eine auf Netzwerken aufbauende Gesellschaftsstruktur ist ein hochgradig dynamisches, offenes System, das erneuert werden kann, ohne dass das Gleichgewicht in Gefahr geriete." (Castells 2001: 529)

sozialer Aufmerksamkeit“ (Baecker 2007: 49 f.). Er greift hierbei auf Karl Weicks und Kathleen M. Sutcliffes (2003) Begriff der „mindfulness“ zurück: Denn nur der Mensch sei in der Lage, in komplexen Situationen Entscheidungen zu treffen, zu lernen, kreative Lösungen zu entwerfen und ein Gespür für Situationen zu besitzen, um nur einige Alleinstellungsmerkmale des Menschen herauszustreichen. In Anspielung an Simmel spitzt Baecker diese Überlegung in der These zu, „dass die Art des Organisiertseins des Individuums als Mitglied eines Netzwerks bestimmt oder mitbestimmt ist durch die Art seines Nicht-Organisiertseins“ (Baecker 2007: 50 f.).

Baecker greift in seiner Kennzeichnung des Designs auf eine in der Designtheorie übliche Charakterisierung des Designs als Schnittstelle zurück (z.B. Bonsiepe 1996):[5]

> „Man wird das Design als Praxis des Nichtwissens auf unterschiedlichste Interfaces hin lesen können, aber dominierend sind wahrscheinlich die Schnittstellen zwischen Technik, Körper, Psyche und Kommunikation. Wenn man diese ‚Welten‘, die jeweils von einem mehr oder minder elaborierten Wissen beschrieben werden, miteinander in Differenz setzt, verschwindet dieses Wissen und macht Experimenten Platz, die die Experimente des Designs sind. Das gilt für alle Konstellationen, [...] gleichgültig, ob die Kommunikation sich qua Schrift der psychischen Wahrnehmung bedient, die Psyche [...] über die Visualisierung von Schaltbildern ein Verständnis der Technik sucht, die Technik eine Ergonomie verordnet bekommt, die dem Körper angemessen ist, oder der Körper eine Gestalt bekommt, mit der er sich kommunizieren kann“ (Baecker 2002: 155).

---

5 Dieses vermeintliche Einvernehmen darf allerdings nicht darüber hinwegtäuschen, dass Design generell einen unpräzisen Begriff darstellt. Nicht nur, dass er heutzutage zum Modewort geworden ist – was sich selbst im Wissenschaftsbereich bemerkbar macht, wenn von Forschungs- bzw. Theoriedesign die Rede ist –, auch in der Profession „Design“ selbst sucht man eine präzise Begriffsbestimmung vergebens. Dass eine solche Bestimmung auch nicht zu leisten ist, wird nachvollziehbar, wenn man die Spezialisierungsfelder einer Designerausbildung betrachtet: Neben dem klassischen „Produkt- und Industriedesign“, in dem es um die Gestaltung von Endprodukten beziehungsweise Investitionsgütern geht, gibt es das „Transportation Design“ (das die Gestaltung von Automobilen etc. behandelt), das „Kommunikationsdesign“, das „Grafikdesign“, das „Fotodesign“, das „Bekleidungs- bzw. Modedesign“. Neuere Entwicklungen sind das „Corporate Design“, das die Gestaltung eines einheitlichen Auftritts einer Organisation (nach außen und/oder nach innen) zum Ziel hat, das „Interface Design“, das sich gestalterisch mit der Mensch-Maschine-Schnittstelle befasst, das „Interaction Design“, das computervermittelte Abläufe zum Gegenstand hat, und das „Web-Design“.

Nimmt man einschlägige aktuelle Designlehrbücher zur Hand, so trifft man – wenn überhaupt – entweder auf sehr abstrakte Definitionsversuche oder auf definitorische Abgrenzungsstrategien. Insbesondere besteht ein (ambivalentes) Abgrenzungsbedürfnis zur Kunst. In diesem Sinn ist der Definitionsversuch von Michael Erlhoff zu verstehen: „Design, das der praktischen Begründung bedarf, findet diese vornehmlich in vier Behauptungen: gesellschaftlich zu sein und funktional und bedeutsam und gegenständlich.“ (Erlhoff 1987: 107). Insbesondere die Hinweise auf die Funktionalität eines Designs und seine handlungspraktische Relevanz heben es von Kunstwerken ab, die nicht-instrumentell sind und auf ein – um mit Kant zu sprechen – „interesseloses Wohlgefallen“ abzielen.

Aufschlussreich ist, dass bereits der erste Definitionsversuch von „Design“ aus dem Jahr 1885 – und zwar im „Oxford Dictionary“ – sehr breit angelegt war: Darunter sei erstens ein von Menschen erdachter Plan oder ein Schema von etwas, das realisiert werden soll, zweitens ein erster zeichnerischer Entwurf für ein Kunstwerk oder drittens ein Objekt der angewandten Kunst zu rechnen (Bürdek 2005: 13). Mit anderen Worten scheint sich die ausbordende Breite des Designs generell durch dessen Geschichte zu ziehen, also ein immanentes Charakteristikum zu sein.

Jedes Design stelle eine strukturelle Kopplung zwischen Kommunikation und Bewusstsein dar. Design spreche kommunikativ die Wahrnehmungsfähigkeit eines Bewusstseins an. Die Schnittstelle lasse auf beiden Seiten „Endloshorizonte" der Kommunikation und der Bewusstseinsprozesse entstehen. Dabei lote Design selektiv aus, „welche kommunikativen Absichten mit welchem Typ von Wahrnehmung jeweils so verbunden [...] werden könnten, dass eine Art Aufmerksamkeit sichergestellt werden kann, die typischerweise zwischen Irritation und Faszination oszilliert"[6] (Baecker 2005: 268 f.). Design versetzt uns in die Lage, „haarscharf zwischen einer zu großen Irritation und einer zu großen Faszination hindurch[zu]steuern, um uns gelassen für das zu interessieren, was uns jeweils geboten wird, und souverän zu bewältigen, was damit einhergeht" (271). Den Aspekt der Irritation verdeutlicht Baecker anhand der Mode: Sie inszeniere die Imagekrise ihres Klientel (277), das durch einen neuen Trend als „out" hingestellt werde und liefere gleichzeitig das Heilmittel: den Kauf der neuen Mode, um wieder „in" zu sein.

Für Baecker gibt es nur auf der Ebene des Designs eine Chance, in andere Systeme zu intervenieren, wobei es darauf ankommt, „den Konflikt zwischen dem, was durch Schnittstellen getrennt ist, in Reichweite zu halten, während Angebote attraktiv gemacht werden, den Konflikt zu vermeiden" (278). Intervention glückt dann in Form des Designs (275 f.). Es lassen sich nämlich bei der erfolgreichen Intervention folgende Schritte ausmachen: (1) zuallererst findet eine Beobachtung zur Klärung der Bedingungen, unter denen eine Intervention wirksam sein könnte, statt; (2) anschließend werden eine entsprechende Irritation platziert und (3) für das andere System Bedingungen angegeben, unter denen es attraktiv sein kann, sich auf die Intervention einzulassen (was Baecker als „Faszination" bezeichnet). So gesehen sind für Baecker etablierte Interventionsformen, wie zum Beispiel Therapie, Beratung, aber auch Strafe und Erziehung, nichts anderes als Formen des Designs (275). Dies führt allerdings bei ihm zu einer enormen Ausweitung und Aufweichung des Designbegriffs.

Unklar an seinem Konzept bleibt, warum Design überhaupt so erfolgreich ist, da ja jedes Bewusstseinssystem seine eigenen Schlüsse aus der Irritation zieht. Denn strikt systemtheoretisch argumentiert, gibt es keine Möglichkeit einer Spezifizierung der Operationsweise anderer Systeme.[7] Insofern kann die Form eines Objektes bei dem einen Bewusstsein zu diesen Schlussfolgerungen und bei einem anderen zu völlig konträren Schlussfolgerungen führen. Sein Konzept erklärt also nicht erschöpfend, wie der Über-

6 Baecker greift bei der Betonung des Aspekts der Aufmerksamkeit wieder auf Simmel (1989: 655 ff.) zurück, der in seiner „Philosophie des Geldes" von einer Ökonomie der Aufmerksamkeit in der Moderne ausging.

7 Luhmann (2004: 162) formuliert entsprechend lapidar: „Die Theorie operativ-geschlossener Systeme schließt die Annahme aus, man könne durch Kommunikation Bewusstseinsoperationen (-strukturen, -zustände usw.) spezifizieren." Über „strukturelle Kopplungen" und „Interpenetrationen" besteht die einzige Möglichkeit, dass sich ein System durch ein anderes irritieren lässt. Es kann aber nur mit systemeigenen Mitteln auf Umweltphänomene reagieren. Eine Konditionierung des Systems seitens der Umwelt – also über die Grenzen verschiedener Operationsweisen hinweg – ist auch durch „strukturelle Kopplung" oder „Interpenetration" nicht möglich.

gang von Kommunikation zu Gedanken und umgekehrt stattfindet, so dass das Interventionsangebot angenommen und der Konflikt vermieden wird. Des Weiteren hat es Baecker unterlassen, klare Grenzen zu ziehen, was zu Design zu rechnen ist und was nicht: Wie steht es zum Beispiel mit der Sprache – ist sie eine Form des Designs? Die abstrakt funktionale Bestimmung von Design führt darüber hinaus dazu, dass keine empirische Untersuchung der Schnittstellen und ihrer Wirkung in greifbare Nähe rückt. Sein soziologisches Designkonzept bleibt also ein theoretisches Konstrukt. Ferner wird dem Design durch dessen Kennzeichnung als Schnittstellenphänomen keine eigene sozialgestaltende Funktion zugesprochen.

Diese Kritikpunkte sollen nun konstruktiv aufgegriffen werden und in Fortführung einiger zentraler Gedanken Baeckers in ein relationales Konzept des Designs eingebunden werden. Der dabei zu erarbeitende Designbegriff wird zunächst einmal von einem engeren Verständnis von Design ausgehen. In einem weiteren Schritt gilt es dann, dieses Verständnis auf designferne beziehungsweise -fremde Bereiche auszuweiten. Der vorliegende Aufsatz kann in dezidierter Form nur den ersten Schritt einlösen und im 4. Abschnitt kursorische Gedanken zu dem notwendigen zweiten Schritt anbieten.

3. Design als wechselseitiges identitätskonstituierendes Arrangement

Gerade die genannten Kritikpunkte an Baeckers Designkonzept sollen hier zum Anlass genommen werden, andere Weichenstellungen vorzunehmen. Insbesondere wird es für opportun gehalten, einen Designbegriff erst einmal anhand von Design im engeren Sinne zu gewinnen, um für Trennschärfe und Prägnanz des Begriffs zu sorgen. Es geht also im Folgenden um Gestaltungen von Designern, konkret um das Design von Haushaltsgeräten, Einrichtungsgegenständen, Lebensmittelverpackungen, Plakaten, Zeitschriften, Internetseiten, Displays etc. Um mit Werner Rammert – der dies für Ingenieure formuliert hat (Rammert 2003: 312) – zu sprechen, sind Designer Arrangeure von sozialen Konstellationen.[8] Auf diese Weise realisieren sie Kontrollprojekte, und daraus resultiert ihre spezifische Designer-Identität. Designte Objekte sind nicht nur gestaltet, sie „wirken" auf ihr Umfeld auch gestaltend und sind darüber hinaus weiteren Gestaltungen ausgesetzt. Denn aufgrund designter Objekte ändern Menschen ihre alltäglichen Praktiken. Gleichzeitig fordern diese Objekte zu individueller Aneignung auf – sie werden dadurch bedeutungsmäßig aufgeladen. Insofern kann man mit Bonsiepe (1996: 25) sagen, dass es im Design um das „Erfinden neuer Sozialpraktiken im Alltag" geht.

8 Diese Übertragung auf Designer lässt sich auch mit dem Designtheoretiker Gui Bonsiepe (1996: 27) rechtfertigen, der die ingenieurwissenschaftlichen Fachdisziplinen ebenso wie die Profession des Designs als Entwurfsdisziplinen kennzeichnet. Während erstere auf physikalische Effizienz abzielten, stünden bei letzterer Phänomene des Gebrauchs im Vordergrund. Im Folgenden wird immer wieder auf verschiedene aktuelle Designtheorien Bezug genommen.

Will man diesen gestaltenden Aspekt hervorheben, bietet es sich an, statt von Schnittstelle (vgl. Abschnitt 2) von einem Arrangement[9] zu sprechen als einer sozialen Form gestalteter und gestaltender Verknüpfung. Dabei soll die Anregung Baeckers aufgegriffen werden, die wesentlichen Verknüpfungselemente in Technik, Bewusstsein, Körper und Kommunikation zu sehen. Diese Verknüpfungen sollen nun im Folgenden von der kommunikativen Seite erschlossen und an bestehende soziologische und designtheoretische Diskussionslagen rückgebunden werden. Des Weiteren wird zu behandeln sein, dass dieses Arrangement einen Sozial- und Kulturraum konstituiert (Abschnitt 3.4) und seine Zeit hat, also historisch bedingt ist (Abschnitt 3.5).

3.1 Arrangement des Körpers

Nach Bonsiepe (1996: 26) endet „jegliches Design letztlich im [menschlichen] Körper [...]: Im Fall der Werkzeuge, sowohl materieller als auch immaterieller (Software), besteht die Aufgabe des Designs genau darin, die Artefakte an den menschlichen Körper anzubinden." Das Design ist demzufolge aufs Engste mit der Beschaffenheit des menschlichen Körpers verknüpft. Entsprechend wird die Frage nach dem menschlichen Körper und damit nach der Stellung des Menschen in seiner (Lebens)Welt zentral. Zur Beantwortung dieser Frage soll eine zunächst vielleicht überraschend anmutende Bezugslinie entfaltet werden; nämlich die philosophische Anthropologie Helmuth Plessners (1975). Sie bietet eine Verknüpfungsmöglichkeit zwischen einer aktuellen körpersoziologischen Debatte, die sich ganz explizit auf Plessner bezieht (z. B. Gugutzer 2002; Lindemann 1999), und der Netzwerkperspektive. Beide rekurrieren auf ein positionales Denken.[10] Im Fokus des plessnerschen Denkens steht die Positionalität des Menschen, die er als eine exzentrische näher kennzeichnet. Jedes Lebewesen sei im Gegensatz zum Anorganischen dadurch bestimmt, dass seine Grenze zur Umwelt nicht zufällig und daher auch nicht beliebig verschiebbar sei. Während Tiere – Plessner zufolge – „zentrisch" aus ihrer Mitte heraus leben, jedoch nicht *als* Mitte leben, sind Menschen darauf angewiesen, zu sich selbst und ihrer Mitwelt Distanz zu gewinnen.[11] Demzufolge ist das körperliche Dasein des Menschen durch ein exzentrisches Verhältnis zu seiner Umwelt gekennzeichnet. Einerseits sei der Mensch aufgrund seiner organischen Ausstattung zentrisch positioniert, also raum-zeitlich an das Hier und Jetzt gebunden. Andererseits sei der Mensch in der

9 Der Begriff „Arrangement" hebt dabei – laut Duden – einerseits reflexiv auf die Gestaltung im Sinne einer kreativ-künstlerischen Anordnung und andererseits auf den Aspekt einer „Übereinkunft", sprich eines wechselseitigen Aufeinandereinlassens, ab. Dazu später mehr!

10 Dies soll natürlich nicht darüber hinwegtäuschen, dass die jeweiligen begrifflichen Ausgestaltungen des Positionsbegriffs in der neueren Netzwerktheorie und der plessnerschen Anthropologie deutlich divergieren. Dass trotzdem frappante Parallelen existieren, kann im Folgenden nur kurz in Form von Fußnoten angedeutet werden. Ein Herausarbeiten der Parallelen und Differenzen würde eine eigene, m.E. lohnende Arbeit darstellen.

11 Dies ist auch – nebenbei bemerkt – die Bedingung der Möglichkeit für die Ausbildung einer spezifischen Identität.

Lage, diese raumzeitliche Gebundenheit hinter sich zu lassen, zu sich selbst in Distanz zu treten, auf seinen Körper wie auf ein Dingobjekt zuzugreifen und ihn instrumentell zu benutzen. Darin äußert sich für Plessner die Eigenart des Menschen, seinen eigenen Körper zu haben. Aufgrund dieses ambivalenten Verhältnisses zum Körper lebt der Mensch nicht aus einer Mitte heraus, was wiederum weitreichende Konsequenzen nach sich zieht: Zum Einen geht der Mensch nie in der gerade gewählten Position auf – Plessner spricht von der „strukturellen Ortlosigkeit" des Menschen.[12] Zum Anderen muss er immer aus eigenen Kräften Position beziehen, wohl wissend, dass es sich stets um vorübergehende Positionierungen handelt.[13] Der Mensch lebt nur, wie Plessner sagt, „indem er ein Leben führt" (Plessner 1975: 310).[14] Dieser Vollzugscharakter des menschlichen Lebens äußert sich in zwei nur analytisch voneinander zu trennenden Aspekten: (a) geistig in Form von Sinnsetzungen und Identitätskonstruktionen und (b) körperlich mittels eines Arrangements mit materiellen Dingen. Gerade der zweite Aspekt ist dabei für eine Theorie des Designs zentral. Plessner argumentiert, dass die „Nacktheit" des Menschen ihn dazu zwinge, sich in Artefakten zu verkörpern (311). Diese Artefakte lösen sich von seiner Leiblichkeit los, gewinnen an Selbstständigkeit, indem sie ein „Eigenleben" beginnen. Auf diese Weise transzendiere der menschliche Körper den organischen Leib.

Für Plessner hat der Mensch keine ihm gemäße Welt, vielmehr muss er sich eine solche erst schaffen. Die Kulturwelt ist seine ihm gemäße Heimat, gerade weil sie hoch artifiziell ist. Gemäß dem Gesetz der „Natürlichen Künstlichkeit" (309 ff.) findet der Mensch nur auf dem Umweg über die künstlichen Dinge seine Mitte. Über den Umweg gestalteter Objekte kommt der Mensch zu sich, entspricht seiner Sonderstellung. Aufgrund seiner Ergänzungsbedürftigkeit braucht der Mensch ein Komplement nichtnatürlicher Art: Der menschliche Körper verweist in seiner Hälftenhaftigkeit – Körper zu sein und als Leib zu erscheinen – auf die künstliche Welt der Gestaltungen. Es findet – mit anderen Worten – eine Kompensation und gleichzeitig Transzendierung durch künstliche Körper statt. Die künstlichen Objekte haben damit nicht nur Herausforderungscharakter, mittels ihrer positioniert sich der Mensch selbst in Raum und Zeit.[15] Das Design leistet genau diese notwendige Positionierung, wie im nächsten Abschnitt näher auszuführen sein wird.

---

12 Seine Existenz ist buchstäblich auf Nichts gebaut, so Plessner. White (1992: 4) würde von Turbulenzen und von Chaos sprechen.

13 Für White (1992: 9 ff.) besteht die Notwendigkeit, Kontrollprojekte zu lancieren, um nicht in dem turbulenten Sozialen „weggespült" zu werden. Der dabei erreichte Stabilitätsgrad einer Identität ist stets relativ.

14 Arnold Gehlen (1986: 20 f.) hebt stärker als Plessner hierbei auf die biologische Mängelausstattung des Menschen ab, was ersterem die Kritik des Biologismus einbrachte.

15 In ähnlicher Weise argumentiert auch Alfred Lang: „Durch die symbolische Hereinnahme der materiellen Wirklichkeit bereichert und erweitert sich das Selbst, ja es gewinnt überhaupt erst seine Identität." (1989: 8f.)

3.2 Arrangement technischer beziehungsweise gestalteter Objekte

Durch die plessnerschen Überlegungen zur „exzentrischen Positionalität“ und zum Körper-Leib-Verhältnis des Menschen ist man bei der Frage nach der Stellung des Menschen also unmittelbar auf die künstliche Objektwelt verwiesen. Denn die Positionierung des Menschen ist nicht unabhängig von seinem Arrangement mit den gestalteten Dingen zu denken. Insofern schließt sich nun in direkter Form die Frage nach der Stellung gestalteter Objekte an.

Bernward Joerges (1996) plädiert dafür, Technik als den Körper der Gesellschaft – und damit als Voraussetzung für Gesellschaft – zu begreifen. Was der organische Körper für individuelles menschliches Handeln leiste, das würden anorganische Medien der Technik für die Gesellschaft leisten. In die naturale Basis gesellschaftlicher Prozesse werden auf diese Weise soziale Strukturen (genauer: technische Normen) eingeschrieben. Technische Normen begreift er dabei als diejenigen sozialen Normen, die den „natürlichen Geschehensabläufen“ eine legitime Ordnung geben (37). Wir lassen – so Joerges – die Natur in Form von technischen Systemen für uns (Gesellschaft) arbeiten, wie sie uns für sich arbeiten lassen (verhaltensregelnde Dimension) (142).

Im Folgenden soll dieser Gedanke übernommen und mit der Frage verknüpft werden, welche Rolle dem Design dabei zukommt. Eine plausible Antwort besteht darin, dass es versucht, eindeutig anzuzeigen, was von den designten Objekten übernommen werden kann, wie also die Aktivität auf Mensch und technische beziehungsweise gestaltete Objektwelt verteilt ist. Bei der Bestimmung dieser Verteilung kommt man förmlich automatisch ins Gehege mit der ANT, versucht sie doch die Verteilung von Aktivität auf menschliche und nichtmenschliche Akteure/Aktanten radikal symmetrisch zu behandeln. Um mit dieser symmetrischen Behandlung Ernst zu machen, hat die ANT eine eigene Begrifflickeit eingeführt:

> „All the shifts like ‚actant‘ instead of ‚actor‘, ‚actor network‘ instead of ‚social relations‘, ‚translation‘ instead of ‚discovery‘ […] are derived because they are hybrid terms that blur the distinctions between the really social and human-centered terms and the really natural and object-centered repertoires.“ (Callon/Latour 1992: 347)

Übersetzungen können dabei als Einwirkungen aufgefasst werden, die Rückwirkungen besitzen. Auf diese elementaren Operationen fokussiert die ANT, um damit die Aktanten, ihre Relationen untereinander und das sich etablierende Übersetzungsnetzwerk als Ergebnis wechselseitiger Assoziierungs- und Substitutionsversuche in den Blick zu nehmen. Damit kommt es zu einer faktischen Nivellierung zwischen Mensch und gestalteten Objekten – und folglich zu einer Entgrenzung des Sozialen mit entsprechend weitreichenden Konsequenzen.

Die ANT hat sehr zögerlich überhaupt nur zugestanden, dass menschliche und nichtmenschliche Aktanten Unterschiedliches in die Netzwerke einbringen (vgl. z.B. die entsprechende Kritik von Pickering 1993). Außer diesem Zugeständnis tauchen diese Unterschiede konzeptuell nicht mehr auf (Rammert 2003: 307). Die Frage also, wie

Technik gestaltet und „ummantelt" werden muss, damit sie für den menschlichen Körper inklusive seines Wahrnehmungsvermögens und für die kulturellen und kontextuellen Interpretationsmuster ankoppelbar wird, bleibt völlig ausgespart. Demgegenüber soll es in der vorliegenden Arbeit gerade darum gehen, wie die Unterschiede in den Aktionsweisen füreinander anschlussfähig gemacht werden.

Wie Ingo Schulz-Schäffer (2000: 140 f.) dezidiert aufzeigt, kann die ANT auch in ihren empirischen Studien nicht das einlösen, was sie selbst mit dem verallgemeinerten Symmetrieprinzip eigentlich einfordern will. Hinter dem Rücken der Symmetrie realisiert die ANT vielmehr implizite Vorabentscheidungen, welche Aktanten aufgrund ihres Einflusspotenzials zu berücksichtigen sind. Durch die Ausblendung der Unterschiede können dann diese verschieden dimensionierten Einflüsse nicht sachadäquat empirisch erfasst werden, um das konkrete Ineinandergreifen menschlicher und nichtmenschlicher Aktivität transparent zu machen. Vielmehr kommen diese unterschiedlich dimensionierten Einflüsse unkontrolliert in die empirischen Beschreibungen der ANT hinein (vgl. auch Schulz-Schäffer 1998). Mit anderen Worten bietet die ANT keine überzeugende Beschreibung für die Interaktionen beziehungsweise Interaktivitäten, mit denen die Beziehungen und Einbindungen („enrolments") von Aktanten produziert und modifiziert werden (Rammert 2003: 307).

Gerade durch die Einführung des Designbegriffs wird der Gefahr der Nivellierung von Mensch und Technik und damit dem Problem der Entgrenzung des Sozialen vorgebeugt: Denn das Design transferiert technische und Naturzusammenhänge (also Nicht-Soziales) in anschlussfähige Bedien- und Handhabungsfunktionen (also in Soziales). Mit anderen Worten wird hier gerade in der Ausarbeitung eines Designbegriffs eine gangbare Alternative zum problematischen Übersetzungsbegriff der ANT gesehen. Gleichzeitig steht der Designbegriff für einen gänzlich anderen theoretischen Ausgangspunkt: Nicht Symmetrie und Nivellierung bilden die Startpunkte der Argumentation, sondern Heterogenität und Differenz.[16]

Wie kann Design nun technische beziehungsweise gestaltete Objekte sozial anschlussfähig machen? Wie können Objekte verwendungsadäquate Positionen einnehmen, wenn die Verwendung erst in der konkreten Situation „ausgehandelt" wird? Die arrangierende Verknüpfung läuft in der Regel über zwei Achsen: eine materielle Achse[17] durch Formgebung und Wahl eines spezifischen Materials sowie eine symbolische Achse durch

16 Insofern kann der Designbegriff in Kopplung mit einer Netzwerktheorie à la White eine ernstzunehmende Alternative zur ANT für die Beschreibung soziotechnischer Arrangements bilden. Diese Kopplung dezidiert auszuarbeiten, würde ein eigenes fruchtbares Unterfangen darstellen und kann deshalb im Folgenden nur angedeutet werden.

17 Bei immateriellen gestalteten Objekten (z. B. Softwareprogramme) muss es dann wieder zu einer Repräsentation kommen (z. B. in Form der Visualisierung auf einem Bildschirm), um für menschliche Sinne – und damit für die Beschaffenheit des menschlichen Körpers – anschlussfähig zu sein (vgl. Abschnitt 3.3).

die Anbringung von Signalen, Zeichen und Symbolen an das betreffende Objekt.[18] Fast noch entscheidender als das, was designte Objekte anzeigen, ist aber dasjenige, was sie ‚verbergen' bzw. ausblenden. Design ist immer auch eine „Kunst des Weglassens" (Platz 2006: 237 ff.). Gerade bei komplizierten Technologien wird dies deutlich: Die technische Funktionsweise und die sog. Naturgesetze, welche die technische Lösung ausnutzt, verschwinden hinter dem designten Gehäuse. An ihre Stelle treten Bedienfunktionen und nur diese – also nicht etwa die technischen Funktionen – sind im Design in eine Form transferiert: Nämlich in Form von Druckknöpfen, Reglern, Schaltern etc., die ihrerseits zum Design korrespondierende Bewegungsvollzüge beim Nutzer nach sich ziehen. Die Technik erreicht und verändert also das Soziale über das Design. Dass wir dadurch immer weniger wissen, was sich eigentlich abspielt, wenn wir ein gestaltetes Objekt benutzen, hat Norbert Bolz (1998) auf den Punkt gebracht: „Das Gebrauchen emanzipiert sich vom Verstehen".

Vom Gestalter antizipierte Nutzungsweisen werden durch materielle Formgebung einerseits und Signale, Zeichen sowie Symbole andererseits versucht, in eindeutige Handhabungsformen zu transferieren (vgl. Abschnitt 3.3). Indem technische Geräte durch das Design sowohl mitteilsame materielle als auch symbolische Aspekte besitzen, verfügen sie über genau jene Bestimmungsmomente, die Reinhard Kreckel dem „sozialen Handeln" attestiert. Den symbolischen Aspekt sozialen Handelns sieht er darin, dass sich ein beobachtbares Verhalten an einem Sprach-, Normen- und/oder Wertesystem orientiert. Der materielle Aspekt sozialen Handelns bekundet sich für ihn in einer „Wechselbeziehung zwischen Handelnden und materiellen Umweltbedingungen" (Kreckel 1992: 76).[19]

Entsprechend ist zu klären, wo es Parallelen, aber auch, wo es Unterschiede zwischen Handeln und Operationsweisen gestalteter Objekten gibt. In Anlehnung an Baecker (Abschnitt 2) soll der in soziale Zusammenhänge eingreifende Aspekt gestalteter Objekte hier als Intervention bezeichnet werden. Dann haben sich Formgebung und Symbolisierung zu bewähren im Bezug auf die kognitiven Deutungen und aktiv-physischen Interventionen der beteiligten Menschen. Wie auch aufseiten des Nutzers seine Erwartungshaltungen, Vorstellungswelten und Interessen, die sich auf das gestaltete Objekt richten, sich an der Materialität der Objekte und der auf Eindeutigkeit abzielenden symbolhaften Bedienfunktionen zu bewähren haben. Auf dieser Mikroebene des sozio-technischen Arrangements kommt es also zu einem wechselseitigen Positionieren, wobei „gestaltetes Objekt" und Mensch – wie dargelegt – jeweils Unterschiedliches einbringen (vgl. Abb.

18 Baecker sieht die eigentliche Herausforderung des Designs darin, die Zeichen, Signale und Symbole in Korrespondenz zu den faktischen Funktionen zu bringen. „Die Signale dürfen uns nicht auf Abwege führen. Die Zeichen müssen zeigen, was sie bezeichnen. Und die Symbole müssen die Übersetzungen tatsächlich leisten, die sie in Anspruch nehmen" (Baecker 2005: 272).

19 Kreckel weitet den materiellen Aspekt auch auf die Natur und ihre Gegebenheiten aus: „Menschliche Artefakte fungieren dabei ebenso als materielle Umwelt wie ‚reine' Naturbedingungen und der physische Organismus der Handelnden selbst" (1992: 76).

1), das trotzdem in einem komplementären Verhältnis zueinander stehen muss, um Anschlussfähigkeit zu erzeugen.[20]

Abbildung 1: Das Sozio-technische Arrangement und seine konstituierenden Interventionen

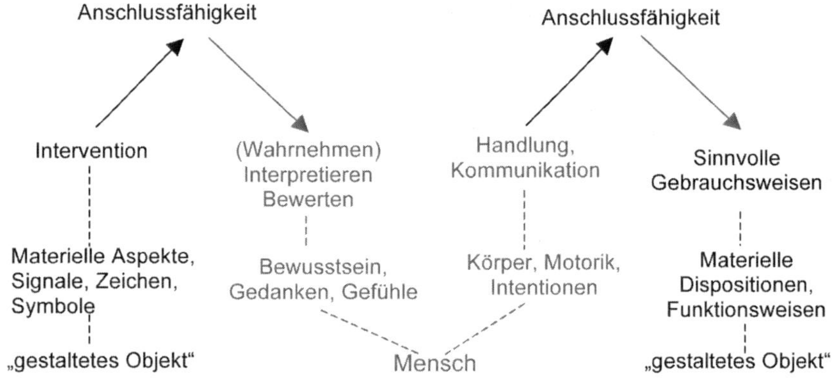

(Pfeile: verweisen auf notwendig korrespondierende Interventionen; gestrichelte Linien: ordnen die Interventionen den „Akteuren“ und ihren Spezifika zu)

Als überraschend ist zu konstatieren, wie souverän Menschen in der Regel auch mit unbekannten Objekten umgehen. Karl Hörning (2001) spricht in diesem Zusammenhang von „Experten des Alltags“. Sie müssen eine richtige, das heißt funktionsweisenadäquate Interpretation der Symbole und der Formgebung gestalteter Objekte leisten. Gleichzeitig sind derartige Interpretationen stets abhängig von der Situation, vom Ort und von der Zeit (Abschnitt 3.4 und 3.5).

3.3 Arrangement psychischer Prozesse: Perzeption und Deutung

Das zuletzt Ausgeführte leitet abermals auf den nächst zu behandelnden Aspekt über: Denn die Interventionen gestalteter Objekte korrespondieren mit Rezeptions- und Auslegungsformen seitens der menschlichen Psyche. Sie müssen nicht nur an diese ankoppelbar sein, sondern sie auch in entsprechend sachadäquat vorstrukturierte Bahnen lenken. Dies steht in Zusammenhang mit der fundamentalen Frage, auf welche Art und Weise das Design das Bewusstsein formiert.

Dies kann nur über visuell, akustisch, haptisch etc. wahrnehmbare Zeichen beziehungsweise zeichenförmige Elemente erfolgen. Dass sich die Soziologie verstärkt mit

20 Diese Konzeption soziotechnischer Arrangements eröffnet den Weg zu empirischen Untersuchungen (Häußling 2009b).

Symbol- und Zeichensystemen befassen sollte, darauf hat in jüngerer Zeit Helmut Willke (2005) aufmerksam gemacht und einen Grundriss einer soziologischen Theorie symbolischer Systeme vorgelegt. Dabei greift er auf drei Theorietraditionen zurück: auf Cassirers Philosophie der symbolischen Formen, auf Saussures strukturalistische Semiotik und auf Luhmanns Systemtheorie. Das „Zusammenspiel" und die „Interferenz" der dabei eingebrachten drei Themen: Denken, Sprache und Kommunikation soll der Absicht dienen, „die frappierende Souveränität der Symbolsysteme einem Denken begreiflich zu machen, das bereits Schwierigkeiten damit hat zu sehen, dass es ohne Sprache nicht ist" (2005: 7). Die Bedeutung von Symbolen und Zeichen für die Bewusstseinsprozesse kann also nicht unterschätzt werden. Auch hier soll zu deren adäquater Erschließung auf ein semiotisches Konzept zurückgegriffen werden: auf Umberto Ecos (1972) semiotischen Ansatz, der m. E. besonders fruchtbare Verknüpfungsmöglichkeiten bietet.[21] Entscheidend ist dessen kultursemiotische Unterscheidung in Denotationen und Konnotationen (1972: 101 ff.), auf die auch die Designdisziplin ganz explizit abhebt (z. B. Bürdek 2005: 230 ff.). Eco verdeutlicht den Unterschied zwischen Denotationen und Konnotationen am Beispiel eines Throns. Denotation (von lat. denotare: bezeichnen) ist ein Begriff der Semantik, der die Hauptbedeutung einer Aussage von einer möglichen Mitbedeutung (Konnotation) unterscheidet. Die Denotation ist also die kontext- und situationsunabhängige Grundbedeutung eines sprachlichen Ausdrucks. Denotationen sind Zeichen, die auf das konkrete Objekt verweisen – etwa im Fall des Stuhls, dass dieser eine Sitzgelegenheit ist. Damit tragen diese Zeichen dazu bei, dem Nutzer die praktischen Objektfunktionen zeichenhaft zu vermitteln und Vertrauen in die Zuverlässigkeit, Sicherheit und den Bedienkomfort zu erzeugen (Steffen 2000: 80). Konnotationen sind demgegenüber variabel, kontextabhängig und subjektiv. Sie ergeben sich aus einem Netzwerk mit anderen Bedeutungen, die biografisch, situativ oder prozessbedingt gegeben sind. Sie beinhalten also die mit dem Objekt verbundenen Vorstellungen, umfassen also die komplexen historischen, sozialen, technologischen, ökonomischen und ökologischen Bedeutungen, die mit gestalteten Objekten assoziiert werden. Sie erklären demzufolge nicht das gestaltete Objekt und seine Handhabung, sondern verweisen auf die Vielfalt der Kontexte. Ein Baldachin über einem Stuhl und ein Podest, auf dem dieser steht, sind Zeichen, die in bestimmten kulturellen und historischen Kontexten aus einem Stuhl einen Thron machen. Im heutigen Design kann man eine gezielte Gestaltung dieser Konnotationen beobachten: sei es in Form von Stilzitaten, sei es von Zeichen der Exklusivität oder vielem anderen mehr. Das Design erobert auf diese Weise die Oberflächen einer Gesellschaft und lädt sie mit einem Geflecht an Bedeutungen auf.

21 Diese Favorisierung von Eco soll nicht darüber hinwegtäuschen, dass der Soziologe Jean Baudrillard (1991) eine kultursemiotische Betrachtung von Wohnungsinterieurs in seinem Buch „System der Dinge" vornahm. Er leitete aus der Beschreibung alltäglicher designter Gegenstände die soziale Realität in ihrer Konstitution ab: „Die [Alltags-]Gegenstände haben immer schon als ein System zur Charakterisierung der Menschen gedient… In unserer Gesellschaft ist aber kennzeichnend, daß die übrigen Systeme der Erkennung und Bestimmung […] resorbiert wurden" (1991: 240).

Mit seiner Kultursemiotik verknüpft Eco eine deutliche Absage an den Funktionalismus, dem zufolge die Form der Funktion zu folgen habe, wodurch sich ein zeitloses Design realisieren lasse. Denn für Eco ist der Code immer gesellschaftlich vermittelt, selbst die elementare Funktionsweise eines Druckknopfs. Auch dessen Gebrauch muss in einem kulturellen Kontext erlernt werden. Aus dieser theoretischen Perspektive werden die Bedeutung kultureller und situativer Kontexte und deren Interpretation, die für Eco prinzipiell offen ist, zentral. Die Hoffnung des Funktionalismus also, derartige Kontexte durch ein vermeintlich zeitloses, internationales Design ausblenden zu können, wird damit negiert.

Entsprechend haben Designer Kontexte zu analysieren, Situationen zu interpretieren und zu versuchen, anhand von Produkten Kommunikationsangebote herzustellen, „über die der Rezipient wiederum mit seinen jeweiligen Kontexten […] kommuniziert" (Steffen 2000: 23). In diesem Sinn ist der Designprozess eine wechselseitige Kommunikation zwischen Gestalter und antizipiertem Nutzer (Rempen 1994: 13), in der wechselseitige, nämlich: indirekte beziehungsweise objekt- und designvermittelte Beziehungen vorherrschen.

Im Zuge der Erarbeitung einer Soziologie des Designs müsste auch ein Konzept sinnlicher Wahrnehmung und des Ästhetischen formuliert werden, im Sinn einer „Aisthesis", die also auf sinnliche Wahrnehmung, Gefühle[22], Stimmungslagen, (Selbst- und Sach-)Verständnisse als eine besondere Form des menschlichen Intervenierens abhebt. Denn diese sind gerade für den Objektbezug von entscheidender Bedeutung. Ein Konzept sinnlicher Wahrnehmung[23] hätte beispielsweise zu berücksichtigen, dass der Mensch über visuelle Perzeption vielfältige, heterogene Informationen simultan erfasst. Simultanität und Latenz bezüglich der Bedeutung sind die zwei wesentlichen Unterschiede der visuellen zur textlichen Perzeption (Müller-Doohm 1995: 450, 454).[24] Die Art und Weise also, wie Kommunikationsofferten präsentiert werden (Bedienfunktionen beispielsweise einmal visuell und ein anderes Mal textlich vermittelt werden), hat wesentlichen Einfluss auf die Herstellung und Ausgestaltung soziotechnischer Arrangements.

3.4 Arrangement eines sozialen Raums

Situationen sind wesentlich durch ihre Sachausstattung definiert. Sie wirken dabei nicht nur symbolisch, sondern auch in einem unmittelbar „verhaltensstrukturierenden Sinn" (Hamm/Neumann 1996: 259). Mit der hier favorisierten Terminologie könnte man sagen, dass gestaltete Objekte menschliche Akteure situativ und verhaltensbezogen im

22 Zur fundamentalen Bedeutung von Gefühlen für soziale Beziehungen siehe Häußling 2009c.

23 Auch hier ließe sich wieder an Simmel anknüpfen – genauer an seinen Versuch, eine Soziologie der Sinne zu entwerfen (Simmel 1992: 723 ff.).

24 Diese Aspekte besitzen auch in der aktuellen Debatte um geeignete Formen der Videoanalyse eine besondere Bedeutung – insofern sie die Grenze herkömmlicher hermeneutischer Methoden markieren (Häußling 2009b: 107 ff.).

Raum positionieren – wie umgekehrt Objekte von den Akteuren angeeignet[25] und damit in ihrem persönlichen Umfeld verortet werden.

Der Raum kann demzufolge als eine relationale (An)Ordnung von Körpern angesehen werden, die sich ständig verändert (Löw 2001).[26] Dabei „spülen" die jeweiligen Verknüpfungsprozesse selbst die Objekte/Akteure an ihre Plätze und spannen somit überhaupt erst den sozialen Raum auf; wie zum Beispiel die zum Zwecke des Frontalunterrichts angeordneten Schulbänke die Schüler an unterschiedliche Orte der Einflussnahme und Aufmerksamkeit bezüglich des Unterrichts „spülen" und somit einen „löchrigen Lernraum" konstituieren (Häußling 2007). Ein relationaler Raumbegriff besitzt demgemäß beides: eine Ausrichtung auf Prozesse des Anordnens und damit eines In-Verbindung-Bringens von „Raumobjekten" einerseits und eine ordnende Funktion bis hin zu einer Repräsentation einer sozialen „Hackordnung" (White) andererseits. Damit erhält das Arrangement aus Materialität, Handeln und Kognition ein räumliches Äquivalent: Objekte erscheinen in ihrer spezifischen Materialität an jedem Ort anders.[27] Akteure sind raumbezogen verortet, positioniert: Je nach dem eingenommenen Ort differieren einerseits die Möglichkeiten, in laufende Prozesse einzugreifen, und andererseits die Einflussnahmen von außen. Aber auch die Deutungsmöglichkeiten sind perspektivisch gebrochen. Die Möglichkeit, Räume zu konstituieren, ist also vom Matching zwischen Körpern, Sozialem und Kognitivem abhängig. Damit ist die Raumkonstitution nicht nur eine kognitive Leistung, sondern besitzt über körperliche Dispositionen strukturierende materielle Aspekte.[28]

Dies gilt für unterschiedlich dimensionierte Sozialräume: für einen öffentlichen Platz ebenso wie für einen Kulturraum (s. u.) sowie für den persönlichen Lebensraum eines Menschen. Der Frage, wie wir unseren persönlichen Lebensraum als eine Anordnung von

25 Mihaly Csikszentmihalyi und Eugene Rochberg-Halton (1989: 23 ff.) sprechen in diesem Zusammenhang von „Kultivation", um den Prozess der Auseinandersetzung des Menschen mit den Dingen und deren Aneignung zu kennzeichnen. Gert Selle und Jutta Boehe (1986: 49 ff.) heben hervor, dass es dabei verschiedene Ebenen der Aneignung gestalteter Objekte gibt: die Aneignung kann geprägt sein von gesellschaftlich-epochalen Vorstellungen, von sozial-situativen Kontexten und – als dritte Ebene – von individuell-biografischen Erfahrungen.

26 Bereits Simmel verfolgte eine Soziologie des Raums. Raum ist für ihn eine Form, die ihre Wirkung entfaltet, indem Menschen sie auf die Dingwelt anwenden: So wie Räume als Territorien, Zimmer oder Landstriche, das heißt als materiell vorzufindende Objekte, bestimmbar sind, so bedarf es für diese Materialisierung auch einer individuellen und kollektiven Verknüpfungsleistung, welche die gesellschaftlich vorstrukturierten Formen produziert. Die Verbindung der Dinge muss dabei als menschliche Verknüpfungsleistung angesehen werden: Der Raum ist „überhaupt nur eine Tätigkeit der Seele [...], nur die menschliche Art, an sich unverbundene Sinnaffektionen zu einheitlichen Anschauungen zu verbinden" (Simmel 1992: 688 f.). Simmel betrachtet also die Vernetzung der Dinge als das für gesellschaftliche Prozesse Wesentliche. Es sind die Dinge, deren Räumlichkeit im Prozess des Anschauens geschaffen wird und die von Menschen in ihren Handlungen angeordnet und emotional besetzt werden.

27 So gehen von einer Marmortreppe ganz andere Wirkungen aus als von einer baugleichen Holztreppe.

28 Der Umschaltung von Sinnlichem in Sinn wird in der aktuellen Diskussion nicht zuletzt unter dem Schlagwort „embodiment" nachgegangen (Brooks 1991: 139 ff.).

Körpern arrangieren, gehen die Milieustudien auf empirischem Weg nach. Gerhard Schulze (1997) diagnostiziert eine Ästhetisierung der Warenwelt, die einen Wandel der Beziehung zwischen Menschen und Gütern mit sich bringt. Stand früher der Gebrauchswert gestalteter Objekte im Vordergrund, ist für Schulze seit den 1980er Jahren eine zunehmende Fokussierung auf den Erlebniswert der Angebote zu beobachten (1997: 13). Selbst Verbrauchs- und Gebrauchsgegenstände seien nicht mehr länger nur Mittel zu einem bestimmten Zweck, sondern erhielten als erlebnisrelevante Kaufobjekte einen Selbstzweck. Damit nimmt – so lässt sich weiterführend schlussfolgern – das Design eine Schlüsselstellung bei der Vermittlung des Erlebniswertes ein. Der Konsum findet nach Schulze in sogenannten „Erlebnisgemeinschaften" statt, in denen spezifische Erlebnispraktiken und ein spezifischer Geschmack vorherrschten. Es gebe keine postmoderne Beliebigkeit dieser „Erlebnisgemeinschaften", sondern eine überschaubare Zahl an sozialen Milieus, wobei sich als hauptsächliche Kriterien für die Erlebnispraktiken und Stiltypen das Alter und der Bildungsgrad ausmachen lassen.

Daraus lässt sich schlussfolgern: Designte Objekte sind immer auch symbolische Objekte von Milieus. Die soziokulturelle Konstitution des Einzelnen erfolgt heute zu einem Gutteil auch über den Erwerb und Besitz von Produkten. Gestaltete Objekte fungieren also als soziale Identitätsgeber, es geht beim Design immer auch um das „Selbstdesign" der Nutzer, Eigner beziehungsweise Habitanten. Der Erwerb designter Objekte stellt folglich immer auch einen Selbstentwurf dar – ganz im Sinne der Ausstaffierung der Vorderbühne nach Goffman. Designte Objekte sind zentrale Bedeutungsträger zur Selbstverortung menschlicher Akteure, wie auch Helene Karmasin (1998: 234 ff.) diagnostiziert. Und Milieus konstituieren sich nicht zuletzt über den Besitz bestimmter gestalteter Objekte (Hellmann 2003: 393 ff.). In ihnen herrschen kollektive Ästhetiken vor, die bei der Identitätskonstruktion orientierungsgebend wirken. Es geht also nicht nur um die Kontrolle des eigenen Umfelds, sondern um die Formation der eigenen Identität. Die Stabilisierung meiner Umwelt stellt damit gleichzeitig auch eine Stabilisierung meiner selbst dar, ganz im Sinn von Plessners „Natürlicher Künstlichkeit" und „Exzentrischen Positionalität" des Menschen. Insofern sind Akteure als Identitäten zweifach durch das Design bestimmt: Sie sind in einem gewissen Sinn Produkt von Designprojekten und aktive Designer ihrer selbst und ihres Umfelds.[29] Design leistet damit ebenso wie der Netzwerkbegriff einen Link zwischen Mikro und Makro; denn Design trägt nicht nur zur Identitätsbildung von Akteuren, sondern auch zur Konstituierung ganzer Milieus, ja ganzer Kulturräume bei. Hier kommt der kulturelle und strukturelle Aspekt des Designs gleichermaßen zum Vorschein: Einerseits referiert das Design über die verwendeten Zeichen (Denotationen und Konnotationen) auf bestehende soziokulturelle Symbolwelten – und ist damit auch ein Kulturphänomen – wie es umgekehrt kulturgenerierend in dem Sinne ist, dass es neue kulturelle Formen schafft; andererseits läuft heute die Ausdifferenzierung gesellschaftlicher Sozialstrukturen (vermutlich mangels an-

29 Dies korrespondiert mit dem Begriff der Kontrolle von White (1992: 9 f.). Ausführlicher dazu Abschnitt 4.

derweitig verfügbarer Orientierungsgeber) über stilistische und ästhetische Aspekte, wie die Milieustudien zeigen. Es geht um Lebensstil, der sich an ästhetisch ablesbaren Wertorientierungen ausrichtet, um milieuspezifische Verortung und um Subkulturisierung der Gesellschaft (vgl. auch Fuhse 2010). Das Design liefert damit den Horizont möglicher stilistischer Ausrichtungen[30] und kultureller Bezüge.

3.5 Arrangement auf Zeit

Jedes Design hat seine Zeit. Selbst der Funktionalismus hat eine Historisierung erfahren. So werden heute explizit Gebäude im Stil der klassischen Moderne beziehungsweise im Bauhausstil errichtet. Mit jeder Gestaltung tickt also gleichsam eine Zeituhr, die ein Objekt als mittelfristig zeitadäquat oder eben nicht mehr zeitadäquat ausweist. Dies hat mehrere Ursachen: Zum Ersten benötigen neue Techniken und hinzutretende Funktionen ein adäquates Design, um Anschlussfähigkeit sicherzustellen. Man denke beispielsweise an Touchscreens im Unterschied zu klassischen Steuereinheiten, bestehend aus Tasten, Schaltern und Reglern. Zum Zweiten unterliegt das Design selbstverständlich Moden und Trends, ja es spielt aktiv mit modischen Referenzen (Baecker 2002: 153, 155). Schließlich wird zum Dritten durch die Distinktionswirkung von Design eine selbstperpetuierende Unterschiedlichkeit in der gestalteten Objektwelt erzeugt.[31] Auf Letzteres hat vor allem Pierre Bourdieu aufmerksam gemacht. Das Design setzt dort Unterschiede, wo eigentlich keine sind. Für Bourdieu steht das Feld der Modeschöpfung nur stellvertretend für alle kulturellen Produktionsfelder, nur dass dort der „‚ökonomische' Aspekt der Praktiken […] weniger tabuisiert ist" (Bourdieu 1999: 292).

Bei der Erfassung des zweiten Aspekts, der Mode, kann die Soziologie auf eine gewisse Tradition zurückgreifen. Für Simmel (1995 [1905]: 11) vereint die Mode zwei gegenläufige Tendenzen: Auf der einen Seite die menschliche „Sehnsucht, bei dem Gegebenen zu verharren"[32] und auf der anderen Seite das Bedürfnis, „zu neuen und eigenen Lebensformen voranzuschreiten"[33]. Diese Tendenzen sind für Simmel klassenspezifisch aufgeteilt, womit er auch auf den oben genannten dritten Aspekt abhebt: Die Bestimmung der Modetrends durch die obere Schicht auf der einen Seite und die Nachahmung durch untere Schichten auf der anderen Seite, die mit einer Flucht zum Neuen durch

30 An dieser Stelle wäre auch eine Ankopplung des Designbegriffs an Whites Ausführungen zum Begriff des Stils möglich (White 1992: 166 ff.).

31 Sie lässt sich nicht auf technische und modische Differenzen zurückführen. Ein besonders ins Auge springendes Beispiel stellt ein vor einem Jahrzehnt auf den Markt gekommenes Auto dar, das exakt baugleich realisiert, aber von zwei verschiedenen Marken zum Kauf angeboten wurde, was sich im jeweiligen Emblem am Kühlergrill und am Heck bemerkbar machte. Allerdings gab es einen deutlichen Unterschied im Preis (um mehrere Tausend Euro), wobei das teurere Auto durchaus respektable Absatzzahlen realisierte.

32 Dies äußert sich im Bereich des Ästhetischen an einer Orientierung am „Schönen".

33 Dies äußert sich im Bereich des Ästhetischen an einer Avantgardeposition.

die obere Schicht beantwortet werde.[34] In dieser Sogwirkung der Mode äußert sich ein selbst dynamisierender Effekt, der immer neue Episoden des gerade Aktuellen beziehungsweise gerade Nachahmenswerten schafft.

Doch Simmel macht auch einen tieferen Grund für den Boom der Mode aus, der letztlich im Verlust unverbrüchlicher Wertesysteme beziehungsweise in der – wenn man so will – Veroberflächlichung und Freisetzung sozialer Dynamiken in der Moderne zu sehen ist. Durch den Verlust einer kosmologischen Ordnung, die für jeden und alles einen vordefinierten Ort bereithält, ist nicht nur eine räumliche, sondern gerade auch eine zeitliche Positionierung des Menschen prekär geworden. Und gerade das Modische am Design erfüllt dieses menschliche Grundbedürfnis nach zeitlicher Positionierung.[35]

Als eine weitere Episode dieses „Zersetzungsprozesses" kann die „next society" angesehen werden. In ihr werden gesellschaftliche Zeitphasen mehr und mehr durch das Design evoziert und konturiert. Bereits die 1980er Jahre können als ein derartiges Designphänomen begriffen werden. Die damalige Kleidermode, die Designprojekte mit Laserlicht, die Klangformen der damaligen Popmusik und dergleichen mehr liefern die inhaltliche Klammer, die anderweitig für die Beschreibung dieser Zeitspanne nur noch schwer zu ziehen ist. Bereits damals gab es allerdings kein hegemoniales Design mehr. Schrittweise hat sich eine Pluralisierung und Heterogenisierung der Formen breitgemacht, so dass wir uns heute nur noch über das Aufblühen und Verschwinden bestimmter Erscheinungen in der Formenwelt des Designs orientieren können. In der „next society" koexistieren also unterschiedliche Geschwindigkeiten, innerhalb deren sich die Identitäten bewegen. Der gewählte Zeit-Slot knüpft gleichsam die Identität an eine spezifische Wertorientierung, die von traditioneller[36] bis avantgardistischer Orientierung reicht. Identitäten der „next society" leben also nicht nur in unterschiedlich gestalteten Welten, sondern auch in differierenden Zeiten, was die Kommunikation über Raum- und Zeitgrenzen hinweg erschwert, die mehr und mehr vom Design gesetzt werden.

34 Bei zu großer Nachahmung bestehe dann für die Oberschicht Verwechslungsgefahr, die man durch die Setzung eines neuen Trends abwenden könne.

35 Dies deckt sich mit Elena Espositos These, dass die Mode eine Form vorübergehender Stabilität ist, indem sie mit dem Code „In versus Out" operiert (Esposito 2004: 172). An der Mode werde anschaulich, wie die moderne Gesellschaft mit der gestiegenen Kontingenz umgehe und die Abweichung fruchtbar mache. Sie bilde damit eine Form der Handhabung und Operationalisierung moderner Kontingenz.

36 Ein entschleunigter Zeit-Slot korrespondiert in der Welt des Designs mit der bewussten Anknüpfung an altes Design. Entsprechende Reminiszenzen des Designs an historische Designformen können ihrerseits wiederum als ein Reflexivwerden des Designs gewertet werden. Faktisch wird auf diesem Weg ein „Zitationsnetzwerk" zwischen Designs unterschiedlicher Zeiten erzeugt.

4. Ausweitung des Gegenstandsbereichs auf Identitätsformationen in der Netzwerkgesellschaft

Gerade beim modischen Aspekt des Designs kann schon frühzeitig ein Universalisierungsversuch designspezifischen Denkens konstatiert werden. So begreift beispielsweise René König (1999: 7) Mode als ein „soziales Totalphänomen“[37], da sie sich nicht nur im Bereich der Kleidung bekunde, sondern alles Soziale modischen Strömungen unterliegen könne.[38]

Ein aktueller Versuch, nun aus der Designprofession selbst, den eigenen Gegenstandsbereich auszuweiten, stellt die *„design thinking“*-Debatte dar (z.B. Cross 2006; Lawson 2006). Design thinking markiert hierbei einen spezifischen Denkstil, der für die organisationale Bewältigung der neuen Herausforderungen in Wirtschaft und Gesellschaft besonders vielversprechend erscheint. Zentral ist dabei die Leistung, für heterogene Prozesse Anschlussfähigkeit zu produzieren: Der klassische Designer schafft die Ankopplung von mitunter hochkomplexen technischen Prozeduren (z. B. PC) mit dem Alltagshandeln technischer Laien. Er muss dabei sowohl die technischen Rahmenbedingungen verstehen als auch über die Lebenswelt der potenziellen Nutzer Bescheid wissen sowie ästhetische Formsprachen und Stile in konkrete Gestaltgebungen umzusetzen wissen. Schließlich muss er bei der Gestaltung von Massenprodukten noch die Gesetze des Marktes, die Strategien des Marketings und die auf Umsatz und Gewinn ausgerichteten unternehmerischen Denkweisen kennen. Erfolgreiches Design gelingt also nur, wenn *desirability* (Kundenwünsche und -bedürfnisse), *feasibility* (technische Machbarkeit) und *viability* (wirtschaftlich-rechtliche Umsetzbarkeit) gleichermaßen berücksichtigt werden. Doch mit dieser Komplexitätsverarbeitung ist es noch lange nicht getan. Entlang dieser Rahmenbedingungen hat der Designer eine kreative Lösung zu schaffen.

Mit Komplexität umzugehen und kreative Lösungen trotz unsicherer Situationen realisieren zu können, wird umso stärker in der Gesellschaft benötigt, je rascher sich die Gesellschaft wandelt und je pluralistischer sie sich auffächert. Jedoch orientieren sich die bisherigen „Entscheider“ in den verschiedenen Bereichen der Gesellschaft weitgehend an der Optimierung von Effizienz, sie können innovativen Ideen nicht ganzheitlich bewerten, geschweige denn umsetzbare Ideen erzeugen. In den USA lässt sich in diesem Zusammenhang bereits der Trend beobachten, Designer in die Entscheidungen und strategischen Planungen von beispielsweise Unternehmensführungen mit einzubeziehen, da sie als kreative Manager die Perspektive des Innovativen in die Unternehmensprozesse einbringen.[39]

---

37 Der Begriff „phénomène social total“ geht auf Marcel Mauss (1968: 17 f.) zurück.

38 Ganz analog zu Simmel verweist König darauf, dass sich der Mensch über Mode nicht nur ästhetisch, sondern auch sozial definiere.

39 In diesem Sinn hebt Harry West (2007: 16) hervor: „Design is a set of principles and ways of thinking that help us to manage and create in the material world. It values creativity as much as analysis. […] Now business schools and other interdisciplinary graduate programs […] have recognized that

Die *„design thinking“*-Debatte kann als ein erster Hinweis gewertet werden, dass die Designprofession selbst an einer Ausweitung designspezifischer Denk- und Handlungsweisen auf designferne und sogar auf designfremde Gegenstände arbeitet. Dies konvergiert mit den Überlegungen eines verallgemeinerten Designbegriffs für die „next society“, wie sie in Abschnitt 2 dargelegt wurden: Reformuliert man mit der netzwerktheoretischen Terminologie, worum es im „design thinking“ geht, so lässt sich festhalten: Es geht um die Identifikation von neuen Möglichkeiten der Positionierung in sich immer rascher wandelnden Kontextbedingungen und um deren erfolgversprechende Umsetzung. Die Umsetzung ist dabei als eine Gratwanderung zwischen realistischer Einschätzung der Umsetzungschancen und gestalterischem Selbstbewusstsein bei der Profilbildung beziehungsweise Formation der Identität zu begreifen. Damit wird „design thinking“ aber zum Prototyp einer dynamischen Selbstkonstitutions- und Verschiebungsstrategie in der Netzwerkgesellschaft. Es ist der Ort, an dem vielversprechende Interventionsoffensiven erzeugt werden, um das Umfeld von den beabsichtigten Einflussnahmen zu überzeugen. Gleichzeitig tritt die Identität mit dieser Intervention markant in Erscheinung und macht sich damit zu einem Attraktor weiterer sozialer Prozesse. Wenn man so will, ist „design thinking“ die Grammatik vielversprechender Kontrollprojekte in der „next society“. Es geht in diesem Sinne um die ebenso strategische wie komplexe Suche nach wirkungsvollen Gestaltungen von Einflussnahmen, so dass sich die Identitäten des Umfelds auf diese Einflussnahmen möglichst dauerhaft einlassen und ihre eigenen Aktivitäten danach ausrichten, was eine weitere Stabilisierung mit sich bringt.

Der Hauptfokus der Netzwerkgesellschaft wird also den Oberflächen gelten. Deren Gestaltung wird darüber entscheiden, wie wirkungsvoll Versuche der Einflussnahme beziehungsweise Kontrollprojekte auf den unterschiedlichen Aggregationsniveaus sozialer Prozesse sein werden. Oberflächen stehen dabei für den Bündelungs- und Umschließungsversuch einer in der Formierungsphase fragilen Identität und gleichzeitig für die Anlockung der Umwelt, sich auf die Interventionen und Offerten dieser Identität einzulassen und sie damit zu stabilisieren. Oberflächen sind die Spielfelder des Designs. Es geht damit auch eine notwendige Veroberflächlichung einher: Die Prozesse und die dahinterliegenden Zusammenhänge sind schlichtweg zu kompliziert geworden, als dass sie von ihren Umfeldern verstanden werden könnten. Es muss also immer mehr darauf verzichtet werden, inhaltlich zu überzeugen. Stattdessen ist auf ansprechende Formen zu setzen, die eine gewünschte Verhaltensweise mit erzeugen. So wird eine erfolgreiche Politik der Netzwerkgesellschaft in Aussicht stellen, welche Handlungsmöglichkeiten sie

---

the creative principles found in design can be used to develop new solutions for business – and they see this as the next cutting edge. They are distilling the essence of the thought process that arose from the craft of the traditional schools of design. […] In industry and in consulting, those who marry creative right-brain thinking and analytical left-brain thinking are at the premium. There is a tremendous demand for design thinkers today. […] That's because innovation often happens not in the centre of a discipline but in the space between disciplines, and right now a lot of new value is being found at the intersection of design and business. Professionals who can understand and respect both sides are at an advantage in our increasingly creative economy.“

den Bürgern bietet, statt Maßnahmen und Wege dorthin zu beschreiben. Ebenso wird sich eine erfolgreiche wissenschaftliche Forschung eher durch das Inaussichtstellen des antizipierten Ertrages ihren gesellschaftspolitischen Rückhalt verschaffen als über fachwissenschaftliche Inhalte, die ohnehin nur noch Insider verstehen.

Doch wie steht es um das Design der Netzwerkgesellschaft selbst? Es dürfte in weltumspannenden Netzen, in Zentren und Peripherien, in Hubs und strukturellen Löchern sowie ganz basal in Kontrollprojekten zu finden sein. Erfolgreiche Identitätsformationen lassen sich dann selbst auf gelungene „Experimente des Designs" zurückführen, in denen sich Arrangements von gewisser Dauer gebildet haben. Identitäten haben sich ein Design zu geben, um einerseits nach innen kohäsiv zu wirken und andererseits die eigenen Anliegen nach außen zu tragen. Nach innen verfestigen sich derartige Abgrenzungen[40] insbesondere über ästhetische Präferenzordnungen, für Kohäsion sorgende Symbole und über einen entsprechenden Habitus. Eine Jugendgruppe beispielsweise begreift sich dann nicht nur anders als die anderen, sondern sie gibt sich ein anderes Outfit, verhält sich anders, präferiert anderes etc. Durch diese Designprojekte verfestigen sich „imaginäre" Grenzen. Sie ergeben sich also aus Zusammenschlüssen und sind damit als Produkt der Innenperspektive einer Gruppe zu werten, im Sinne einer wirksamen Abschottungen dem Außen gegenüber. Eine derartige neue Sichtweise auf Grenzen findet sich bei Andrew Abbotts programmatischen Aufsatz „Things of boundaries – Defining the boundaries of social inquiry".[41] Die Produktwelt scheint ihrerseits wiederum auf diese neuen Anforderungen an Identitätsformationen zu reagieren und die ästhetischen Aspekte im Sinn von identitätsgebenden, -fördernden und -postulierenden Wirkungen in den Vordergrund zu heben (z. B. Outfits von speziellen Jugendsubkulturen).

Damit ist allerdings nur der eine gestaltende Effekt der Identitätsformation in Netzwerken beschrieben. Der andere besteht darin, erfolgreiche, relativ dauerhafte Einflussnahmen auf das jeweils gegebene Umfeld der Netzwerkgesellschaft zu lancieren. Dies erfolgt, wie in Abschnitt 3 dargelegt, durch symbolische und/oder materielle Formgebungen zum Zweck der Aufmerksamkeitserzeugung und Überzeugung, in der kognitive und kommunikative Dimensionen miteinander gekoppelt werden. Gestaltet wird also

40 Zur Grenzthematik in der Netzwerkforschung vgl. ausführlicher Häußling 2009a.

41 "In this paper, I shall argue that it is wrong to look for boundaries between preexisting social entities. Rather we should start with boundaries and investigate how people create entities by linking those boundaries into units. We should not look for boundaries of things but for things of boundaries." (Abbott 1995: 857) Eine wesentliche Funktion spielt dabei für Abbott der narrative Aspekt. Denn zu Beginn ergeben sich zufällige Differenzen im sozialen Raum, was Praktiken und Sinnsetzungen anlangt. Durch die Bezeichnung dieser Differenzen werden – Abbott zufolge – „proto-boundaries" (867) erzeugt, die zunächst einmal nur auf der semantischen Ebene Grenzen darstellen. Da diese für Abbott wieder in die Interaktionen einfließen, verfestigen sich diese Differenzen auch auf der operativen und strukturellen Ebene. Abbott wählt zur Veranschaulichung seiner Überlegungen das Beispiel verschiedener Berufe, die sich über Berufsvereinigungen und professionsspezifische Bestimmungen unterscheiden. Dies kann zu faktischen sozialen Schließungsvorgängen führen. Dann wird nicht nur postuliert, dass man anders ist, sondern dann ist man anders, aufgrund des handlungs- und kommunikationsleitenden Aspekts dieser semantischen Postulate.

ein Angebot, bei dessen Annahme Einflussnahmen auf die annehmende Identität stattfinden. Die Annahme ist für die annehmende Identität mit einem wie auch immer gearteten Befolgungsnutzen verknüpft. Durch die Einflussnahme erfährt also nicht nur die einflussnehmende Identität eine Formation, und sei es nur in Form einer zusätzlichen Stabilisierung, sondern auch die beeinflusste Identität. Im Sinne von White sind besonders erfolgversprechende Einflussnahmen stets wechselseitig angelegte Kontrollprojekte: Wirkungsvoll kann nur diejenige Identität kontrollieren, die sich durch das Kontrollierte kontrollieren lässt. Für das Design der Netzwerkgesellschaft bedeutet dies, dass es sich um ein verteiltes Design handelt: nämlich verteilt auf die verschiedenen beteiligten Identitäten; denn von all diesen geht entsprechende gestaltgebende Aktivität aus, die im Kern die jeweilige Einheit der Identität nach außen hin formiert und für mögliche erwünschte Kopplungen mit spezifischen anderen Identitäten wirbt. Können sich auf Basis dieser wechselseitigen Bemühungen Arrangements etablieren, emergieren soziale Netzwerke[42], die, um dauerhaft neben anderen Netzwerken bestehen zu können, ebenfalls designte Kontrollprojekte lancieren müssen. So können zum Beispiel der Respekt und die Freude am Zusammenspiel bei einer zufällig zusammengewürfelten Gruppe sportlicher Studierender die Gründung einer Fußballmannschaft nach sich ziehen. Und diese Fußballmannschaft würde ihre Mitglieder zu regelmäßigem Training verpflichten. Sie müsste aber auch nach außen um andere Mannschaften werben, gegen die sie dann spielen können. Es kämen eigene Trikots dazu, vielleicht auch eine eigene Profilbildung, etwa als besonders angriffslustige Mannschaft, mit der Zeit dann auch noch eine Erfolgsstory und legendäre Spiele und Spieler etc. Dienen diese aufgezählten Sachverhalte zum Selbstverständnis, zur Kohäsion der heterogenen Mitglieder und/oder zur Außendarstellung der Mannschaft, dann handelt es sich nicht nur um Kontrollprojekte, sondern auch um Designprojekte, genauer um „corporate design".

Für die Netzwerkgesellschaft selbst besteht ein solches corporate design darin, die Semantik des Netzwerks vor allem in die aktuellen gesellschaftspolitischen Diskussionen zu infiltrieren und ein Denken in Netzwerken zu forcieren. Hierbei spielt die Sichtbarmachung von Netzwerken eine wesentliche Rolle.[43] Ein solches Denken in Netzen wird begünstigt durch die technische Infrastruktur des Internets, die nicht nur „materialiter" ein Netzwerk, das Heterogenes verknüpft, darstellt, sondern sich auch als Produzent neuer Sozialformen erweist, deren Design in der netzwerkförmigen Kombination ihrer Anliegen im Sinne einer Identitätsformation besteht. Allein schon für die Analyse dieser neuen Sozialformen lohnt sich die Einführung eines relationalen Designbegriffs.

---

42 Diese Netzwerke rekurrieren dabei stets auch auf die direkte Ankopplung an Nicht-Soziales, wie zum Beispiel Bewusstseinsvorgänge menschlicher Akteure oder technische Prozeduren.

43 Die Visualisierung von Netzwerken ist dann auch wieder Design im engeren Sinne. Es ist bezeichnend, dass die Netzwerkforschung – ähnlich wie die Chaostheorie in den 1980er und 1990er Jahren – den Eigenwert von Visualisierungen ihres Gegenstands für den wissenschaftlichen Erkenntnisprozess erkennt und kritisch reflektiert (vgl. die Münchener Tagung zum Thema „Visualisierung von Netzwerken" [http://www.netzwerkvisualisierung.de/] der DGS-Arbeitsgruppe „Netzwerkforschung" im Mai 2009; ein Tagungsband ist geplant).

Doch dies ist in Wahrheit nur ein „Nebenprodukt“: Dieser Begriff will jegliche Identitätsformation im Horizont wachsender Verknüpfungserfordernisse bei gleichzeitiger Zunahme der Heterogenität behandeln. Die gestaltgebende Aktivität der Identitäten sorgt gerade für die Turbulenz der Netzwerkgesellschaft, auf die wiederum mit Kontroll- und Designprojekten geantwortet werden muss. Die dadurch losgetretene Dynamik stabilisiert das dafür wie geschaffene Koordinationsgefüge: Netzwerk. Die Netzwerkgesellschaft wird auch eine Designergesellschaft sein, in der glokale Designprojekte verteilt sind auf alle beteiligten und alle betroffenen (sozialen und nichtsozialen) Elemente und auf allen Ebenen der sich durch sie bildenden Formationen.

Literatur

Abbott, Andrew, 1995: „Things of boundaries – Defining the boundaries of social inquiry“, in: *Social Research* 62: 857-882.

Baecker, Dirk, 2002: *Wozu Systeme?* Berlin: Kadmos.

Baecker, Dirk, 2005: *Form und Formen der Kommunikation*. Frankfurt am Main: Suhrkamp.

Baecker, Dirk, 2007: *Studien zur nächsten Gesellschaft*. Frankfurt am Main: Suhrkamp.

Baudrillard, Jean, 1991: *Das System der Dinge. Über unser Verhältnis zu den alltäglichen Gegenständen*. Frankfurt/New York: Campus.

Blumer, Herbert, 1973: „Der methodologische Standort des symbolischen Interaktionismus“, in: Arbeitsgruppe Bielefelder Soziologen (Hrsg.), *Alltagswissen, Interaktionismus und gesellschaftliche Wirklichkeit, Band 1: Symbolischer Interaktionismus und Ethnomethodologie*. Reinbek: Rowohlt.

Bolz, Norbert, 1998: „Die Benutzerillusion der Welt. Zur Bedeutung des Designs für Wirtschaft und Gesellschaft im Zeitalter des Computers“. Verfügbar unter: http://www.mediamatic.net/article-5672-de.html (Stand: 10.8.2007).

Bonsiepe, Gui, 1996: *Interface. Design neu begreifen*. Mannheim: Bollmann Verlag.

Bourdieu, Pierre, 1999: *Die Regeln der Kunst: Genese und Struktur des literarischen Feldes*. Frankfurt am Main: Suhrkamp.

Breiger, Ronald L., 1990: „Social control and social networks: A model from Georg Simmel“, in: Craig Calhoun/Marshall W. Meyer/W.Richard Scott (Hrsg.), *Structures of Power and Constraint. Papers in Honor of Peter M. Blau*. Cambridge: Cambridge University Press: 453-476.

Brooks, Rodney A., 1991: „Intelligence without representation“, in: *Artificial Intelligence* 47: 139-160.

Bürdek, Bernhard E., 2005: *Design. Geschichte, Theorie und Praxis der Produktgestaltung*. 5. Auflage. Basel/Berlin et al.: Birkhäuser.

Callon, Michel/Bruno Latour, 1992: „Don’t throw the babys out with the bath school! A reply to Collins and Yearley“, in: Andrew Pickering (Hrsg.), *Science as Practice and Culture*. Chicago: University of Chicago Press: 343-368.

Castells, Manuel, 2001: *Der Aufstieg der Netzwerkgesellschaft. Teil 1 der Trilogie Das Informationszeitalter*. Opladen: Leske + Budrich.

Cross, Nigel, 2006: *Designerly Ways of Knowing*. London et al.: Springer.

Csikszentmihalyi, Mihaly/Eugene Rochberg-Halton, 1989: *Der Sinn der Dinge. Das Selbst und die Symbole des Wohnbereichs.* München/Weinheim: PVU.
Drucker, Peter F., 2002: *Managing in the Next Society.* Oxford: Butterworth-Heinemann.
Eco, Umberto, 1972: *Einführung in die Semiotik.* München: Wilhelm Fink.
Elias, Norbert, 1995: *Über den Prozeß der Zivilisation. Soziogenetische und psychogenetische Untersuchungen, Bd. I: Wandlungen des Verhaltens in den weltlichen Oberschichten des Abendlandes.* 19. Auflage. Frankfurt am Main: Suhrkamp.
Erlhoff, Michael, 1987: „kopfüber, zu Füßen. Prolog für Amimateure", in: Katalog zu *documenta* 8, Band 1, Kassel: Weber + Weidemeyer: 107-114.
Esposito, Elena, 2004: *Die Verbindlichkeit des Vorübergehenden: Paradoxien der Mode.* Frankfurt am Main: Suhrkamp.
Fuhse, Jan, 2010: „ Zu einer relationalen Ungleichheitssoziologie", in: Jan Fuhse/Sophie Mützel (Hrsg.), *Relationale Soziologie: Zur kulturellen Wende der Netzwerkforschung.* Wiesbaden: VS Verlag.
Gehlen, Arnold, 1986: *Der Mensch. Seine Natur und seine Stellung in der Welt.* 13. Auflage. Wiesbaden: Aula.
Goffman, Erving, 1997: *Wir alle spielen Theater. Die Selbstdarstellung im Alltag.* 6. Auflage. München: Piper.
Gugutzer, Robert, 2002: *Leib, Körper und Identität. Eine phänomenologisch-soziologische Untersuchung zur personalen Identität.* Wiesbaden: Westdeutscher Verlag.
Hamm, Bernd/Ingo Neumann, 1996: *Siedlungs-, Umwelt- und Planungssoziologie. Ökologische Soziologie Band 2.* Opladen: Leske + Budrich.
Häußling, Roger, 2007: „Zur Positionsvergabe im Unterricht – Interaktionen und Beziehungen in ersten Schulklassen und ihre Folgen", in: Kristin Westphal/Nicole Hoffmann (Hrsg.), *Orte des Lernens. Beiträge zu einer Pädagogik des Raumes.* Juventa: Weinheim/München: 207-224.
Häußling, Roger (Hrsg.), 2009a: *Grenzen von Netzwerken.* Wiesbaden: VS Verlag.
Häußling, Roger, 2009b: „Video analysis with a four-level interaction concept: A network-based concept of human-robot interaction", in: Ulrike Tikvah Kissmann (Hrsg.), *Video Interaction Analysis. Methods and Methodology.* Frankfurt am Main et al.: Peter Lang Verlag: 107-131.
Häußling, Roger, 2009c: „Zur Bedeutung von Emotionen für soziale Beziehungen. Möglichkeiten und Grenzen der Netzwerkforschung", in: Roger Häußling (Hrsg.), *Grenzen von Netzwerken.* Wiesbaden: VS Verlag: 82-104.
Hellmann, Kai-Uwe, 2003: *Soziologie der Marke.* Frankfurt am Main: Suhrkamp.
Hörning, Karl H., 2001: *Experten des Alltags. Die Wiederentdeckung des praktischen Wissens.* Weilerswist: Velbrück.
Hörning, Karl H./Rainer Winter (Hrsg.), 1999: *Widerspenstige Kulturen. Cultural Studies als Herausforderung.* Frankfurt am Main: Suhrkamp.
Jansen, Dorothea/Klaus Schubert (Hrsg.), 1995: *Netzwerke und Politikproduktion: Konzepte, Methoden, Perspektiven.* Marburg: Schüren.
Joerges, Bernward, 1996: *Technik, Körper der Gesellschaft. Arbeiten zur Techniksoziologie.* Frankfurt am Main: Suhrkamp.
Kalka, Jochen/Florian Allgayer (Hrsg.), 2006: *Zielgruppen: wie sie leben, was sie kaufen, woran sie glauben.* Landsberg am Lech: mi-Verlagsgruppe.
Karmasin, Helene, 1998: *Produkte als Botschaften: Individuelles Produktmarketing, konsumentenorientiertes Marketing, Bedürfnisdynamik, Produkt- und Werbekonzeptionen, Markenführung in veränderten Umwelten.* 2. Auflage. Wien: Ueberreuter.
Knorr-Cetina, Karin, 1984: *Die Fabrikation von Erkenntnis. Zur Anthropologie der Naturwissenschaften.* Frankfurt am Main: Suhrkamp.
König, René, 1999: „Menschheit auf dem Laufsteg: Die Mode im Zivilisationsprozess", in: Heine von Alemann/Hans-Joachim Hummell/Oliver König/Hans Peter Thurn (Hrsg.), *Band 6 der René König Schriften – Ausgabe letzter Hand.* Opladen: Leske + Budrich.
Kreckel, Reinhard, 1992: *Politische Soziologie der sozialen Ungleichheit.* Frankfurt am Main: Campus.
Latour, Bruno/Steve Woolgar, 1979: *Laboratory Life: The Social Construction of Scientific Facts.* Beverly Hills et al.: Sage.
Lawson, Bryan, 2006: *How Designers Think: The Design Process Demystified.* 4. Auflage. Oxford: Architectural Press.

Lindemann, Gesa, 1999: „Doppelte Kontingenz und reflexive Anthropologie", in: *Zeitschrift für Soziologie* 28: 165-181.

Löw, Martina, 2001: *Raumsoziologie*. Frankfurt am Main: Suhrkamp.

Luhmann, Niklas, 2004: *Schriften zur Pädagogik*, hrsg. v. Dieter Lenzen. Frankfurt am Main: Suhrkamp.

Lynch, Michael/Eric Livingston/Harold Garfinkel, 1985: „Zeitliche Ordnung in der Arbeit des Labors", in: Wolfgang Bonß/Heinz Hartmann, (Hrsg.): *Entzauberte Wissenschaft: Zur Realität und Geltung soziologischer Forschung*. Sonderband 2 der „Sozialen Welt", Göttingen: 179-206.

Mauss, Marcel, 1968: *Die Gabe: Form und Funktion des Austausches in archaischen Gesellschaften*. Frankfurt am Main: Suhrkamp.

Müller-Doohm, Stefan, 1995: „Visuelles Verstehen – Konzepte kultursoziologischer Bildhermeneutik", in: Thomas Jung/Stefan Müller-Doohm (Hrsg.): *„Wirklichkeit" im Deutungsprozeß. Verstehen und Methoden in den Kultur- und Sozialwissenschaften*. 2. Auflage. Frankfurt am Main: Suhrkamp: 438-457.

Pickering, Andrew, 1993: „The mangle of practice: Agency and emergence in the sociology of science", in: *American Journal of Sociology* 99: 559-593.

Platz, Axel, 2006: „Horror Vacui? Die Leerstelle als Paradigma im User Interface Design", in: Maximilian Eibl/Harald Reiterer/Peter F. Stephan/Frank Thissen (Hrsg.), *Knowledge Media Design. Theorie, Methodik, Praxis*. 2. Auflage. München: Oldenbourg: 237-244.

Plessner, Helmuth, 1975: *Die Stufen des Organischen und der Mensch. Einleitung in die philosophische Anthropologie*. 3. Auflage. Berlin/New York: Walter de Gruyter.

Rammert, Werner, 2003: „Technik in Aktion: Verteiltes Handeln in soziotechnischen Konstellationen", in: Thomas Christaller/Josef Wehner (Hrsg.), *Autonome Maschinen*. Wiesbaden: Westdeutscher Verlag: 289-315.

Rempen, Thomas, 1994: „Von der Industriekultur zum Medienkult", in: *Zeitschrift form* 148: 12-13.

Schäfers, Bernhard, 2003: *Architektursoziologie. Grundlagen – Epochen – Themen*. Opladen: Leske + Budrich.

Schulze, Gerhard, 1997: *Die Erlebnisgesellschaft. Kultursoziologie der Gegenwart*. 7. Auflage. Frankfurt am Main: Campus.

Schulz-Schaeffer, Ingo, 1998: „Akteure, Aktanten und Agenten: Konstruktive und rekonstruktive Bemühungen um die Handlungsfähigkeit von Technik", in: Thomas Malsch (Hrsg.), *Sozionik*. Berlin: Sigma: 129-168.

Schulz-Schaeffer, Ingo, 2000: *Sozialtheorie der Technik*. Frankfurt am Main: Campus.

Schütz, Alfred/Thomas Luckmann, 1975: *Strukturen der Lebenswelt, Band 1*. Neuwied: Luchterhand.

Selle, Gert/Jutta Boehe, 1986: *Leben mit den schönen Dingen. Anpassung und Eigensinn im Alltag des Wohnens*. Hamburg: Rowohlt.

Simmel, Georg, 1989: *Philosophie des Geldes. Band 6 der Georg-Simmel-Gesamtausgabe*, hrsg. v. David P. Frisby/Klaus Christian Köhnke. Frankfurt amMain: Suhrkamp.

Simmel, Georg, 1992: *Soziologie. Untersuchungen über die Formen der Vergesellschaftung, Band 11 der Georg-Simmel-Gesamtausgabe*, hrsg. v. Otthein Rammstedt. Frankfurt am Main: Suhrkamp.

Simmel, Georg, 1995: *Philosophie der Mode (1905), Die Religion (1906/1912), Kant und Goethe, (1906/1916), Schopenhauer und Nietzsche. Band 10 der Georg-Simmel-Gesamtausgabe*, hrsg. v. Michael Behr. Frankfurt am Main: Suhrkamp.

Simmel, Georg, 1996: *Hauptprobleme der Philosophie, Philosophische Kultur. Band 14 der Georg-Simmel-Gesamtausgabe*, hrsg. v. Rüdiger Kramme/Otthein Rammstedt. Frankfurt am Main: Suhrkamp.

Steffen, Dagmar, 2000: *Design als Produktsprache. Der „Offenbacher Ansatz" in Theorie und Praxis*. Frankfurt am Main: Verlag form.

Suchman, Lucy, 1987: *Plans and Situated Actions*. Cambridge: Cambridge University Press.

Weick, Karl E./Kathleen M. Sutcliffe, 2003: *Das Unerwartete managen. Wie Unternehmen aus Extremsituationen lernen*. Stuttgart: Klett-Cotta.

West, Harry, 2007: „The cross-discipline design imperative", in: *Business Week* 10.4.2007.

White, Harrison C., 1992: *Identity and Control. A Structural Theory of Social Action*. Princeton: Princeton University Press.

White, Harrison C., 2008: *Identity and Control. How Social Formations Emerge*. Princeton: Princeton University Press.

Willke, Helmut, 2005: *Symbolische Systeme. Grundriss einer soziologischen Theorie*. Weilerswist: Velbrück.

Qualitätskonstruktion und Marktstrukturen
Ein Vergleich der Économie des conventions mit dem Marktmodell von Harrison White

Rainer Diaz-Bone

„This is the claim: Every social mechanism is mediated by discourse in reproducing itself."
(White 2002:300)

1. Einleitung

In diesem Beitrag werden zunächst der wirtschaftssoziologische Ansatz der Économie des conventions (Ökonomie der Konventionen, im Folgenden kurz: EC) und das netzwerktheoretische Marktmodell von Harrison C. White vorgestellt und auf ihre jeweilige Bedeutung für die Soziologie des Marktes hin untersucht. Die Zielsetzung dieses Beitrags lautet, beide Ansätze in Hinblick auf ihre Lösungsvorschläge für eine gemeinsame Problematik zu vergleichen und zu bewerten.

Bei der genannten Problematik handelt es sich um die für die neue amerikanische und französische Wirtschaftssoziologie zentrale Fragestellung, wie die Zuschreibung als soziale Konstruktion von Qualität (sowohl derjenigen von Produkten als auch derjenigen von Produzenten) in Märkten erfolgt. Einig sind sich die EC und Harrison White darin, dass beide den Mechanismus der Qualitätszuschreibung als konstitutiv für Märkte identifizieren: Wenn eine kollektiv wahrnehmbare (und für den jeweiligen Markt auch von allen Beobachtern geteilte) Qualitätszuschreibung nicht zustande kommt, dann kommen Märkte als dauerhaft soziale Strukturen nicht zustande. Gemeinsam ist beiden Ansätzen auch, dass sie Märkte als Felder konzipieren, in denen verschiedene Qualitätspositionen relational aufeinander bezogen sind und als Grundlage für die marktinterne Differenzierung dienen. White bringt jedoch mit der Konzipierung von Produktionsketten als *Netzwerkstrukturen* (von Lieferanten, Produzenten, Abnehmern) darüber hinaus noch eine genuin netzwerktheoretische Perspektive in sein Marktmodell ein, die ebenfalls relational ansetzt. Die EC führt (ähnlich wie die mit ihr zusammenhängende Actor-Network-Theory von Bruno Latour und Michel Callon) die Handlungsvernetzung von Qualitätskonventionen, Wissensformaten und Wissenskonzepten sowie Objekten ein, so dass Qualität hier auch als durch eine (allerdings andere) Form der Relationierung gedacht werden kann – nämlich als Form (Konvention) für die Qualitätskonstruktion, die sich gegenüber anderen Formen der Qualitätskonstruktion relational positioniert und so absetzt bzw. Kompromisse eingeht.

2. Économie des conventions

Die EC ist Teil der neuen französischen Sozialwissenschaften, die im Raum Paris seit den 1980er Jahren entstanden sind (Corcuff 2007; Dosse 1999). Die EC verbindet eine pragmatische Handlungstheorie mit dem Begriff der Konvention als Strukturkonzept. Diese Verbindung ermöglicht, Akteuren eine interpretative Rationalität zuzuerkennen und Konventionen als kulturelle und kollektive kognitive Schemata für die Qualitätskonstruktion und Qualitätswahrnehmung sowie für die Situationsdefinition in Märkten bzw. Organisationen praktisch handhaben zu können. Damit wird die EC zu einem eigenständigen institutionalistischen Ansatz (Diaz-Bone 2009a). Das Konzept der Qualitätskonstruktion – so wie es durch die Vertreter der EC entwickelt wurde – kann kritisch und vergleichend auf das Marktmodell von Harrison White bezogen werden.

Die frühen Arbeiten von White (1981a, 1981b) zu einem soziologischen, netzwerktheoretisch begründeten Marktmodell gelten als Gründungsmomente der „new economic sociology". Von der EC kann man analog dazu als vom Zentrum der neuen französischen Wirtschaftssoziologie sprechen (Dosse 1999).

Die EC ist der erste institutionalistische Ansatz, der aus einer transdisziplinären Kooperation zwischen Soziologen, Wirtschaftswissenschaftlern und Statistikern hervorgegangen ist. Seit Mitte der 1980er Jahre haben die Vertreter der EC wirtschaftssoziologische Problemstellungen aufgegriffen, wie insbesondere:

- Wie koordinieren Akteure ihre Handlungen im Bereich der Wirtschaft in Situationen, die durch Unsicherheit gekennzeichnet sind?
- Wie kann man erklären, dass Akteure Standards und Formen der Beurteilung und Qualitätseinschätzung teilen können?
- Wie kann man die faktische Pluralität der verschiedenen Rationalitäten in realen ökonomischen Situationen und institutionellen Arrangements erklären?

Die EC ist zum einen deshalb in Frankreich zum prominentesten Ansatz der neuen Sozialwissenschaften geworden, weil sie diese traditionellen Fragen der Wirtschaftssoziologie und der Wirtschaftswissenschaften in innovativer Weise auf das Konzept der Konvention und auf neue Akteurskonzepte bezogen und damit versucht hat, neuartige Antworten auf klassische Fragestellungen zu geben. Zum anderen hat die EC nun ihrerseits Beiträge zu den Grundlagen der soziologischen Handlungstheorie (Dosse 1999, Nachi 2006) beigesteuert – insbesondere zur Theorie der pragmatisch-kritischen Kompetenz von Akteuren, sich reflexiv in kritischen Situationen auf Qualitätskonventionen („Rechtfertigungsordnungen") zu beziehen und so zugleich die Handlungen sowie Objekte in der Ökonomie durch die Praxis der Qualitätszuschreibungen als Sachverhalte mit Wertigkeit hervorbringen zu können.[1]

1 Hier wird argumentiert, dass man die Konzepte der Rechtfertigungsordnung (Boltanski/Thévenot 2007) und der Qualitätskonvention (Eymard-Duvernay 1989, 2004; Thévenot 1989) praktisch gleichsetzen kann. Die Arbeit von Boltanski/Thévenot ist die konzeptionelle Grundlage für die EC.

Im vorliegenden Beitrag wird argumentiert, dass der Ansatz der EC ausgelegt werden kann als eine pragmatisch-kulturalistische Form einer relationalen Soziologie. Dabei ist die EC insofern als ein nachstrukturalistisches Paradigma aufzufassen, als sie auch aus der Kritik an den Bourdieu'schen Konzepten von Struktur (Feld/Habitus) hervorgegangen ist, bei denen sie das Fehlen eben dieser reflexiven Akteurskompetenzen angemahnt hat (Diaz-Bone 2006). Nachdem das Konzept der Konvention und das Marktmodell von White eingeführt worden sind, ist aus der Perspektive der EC anschließend die Bedeutung von kulturellen bzw. kollektiven kognitiven Schemata für das Marktmodell von Harrison White anzufragen.

Diese „Anfrage" ist keine neue. Vielmehr handelt es sich um die Rekapitulation und Aktualisierung einer Diskussion (Konferenz), die in Frankreich bereits zwischen Harrison White und den Vertreten der EC in den 1990er Jahren geführt wurde (Favereau/Lazega 2002). Sie hat zu einer Ausarbeitung des whiteschen Marktmodells geführt (White 2002), die nun als Marktsoziologie selber Teil der kulturalistischen Wende in der Netzwerktheorie geworden ist, die White aber auch insgesamt in seiner allgemeinen Netzwerktheorie vollzogen hat (1992, 2008a). Damit wird die ursprünglich a-kulturalistische Position der whiteschen Netzwerktheorie, die sich anfangs als Gegenprogramm zum parsonsschen Strukturfunktionalismus verstand, gewendet (Breiger 2008; White/Boorman/Breiger 1976). Diese Wendung ist allerdings keine „Rückkehr zu Parsons", sondern eine netzwerktheoretische Erweiterung um Konzepte von Kultur beziehungsweise um netzwerktheoretische Modellierungen von Kultur. Diese wird (immer noch) nicht als Wertsystem konzipiert, sondern letztlich auch strukturalistisch interpretiert: Kultur und Werte sind an die Netzwerkbeziehungen gebunden, in die Personen eingebettet sind. Die Struktur der Einbettung und die Differenzierung sozialer Netzwerke anhand von sozialen Kategorien *(catnets)* oder thematischen Netzwerkbereichen *(netdoms)* ermöglichen damit eine relationale Kulturkonzeption, die Kultur nicht als eigenes Teilsystem auffasst (White 2008a). Werte emergieren demnach aus organisierten Netzwerkstrukturen. Mit dem Konzept der „styles" hat White (2002, 2003, 2008a, 2008b) ein Konzept für kulturelle Schemata vorgeschlagen, die als grundlegendere kulturelle Formen die Netzwerktheorie mit einem Konzept von kognitiven Tiefenstrukturen ausstatten und so als strukturalistische Kulturtheorie reaktualisieren.[2]

2 Eine Bewegung, die die EC im Verhältnis zur bourdieuschen Theorie ebenfalls vollzogen hat. Hier haben die Arbeiten der Schüler Bourdieus (Boltanski und Thévenot) zu einer Neuaufnahme pragmatischer und ethnomethodologischer Theoreme geführt. Die Folge war, dass man in Frankreich seit den 1990er Jahren von einer neuen französischen Sozialwissenschaft spricht (Corcuff 2007; Nachi 2006), die in innovativer Weise pragmatische und strukturalistische Theoreme kombiniert (Diaz-Bone 2006, 2007, 2010).

3. Konventionen

Das Konzept der Konvention ist zwar das namensgebende Zentralkonzept der EC, aber wird in der Theoriearchitektur der EC durch eine ganze Reihe weiterer Konzepte ergänzt. Die EC ist in eine neue französische Theoriekultur eingebettet, die in Frankreich durch den Bruch mit Bourdieus Theorie und insbesondere mit den Konzepten von Feld und Habitus entstanden ist. Bourdieus Konzepte werden seit den späten 1980er Jahren aus Sicht einer entstehenden (neo)pragmatischen Soziologie kritisiert. Denn ihr zufolge ist im bourdieuschen Denken das Handeln durch die Position im Feld und durch den Habitus als inkorporierter Sozialstruktur determiniert. Die EC bricht aber auch an wichtigen Punkten mit grundlegenden Konzepten der Wirtschaftswissenschaften, so mit der Vorstellung a priori gegebener Güter, einer gegebenen Rationalität und gegebener ökonomischer Institutionen für die Handlungskoordination. Aus Sicht der EC kann an genau diesen „Bruchpunkten" das Konzept der Konventionen herangezogen werden, um die Theoriedefizite der Wirtschaftswissenschaften zu kompensieren. Konventionen sind kulturelle Schemata für das Denken, das Bewerten und die Handlungskoordination in sozialen Situationen. An dieser Stelle ist es wichtig, darauf hinzuweisen, dass diese Schemata weder inkorporierte und automatisch ausgeführte Regeln für die Koordination noch einfache Rationalitätsmodelle sind, die auf simplen Kalkülen fußen wie die Rational-Choice-Modelle oder das Homo-oeconomicus-Modell.

Aus Sicht der EC stellen Konventionen vielmehr Entwicklungen von solchen Akteuren dar, denen zuerkannt wird, dass sie verschiedene Handlungslogiken für die Lösung von Koordinations- oder Evaluationsproblemen in Situationen bewerten können. Luc Boltanski und Laurent Thévenot haben als erste die Mikrophysik dieser auf Konventionen basierenden kollektiven Handlungen analysiert und eine systematische Theorie der Wertigkeitsordnungen vorgelegt (diese werden in der EC eben als Konventionen bezeichnet). In „Über die Rechtfertigung" (Boltanski/Thévenot 2007) arbeiten sie heraus, wie Akteure den Wert von anderen Akteuren, von Handlungen und von Objekten nicht nur reflektieren, sondern auch kritisieren und rechtfertigen. Aus Sicht dieser Theorie der Wertigkeitsordnungen müssen Handelnde in einer kohärenten Art und Weise die Situationen und das Handeln anderer Akteure interpretieren, damit eine erfolgreiche Koordination zustande kommen kann. Eine erfolgreiche Handlungskoordination ist kontingent, weil die Weisen der Interpretationen der beteiligten Akteure sich unterscheiden können. Die kulturelle Ressource, auf die Akteure sich in Koordinationssituationen für deren erfolgreiche Bewältigung stützen können, sind nun eben die in solchen Situationen geteilten Konventionen. *Uno actu* sind Akteure – so die pragmatische Position dieses Ansatzes – in der Lage, sich über die angemessene Konvention in einer gegebenen Situation zu verständigen und sie handelnd auch zu nutzen, womit gemeint ist, dass eine Konvention herangezogen wird, um die Koordination für ein gemeinsames Handlungsziel herzustellen. Michael Storper und Robert Salais (1997) haben die Einführung von Konventionen in Situationen anschaulich beschrieben und versucht zu erklären, wie Konventionen auf Dauer gestellt werden können:

> „Conventions resemble ‚hypotheses' formulated by persons with respect to the relationship between their actions and the actions of those on whom they must depend to realize a goal. When interactions are reproduced again and again in similar situations, and when particular courses of action have proved successful, they become incorporated in routines and we then tend to forget their initially hypothetical character. Conventions thus become an intimate part of the history incorporated in behaviors. […] Thus convention refers to the simultaneous presence of these three dimensions: (a) rules of spontaneous individual action, (b) constructing agreements between persons, and (c) institutions in situations of collective action; each has a different spatio-temporal extent, and they overlap in complex ways at a given moment in any given situation." (Storper/Salais 1997: 16-17, Herv. i. Orig.)

Der pragmatische Einfluss der EC kann in der angenommenen Ontologie der Konventionen gesehen werden, da diese nicht als dem Handeln äußerliche Strukturen betrachtet werden. Konventionen werden viable Formen der Koordination, wenn sie von den Handelnden in realen Situationen als solche interpretiert werden beziehungsweise in ihrer Interpretation so durch das Handeln *realisiert* werden. Demnach können Handelnde die Konventionen in die Koordinationssituation erfolgreich einbringen, weil sie unterstellen, dass deren Existenz bei den Beteiligten ebenfalls angenommen wird. Dabei müssen sie kompetent sein, um diese Konventionen zu handhaben, zu reproduzieren oder zu ändern. Man könnte also sagen, dass Konventionen realisiert werden, indem sie durch das Handeln „performt" werden. Die Folgerung ist, dass man eigentlich nicht von Konventionen als von bedingenden Strukturen für das Handeln sprechen kann (im Sinne Bourdieus) oder dass das Handeln in Konventionen „eingebettet" (im Sinne Granovetters) ist. Zwar können Konventionen, die auf Dauer gestellt wurden und dann zum Inventar einer Kultur gehören, als objektivierte Strukturen betrachtet werden, aber eine eigentliche Existenz haben sie in der kreativen und reflexiven Performanz – und nicht lediglich in einer Ausführung durch das Handeln. Konventionen sind aus Sicht der EC eben keine simplen Regeln (Diaz-Bone 2009a). Hierin zeigt sich die pragmatische Perspektive auf die Performativität von Strukturen, die gerade die reflexiv-kritischen (und eben nicht: habituellen) Kompetenzen der Akteure betont.

Man muss betonen, dass Konventionen nicht einfach aus Akteur-Akteur-Relationen emergieren, sondern in Akteur-Objekt-Konzept-Relationen entstehen (in die auch die Akteur-Akteur-Relationen eingebettet sind). Boltanski und Thévenot haben auf dem komplexen Charakter von Konventionen bestanden. Konventionen fundieren eine Weise der Welterzeugung – um ein Konzept von Nelson Goodman (2004) zu verwenden. Konventionen sind nicht das Resultat von ad hoc getroffenen Übereinkünften zwischen zwei Personen.[3] Sie erhalten den Status kultureller Schemata vielmehr schrittweise, so dass man *danach* davon sprechen kann, dass Konventionen für das kompetente Handeln

3 Damit setzen sich die EC kritisch von Lewis (1969) ab, der ein spieltheoretisches Konventionenkonzept entwickelt hat.

als strukturierende Prinzipien in einem sozialen Raum oder einem Feld zur Verfügung stehen. Konventionen fundieren dann eine Weltsicht und eine Metaphysik des Sozialen. Dies deshalb, weil Konventionen eine virtuelle und ideale Form der Gemeinschaft beinhalten, die eine gemeinsame Form der humanen Wertigkeit und der Moralität anstrebt. Konventionen beinhalten auch ein allgemeines Prinzip, das begründet, auf welche Weise Personen und Objekte in Beziehung gesetzt und verglichen werden können, das heißt praktisch: wie sie vergleichbar gemacht werden können und wie man die Wertigkeit in diesen (rechtfertigenden) Vernetzungen von Akteuren, Konzepten und insbesondere Objekten begründen kann. Diese Konventionen-basierte Praxis der Vernetzung bezieht dabei die Akteure und Objekte auf das gemeinsame allgemeine Prinzip und kann dadurch Wertigkeit *(grandeur)* zuschreiben, wobei diese Zuschreibung nun eine zugleich erst konstruierende Zuschreibung ist und diese Wertigkeit in Situationen der Kritik (wenn diese Wertigkeit als fraglich gilt) dann auch belegt werden kann.

Anerkennung von Status und Zuschreibung der Wertigkeit sowohl von Personen als auch von Objekten erfolgen in Netzwerken, in denen Handlungen die Relationen herstellen und die Knoten dann Personen, Konzepte und Objekte sind. Diese Knoten erhalten ihre ontologische Realität innerhalb dieses Netzwerks, denn ihre Ontologie ist weder vorher gegeben noch unveränderbar. Die Art und Weise des Netzwerkens wird geprägt durch die Konventionen als pragmatische Logik für die Koordination zwischen Akteuren, und die EC vertritt ein relationales, kein substanzielles Konzept von Gütern/Produkten sowie deren Qualität. Insbesondere diese Aspekte verweisen auf die EC als einen Ansatz der relationalen Soziologie und heben hervor, dass die EC eng verbunden ist mit der Actor-Network-Theory, mit der sie in Frankreich zeitgleich und von Anfang an in enger Diskussion stehend entstanden ist.

Ein weiterer Zug der EC als einer relationalen Soziologie ist die Perspektive, dass viele Situationen durch eine Pluralität von Konventionen geprägt sein können. Damit reicht es nicht zu postulieren, die pragmatische Rationalität der Akteure sei interpretativ, kritisch und reflexiv. Akteure müssen zudem in der Lage sein, konfligierende Konventionen zu Kombinationen oder Kompromissen auszuarbeiten. Damit sind Konventionen untereinander in vielen Feldern und insbesondere in Märkten relational aufeinander bezogen: Sie bilden ein Set von Relationen. Dort, wo Konventionen aneinander vermittelbar zu sein scheinen, können Akteure „Kompromisse“ (Mischformen) ausarbeiten. Und: Akteuren wird durch die EC in diesen Feldern beziehungsweise Märkten auch die reflektive Kompetenz zugeschrieben, die Kritik *an einer Konvention aus der Perspektive einer anderen Konvention* einzunehmen und diskursiv auszutragen. Boltanski und Thévenot (2007) haben in ihrer Studie eine Matrix vorgelegt, anhand derer sie die von ihnen differenzierten sechs Konventionen paarweise auf ihre Konfliktlinien und möglichen Kompromisse hin dekliniert haben.

Damit kann man – empirisch gewendet – für jedes Feld das Set der dort relevanten Konventionen sowie das zugehörige System der Relationen zwischen diesen Konventionen als System von Konfliktlinien und Kompromisslinien analysieren. Anders formuliert: Ein Set relevanter Konventionen kann als ein kulturelles Netzwerk zwischen Konventionen als Knoten und Konflikten/Kompromissen als Beziehungsformen konzipiert werden. Diese Beziehungsformen werden ihrerseits durch die Akteure im Feld und in „kritischen" Situationen herausgearbeitet, wenn die Akteure gezwungen sind, Wertigkeiten zu begründen, zwischen verschiedenen Konventionen hin- und herzuwechseln und wenn sie gezwungen sind, einen neuen Ausgleich praktisch zu realisieren.

4. Qualitätskonventionen

Innerhalb der EC hat insbesondere François Eymard-Duvernay (1989, 2004) das Konzept der Konvention als Qualitätskonvention spezifiziert. Demnach beziehen die Akteure in Produktionsprozessen den gesamten Produktionsprozess auf eine Konvention als eine kollektive „Blaupause" für die Organisation der Produktion. Eymard-Duvernay sieht insbesondere je eine Konvention als das jeweilige Hauptprinzip für die auf die Produktion ausgerichtete, intentionale kollektive Koordination. In der Art und Weise, wie Maschinen und Werkzeuge mit Qualifikationen und Handlungen kombiniert werden, bringt die Konventionen-basierte Produktion eine spezifische Produktqualität hervor. Und diese Produktqualität wird im ökonomischen Feld kollektiv als objektive Eigenschaft wahrgenommen – sei es in Organisationen oder im Markt. Eymard-Duvernay spricht von Qualitätskonventionen auch als von Produktionsmodellen, sie sind dann Modelle für das Organisieren in Unternehmen, sie können aber auch unternehmensübergreifend das „interlocking" vieler koordiniert produzierender Unternehmen organisieren, wenn diese über verschiedene Produktionsstufen hinweg miteinander in einer Kette vernetzt sind. Konventionen sind als Qualitätskonventionen Produktionsregime in Unternehmen und Märkten. Anbieter und Nachfrager als Produzenten auf unterschiedlichen Produktionsstufen müssen dafür dieselbe Qualitätskonvention heranziehen, damit eine kohärente Produktion in der Produktionskette möglich wird.

Ein Beispiel: In Märkten (oder Marktregionen – wenn man die Binnendifferenzierung von Märkten betrachtet),[4] in denen die Produktion durch die ökologische Konvention *(green convention)* koordiniert wird, müssen Hersteller und Nachfrager die Regeln für die ökologische Produktion (Wahrung der „ökologischen Integrität der Natur", Vermeidung von Externalitäten, Nachhaltigkeit etc.) respektieren, um in einer kohärenten Weise nach und nach ein ökologisches Produkt herzustellen, das letztlich eben diese kohärente „ökologische" Qualität innehaben soll (Lafaye/Thévenot 1993; Thévenot/Moody/Lafaye 2000).[5]

4 Man kann Märkte insgesamt betrachten oder die Binnendifferenzierung, die aus Sicht der EC durch die in einem Markt etablierten Konventionen markiert wird.

5 Siehe für weitere Analysen zur Differenzierung von Märkten anhand von Konventionen als Differenzierungsprinzipien Diaz-Bone (2007, 2009c) und Salais (2007).

Ein weiteres Beispiel sind Märkte (beziehungsweise Marktregionen), die durch die industrielle Konvention organisiert werden. Hier sind Standardisierung, technische Normen und das industrielle Zeitregime die erforderlichen Kriterien für die Koordinierung (zumeist in einer Massenproduktion). Effiziente Planung, die durch technisch-wissenschaftliche Experten erfolgt, übergreift auch hier die Produktionskette, so dass eine Vielzahl von beteiligten Unternehmen ihre Produktionsabläufe integrieren können.

5. Investition in Formen

Ein weiteres Konzept, das auf dasjenige der Konvention bezogen ist, ist das der Investition in Formen. Eymard-Duvernay und Thévenot haben dieses Konzept entwickelt, um die kollektive kognitive „Formatierung" von Informationen im Produktionsprozess zu beschreiben. Die Konventionen-basierte Koordination der Produktion in Organisationen und Märkten erfordert zugehörige Formen, wie Informationen repräsentiert, übertragen und gespeichert werden. Eymard-Duvernay und Thévenot sprechen von *Investition* in Formen, um hervorzuheben, dass Unternehmer und die Beteiligten an der Konstruktion von Märkten nicht nur in die materielle Instrumentierung für die Produktion, sondern auch in die immaterielle Instrumentierung investieren müssen.

Erneut ein Beispiel: In großen Industrieunternehmen ist ein hoch standardisiertes *numerisches* Format der Informationen erforderlich, zumeist in Form von Grafiken und Tabellen. Im Gegensatz dazu ist das Format der Informationen, das sich an der ökologischen Konvention ausrichtet, die *qualitative* Form der Repräsentation und Speicherung in Erzählungen und anhand von Beispielen. Will man die unterschiedliche Politik der Information auf die Qualitätskonstruktion beziehen, kann man sagen, dass sich – je nach Qualitätskonvention in Produktionsbereichen – die Formatierung der produktions- und qualitätsrelevanten Informationen an der zugehörigen Logik des Signalisierens ausrichten (Spence 2002, White 2002a). Konventionen erhalten mit dieser Formatierung eine manifeste kognitive Infrastruktur, auf die sich die Akteure, die die situativen Anforderungen der Evaluation und Koordination bewältigen müssen, stützen können. Die Investition in Formen ermöglicht insgesamt, dass Konventionen im Produktionsprozess, aber auch in Märkten, eine sozio-kognitive Realisierung erhalten.

6. Konventionen und Märkte

Ohne Konventionen gäbe es keine Märkte, denn Konventionen fundieren die Regeln des Marktes und Konventionen-basierte Handlungen konstruieren die ökonomischen Güter und leisten die Qualitätszuschreibung. Ohne den etablierenden Bezug auf Konventionen könnten sich Unternehmen und Märkte nicht reproduzieren, denn Konventionen prägen die kollektive Evaluation von Zukunftserwartungen, über die Einschätzung von Risiken und über erwartbare Zustände. In diesem Zusammenhang ist nun wieder der Aspekt wichtig, dass auch Märkte durch eine Pluralität von Konventionen geprägt sind. Aber die Kohärenz von Marktsegmenten und der Produktion darin wird durch die Hegemonie einer Konvention (beziehungsweise eines stabilisierten Kompromisses zwischen zwei Konventionen) ermöglicht. Damit können Konventionen als Differenzierungsprinzipien in Märkten aufgefasst werden. Konventionen differenzieren Marktsegmente mit jeweils unterschiedlicher Produktionslogik. Die Konvention, die kurzfristig eingegangenen, geldvermittelten Tausch unter anonymen Tauschpartnern als Koordinierungslogik betrachtet, ist die eigentliche Marktkonvention. Diese ist aber nur eine unter vielen Konventionen, die die unternehmensübergreifende Produktion in Märkten prägt.

7. Diskussion der Markttypen von White

2002 sind mit Whites „Markets from networks" (2002) und dem Sammelband „Conventions and structures in economic organization" von Olivier Favereau and Emmanuel Lazega (2002) zwei aufeinander bezogene einflussreiche Publikationen der neuen Wirtschaftssoziologie erschienen. Bereits 1981 hatte White im Grunde als erster Soziologe die Frage gestellt „Where do markets come from?" (White 1981a) und ein neues und genuin soziologisches Marktmodell entwickelt, das ihm zudem ermöglicht, verschiedene Markttypen zu differenzieren. White (1981a, 1981b, 2002, White/Godart 2007) sieht den Prozess der Marktbildung aus einer netzwerktheoretischen Perspektive: Märkte sind Sets von Produzenten, die sich untereinander beobachten und dabei einerseits versuchen, sich in Qualitätsnischen zu positionieren, um als *einzigartig* wahrgenommen zu werden, und andererseits versuchen, sich so miteinander „aufzustellen", dass sie hinsichtlich des hergestellten Produkts als *untereinander ähnlich* wahrgenommen werden. Das Resultat ist das bekannte Marktprofil, das White in die Marktsoziologie eingeführt hat (Abb. 1).

Um das Marktprofil (und damit den Markt insgesamt) zu reproduzieren, müssen die Produzenten nicht nur stabile Marktnischen finden, sondern darüber hinaus müssen die aggregierten Käufer (Konsumenten) die Qualitätsordnung (Serie der Produzenten-Positionen auf dem Marktprofil) bestätigen. Das heißt praktisch: Die Beurteilung der Qualitätsordnung muss in gleicher Weise durch Produzenten und Konsumenten erfolgen, also nicht nur innerhalb der Gruppe der Produzenten, sondern auch zwischen diesen beiden Gruppen koordiniert erfolgen. Für White steht dabei das Verhältnis von Qualität und Produktionsvolumen auf dem Prüfstand der aggregierten Käufer.

Abbildung 1: Marktprofil (Quelle: White/Godart 2007: 205)

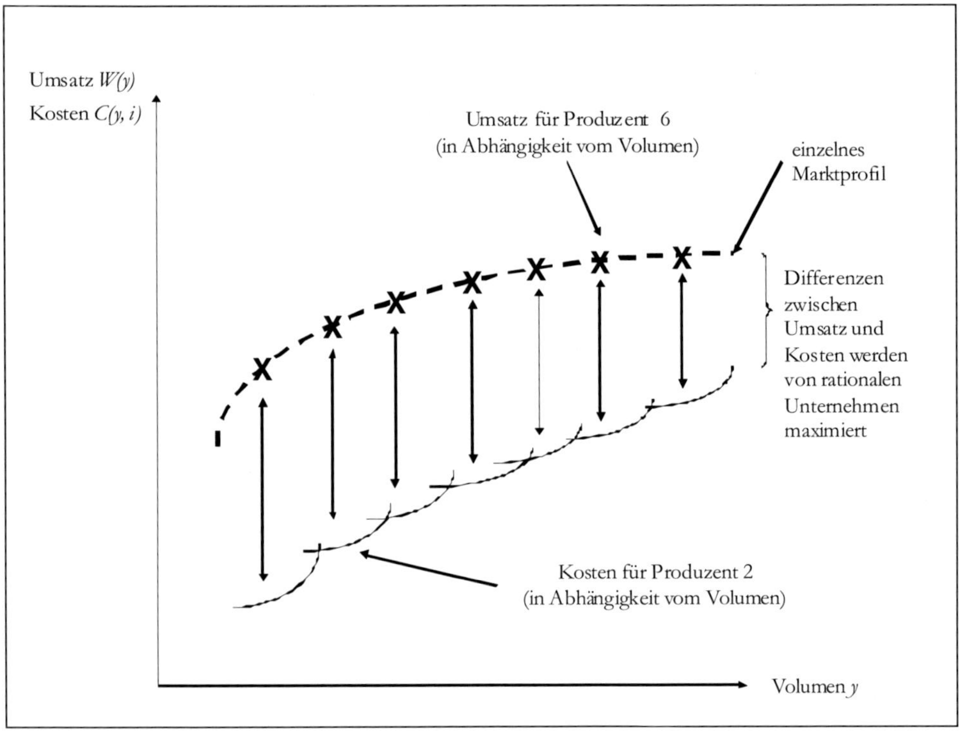

Sollten die (aggregierten) Käufer und die Produzenten die Qualitätspositionen im Markt in *verschiedener* Weise bewerten, dann wäre der Markt nicht stabil und damit als System von Netzwerkbeziehungen nicht reproduzierbar.
Auf der Seite der Käufer ist dabei die zentrale Frage – so White:

> „Wie beurteilt man den (aggregierten) Nutzen als eine Funktion S (s steht für *statisfaction)* des Produktionsvolumens und der Qualitätsposition auf dem Marktprofil?"

Entsprechend ist auf der Seite der Produzenten die Frage:

> „Wie beurteilt man die aggregierten Kosten C (c steht für *costs)* als eine Funktion des Produktionsvolumens und der Qualitätsposition?"

White (1981a, 2002; White/Godart 2007) versucht, beide Fragen anhand folgender formaler Darstellung zu modellieren:

$S(y, n) = r \cdot y^a \cdot n^b$ (Käufer) $C(y, n) = q \cdot y^c \cdot n^d$ (Produzenten) n – Qualitätslevel/Qualitätsposition y – Produktionsvolumen s – Nutzen (für ein Produkt aggregiert über alle Käufer) c – Kosten (für einen Produzenten aggregiert über Volumen) (r, q sind marktspezifische Parameter, die für jeden Markt jeweils empirisch ermittelt werden)

Die Gleichungen für den Nutzen und die Kosten der Produktion beinhalten Parameter (a bis d), die die Wirkung von Änderungen des Qualitätslevels und Änderungen der Produktionsmenge (auf die Beurteilung des Nutzens beziehungsweise auf die Kosten) modellieren. Die Parameter a und b bringen die Käuferseite ein, die Parameter c und d die Produzentenseite. Die Parameter a und c repräsentieren die Sensitivität der Käufer und der Produzenten für Veränderungen des Produktionsvolumens y. Die Parameter b und d repräsentieren die Sensitivität der Käufer und Produzenten für Veränderungen des Qualitätslevels n.

Die Verhältnisse a/c und b/d drücken den Trade-off zwischen Käuferseite und Produzentenseite aus. Änderungen des Produktionsvolumens auf einem Markt werden mit dem Quotienten für die Volumen-Sensitivität (a/c) erfasst. Änderungen des Qualitätslevels werden mit dem Quotienten für die Qualitäts-Sensitivität (b/d) erfasst.[6]

Diese Quotienten liegen nun mit je einer konkreten Ausprägung für jeden Markt vor. Damit ist es möglich, anhand der unterschiedlichen Ausprägungen für diese Quotienten verschiedene Markttypen zu unterscheiden. Zudem kann dann modelliert werden, welche Märkte möglich sind und welche keine stabile Reproduktion des Marktprofils erwarten lassen. White differenziert die verschiedenen Markttypen auf der Ebene der Märkte anhand der zugehörigen Konstellation der beiden gerade eingeführten Quotienten (Abb. 2).

Letztlich differenzieren sich auch hier Märkte danach, ob und wie die Bewertungen von Käufern und Produzenten so koordiniert sind, dass Märkte funktionieren.[7] So wie die EC, so findet auch White eine Vielzahl von Markttypen vor, von denen das neoklassische Marktmodell nur eines ist („perfekter Wettbewerb").

6 Ausführlicher dazu White (2002) und White/Godart (2007).

7 Für eine Diskussion der Eigenschaften der von White unterschiedenen Markttypen siehe ausführlicher wieder White (2002) und White/Godart (2007).

Abbildung 2: „Ebene der Märkte" (Quelle: White/Godart 2007:208)

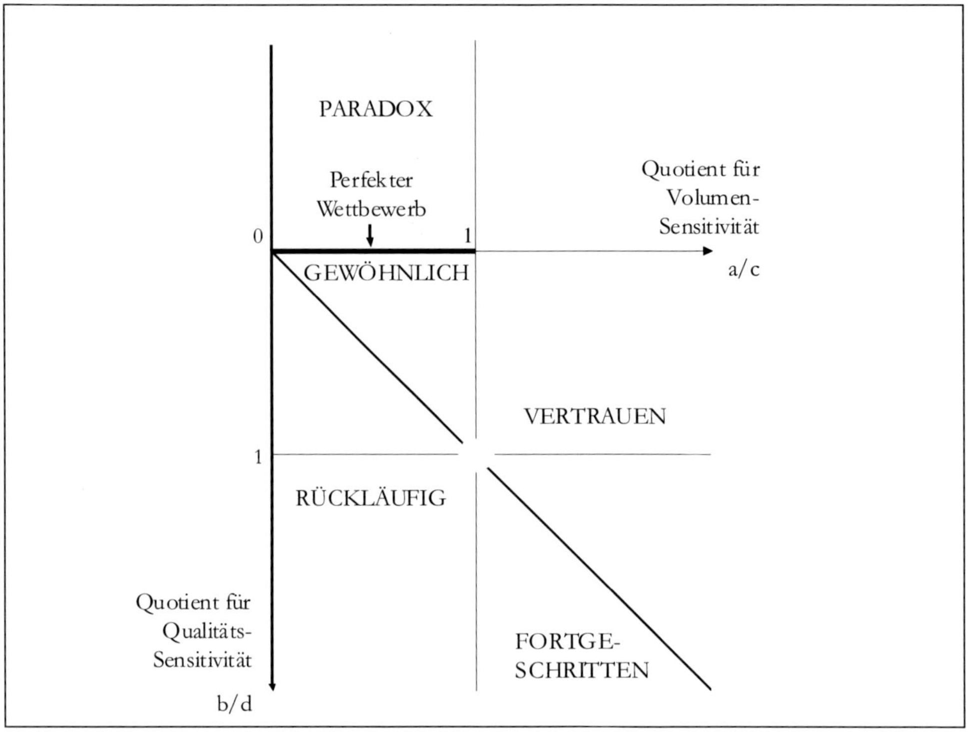

Die EC hat die Frage „Where do markets come from?" in den 1990er Jahren aufgegriffen und mit den Qualitätskonventionen eine alternative Antwort vorgelegt. Aus Sicht der EC werden die Koordinationen in Märkten und die Stabilisierung von Märkten nur voll verständlich, wenn man die Qualitätskonventionen hinzuzieht und das Marktgeschehen als eingebettet in diese kulturellen Schemata reinterpretiert. Aus Sicht der EC sind die Konstellationen der Sensitivitäten jeweils fundiert in zugehörigen Konventionen. Mitte der 1990er Jahre erschien daher den Vertretern der EC, dass in dem Marktmodell von White noch ein kultursoziologisches Konzept – demjenigen der Konvention in der EC vergleichbar – fehlt. Denn dass die Qualitäts- und Volumen-Sensitivitäten zwischen Käufern und Produzenten in den verschiedenen Markttypen erfolgreich und damit stabil koordiniert werden können, liegt an Konventionen, die jeweils einem Markttyp zugeordnet werden können (Favereau/Biencourt/Eymard-Duvernay 2002).[8]

8 Auch White hat eine solche Korrespondenz von durch die EC identifizierten Konventionen zumindest für einige der von ihm eingeführten Markttypen diskutiert (White 2002: 154 f.).

8. Styles und Konventionen

Bereits in der ersten Version von „Identity and control" hat White (1992: 166 ff.) ein Konzept eingeführt, das man nun auf diese Anfrage der EC anführen kann: „style". Styles sind Konventionen ähnlich, weil sie allgemeinere Schemata darstellen, zumeist implizit bleiben und generative kulturelle Ressourcen bilden. Genauer sind *styles* Mechanismen, die soziale Prozesse netzwerkübergreifend „mustern" *(patternings)*. White führt das Konzept des *style* als Gegenpart zum Konzept der Institution ein und bezieht beide aufeinander, um einerseits zu erklären, wie verschiedene Netzwerke ähnliche Strukturen auch ohne institutionelle Fundierung ausbilden können (White 2002, Kap. 5), und um andererseits zu zeigen, wie Institutionen ein Beharrungsvermögen aufgrund dieser kulturellen Formen erhalten können (White 2003).[9]

Bemerkenswert ist nun, dass das Konzept *style* in Whites Marktmodell keine Rolle spielt (es bleibt in seiner Monografie zum Marktmodell unerwähnt [White 2002]). Für White scheint die Fundierung der Qualitätsdefinitionen auf einem kulturellen Schema (wie der Konvention) kein theoretisches Desiderat zu sein.[10] Dafür gibt es offenbar zwei Gründe: Zum einen reduziert White die Qualitätszuschreibung letztlich auf die Reputation in Netzwerken (White 2002, Kap. 15). Zum anderen zieht er ein neues Konzept heran, indem er auf die Funktion von Diskursen in Netzwerken für die Marktkonstitution und Reproduktion der Marktordnung hinweist.

Diskurse, die in den Netzwerken zirkulieren, ermöglichen die Positionierung und die Qualitätszuschreibung von Produzenten beziehungsweise Produkten (White 2000, 2002). White greift hier das diskurslinguistische Konzept des *register* auf, das M. A. K. Halliday in seiner systemisch funktionalen Linguistik eingeführt hat (Halliday 1976; 2004). Register sind die linguistisch konzipierte Diskursordnung, die sich an der Oberfläche an dem Begriffsinventar manifestiert, das sich von Diskurs zu Diskurs unterscheidet. Es gibt eine Vielzahl regionaler Diskursformen, die dann *register* genannt werden. Anhand der *register* sind unterschiedliche Arten und Weisen des nun diskursiven „signaling" über Qualität in verschiedenen Märkten für White denkbar.[11] Bislang fehlt aber eine Ausarbeitung, die die interne Struktur der verschiedenen *register* nun tatsächlich als erklärendes Prinzip für unterschiedliche Diskurslogiken (beziehungsweise Koordinationslogiken) heranzieht. Dafür wären *styles* oder eben Konventionen mögliche Konzepte. Denn das Konzept des *register* bleibt unbestimmt, wenn man nach der internen Organisation

9 Man muss hier bemerken, dass in der Wirtschaftssoziologie Institutionen einmal organisationelle Arrangements sein können (wie Organisation oder Markt, ja sogar selbst Netzwerke). Zum anderen versteht z. B. North (1990) allgemein auch Regeln oder kollektive kognitve Modelle (North 2005) als Institutionen (weil sie *constraints* für das Handeln sind).

10 Das Konzept *style* wäre auch kompatibel gewesen mit den Theorien der Forminvestition.

11 Die Begrifflichkeit Whites wird nur wenig definierend, dafür in Relation zu anderen Begriffen eher operational eingeführt. Leider sind auch zentrale Konzepte bei Halliday unscharf. Siehe für eine aktuelle Kritik van Dijk. „Thus, we still do not know exactly what ‚register' is, or how it relates to language or language use." (van Dijk 2008: 41)

(Struktur) des Diskurses fragt.[12] An diesem Punkt müsste eine Theoriediskussion – wie sie in Frankreich zwischen White und der EC begonnen worden ist – wieder ansetzen.

Derzeit scheint der Vergleich der beiden hier vorgestellten Ansätze (noch) zugunsten der EC auszufallen. Hier hat das Konzept der Qualitätskonvention eine zentrale Position, auf die die anderen Theorieelemente und die Forschungspraxis in der Marktsoziologie bezogen werden. Was aus dem Vergleich an Folgerung zu ziehen ist, ist insbesondere, dass das Konzept des *style* in Whites Theorie (1) auf das Konzept der Konvention bezogen werden muss und dann (2) das Konzept des style (und nicht das des *register*) die Qualitätmodellierung in der whiteschen Marktsoziologie tragen müsste.

Literatur

Aspers, Patrik, 2005: *Markets in fashion: A phenomenological approach.* London: Routledge.

Aspers, Patrik, 2008: „Identity and order in aesthetic markets – toward a relational ontology." Draft for the Berlin Symposium on relational Sociology. Verfügbar über: http://www.relational-sociology.de/aspers.pdf [Zugriff 18.05.09]

Boltanski, Luc/Laurent Thévenot, 2007: *Über die Rechtfertigung. Eine Soziologie der kritischen Urteilskraft.* Hamburg: Hamburger Edition.

Breiger, Ronald, 2008: „Duality of culture and structure." Paper zur Tagung „Relational Sociology". Verfügbar über: http://www.relational-sociology.de/breiger.pdf

Corcuff, Philippe, 2007: *Les nouvelles sociologies. Entre le collectif et l'individuel.* 2. Auflage. Paris: Armand Colin.

Diaz-Bone, Rainer, 2006: „Wirtschaftssoziologische Perspektiven nach Bourdieu in Frankreich", in: Michael Florian/Frank Hillebrandt (Hrsg.), *Pierre Bourdieu: Neue Perspektiven für die Soziologie der Wirtschaft.* Wiesbaden: VS Verlag: 43-71.

Diaz-Bone, Rainer, 2007: „Qualitätskonventionen in ökonomischen Feldern. Perspektiven für die Soziologie des Marktes nach Bourdieu", in: *Berliner Journal für Soziologie* 17(4): 489-509.

Diaz-Bone, Rainer, 2009a: „Konvention, Organisation und Institution. Der institutionentheoretische Beitrag der „Économie des conventions"", in: *Historical Social Research/Historische Sozialforschung* 34(2): 235-264.

Diaz-Bone, Rainer, 2009b: „Économie des conventions", in: Jens Beckert/Christoph Deutschmann (Hrsg.), *Wirtschaftssoziologie.* Kölner Zeitschrift für Soziologie und Sozialpsychologie. Sonderheft 49. Wiesbaden: VS-Verlag.

12 In Deutschland hat Sophie Mützel dieses diskursiv organisierte *signaling* anhand der Positionierung von Zeitungen analysiert (2007, 2009). Mützel hat – im Unterschied zu White – aber auch die Konventionen als unterliegende Logiken der Diskursnetzwerke herangezogen. Für eine (an Foucault anschließende) diskursanalytische Rekonstruktion von Konventionen als „Diskurskonventionen" in Märkten siehe Diaz-Bone (2009c). Für eine phänomenologische Erweiterung des Marktmodells siehe Aspers (2005, 2008).

Diaz-Bone, Rainer, 2009c: „Diskursivinvestitionen und diskursive Produktionsmodelle. Diskursordnungen in Organisationen und Märkten", erscheint in: Rainer Diaz-Bone/Gertraude Krell (Hrsg.), *Diskurs und Ökonomie. Diskursanalytische Perspektiven auf Märkte und Organisationen*. Wiesbaden: VS-Verlag.

Diaz-Bone, Rainer, 2010: *Économie des conventions*. Wiesbaden: VS-Verlag.

Dosse, François, 1999: *The empire of meaning. The humanization of the social sciences*. Minneapolis: University of Minnesota Press.

Eymard-Duvernay, François, 1989: „Conventions de qualité et formes de coordination", in: *Revue économique* 40: 329-359.

Eymard-Duvernay, François, 2004: *Économie politique de l'entreprise*. Paris: La Découverte.

Eymard-Duvernay, François (Hrsg.), 2006a: *L'économie des conventions. Méthodes et résultats*. Vol. 1: Débats. Paris: La Découverte.

Eymard-Duvernay, François (Hrsg.), 2006b: *L'économie des conventions. Méthodes et résultats*. Vol. 2: Développements. Paris: La Découverte.

Favereau, Olivier/Emmanuel Lazega (Hrsg.), 2002: *Conventions and structures in economic organization. Markets, networks, hierarchies*. Cheltenham: Edward Elgar.

Favereau, Olivier/Olivier Biencourt/François Eymard-Duvernay, 2002: „Where do markets com from? From (quality) conventions!", in: Olivier Favereau/Emmanuel Lazega (Hrsg.), *Conventions and structures in economic organization. Markets, networks, hierarchies*. Cheltenham: Edward Elgar: 213-252.

Goodman, Nelson, 2004: *Weisen der Welterzeugung*. Frankfurt am Main: Suhrkamp.

Halliday, Michael. A. K., 1976: *System and function in language*. London: Oxford University Press.

Halliday, Michael A. K., 2004: *An introduction to functional grammar*. 2. Auflage. London: Arnold.

Lafaye, Claudette/Laurent Thévenot, 1993: „Une justification écologique?: Conflits dans l'aménagement de la nature", in: *Revue française de sociologie* 34: 495-524.

Lewis, David K., 1969: *Convention*. Cambridge: Harvard University Press.

Nachi, Mohamed, 2006: *Introduction à la sociologie pragmatique*. Paris: Armand Colin.

North, Douglas C., 1990: *Institutions, institutional change and economic performance*. Cambridge: Cambridge University Press.

North, Douglass C., 2005: *Understanding the process of economic change*. Princeton: Princeton University Press.

Mützel, Sophie, 2007: „Marktkonstitution durch narrativen Wettbewerb", in: *Berliner Journal für Soziologie* 17(4): 451-464.

Mützel, Sophie, 2009: „Geschichten als Signale: Zur diskursiven Konstruktion von Märkten", in: Rainer Diaz-Bone/Gertraude Krell, *Diskurs und Ökonomie. Diskursanalytische Perspektiven auf Märkte und Organisationen*. Wiesbaden: VS-Verlag: 225-244.

Salais, Robert, 2007: „Die ‚Ökonomie der Konventionen': Eine Einführung mit Anwendung auf die Arbeitswelt", in: Jens Beckert/Rainer Diaz-Bone/Heiner Ganßmann (Hrsg.), *Märkte als soziale Strukturen*. Frankfurt am Main: Campus: 95-112.

Spence, Michael, 2002: „Signaling in retrospect and the informational structure of markets", in: *American Economic Review* 92(3): 434-459.

Storper, Michael/Robert Salais, 1997: *Worlds of production. The action framework of the economy*. Cambridge: Harvard University Press.

Thévenot, Laurent/Michael Moody/Claudette Lafaye, 2000: „Forms of valuing nature: Arguments and modes of justification in French and American environmental disputes", in: Michèle Lamont/Laurent Thévenot (Hrsg.), *Rethinking Comparative Cultural Sociology*, Cambridge: Cambridge University Press: 229-272.

Van Dijk, Teun, 2008: *Discourse and context: A socio-cognitive approach*. Cambridge: Cambridge University Press.

White, Harrison C., 1981a: „Where do markets come from?", in: *American Journal of Sociology* 87(3): 517-547.

White, Harrison C., 1981b: „Production markets as induced role structures", in: Samuel Leinhardt (Hrsg.), *Sociological Methodology*. San Francisco: Jossey-Bass: 1-57.

White, Harrison C., 1992: *Identity and control: A structural theory of action*. Princeton: Princeton University Press.

White, Harrison C., 2000: „Modeling discourse in and around markets", in: *Poetics* 27(2/3): 117-133.

White, Harrison C., 2002: *Markets from networks. Socioeconomic models of production.* Princeton: Princeton University Press.

White, Harrison C., 2003: „Innovation in style". Paper presented for the cultural turn at UCSB. Verfügbar über: http://www.soc.ucsb.edu/ct4/pages/Readings/White/UC-SB%20Styles%20Innov%2003.doc [Zugriff 18.05.09]

White, Harrison C., 2008a: *Identity and control. How social formations emerge.* Princeton: Princeton University Press.

White, Harrison C., 2008b: „Meaning emerges in relational dynamics." Precis for the Berlin Symposium Relational Sociology. Verfügbar über: http://www.relational-sociology.de/white.pdf [Zugriff 18.05.09]

White, Harrison C./Scott A. Boorman/Ronald L. Breiger, 1976: „Social structure from multiple networks. I. Blockmodels of roles and positions", in: *American Journal of Sociology* 81(4): 730-780.

White, Harrison C./Frédéric Godart, 2007: „Märkte als soziale Formationen", in: Jens Beckert/Rainer Diaz-Bone/Heiner Ganßmann (Hrsg.), *Märkte als soziale Strukturen.* Frankfurt am Main: Campus: 197-215.

Zu einer relationalen Ungleichheitssoziologie

Jan Fuhse

1. Einleitung

Die Netzwerkforschung allgemein und die relationale Soziologie im Besonderen grenzen sich oft in der Vorgehensweise von der sogenannten „Variablensoziologie“ ab: So kritisieren etwa Barry Wellman (1983: 165) und Andrew Abbott (1997: 1152, 1164), dass in der Soziologie Individuen als isolierte Träger von Merkmalen wie Geschlecht, Bildung oder ethnischer Herkunft gesehen werden – und dass diese Merkmale in statistischen Analysen und in deren Interpretation als ‚Ursachen‘ für individuelles Verhalten, aber auch für unterschiedliche Ressourcenausstattung und unterschiedliche Werte und Einstellungen ausgemacht werden. So weiß man inzwischen, dass Frauen und die Kinder türkischer Migranten in Deutschland weniger verdienen als Männer bzw. die Kinder von Deutschen ohne Migrationshintergrund – über die dahinter liegenden Mechanismen, warum sie weniger verdienen, weiß man dagegen relativ wenig. Wellman setzt der Variablensoziologie die Konzentration der Netzwerkforschung auf die soziale Einbettung von Individuen entgegen, bei Abbott soll zusätzlich zu den Netzwerken noch die kulturelle Ebene berücksichtigt werden. Während Wellman also reinen Strukturalismus vertritt, entspricht die Argumentation von Abbott dem Ansatz der relationalen Soziologie: Soziale Netzwerke sind immer mit Sinn verwoben – Netzwerkstruktur und kulturelle Formen sollten entsprechend im Zusammenhang betrachtet werden (Fuhse 2009; Mützel 2009).

Idealerweise müsste man daher nicht statistische Analysen von individuellen Merkmalen durchführen, sondern immer soziale Netzwerke mit den in ihnen verfügbaren und verteilten Ressourcen, den mit ihnen verknüpften Einschränkungen und den in ihnen verankerten und verbreiteten kulturellen Mustern betrachten. Eine Ersetzung der empirischen Sozialforschung mit ihren großangelegten quantitativen Befragungen durch die Netzwerkforschung erscheint aber weder praktikabel noch wünschbar. Zu sehr verfolgt die Soziologie den Anspruch, empirische Aussagen nicht nur über begrenzte kleinteilige Kontexte zu treffen, sondern auch über gesellschaftliche Tendenzen. Man möchte gerne wissen, wie ‚die Deutschen‘ denken, wie sie wählen oder welche Unterschiede zwischen Migranten und Einheimischen zu beobachten sind. Dazu gehört auch, dass der Einfluss von individuellen Merkmalen wie Geschlecht oder ethnische Herkunft untersucht wird – was in der Netzwerkforschung so nicht ohne weiteres möglich ist. Natürlich lassen sich diese Ansprüche nicht restlos einlösen. Aber die empirische Sozialforschung hat inzwischen methodisch deutliche Fortschritte gemacht und auch in der Öffentlichkeit eine große Aufmerksamkeit erlangt – eine Ablösung durch die Netzwerkforschung wäre vor diesem Hintergrund in mancherlei Hinsicht ein Rückschritt.

In diesem Beitrag wird entsprechend für eine Ergänzung von empirischer Sozialforschung und relationaler Soziologie eingetreten. Im Rahmen eines Problemaufrisses werden verschiedene theoretische Ansätze zu einer Berücksichtigung von Kultur und Netzwerken in der Ungleichheitsforschung knapp vorgestellt und diskutiert.[1] Zum einen behaupte ich, dass eine Verknüpfung der Ungleichheitsforschung mit der relationalen Soziologie möglich ist und sich aus dieser Verknüpfung wichtige Erkenntnisgewinne erzielen lassen. Zum anderen sind – so die zweite These – Tendenzen zu einer solchen relationalen Ungleichheitssoziologie bereits erkennbar. So wird in der neueren deutschen Lebensstilforschung nicht nur die kulturelle Dimension mit Lebensstilen und Distinktionspraktiken betont, sondern auch eine stärkere Rolle von sozialen Netzwerken in Milieus formuliert. In den USA gibt es wichtige Entwicklungen, die dem Projekt einer relationalen Soziologie sozialer Ungleichheit noch stärker entsprechen (z. B. Erickson 1996; Lizardo 2006; Tilly 1998). Dabei ergeben sich aber auch methodische Probleme: Wie können individuelle Merkmale, kulturelle Orientierungen und die Einbettung in soziale Netzwerke gemeinsam betrachtet werden? Hier geht es um Fragen der Übersetzung von theoretischen Konstrukten in empirische Forschung, denen sich alle Theoriebildung in den Sozialwissenschaften stellen muss – und die diese teilweise mit bestimmen.

Der vorliegende Beitrag nimmt diese verschiedenen Forschungsstränge und -probleme auf, diskutiert sie und fasst sie in dem Projekt relationale Ungleichheitssoziologie zusammen. Zu diesem Zweck wird zunächst ein knapper Überblick über die Bedeutung von Netzwerken und die Problematik ihrer Erhebung in der klassischen Ungleichheitsforschung gegeben (2), der dann anhand der Forschung zu Schichten und Klassen exemplifiziert wird (3). Anschließend wird kurz auf die Betrachtung von Netzwerken in der Kultursoziologie von Pierre Bourdieu eingegangen (4). Es folgt ein längerer Abschnitt über die Rolle von Netzwerken in der deutschen Lebensstilforschung (5), bevor die Impulse aus den USA für eine relationale Ungleichheitssoziologie aufgenommen werden (6).

2. Relationen in der Variablensoziologie?

Die strukturalistische Netzwerkforschung (die etwa von Barry Wellman und Ronald Burt vertreten wird) hatte alleine in der Struktur sozialer Netzwerke die Kernebene von so-

1 Ich habe an anderer Stelle einen knappen Überblick über die systematische Rolle von sozialen Netzwerken in der Produktion und Reproduktion von sozialer Ungleichheit versucht (Fuhse 2008a). Hier sollen demgegenüber der spezifische Blickwinkel der relationalen Soziologie auf soziale Ungleichheit und die Verbindungen und Unterschiede zu anderen Theorieansätzen in der Ungleichheitsforschung herausgearbeitet werden.

zialen Phänomenen ausgemacht: Beziehungsnetze entscheiden über Erfolg in Arbeitsleben, Politik und Wissenschaft, sie bilden die Basis für soziale Bewegungen und für funktionierende Gemeinwesen. Doch seit Anfang der 1990er Jahre vollzieht ein Teil der Netzwerkforschung einen „cultural turn" (Breiger 2004: 519ff; 2010; Fuhse 2008b; Knox et al. 2006: 121, 129; Mützel/Fuhse 2010). Zentraler theoretischer Bezugspunkt dieser neuen Richtung von Netzwerkforschung – der relationalen Soziologie (Emirbayer 1997) – sind die Arbeiten von Harrison White (1992; 1995a; 2008; Mische/White 1998).

White zufolge sind Netzwerke nicht als reine Strukturen zu sehen – sondern als soziokulturelle Gebilde, in denen Sinnmuster (wie Narrative oder Identitäten) mindestens genauso wichtig sind wie die Struktur von Sozialbeziehungen. Die Gesamtheit der mit einem Netzwerk verknüpften Sinnmuster („story sets, symbols, idioms, registers, grammatical patternings, and accompanying corporeal markers") bezeichnet White als dessen „Domäne" (1995b: 708ff; Mische/White 1998: 702ff). Und diese Domäne wäre nur analytisch von der Netzwerkstruktur zu unterscheiden – Netzwerke ‚bestehen' gewissermaßen aus diesen Sinnformen, aus den Erwartungen, Identitäten, Narrativen, die Sozialbeziehungen (und deren Verknüpfung miteinander) ausmachen und spezifische Kommunikations- und Austauschprozesse zwischen bestimmten Akteuren wahrscheinlich und andere unwahrscheinlich machen (Emirbayer/Goodwin 1994; Fuhse 2009; Mische 2003; Yeung 2005). Ohne hier auf Einzelheiten einzugehen, lässt sich formulieren: Die relationale Soziologie sieht die Struktur von Netzwerken und die mit ihnen verknüpften kulturellen Formen als die wichtigsten Ebenen von sozialen Strukturen an.

Damit steht sie zunächst in deutlichem Widerspruch zur (von Wellman und Abbott kritisierten) empirischen Sozialforschung, in der mit statistischen Analysen die Zusammenhänge zwischen individuellen Merkmalen identifiziert werden. Die empirische Sozialforschung hat sich seit ihren Anfängen in den 1940er Jahren zunehmend auf soziodemografische Variablen und deren Zusammenhänge konzentriert. Dabei spielten insbesondere die sozialen Beziehungsnetze der Befragten in den frühen Gemeindestudien von Lloyd Warner und anderen (Warner/Lunt 1941) und in den Arbeiten am Bureau for Social Research in New York (Katz/Lazarsfeld 1955) noch eine zentrale Rolle. Diese Pionierstudien der empirischen Sozialforschung zeigten: Wahlentscheidungen werden nicht isoliert, sondern im sozialen Umfeld (etwa im Austausch mit „Meinungsführern") getroffen. Und soziale Schichten sind als „Interaktionsgruppen" zu konzipieren (Pappi 1976) – zwischen Schichten fänden sich „strukturelle Löcher", die nur von wenigen persönlichen Beziehungen überbrückt würden.

In der Folge kommt den Netzwerken jedoch eine untergeordnete Rolle zu. Zwar lässt sich von Warner und Lazarsfeld über die Arbeiten von Edward Laumann, Franz Urban Pappi und Claude Fischer eine Traditionslinie identifizieren, in der das Netzwerkkonzept immer wieder eine wichtige Rolle in der Ungleichheitsforschung einnimmt. Aber insgesamt bleiben diese Studien eher Ausnahmen. Die meisten Arbeiten der Ungleichheitssoziologie kommen ohne Erhebung und Betrachtung von Beziehungsnetzen aus. Eine theoretische Grundlage dafür hat Peter Blau formuliert: Ihm zufolge zeigen statistische Analysen an, inwiefern Personen mit bestimmten Attributen im sozialen Austausch von bestimmten Ressourcen ausgeschlossen werden (1977). Wenn also Frauen im Durchschnitt weniger verdienen, so weise dies auf eine „Diskriminierung" nach dem Geschlecht in der Interaktion hin. Mit dieser indirekten Erfassung von Interaktionsstrukturen könnte der Argumentation von Blau folgend ausgeblendet bleiben, welche Interaktionen tatsächlich stattfinden und wie darin diskriminiert wird.

Dennoch haben sich in den letzten 30 Jahren Instrumente etabliert, mit denen Netzwerke in Umfragen und in statistischen Analysen betrachtet werden können: Mit Hilfe von *Netzwerkgeneratoren* werden in Interviews die wichtigsten Sozialbeziehungen (Freundschaften, Partnerschaften) der Befragten sowie bestimmte Eigenschaften der Bezugspersonen (Geschlecht, Alter, Beruf, ethnische Herkunft) erhoben (Marsden 2005: 10ff). Diese Angaben werden anschließend in bestimmte *mathematische Kennzahlen* umgewandelt. Diese geben zum Beispiel an, in welchem Umfang die Bezugspersonen einzelner Befragter aus der Verwandtschaft, aus Nachbarschaft, vom Arbeitsplatz kommen oder einfach ‚Freunde' sind, wie viele Bezugspersonen der eigenen Ethnie oder dem eigenen Geschlecht angehören oder wie nah sie an den Befragten wohnen. Insgesamt spricht man von diesen Angaben und den daraus resultierenden Kennzahlen als den ‚persönlichen Netzwerken' von Individuen im Gegensatz zu den sozialen Netzwerken, bei denen immer vollständige Beziehungsnetze (etwa in einer Schulklasse oder einem Unternehmen) erhoben und analysiert werden.

Teilweise wird auch nach Beziehungen zwischen den verschiedenen Bezugspersonen gefragt, um auf diese Weise nicht nur etwas über die *Beziehungsarten* und die *Zusammensetzung* der persönlichen Netzwerke, sondern auch etwas über deren *Struktur* zu erfahren. Wenn sich die Bezugspersonen untereinander kennen, sind Befragte in dichte persönliche Netzwerke eingebettet – wenn nicht, überwiegen eher ‚schwache Beziehungen'. Gemeinsam ist diesen Angaben und den damit vorgenommenen Analysen, dass Beziehungsnetze forschungslogisch *auf individuelle Attribute reduziert* und anschließend auf Zusammenhänge mit anderen Attributen untersucht werden. Auf diese Weise kann man etwa feststellen, dass Frauen auf die Frage nach wichtigen Bezugspersonen im Durchschnitt mehr Verwandte angeben und Männer mehr Freunde und Arbeitskollegen (Moore 1990) oder dass die Netzwerke von Migranten weitgehend ethnisch homogen sind (Esser 1990; Wimmer 2002). Über die Gesamtstruktur von Netzwerken und über relative Positionen von Individuen zueinander lassen sich auf diese Weise aber keine Aussagen treffen. Die Möglichkeiten und die Grenzen dieses Vorgehens – der Reduktion von Relationen auf Attribute – sollen im nächsten Abschnitt exemplarisch am Beispiel von Forschung zur Stratifikation der Gesellschaft aufgezeigt werden.

3. Netzwerke in Schichten und Klassen

Einer der Grundgedanken der Sozialstrukturanalyse ist, dass die moderne Gesellschaft wesentlich durch sozioökonomische Ungleichheiten geprägt ist –, was sich insbesondere in einer vertikalen Rangordnung von gesellschaftlichen Großgruppen zeigt. Je nach theoretischer Ausrichtung spricht man eher von ‚Klassen', die durch die Stellung im Produktionsprozess definiert sind, oder von ‚Schichten', die in erster Linie nach der Verfügbarkeit von ökonomischem Kapital abgestuft sind. Beide werden zumindest teilweise relational definiert – Schichten als Gruppen mit erhöhter Interaktionsdichte (Pappi 1976) und Klassen über ihre Relationen zu anderen Klassen (Wright 1978). Aber lassen sich Kategorien wie Oberschicht, Mittelschicht und Unterschicht, die kapitalistische und die proletarische Klasse, überhaupt auf der Ebene der Netzwerkstrukturen identifizieren? Sind Sozialbeziehungen in der modernen Gesellschaft durch sozioökonomische Ungleichheiten geprägt oder möglicherweise eher durch gemeinsame Lebensstile oder durch demografische Aspekte wie Alter, Geschlecht und Wohnort?

Empirische Forschungen haben nachgewiesen, dass Sozialbeziehungen wie Freundschaftsbeziehungen oder Ehen tatsächlich durch den sozioökonomischen Status vorstrukturiert sind. Am besten sind Homophilie von Freundschaftswahlen und Homogamie von Eheschließungen für die beiden Statusvariablen Bildung (DiMaggio/Mohr 1985; Kalmijn 1998: 408f; Marsden 1988: 73; McPherson et al. 2001: 426f) und Beruf (Friedrichs et al. 2002: 74ff; Pappi 1973: 23ff, 68f; Verbrugge 1977: 588f) nachgewiesen.

Zwei Fragen müssen jedoch in diesen Analysen offen bleiben. Die erste betrifft die Interpretation der Daten: Ist diese Wirkung von Statusunterschieden auf soziale Netzwerke als Klassen- oder Schichteffekt zu betrachten? Sorgt die Gemeinsamkeit der sozialen Lage (gemessen an Beruf/Berufsprestige und Bildungsabschluss) tatsächlich dafür, dass Mitglieder einer Schicht bzw. einer Klasse primär miteinander interagieren? Oder sind diese Netzwerkbeziehungen vielmehr Resultat des verstärkten Aufeinandertreffens am Arbeitsplatz und in Bildungseinrichtungen im Sinne der Fokustheorie von Scott Feld (1982; McPherson et al. 2001: 431ff)? Die Prägung der modernen Sozialstruktur durch Statusunterschiede wäre dann kein Ergebnis der Ausstattung von Individuen mit Ressourcen, sondern der Okkupierung des Alltags durch Bildungserwerb und Erwerbstätigkeit. Für diese Interpretation spricht, dass auch andere Aktivitätsfoki (z. B. die Nachbarschaft oder Vereine und freiwillige Vereinigungen) prägend für persönliche Netzwerke sind (Festinger et al. 1950; Kalmijn/Flap 2001). Zudem gibt es eine Reihe von nicht-sozioökonomischen Kategorien, die in jeweils ähnlich starkem Ausmaß die Formierung von engen Sozialbeziehungen beeinflussen: Geschlecht, Alter, Religion und ethnische Herkunft (Friedrichs et al. 2002: 58ff, 69ff; Marsden 1988: 67ff). Bei genauem Hinsehen wirken Klassen auch nicht als festgefügte unitäre Großgruppen – eher prägen wohl kleinteilige Berufsgruppen unseren Alltag und unser Verhalten (Grusky/Sørensen 1998). Dies spricht dafür, dass Klassen und Schichten Beobachtungsartefakte sein könnten, die durch ganz andere Mechanismen bedingt sind – vor allem durch die erhöhte Interaktion innerhalb von Berufsgruppen und die Entstehung von engen Sozialbeziehungen in Bildungsinstitutionen.

Diese Schwierigkeiten führen zu der zweiten Frage, die eher methodischer Natur ist: Lässt sich mit dem Instrumentarium der Surveyforschung überhaupt die wesentliche Strukturiertheit der sozialen Netzwerke in einer Gesellschaft untersuchen? Das Problem hierbei ist, dass – anders als in der formalen Analyse von Vollnetzwerken etwa in einem Unternehmen oder in Schulklassen – die Netzwerke nur nach bestimmten, vorher festgelegten Kategorien untersucht werden können. Dies widerspricht der Forschungslogik der Netzwerkforschung, in der alltagsweltliche Kategorien prinzipiell infrage gestellt werden. So hatte etwa J. A. Barnes in der ersten systematischen Anwendung des Netzwerkbegriffs überhaupt (allerdings noch ohne die formalen Methoden der Netzwerkanalyse) festgestellt, dass die Bewohner des norwegischen Fischerdorfs Bremnes ihre Sozialstruktur mit den bekannten Kategorien Oberschicht, Mittelschicht und Unterschicht beschreiben (wobei sich die Befragten typischerweise in der Mittelschicht einordneten). Bei der genauen Betrachtung der Beziehungsnetze zeigten sich diese vertikalen Divisionen jedoch nicht. Vielmehr fand Barnes in Bremnes eine weitgehend kohäsive homogene Sozialstruktur, in der nur sehr wenige Dorfbewohner tatsächlich als statushöher oder als -niedriger betrachtet und behandelt werden (1954: 45ff).

Diese Grundidee – die Untersuchung der sozialen Beziehungsnetze unter Nichtbeachtung der Selbstbeschreibungskategorien – liegt auch der Blockmodellanalyse von Harrison White und anderen (1976) zugrunde, die immer noch als Königsweg der relationalen Soziologie gilt. Hier werden Vollnetzwerke mit Hilfe von mathematischen Algorithmen in strukturell äquivalente Kategorien aufgegliedert – also in Gruppen von Akteuren mit ähnlichen Beziehungen zu anderen Gruppen von Akteuren. Dabei werden alle Gruppen durch die strukturelle Analyse generiert und nicht zuvor kategorial festgelegt. Auf diese Weise sollen im Netzwerk Rollenkategorien wie Anführer, Gefolgsleute oder auch Rebellen-, und Außenseitergruppen identifiziert werden.[2] Alltagssprachliche Kategorien sollen bei diesem Vorgehen erst einmal ignoriert und im Ergebnis sogar infrage gestellt werden, wie Mustafa Emirbayer und Jeff Goodwin den „anti-kategorischen Imperativ" der Netzwerkforschung formuliert haben (1994: 1414).

Für die Forschung zu sozialer Ungleichheit bedeutet dies insbesondere, dass die allgegenwärtigen Semantiken der sozialen Schichtung bzw. Klassenstruktur hinterfragt werden. Darauf weist neben J. A. Barnes vor allem Roger Gould (1995) hin. Gould belegt in seiner Studie, dass – entgegen der Deutung von Karl Marx – die Mobilisierung in der Pariser Commune von 1870/71 nicht als Klassenprotest zu werten ist. Vielmehr hatte sie ihre strukturelle Grundlage eher in den klassenübergreifenden persönlichen Netzwerken der Pariser Vororte Belleville, Montmartre und La Villette (1995: 193f, 200ff). Auch hier weist die Selbstbeschreibung des Protests als Klassenrhetorik in die falsche Richtung – nicht die Klassenkategorie oder die damit verknüpften gemeinsamen Inte-

2 Siehe zum Beispiel die Analyse der Netzwerke von Schriftstellern in Köln durch Helmut Anheier et al. (1995).

ressen waren die Basis für Protest und kollektive Identität, sondern die sich in Nachbarschaften bildenden Netzwerke.

Dabei profitiert Goulds Analyse davon, dass er anhand von Rekrutierungslisten und Dokumenten zu Eheschließungen und Trauzeugen nachweisen konnte, dass eine andere Kategorie (Stadtviertel) wichtiger war als Berufskategorien und Klassenzugehörigkeit (1995: 85ff, 181ff). Insofern musste er auch den ‚anti-kategorischen Imperativ' verletzen, der das vollkommene Absehen von vorfindlichen Kategorien zugunsten einer Analyse der tatsächlichen Netzwerkstruktur fordert. Anstatt tatsächliche Netzwerkstrukturen zu untersuchen und Kategorien aus ihnen abzuleiten (wie in der Blockmodellanalyse), können Untersuchungen von persönlichen Netzwerken nur verschiedene vorfindliche Kategorien hinsichtlich ihres Zusammenhangs mit der Netzwerkzusammensetzung miteinander vergleichen.

Dieses Grundproblem zieht sich durch weitere Arbeiten zu Ungleichheiten in Netzwerken. So weist Franz Urban Pappi in seiner Analyse der Sozialstruktur in Jülich (1973) den statistischen Einfluss von Berufsprestige und regionaler Herkunft (Alt-/Neubürger) auf die persönlichen Beziehungen nach – allerdings muss er methodisch von der Berufsklassifikation ausgehen und untersuchen, welche Berufe tendenziell mehr oder weniger miteinander interagieren. Das heißt, seine Analyse kann nur zeigen, dass Angehörige von Berufen mit vielen Neubürgern verstärkt mit Angehörigen anderer Berufe mit vielen Neubürgern Freundschaften schließen – aber nicht, ob dies auf der disaggregierten Ebene der Individuen auch so ist. Denn in den Interviews wurde wohl gar nicht nach der regionalen Herkunft der Bezugspersonen gefragt. Damit bleibt unbelichtet, ob dieses Interaktionsmuster auf einen Berufseffekt (Ingenieure freunden sich oft mit Naturwissenschaftlern an) oder auf einen Herkunftseffekt (Neubürger nennen verstärkt andere Neubürger als Freunde) zurückzuführen ist. Diese Frage wäre zwar bei einer entsprechenden Studienanlage leicht zu klären. Sie weist aber darauf hin, dass man immer von Kategorien wie Beruf oder Herkunft ausgehen muss und dabei das Risiko bleibt, die eigentlichen Mechanismen der Strukturierung von persönlichen Netzwerken zu verfehlen.

Diese Betrachtungen sollen zeigen, dass die Netzwerkforschung eine grundlegende theoretische und methodologische Herausforderung für die Sozialstrukturanalyse darstellt. So verlangt sie, dass Struktur und Zusammensetzung von persönlichen Beziehungsnetzen in den theoretischen Modellen und empirischen Analysen der Sozialstrukturanalyse eine angemessene Berücksichtigung erfahren. Sozialstruktur soll sich nicht in Verteilungen und statistischen Zusammenhängen von Parametern erschöpfen, sondern als konkretes Interaktionsmuster modelliert und analysiert werden. Dazu gehört auch, dass insbesondere die in vielen Stratifikations- und Konflikttheorien (von Marx bis Bourdieu) zentrale Bedeutung sozioökonomischer Ressourcen für Gruppenbildungen, kulturellen Orientierungen und Verhaltensweisen zu einer empirischen Frage wird: Ist die soziale Interaktion tatsächlich wesentlich durch sozioökonomische Ungleichheiten geprägt, oder spielen hier möglicherweise andere Aspekte (wie der Wohnort in der Studie von Gould) oder Kategorisierungen (wie die Unterscheidung zwischen Alt- und Neubürgern bei Pappi) eine stärkere Rolle? Diese Überlegungen führen letztlich dazu, dass Kultur und Gruppenbildungen prinzipiell von Stratifikation losgelöst gedacht werden können. Dies entspricht den Grundgedanken der neueren Lebensstilforschung, um die es in den nächsten beiden Abschnitten gehen wird.

4. Kultur und Relationen bei Pierre Bourdieu

Wie die Netzwerkforschung hat auch die Sozialstrukturanalyse in den letzten 30 Jahren – beginnend etwa mit den Studien von Pierre Bourdieu – einen „cultural turn" vollzogen. Dabei ist insgesamt den kulturellen Orientierungen und Praktiken in der Konstitution von sozialen Ungleichheiten eine größere Aufmerksamkeit geschenkt worden. In dem nun folgenden Abschnitt soll kurz die Ungleichheitssoziologie von Pierre Bourdieu diskutiert werden. Dabei zeigt sich, dass er zwar der wesentliche Impulsgeber für eine stärkere Beachtung von kulturellen Formen in der Ungleichheitsforschung war. Aber soziale Netzwerke spielen bei ihm – trotz der Konzeption des Sozialkapitals und der Betonung von ‚Relationen' – keine systematische Rolle.

Bourdieu zufolge lässt sich die Sozialstruktur als Kampf sozialer Gruppen um Ressourcen beschreiben (1985). Gegenstand und Mittel dieses Kampfes sind die verschiedenen Kapitalsorten in einer Gesellschaft – vom ökonomischen Kapital (Vermögen und Einkommen) über das kulturelle Kapital (Bildungstitel und Fertigkeiten im Umgang mit kulturellen Formen) und das soziale Kapital (über das persönliche Netzwerk aktivierbare Ressourcen) bis zum symbolischen Kapital (Prestige; Bourdieu 1983). Dabei benutzen gesellschaftliche Gruppen diese Kapitalsorten, um sich wechselseitig zu positionieren und voneinander abzugrenzen. Letztlich geht es dabei auch um die Frage des symbolischen Wertes von verschiedenen Ressourcen und von kulturellen Formen, über die die verschiedenen Gruppen verfügen und die von ihnen produziert werden. Mit dieser Theorie sozialer Ungleichheiten stößt Bourdieu einige systematische Verschiebungen in der Sozialstrukturanalyse an. Die im Zusammenhang einer relationalen Ungleichheitssoziologie wichtigsten Punkte sind:

(1) Bourdieu hat die *Beachtung kultureller Formen in der Ungleichheitsforschung* gestärkt. Diese werden nun als wichtige Elemente im Kampf um gesellschaftliche Positionen und für die Abgrenzung von Gruppen gesehen. Einerseits wird dabei das kulturelle Kapital von Bildungstiteln und Kompetenzen im Umgang mit Kultur als wichtige Ressource in diesem Kampf gewertet. Andererseits betont Bourdieu die Rolle des Habitus von Gruppen für den Kampf um Positionen in der Gesellschaft. Mit dem Habitusbegriff fasst Bourdieu das „System von Präferenzen" von Akteuren, deren Sichtweisen, Kategorisierungen, kognitiven Strukturen und Handlungsschemata zusammen (1994: 45). Dieser sei einerseits intern strukturiert als zusammenhängendes System von Deutungsmustern und Handlungspraktiken. Insofern liefert der Habitusbegriff die wesentlichen Theoriefiguren für das in Deutschland vertretene Konzept des Lebensstils. Andererseits wird der

Habitus Bourdieu zufolge wesentlich durch die sozioökonomische Situation der Akteure – deren „objektive Lebensbedingungen" – bestimmt (1980: 90ff, 98ff).

In den empirischen Analysen in *La distinction* (deutsch: *Die feinen Unterschiede*) bestimmt denn auch die Ausstattung mit kulturellem und ökonomischem Kapital den Habitus (vor allem: den Kulturkonsum; Bourdieu 1979: 127ff). Einzelne Akteure werden dabei zu Berufsgruppen zusammengefasst –, denn diese zeichnen sich ja durch spezifische Bildungstitel und bestimmte Einkommenschancen aus. Berufsgruppen entwickeln also einen charakteristischen Habitus, in dem und mit dem sie sich von anderen Berufsgruppen unterscheiden und um die gesellschaftliche Bewertung von Tätigkeiten, kulturellen Formen und Kapitalsorten ringen. Prinzipiell bleiben also kulturelle Formen bei Bourdieu wesentlich durch die Sozioökonomie bedingt – eine Ablösung von dieser oder auch eine mögliche Bildung von nicht sozioökonomisch bestimmten gesellschaftlichen Gruppen ist nicht vorgesehen.

(2) Auf der Ebene der kulturellen Formen und Distinktionen – dem Habitus – geht es Bourdieu zufolge nicht um eine bewusste ‚theoretische' Erfassung der Sozialstruktur und der eigenen Position in ihr, wie dies etwa noch in dem Begriff des Klassenbewusstseins vorgesehen war. Vielmehr konstituieren sich Gruppen vor allem auf der Ebene *kultureller Praktiken* – vor allem mit dem Kulturkonsum (1985: 730f; 1994: 22ff). Insofern werden auch bei Bourdieu die Kategorien von Selbstbeschreibungen weniger wichtig als tatsächliche Abgrenzungsprozesse. Dies lässt sich als Schritt im Sinne des anti-kategorischen Imperativs der Netzwerkforschung (s.o.) sehen. Allerdings führt dieser Schritt nicht dazu, die kulturelle Ebene in der Analyse zu ignorieren (wie insbesondere in der frühen Netzwerkforschung). Vielmehr wird die kulturelle Ebene jenseits der typischen Selbstkategorisierungen nun hinsichtlich der tatsächlich ablaufenden (und teilweise unbewusst und unreflektiert ablaufenden) Distinktionsprozesse untersucht (Lamont 1992; Lamont/Fournier 1992).

(3) Im Rahmen der hier verfolgten Fragestellung interessiert besonders die Rolle von sozialen Netzwerken in Bourdieus Theoriegebäude. Diese sind zum einen mit dem Begriff des *Sozialkapitals* verknüpft, den Bourdieu in der Soziologie prominent macht (1983). Allerdings lässt sich festhalten, dass Bourdieu das Sozialkapital zwar als eigenständige Ressource analog zum kulturellen und ökonomischen einführt und damit die Bedeutung von Netzwerken für die Konstitution und Reproduktion sozialer Ungleichheit festhält. Aber in seinen empirischen Analysen in *La distinction* (die allerdings vor seiner Einführung des Sozialkapitalkonzepts ausgearbeitet wurden) spielen Netzwerke keine Rolle – der Habitus wird hier alleine durch die Ausstattung der Akteure mit kulturellem und ökonomischem Kapital determiniert.

Da diese Kapitalausstattung mit dem Beruf festgelegt ist, lässt sich vermuten: Bourdieu betrachtet Sozialbeziehungen zwar als wichtig für soziale Ungleichheit, vermutet aber, dass diese im Wesentlichen innerhalb von Berufsgruppen verlaufen. In diesen bildet sich auf der Basis der internen Interaktion ein berufsspezifischer Habitus (der mit der Ausstattung mit kulturellem und ökonomischem Kapital korrespondiert). Der symbolische und materielle Kampf zwischen den so gebildeten und sich abgrenzenden Berufsgruppen bildet für Bourdieu wohl die Sozialstruktur – ohne dass die Annahme einer weitgehenden Determinierung des sozialen Kapitals durch den Beruf infrage gestellt oder empirisch untersucht wird.[3] Die Studienanlage von *La distinction* verunmöglicht denn auch eine Abkehr von Berufsgruppen als Grundeinheiten hin zu den tatsächlichen Interaktionsbeziehungen zwischen Individuen.

(4) Zum anderen legt neben dem Begriff des Sozialkapitals insbesondere Bourdieus Betonung der *Relationen* zwischen den sozialstrukturellen Positionen eine Auseinandersetzung mit sozialen Netzwerken nahe. Bourdieu betont immer wieder den „relationalen" Charakter seiner Theorie, spricht von „Netzwerken von Beziehungen" oder davon, dass die soziale Realität „relational" ist (1980: 202f; 1994: 17ff). Tatsächlich steht das „Relationale" aber bei Bourdieu nicht für eine Betrachtung von empirisch beobachtbaren Sozialbeziehungen. Vielmehr geht es Bourdieu um sogenannte „objektive Relationen", die vor allem durch die Ausstattung mit den verschiedenen Kapitalsorten bestimmt sind. „Relational" steht hier – wie Scott Lash nachgewiesen hat (1993: 201) – für „relativ". Positionen und Habitus sollen immer relativ zueinander betrachtet werden und eben nicht als isolierte Entitäten – weil sie sich in Abgrenzung voneinander und Anlehnung aneinander konstituieren. Der Netzwerkforschung steht Bourdieu dagegen kritisch gegenüber, weil sie sich zu sehr an den empirisch beobachtbaren Sozialbeziehungen orientiere und die dahinter liegenden „objektiven Relationen" vernachlässige (Bourdieu/Wacquant 1992: 88f; Trezzini 1998: 532f)

Insgesamt liefert Bourdieu mit der Betonung von Relationen und kulturellen Formen und mit der Konzeption des Sozialkapitals als eigenständiger Dimension sozialer Ungleichheit die wichtigsten Anregungen für eine relationale Ungleichheitssoziologie. Diese wurden – wie in den folgenden Abschnitten erläutert – sowohl in der deutschen Lebensstilforschung als auch von relationalen Ungleichheitssoziologen wie Paul DiMaggio, Bonnie Erickson und Ronald Breiger prominent aufgenommen. Allerdings bleibt Bourdieu vor allem in der Behandlung der sozialen Netzwerke bei einem marxistisch orientierten Strukturalismus: Er betrachtet die sozioökonomische Lage (Beruf, Bildung und Einkommen) als entscheidend für die kulturellen Orientierungen und Praktiken (den Habitus) und wohl auch für die Sozialbeziehungen von Akteuren. Die Diskussion im vorangegangenen Abschnitt hat jedoch gezeigt, dass solche Annahmen über eine sozioökonomische Stratifikation empirisch zu hinterfragen sind und nicht zuletzt zu Stu-

3 Später spricht Bourdieu davon, dass jedes der gesellschaftlichen Felder (Ökonomie, Bildungssystem, Kunst etc.) eine spezifische Kapitalsorte konstituiert und als Kampf um dieses feldspezifische Kapital zu sehen ist (Bourdieu/Wacquant 1992: 77, 83). Während das kulturelle Kapital damit weitgehend im Bildungssystem verteilt wird und das ökonomische Kapital in der Wirtschaft, fehlt für das Sozialkapital ein solches konstituierendes Feld. Dies ist einerseits als Inkonsistenz in Bourdieus Theorie zu sehen. Es verweist andererseits aber auch darauf, dass dem Sozialkapital in Bourdieus Theoriegebäude eine gegenüber den kulturellen und ökonomischen Kapitalsorten eher nachgeordnete Bedeutung zukommt.

dienanlagen führen (wie in *La distinction*), die den Blick auf die Sozialbeziehungen und kulturellen Orientierungen von Individuen nicht erlauben.

Exkurs zum Sozialkapitalkonzept

Ausgehend von Bourdieus Ausführungen ist das Sozialkapital in den letzten 30 Jahren zu einem zentralen Konzept der Ungleichheitsforschung geworden. Der Begriff verspricht eine handlungstheoretische Fassung der Rolle von Netzwerken in der Konstitution von sozialer Ungleichheit (Franzen/Freitag 2007; Lin 2001; Lüdicke/Diewald 2007). Soziale Beziehungen und Netzwerke gelten dabei als Ressource, mit der Akteure den wichtigen Zugang zu Informationen und sozialer Unterstützung erlangen oder die im Netzwerk Kooperation und kollektives Handeln ermöglicht. Das Sozialkapitalkonzept ist damit geeignet, eine Reihe von Aspekten sozialer Netzwerke einzufangen.

Allerdings werden erstens die strukturellen und kulturellen Voraussetzungen für die Bildung von Netzwerken oft ausgeblendet. Zweitens bleibt unterbelichtet, dass Netzwerke nicht nur Handlungen ermöglichen oder verhindern können, sondern auch die Präferenzen der Akteure beeinflussen. Dies liegt auf der Ebene der kulturellen Muster, die die relationale Soziologie in Zusammenhang mit der Netzwerkstruktur betrachtet. Das Sozialkapitalkonzept fokussiert dagegen primär auf die Netzwerkstruktur – sei es als engmaschige soziale Netze, die soziale Kontrolle ausüben und Kooperation ermöglichen (Coleman), oder als „weak ties" über „strukturelle Löcher", mit denen man Zugang zu wichtigen Informationen erlangt (Granovetter, Burt). Wenn aber Netzwerke sowohl als Opportunitäten und Restriktionen als auch bei kulturellen Präferenzen und der Bewertung von Handlungsalternativen wichtig werden, erschwert dies die handlungstheoretische Modellierung von sozialen Phänomenen. Denn die Variation einer unabhängigen Variablen (den sozialen Netzwerken) spielt dann an zwei grundverschiedenen Stellen in der handlungstheoretischen Modellierung eine Rolle.

Drittens vermag das Sozialkapitalkonzept nicht einzufangen, dass soziale Kategorien wie Geschlecht oder ethnische Herkunft in sozialen Netzwerken reproduziert (und möglicherweise auch verändert) werden. Auch wenn die im Sozialkapitalkonzept angelegte analytische Reduktion wichtige Aspekte der Rolle von Netzwerken für soziale Ungleichheit erfasst, bleiben die angesprochenen Aspekte doch ausgeblendet. Diese wichtigen Wirkungen sozialer Netzwerke lassen sich besser mit Begriffen wie Milieu, soziale Schließung, strukturelle Ähnlichkeit etc. beschreiben, die im Folgenden diskutiert werden.

5. Lebensstile, Milieus und Netzwerke

Die Anregungen von Pierre Bourdieu wurden in Deutschland in der Lebensstilforschung aufgenommen. Diese fokussiert (wie Bourdieu) auf die symbolische Ebene sozialer Ungleichheit, indem Lebensstile (in Anlehnung an den Habitusbegriff) als zentrale Dimension der Sozialstruktur konzipiert werden. Dabei wird aber der bei Bourdieu vorherrschende Primat der sozioökonomischen Ungleichheit aufgegeben: Lebensstile folgen nicht notwendigerweise ökonomischen Ungleichheiten und einer vertikalen Statusordnung. Sie entspringen vielmehr sogenannten Milieus – gesellschaftlichen Großgruppen, deren Konstitutionsbedingungen nicht durch ihre soziale Lage determiniert sind. Insofern entspricht die Lebensstilforschung in Deutschland eher den oben aus der Perspektive der relationalen Soziologie formulierten Forderungen als der Ungleichheitstheorie von Bourdieu. Allerdings rücken Netzwerke erst mit den neueren Arbeiten der Lebensstilforschung seit etwa 2000 ins Forschungsprogramm. Im Folgenden werden deshalb nach einer grundbegrifflichen Einordnung (a) schwerpunktmäßig die Arbeiten von Gunnar Otte (b), Jörg Rössel (c) und Cornelia Koppetsch und Günter Burkhart (d) diskutiert. Dabei zeigen sich nicht nur theoretische Anknüpfungspunkte für eine relationale Ungleichheitssoziologie, sondern es werden auch methodische Probleme deutlich, mit denen eine Betrachtung von kulturellen Formen und persönlichen Netzwerken zu kämpfen hat.

(a) Der Lebensstilbegriff schließt nicht nur an Pierre Bourdieus Habituskonzept an, sondern auch an ältere Arbeiten von Max Weber und Georg Simmel (Hradil 1992: 27ff). Unter dem Begriff Lebensstil werden alle Aspekte der Lebensführung zusammengefasst – von Wertorientierungen und Einstellungen bis hin zu kulturellen Praktiken, Konsum, Identifikation und Selbststilisierung. Im Unterschied zum Habitusbegriff impliziert das Konzept des Lebensstils eine gewisse Abgelöstheit von der sozialen Lage – Lebensentwürfe und kulturelle Praktiken sind demnach nicht mehr nach Schichten getrennt, sondern in gewissem Maße individualisiert und frei wählbar (Beck 1986: 121ff; Neckel 2000: 207ff). Der Lebensstil ist allerdings nicht vollkommen individuell, sondern in soziale Strukturen – den Milieus – eingebettet. Gerhard Schulze konzipiert Milieus als „Personengruppen, die sich durch erhöhte Binnenkommunikation und gemeinsame kulturelle Muster von anderen Personengruppen abheben". (2001: 285) Dabei bewirkt Binnenkommunikation, dass „die ständigen Veränderungen der Wirklichkeit [...] innerhalb sozialer Milieus ähnlich verarbeitet werden, während sich zwischen sozialen Milieus Diskrepanzen auftun können" (Schulze 1992: 174).

Milieus werden damit als Interaktionsgruppen konzipiert, die eben durch die verstärkte Kommunikation im Inneren eigene Weltsichten und Lebensstile hervorbringen und sogar ein Gruppenbewusstsein und kollektive Handlungsfähigkeit erlangen können. Die erhöhte Binnenkommunikation in Milieus müsste auf der Ebene sozialer Netzwerke in Form von Gruppen mit erhöhter Dichte sichtbar werden. Diese entscheidende Annahme wurde zumindest in den 90er Jahren – der Hochzeit der Lebensstilforschung – überhaupt nicht untersucht (Hartmann 1999: 169f). Dies hängt auch mit methodischen Fragen zusammen: Während Personen in quantitativen Umfragen recht einfach nach dem Beruf oder dem Bildungsgrad ihrer Bezugspersonen befragt werden können, fällt dies für die kulturellen Orientierungen des Lebensstils deutlich schwerer. Wer könnte schon genau angeben, welche Wertorientierungen seine oder ihre Freunde haben, welche Kulturgüter sie regelmächtig konsumieren oder mit welchem Milieu sie sich identifizieren? Wegen dieser Schwierigkeiten der Milieuzuordnung von Bezugspersonen von Befragten müsste für eine Überprüfung der Binnenkommunikationsthese eine aufwändige Schneeballbefragung durchgeführt werden, in der nicht nur Ego, sondern auch die von ihm oder ihr angegebenen Alteri auf Lebensstilmerkmale hin befragt werden.[4]

Auch ohne diese entscheidende Überprüfung auf der Ebene der sozialen Netzwerke ist die von Schulze vorgetragene Maximalkonzeption von Milieus kritisch zu sehen. So gelangen etwa alle Lebensstilstudien zu unterschiedlichen Milieukonstellationen – von fünf Milieus bei Schulze bis zu den neun Milieus des SINUS-Instituts oder den 16 Lebensstil-Typen (Eurostyles) der Gesellschaft für Konsumforschung. Deswegen kommt Thomas Meyer in seiner sehr kritischen Bilanz der Lebensstilforschung zu dem Fazit:

> „Die durchaus faszinierenden [...] Lebensstilclusterungen sind nichts anderes als statistische, auf der Basis von Ähnlichkeitsgesichtspunkten ermittelte artifizielle Aggregierungen, die weder sozial bekannt und benannt noch den nominellen Mitgliedern als solche bewusst sind oder gar die Grundlage eines Gefühls der Zusammengehörigkeit bilden." (2001: 262)

Soziale Milieus wären damit kaum als real existierende gesellschaftliche Großgruppen zu sehen, sondern eher als Beobachtungsartefakte der Sozialstrukturanalyse, mit denen diese eine komplexe soziale Realität in überschaubare Schematisierungen bringt. Dies gilt im Übrigen auch für den Lebensstilbegriff – denn in der Lebensstilforschung wurden Milieus ja nur indirekt über die Konstruktion von Lebensstilen aus kulturellen Orientierungen und Praktiken identifiziert. Zu Beginn der 2000er Jahre stellt sich damit die Lebensstilforschung als innovativer Forschungsstrang dar, der die kulturellen Formen als Lebensstil in den Fokus rückt, aber nur problematische Annahmen über deren Einheit und über deren Verankerung in sozialen Milieus macht. Insbesondere die Rolle von Netzwerken bleibt hier immer noch unterbelichtet.

(b) Seit 2000 kommen die sozialen Netzwerke stärker in den Fokus der Lebensstilforschung. Dabei rücken Netzwerke bei Gunnar Otte (2008 [2004]) neben die von Bourdieu thematisierte Verteilung von ökonomischem und kulturellem Kapital als Determinanten von Lebensstilen (Otte nennt diese in etwas anderer Konzeption „Lebensführung"). Während ökonomisches und kulturelles Kapital als individuelle Ressourcen fungieren, legen soziale Netzwerke vor allem die sogenannten „sozialen Produktionsfunktionen" fest, über die bestimmte Handlungen in variablem Maße zur Befriedigung der „grundlegenden Bedürfnisse" physisches und psycho-soziales Wohlbefinden führen (Otte 2008 [2004]: 99ff). So kann man davon ausgehen, dass z. B. Restaurantbesuche (Fast-Food oder Gourmet) je nach Prägung im sozialen Netzwerk als unterschiedlich physisch befriedigend erlebt werden und auch in unterschiedlichem Maße zu sozialer Wertschätzung führen. Gerade die Verteilung von sozialer Wertschätzung sorgt nach Otte

4 Ein Beispiel für eine solche Schneeballbefragung liefert Michael Schenk (1995). Hier konnte nachgewiesen werden, dass sich die Befragten in ihren politischen Orientierungen und der anschließenden Wahlentscheidung stärker von ihren Bezugspersonen als von konsumierten Massenmedien beeinflussen lassen. Diese Aspekte sind zwar nicht mit Lebensstil im Sinne etwa von Gerhard Schulze gleichzusetzen, aber doch als Elemente des Lebensstils zu begreifen.

dafür, dass sich Lebensstile in relativ „lebensführungsspezifisch homogenen Netzwerken“ stabilisieren (2008 [2004]: 112ff).

In seinen empirischen Analysen weist Otte einen deutlichen, über dem aller anderen unabhängigen Variablen liegenden Einfluss der Lebensführung der Alteri auf die von Ego nach. Zusammengenommen liefern die drei Variablen der sozialen Lage (Einkommen, Bildung und Alter) aber eine höhere Erklärungskraft. Soziale Netzwerke sind also wichtig für die individuelle Lebensführung, erscheinen bei Otte aber nur als ein wichtiger Einflussfaktor unter anderen. Dabei sorgen zwei methodische Entscheidungen dafür, dass diese Ergebnisse mit Vorsicht zu interpretieren sind: Erstens sieht Otte Netzwerke nur als unabhängige Variable und betrachtet – auch wegen der angewandten Methoden – nicht die Rückwirkung des Lebensstils auf die Netzwerkzusammensetzung. Schließlich entwickeln sich kulturelle Muster und Praktiken nicht nur in Netzwerken, sondern Freundschaften und Liebesbeziehungen werden gerade auch auf der Basis von gemeinsamem (oder ähnlichem) Lebensstil geschlossen.

Zweitens operationalisiert Otte die Lebensführung mittels einer theoretisch hergeleiteten Typologie (statt induktiv aus den Daten, wie sonst in der Lebensstilforschung üblich; 2008 [2004]: 73ff). Die gewählte Typologie ist gewissermaßen darauf ausgerichtet, Unterschiede in der biografischen Perspektive (Alter) und nach Ausstattung mit ökonomischem und kulturellem Kapital (Einkommen und Bildung) widerzuspiegeln. Entsprechend spielen in Ottes Operationalisierung der Lebensführung für die angeführten Analysen Frage-Items wie die Höhe der Ausgaben bei Restaurantbesuchen, die „Pflege eines gehobenen Lebensstandards“ oder das Lesen von Büchern und überregionalen Tageszeitungen eine wichtige Rolle (2008 [2004]: 149ff; 229ff). Außerdem hat Otte auf eine Befragung der Bezugspersonen über ihren Lebensstil im Schneeballverfahren verzichtet. Stattdessen konzentriert er sich auf die Einschätzung von deren Lebensführung durch Ego und zieht dabei vor allem solche Frage-Items heran, die vermutlich von Bezugspersonen gut eingeschätzt und wiedergegeben werden können. Mit dieser Operationalisierung überrascht insbesondere der Einfluss des Einkommens auf die Lebensführung wenig. Mit einem stärker induktiven Vorgehen der Konstruktion von Lebensstilen wäre vermutlich ein relativ größerer Einfluss der Netzwerke als vor allem des Einkommens gefunden worden – allerdings müsste dies dann in einer empirisch aufwändigeren Schneeballbefragung überprüft werden, und man verlöre dabei einige der Vorteile der Typologie von Otte. Insgesamt zeigt Otte damit die Wichtigkeit von persönlichen Beziehungen für die Übernahme von kulturellen Deutungsmustern und kulturelle Praktiken auf, ohne dass aber mit seinen Ergebnissen eine genaue Abschätzung der relativen Bedeutung von sozioökonomischen Statusvariablen und persönlichen Netzwerken auf die Lebensführung möglich wäre.

(c) In ähnlicher Weise wie Otte versucht Jörg Rössel eine Inkorporation von sozialen Netzwerken in die Lebensstilforschung. Dabei sind die begrifflichen Umstellungen von Rössel radikaler und konsequenter (2005: 177ff). Für ihn sind Lebensstile und Milieus begrifflich klar voneinander zu trennen: Lebensstile werden handlungstheoretisch aufgelöst in die zwei Komponenten der (1) kulturellen Präferenzen der Akteure und (2) der vorgenommenen praktischen Handlungen. Der Milieubegriff wird mit der kulturellen Prägung der persönlichen Netzwerke der Akteure gleichgesetzt. Diesen kommt Rössel zufolge für die Konstitution von Lebensstilen eine zentrale Rolle zu. Schließlich wirken Netzwerke nicht nur unmittelbar auf Handlungsentscheidungen (etwa wenn man von einem Freund zum gemeinsamen Opernbesuch überredet wird), sondern auch auf die kulturellen Präferenzen. So schreibt Rössel:

> „dass die sozialen Netzwerke einer Person bzw. ihr soziales Milieu für alle Typen von Handlungsanreizen relevant sind, da sich die Identität und die Vorlieben einer Person erst in interpersonalen Kommunikationen, also in sozialen Netzwerken, herausbilden." (2005: 254)

Dabei muss allerdings bedacht werden, dass zur kulturellen Prägung nicht nur die gegenwärtigen Netzwerke von Akteuren relevant sind, sondern auch das Elternhaus (welches ja ebenfalls als Netzwerk gesehen werden kann; Rössel 2005: 323ff).

Beim Milieukonzept nimmt Rössel eine zweite wichtige Begriffsverschiebung vor: Im Einklang mit der oben angeführten Kritik werden Milieus nicht als unitäre und intern weitgehend homogene Großgruppen gesehen. Vielmehr sei die Sozialstruktur geprägt durch eine Vielzahl von unterschiedlichen Kategorisierungen und Unterscheidungen, denen man sich mit einer „pluralen Sozialstrukturanalyse" nähern sollte (Rössel 2005: 12f, 257ff). Geschlecht, Bildungsschicht und Klassenhintergrund, regionale und ethnische Herkunft sowie Alter und Religion produzieren gemeinsam (und gerade in ihren Überschneidungen) eine vielschichtige Sozialstruktur, in der eindeutige kulturelle Prägungen immer nur mit Bezug auf einzelne Bereiche und einzelne Kategorien nachweisbar sind. Der Milieubegriff wird hier nicht benutzt, um eine homologe Ordnung von gesellschaftlichen Position oder kulturellen Gruppen zu identifizieren, sondern um die Einbettung von Akteuren in unterschiedlich zusammengesetzte Netzwerke zu rekonstruieren. Damit entfernt sich Rössel von der Tradition der deutschen Lebensstilforschung, die Milieus als abgeschlossene Gruppen konzipierte. Vielmehr soll die komplexe Sozialstruktur mit Hilfe des Milieukonzepts (und netzwerkanalytischer Methoden) in eine gewisse analytische Ordnung gebracht werden.

(d) Die Arbeiten von Otte und Rössel führen also dazu, Lebensstile als kulturelle Formen und Distinktionspraktiken zu sehen, die in sozialen Netzwerken (Milieus) wurzeln. Dabei beeinflussen Netzwerke nicht nur Lebensstile, sondern werden umgekehrt auch von ihnen strukturiert – etwa wenn Akteure dem Homophilieprinzip folgend eher Freundschaften mit ‚Gleichgesinnten' aufbauen oder wenn Kategorien wie ethnische Herkunft, Geschlecht oder Alter den Aufbau von persönlichen Beziehungen (Freundschaft oder Liebe) erschweren beziehungsweise erleichtern. Dass die analytische Trennung zwischen Lebensstilen und Netzwerken allerdings nicht klar und vollständig gezogen werden kann, zeigt die Arbeit von Cornelia Koppetsch und Günter Burkart (1999).

Koppetsch und Burkart analysieren in ihrer qualitativen Studie heterosexuelle Liebesbeziehungen in drei unterschiedlichen Milieus in Hinblick auf ihre Ideale und die praktische Aushandlung von Geschlechterrollen. Dabei wird deutlich: Soziale Milieus unterscheiden sich nicht nur in und durch ihre unterschiedlichen Wertorientierungen, sondern auch in Idealen und Praxis von Sozialbeziehungen (Koppetsch/Burkart 1999: 285ff). Beziehungen und Netzwerke können also selbst Teil der Distinktionspraxis sein. Milieus unterscheiden sich demnach nicht nur in ihren kulturellen Formen, sondern auch in ihrer relationalen Praxis voneinander, denn Netzwerke sind selbst immer schon von kulturellen Formen durchzogen. Dieser Gedanke wird in einigen Arbeiten der relationalen Soziologie ebenfalls verfolgt – etwa bei King-To Yeung (2005) und Omar Lizardo (2006).

Insgesamt liefert die deutsche Lebensstilforschung damit eine Reihe von Anknüpfungspunkten für eine relationale Ungleichheitssoziologie: Milieu- und Lebensstilbegriff lenken den Blick weg von der reinen Verteilung von Ressourcen, die etwa die Variablensoziologie nach Blau bestimmte. Während Bourdieu bereits die Rolle kultureller Formen in der Konstitution und Reproduktion sozialer Ungleichheit betonte, spielten soziale Netzwerke bei ihm noch eine untergeordnete Rolle. Dies ändert sich mit der Formulierung von Milieus als Interaktionsgruppen bei Schulze. Konsequenter und empirisch adäquater formuliert Rössel, dass Milieus keine real existierenden gesellschaftlichen Großgruppen bilden. Vielmehr steht der Milieubegriff für das soziale Umfeld von Akteuren, das deren kulturelle Präferenzen und Handlungsentscheidungen beeinflusst. Dabei lassen sich Milieus forschungspraktisch als soziale Netzwerke fassen, die sich durch ihre Zusammensetzung und durch eine bestimmte kulturelle Prägung auszeichnen. Wie Otte nachweist, beeinflussen soziale Netzwerke die Lebensführung von Akteuren – wenn auch die relative Einflussstärke im Vergleich etwa zu sozioökonomischen Ungleichheiten noch schwer abzuschätzen ist. Dabei wird die Vorstellung aufgegeben, dass Interaktionsbeziehungen wesentlich durch sozioökonomische Positionen vorbestimmt sind – wie sie etwa noch in der Schichttheorie von Pappi und im Sozialstrukturmodell von Bourdieu vorherrschten. Die sozioökonomische Prägung von sozialen Milieus (und Lebensstilen) wird vielmehr zu einer empirischen Frage.

Bestandteil der milieuabhängigen Lebensführung ist – wie die Analysen von Koppetsch und Burkart zeigen – auch die Praxis von Sozialbeziehungen. Gesellschaftliche Schichten, soziale Milieus, ethnische Gruppen und die Geschlechter unterscheiden sich nicht nur in ihren kulturellen Orientierungen, sondern auch in der Tendenz zu egalitären oder komplementären Geschlechtsrollen in Intimbeziehungen, zu Freundschaft oder Verwandtschaft als prädominanter Beziehungsform und zu aktivitäts- oder verständnisorientierten Beziehungspraktiken. Spätestens hier zeigt sich, dass Kultur und Struktur in Netzwerken nur eingeschränkt voneinander getrennt werden können – auch die Sozialbeziehungen in Netzwerken sind immer schon kulturell geprägt, wie die relationale Soziologie formuliert.

6. Netzwerke und Kultur: Amerikanische Impulse

Die deutsche Lebensstilforschung liefert also erste theoretische und methodische Ansätze für eine stärkere Berücksichtigung von kulturellen Mustern und sozialen Netzwerken in der Ungleichheitsforschung. Diese beiden Ebenen stehen ja (in ihrem Wechselspiel) laut relationaler Soziologie im Mittelpunkt der Konstitution und Reproduktion sozialer Strukturen. In diesem Abschnitt soll es nun um Arbeiten vor allem aus dem nordamerikanischen sozialwissenschaftlichen Diskurs gehen, in denen dieser Ansatz einer relationalen Ungleichheitssoziologie weiter ausgeführt wird. Bei Paul DiMaggio, Charles Tilly, Ron Breiger, Bonnie Erickson, John Levi Martin und Omar Lizardo stehen insbesondere die sozialen Netzwerke stärker im Mittelpunkt als in der deutschen Lebensstilforschung. Die Ebene der kulturellen Formen hingegen wird eher kursorisch und sehr unterschiedlich behandelt.

Soziale Netzwerke sind wichtig für den Status von Individuen und Gruppen – so lässt sich eine Grundaussage von sehr unterschiedlichen Arbeiten zusammenfassen. Mark Granovetter weist nach, dass persönliche Kontakte entscheidende Vorteile auf dem Arbeitsmarkt liefern können (1973). John Padgett und Christopher Ansell zeigen, dass der Aufstieg der Medici in Florenz wesentlich eine Folge ihrer Position im Handels- und Heiratsnetzwerk der großen Handelsfamilien war (1993). Dabei wird in diesen berühmten Arbeiten ausschließlich strukturalistisch argumentiert: Wie im Sozialkapitalansatz wird nur die Netzwerkstruktur betrachtet – nicht die mit ihr verknüpften kulturellen Bedeutungen.

Anders gehen schon Norbert Elias und John Scotson in ihrer klassischen Studie *Etablierte und Außenseiter* (1990 [1965]) vor: Am Beispiel der alteingesessenen Bewohner der britischen Arbeitervorstadt Winston Parva weisen sie nach, dass die Herstellung einer vorteilhaften kollektiven Identität und die Besetzung wesentlichen Entscheidungspositionen vor allem über die höhere Kohäsion in ihrem Netzwerk und über die symbolische Grenzziehung gegenüber den zugezogenen Außenseitern funktioniert. Während Elias und Scotson noch mit dem Figurationsbegriff und ohne das quantitative Instrumentarium der Netzwerkforschung arbeiten, verlängert etwa die Untersuchung von Bonnie Erickson diese Entwicklungsrichtung in die Gegenwart: In ihrer Analyse von Netzwerken und Diskussionsthemen in Versicherungen in Toronto stellt sich vor allem die Vielfältigkeit der kulturellen Interessen von Angestellten für deren beruflichen Aufstieg als verantwortlich heraus (1996). Angestellte mit breiterer Bildung und Hintergrundwissen sind demnach eher in der Lage, Smalltalk mit Vorgesetzen zu betreiben und dadurch informellen Beziehungen mit Höhergestellten aufzubauen, die sich als hilfreich für den beruflichen Erfolg erweisen. Die Unfähigkeit, an einem wesentlichen Thema für informelle Gespräche mit Vorgesetzten, dem Sport, teilzunehmen, erkläre auch teilweise die niedrigeren Aufstiegschancen von Frauen, die sich in der Regel weniger für Sport interessierten als Männer (1996: 243ff).

Die Arbeiten von Elias und Scotson sowie von Erickson zeigen auf, dass Netzwerke nicht alleine über Machtpositionen und Aufstiegschancen bestimmen, sondern dass auch kulturelle Formen wie symbolische Grenzziehungen oder Gesprächsthemen dafür eine wesentliche Rolle spielen können. In diesem Sinne lässt sich innerhalb der relationalen Soziologie eine Forschungsrichtung identifizieren, die sich mit dem Zusammenspiel von kulturellen Formen und sozialen Netzwerken in der Konstitution und Reproduktion sozialer Ungleichheit beschäftigt. Im Folgenden sollen einige Grundgedanken dieser relationalen Ungleichheitssoziologie skizziert werden, ohne dass sie hier vollständig diskutiert werden könnten:

(1) Soziale Ungleichheit wird in Anlehnung an Bourdieu wesentlich als Produkt von *symbolischen Repräsentationen und kulturellen Distinktionspraktiken* konzipiert. Nicht die Netzwerkstruktur alleine bildet damit das Gerüst sozialer Strukturen, sondern diese wird um die „phänomenologische Seite" von Kultur und Repräsentation ergänzt (Breiger 1995; Erickson 1996). Dabei wird aber nicht wie bei Bourdieu von einer homologen, vor allem sozioökonomisch geprägten Sozialstruktur ausgegangen, die sich in der Verteilung der kulturellen Formen lediglich widerspiegelt. Vielmehr werden Kategorien und andere kulturelle Formen zu einer eigenständigen Dimension sozialer Strukturen. Diese können sowohl auf die Ebene sozialer Netzwerke wie auch auf sozioökonomische Ungleichheiten zurückwirken.

In diesen Bereich der kulturellen Formen und deren Effekte auf die Sozialstruktur gehören Kategorien wie ethnische Herkunft und Geschlecht (Tilly 1998), aber auch kulturelle Kompetenzen (Erickson 1996) und Kulturkonsum (Lizardo 2006; Mark 2003). Dieser wurde vor allem von Paul DiMaggio in Anlehnung an Pierre Bourdieu als Distinktionspraxis zwischen soziokulturell definierten Schichten konzipiert (1987; DiMaggio/Useem 1978). Im Einklang mit dem von Emirbayer und Goodwin proklamierten „anti-kategorischen Imperativ" der Netzwerkforschung (1994: 1414; s.o.) werden aber Kategorien nicht als unproblematisch und gegeben betrachtet. So kritisieren etwa John Levi Martin und King-To Yeung, dass in der amerikanischen Soziologie „race" oft als unproblematische Kontrollvariable in quantitative Modelle eingeführt wird und auf diese Weise die dahinter liegenden Mechanismen der Wirkung von ethnischer Herkunft eher verschleiert als analysiert würden (2003).

Im Gegensatz dazu bemühen sich relationale Soziologen wie John Mohr (1994), Andrew Abbott (1995), John Levi Martin (2000), Charles Tilly (2005: 131ff) und Tammy Smith (2007) darum, die Mechanismen der Konstitution und Wandlung von sozialen Kategorien zu untersuchen (Karafillidis 2010). In diese Richtung sind auch die Arbeiten von Michèle Lamont (1992; Lamont/Molnar 2002) einzuordnen, die qualitativ symbolische Abgrenzungsprozesse untersucht. Allgemein gilt, dass soziale Grenzziehungen und Kategorien abhängig sind von der Ordnung sozialer Netzwerke (Gould 1995), aber auch von den Narrativen, die sich um solche Grenzziehungen spinnen und diese legitimieren oder auch deligitimieren (und damit verändern) können (Tilly 2002: 11f; Smith

2007). Dies folgt der Formulierung von Harrison White, dass Netzwerke aus Sozialbeziehungen bestehen, die mit „stories" verwoben sind (White 1992: 65ff).

(2) Dabei werden auch *die der Netzwerkforschung zugrunde liegenden Kategorien kritisch reflektiert und der Analyse unterzogen.* So zeigt King-To Yeung, dass die Beziehungskategorie ‚Liebe' in verschiedenen Netzwerkkontexten ganz unterschiedlichen Bedeutungen haben kann – und dass sich daraus der paradoxe Befund erklärt, dass sich Kommunen mit „mehr Liebe" als weniger stabil erweisen (2005). Die Sinnebene von Sozialbeziehungen lässt sich also nicht einfach mit den Kategorien der Selbstbeschreibung einholen, da diese selbst variieren können. So weisen Peter Bearman und Paolo Parigi auch nach, dass der im General Social Survey verwandte Burt-Namensgenerator („Mit wem reden Sie über Dinge, die Ihnen persönlich wichtig sind") ganz unterschiedliche Assoziationen hervorruft und dann zu systematisch (etwa nach dem Geschlecht) variierenden Netzwerken führt (2004). Dies führt zu der Forderung, die Kategorien der eigenen Analysen kritisch zu reflektieren und insbesondere die dahinter liegende Ebene des Sinns in sozialen Netzwerken immer im Blick zu behalten (Fuhse 2009).

(3) *Kategorien* wie Geschlecht und ethnische Herkunft bilden Netzwerkstrukturen ab – und sie beeinflussen diese über Normen für die Interaktion mit unterschiedlichen Personenkategorien (Rytina/Morgan 1982). Dies kann zu Phänomenen der *sozialen Schließung* führen, wie sie Charles Tilly in *Durable Inequality* theoretisch begründet hat (1998: 75ff). Eine Kategorie wirkt hier strukturierend auf Interaktionen und damit auf die Bildung von Netzwerkstrukturen, die sich innerhalb der Kategorie verdichten und über die Kategorie hinweg ausdünnen. Eine so kategorial abgegrenzte Gruppe kann „opportunity hoarding" betreiben, indem sie Nichtmitglieder von innerhalb der Gruppe zirkulierenden Ressourcen (etwa dem Zugang zu Arbeitsstellen und Elitepositionen) ausschließt. Diese theoretischen Überlegungen liegen den Analysen von Douglas Massey zu kategorialen Ungleichheiten nach ethnischer Herkunft und Geschlecht in den USA zugrunde (2007). Massey untersucht allerdings nicht die Ebene der Netzwerke, sondern nimmt vielmehr alltägliche Beispiele für Ungleichbehandlung etwa bei der Arbeitsplatzvergabe oder dem Wohnungsmarkt in den Blick. Aber schon die Studie *Etablierte und Außenseiter* von Norbert Elias und John Scotson (1990 [1965]) lässt sich als empirischer Beleg für die von Tilly theoretisierten Ausschließungsprozesse lesen.

(4) Innerhalb von dichten kooperativen Netzwerken entstehen eigene kulturelle Formen – ein *Lebensstil* im Sinne der oben besprochenen Lebensstilforschung. Dazu gehören die kulturellen Codes der von Nina Eliasoph und Paul Lichterman untersuchten informellen Gruppierungen (2003) genauso wie die Kategoriensysteme und Klassifizierungsschemata bei Andreas Wimmer (2002). In den Begriffen von Harrison White kann man hier von „Domänen" sprechen, die mit Netzwerken verwoben sind und einzelne Netzwerkkontexte von anderen unterscheiden (s.o.). Zu diesen kulturellen Formen gehören aber auch Einstellungen. Diese sind Bonnie Erickson zufolge vor allem deswegen in Netzwerken verankert, weil einzelne Dyaden zu einer Angleichung von kulturellen

Orientierungen tendieren und sich auf diese Weise in Netzwerken eine relative Homogenität in Einstellungen ausbildet (1988: 101ff).

(5) Auch *Sprachen* entwickeln sich in Netzwerkstrukturen, worauf insbesondere Harrison White in seinen Arbeiten immer wieder hinweist (1992: 133ff; 1995b: 706ff; White /Godart 2010). Netzwerkpopulationen entwickeln entsprechend ihre eigenen Sprachformen – von Symbolen und Spitznamen in einzelnen Sozialbeziehungen bis hin zu den nationalstaatlichen Hochsprachen. Sprachen sind also Teil der Domänen in Netzwerken und organisieren die Verbindungen und Verknüpfungen in Netzwerken – etwa in Form von Rollenkategorien, die bestimmte Verbindungen nahe legen und andere inhibieren (Mohr 1994). Dazu gehört auch, dass Netzwerke Sprachformen für den Umgang mit Statusunterschieden hervorbringen und dass etwa in unterschiedlichen Gesellschaften verschiedene Umgangs- und Sprachformen der Repräsentation und Reproduktion von gesellschaftlichen Ungleichheiten zu finden sind (Wouters 2007). So zeigt auch die Arbeit von King-To Yeung (2005), dass Netzwerke verschiedene Vokabulare für die Ordnung von Relationen hervorbringen.

Für die Ungleichheitsforschung sind einerseits die Sprachformen für den Umgang mit Statusunterschieden und mit kulturellen Differenzen (auch zwischen verschiedenen Milieus innerhalb einer Gesellschaft), andererseits die Situationen sprachlicher Vielfalt, die durch Migration entstehen, von besonderem Interesse. Für das Verhältnis von Migrantengruppen und Mehrheitsgesellschaft scheinen die Praxis und die Fertigkeit des Wechsels zwischen verschiedenen Sprachen von entscheidender Bedeutung zu sein – und diese sind insbesondere mit der Zusammensetzung der persönlichen Netzwerke von Migranten verknüpft (Esser 2006: 131ff; Fuhse 2008c: 171ff).

(6) Kategorien können zu einer Verdichtung von persönlichen Beziehungen im Inneren führen, wie sie etwa Andreas Wimmer bei den Migrantengruppen identifiziert hat (2002). Allerdings ordnen Kategorien Netzwerke nicht notwendigerweise in Gruppen mit erhöhter Binnenkommunikation. Vielmehr können sie auch ein Verhältnis struktureller Äquivalenz markieren (Lorrain/White 1971). Das klassische Beispiel hierfür sind Verwandtschaftsnetzwerke: Kategorien wie Ehemann oder Tante verweisen auf bestimmte Rollen, die sich durch spezifische Sozialbeziehungen zu anderen Kategorien wie Ehefrau oder Neffe auszeichnen – ohne dass Ehemänner oder Tanten in stärkerem Kontakt untereinander stehen als zu anderen Verwandtschaftskategorien.[5] Positionen in einem Netzwerk sind also strukturell äquivalent, wenn sie gegenüber anderen Positionen bestimmte Beziehungsmuster aufweisen. Das mathematische Verfahren zur Rekonstruktion dieser Rollenkategorien aus Netzwerkdaten heraus ist die oben knapp skizzierte Blockmodellanalyse (White et al. 1976).

Das klassische Beispiel für eine strukturell äquivalente Kategorie in der Ungleichheitsforschung sind die von Karl Marx beschriebenen französischen Parzellenbauern (1969 [1852]: 198). Diese finden sich zwar in einer ähnlichen sozialstrukturellen Position und zeichnen sich durch bestimmte (vorgegebene) Sozialbeziehungen zu den Groß-

5 Siehe dazu die Diskussion von Äquivalenzklassen und Äquivalenzrelationen bei Martin/Lee 2010.

grundbesitzern aus. Ihnen fehlt es aber Marx zufolge an Interaktion miteinander, um eine Klasse zu bilden und kollektiv handeln zu können. Dies weist daraufhin, dass soziale Schichten durchaus nicht immer als Interaktionsgruppen zu konzipieren sind, wie dies Pappi vorschlug (1976; s.o.). Ein gegenwärtiges Beispiel für eine Kategorie, die nicht Interaktionsgruppen, sondern strukturell äquivalente Akteure voneinander trennt, ist die Geschlechterkategorie. Anders als bei sozialen Schichten oder bei unterschiedlichen ethnischen Gruppen treten Männer und Frauen sehr oft in „strong ties" miteinander in Kontakt. Aber mit der Geschlechterkategorie sind bestimmte Erwartungen verknüpft, die den Kontakt zwischen Männern und Frauen stark regeln und für die „strukturelle Ähnlichkeit" dieser Positionen in persönlichen Netzwerken sorgen (Ridgeway/Smith-Lovin 1999: 194ff; Smith-Lovin/McPherson 1993). Diese bestimmen etwa, dass Liebesbeziehungen immer noch weitgehend heterosexuell sind und dass man/frau vor allem mit Mitgliedern des eigenen Geschlechts befreundet ist.[6]

Bonnie Erickson zufolge zeichnen sich strukturell äquivalente Positionen nicht nur durch eine spezifische Struktur von Sozialbeziehungen aus, sondern entwickeln auch gemeinsame Einstellungen und Werte (1988: 109ff). Aus der ähnlichen Position in der Sozialstruktur heraus müsste dafür eine geteilte Perspektive auf die soziale Welt und Situationsdefinition (ein eigener ‚Lebensstil') emergieren – auch ohne verstärkten Kontakt untereinander. Allerdings formuliert Erickson die Hypothese, dass die Ähnlichkeit der Einstellungen innerhalb einer strukturell äquivalenten Position von der internen Interaktionsdichte abhängen könnte (1988: 112). Eine empirische Überprüfung dieser Thesen hat bisher nicht stattgefunden. Ronald Burt et al. weisen in einer Studie nach, dass sich Manager mit „weak ties" über „strukturelle Löcher" im Netzwerk (sogenannte „Broker") systematisch in ihren Persönlichkeitsmerkmalen von solchen mit wenig „weak ties" unterscheiden (1998). Allerdings lassen sich Persönlichkeitsmerkmale auch eher als die Netzwerkposition bedingend konzipieren als Einstellungen. Insofern stellt dies keinen strengen Test der Hypothese der geteilten Einstellungen und Werte in strukturell äquivalenten Positionen dar. Ann Mische stellt in ihrer qualitativen Arbeit fest, dass die „leadership styles" von Anführern in der brasilianischen Studentenbewegung davon abhängen, in welche Gruppen und Netzwerke sie eingebunden sind (2008: 240ff). Omar Lizardo zufolge korreliert bei den Befragten im General Social Survey die Vielfalt des Kulturkonsums mit der Dichte der persönlichen Netzwerke (2006). Jedoch ergibt sich in seinen Analysen die Netzwerkstruktur eher als Folge denn als Ursache des Kulturkonsums. In all diesen Studien zeigen sich also Korrelationen zwischen der Netzwerkstruktur (einem Indikator von struktureller Äquivalenz) und kulturellen Formen beziehungsweise Persönlichkeitsmerkmalen. Allerdings bleibt die Wirkungsrichtung tendenziell unklar, und der engere von Erickson thematisierte Bereich von Einstellungen und Werten wurde als

6 Auch die von Norbert Elias konzipierten Etablierten-Außenseiter-Figurationen (1990 [1976]: 14ff) und die Zentrum-Peripherie-Konstellationen bei Reinhard Kreckel (2004 [1992]: 41ff) lassen sich auf diese Weise netzwerktheoretisch als strukturell äquivalente Positionen in der Sozialstruktur rekonstruieren.

solcher bisher nicht in den Blick genommen. Insofern bleiben die von ihr aufgestellten Hypothesen bisher ohne strenge empirische Überprüfung.

(7) Kategorien produzieren keine perfekte Ordnung von Netzwerkstrukturen. Vielmehr überschneiden sich verschiedene Kategorien wie ethnische Herkunft, Geschlecht, Alter und Bildungsschicht und sorgen für ein komplexes Netz an Verbindungen und Ungleichheiten (Lamont/Fournier 1992). Dies sorgt einerseits dafür, dass die moderne Sozialstruktur nicht mit dem Begriff von perfekt abgeschlossenen und homogenen Gruppen beschrieben werden kann (Fuhse 2006). Stattdessen finden wir eine interrelationale Struktur mit sowohl eng verknüpften Cliquen und Interaktionsgruppen als auch „weak ties" zwischen ihnen – also eher „Netzwerke" als „Gruppen". In diesem Sinne hat ja schon Jörg Rössel gegen „Milieus" als abgeschlossene Großgruppen argumentiert – solche existieren nicht ‚an sich', sondern werden durch die Lebensstilanalyse erst als analytische Konstrukte erzeugt (s.o.).

Andererseits kann auch nicht in einem strengen Sinne von „struktureller Äquivalenz" gesprochen werden, sondern eher von „struktureller Ähnlichkeit". So finden sich etwa Frauen zwar in ähnlich strukturierten Positionen in den Netzwerken der Sozialstruktur. Aber diese typische Struktur von Netzwerken (mehr Verwandtschaft, mehr Dichte als bei Männern; Moore 1990) variiert danach, ob die Frauen berufstätig sind, eher auf dem Land oder eher in Großstädten leben, Kinder haben oder als Singles leben. Das strenge Kriterium der strukturellen Äquivalenz muss insofern für die Analyse der Wirkung von sich überschneidenden Kategorien (und anderen Dimensionen sozialer Ungleichheit) in der modernen Sozialstruktur abgeschwächt werden – da sonst das Zusammenspiel von verschiedenen Kategorien unbeachtet bleibt. Wie Harrison White formuliert: Die soziale Wirklichkeit ist „messy", nicht perfekt geordnet (1992: 70). Ohnehin müssen ja Studien der Ungleichheitsforschung meist mit der Analyse von persönlichen Netzwerken auskommen und können keine Vollnetzwerke untersuchen. Dadurch können aus der Netzwerkforschung gewonnene Konzepte wie strukturelle Äquivalenz lediglich über die Ähnlichkeit der Struktur und Zusammensetzung von persönlichen Netzwerken (z. B. mehr „weak ties" oder mehr Dichte, mehr Freundschaften oder mehr Verwandtschaft) untersucht werden. Dass damit trotzdem wichtige Aspekte sozialer Strukturen beobachtet werden, zeigt das Beispiel der Geschlechterkategorie.

7. Resümee

Insgesamt ergibt sich aus der Zusammenschau von Lebensstilforschung und den neueren Arbeiten zu sozialer Ungleichheit aus der relationalen Soziologie eine Reihe von fruchtbaren Anknüpfungspunkten und Möglichkeiten zur Kombination dieser Ansätze. Die Lebensstilforschung fordert einen systematischen Fokus auf kulturelle Formen und auf deren Genese und Wirkung in der Sozialstruktur – ohne dass diesen kulturellen Formen notwendigerweise sozioökonomische Ungleichheiten zugrundeliegen, wie dies in den älteren Klassen- und Schichtansätze und auch noch in der Kultursoziologie von Pierre Bourdieu formuliert wurde. Vor allem in den Arbeiten von Gunnar Otte und Jörg Rössel entwickelt die Lebensstilforschung eine theoretische und empirische Berücksichtigung von sozialen Netzwerken. Diese lassen sich – explizit bei Jörg Rössel – als soziale Milieus fassen, die der Entwicklung von kulturellen Formen zugrunde liegen. Allerdings bilden Milieus keine abgeschlossenen gesellschaftlichen Großgruppen, sondern sind als analytisches Instrumentarium zur Rekonstruktion der soziokulturellen Einbettung von Individuen zu betrachten.

Die relationale Soziologie hat ihrerseits eine Fülle von sehr unterschiedlichen theoretischen Argumenten und empirischen Arbeiten hervorgebracht, die hier recht holzschnittartig zu einem gemeinsamen Ansatz zusammengefasst wurden. Dabei wurde deutlich, dass kulturelle Formen und die Zusammensetzung und Struktur von sozialen Netzwerken in einem Wechselverhältnis stehen, dass die Kommunikation in Netzwerken durch Kategorien strukturiert ist und diese umgekehrt auch reproduzieren und modifizieren, und dass vor allem mit der Übersetzung des Konzepts der „strukturellen Äquivalenz" in die Ungleichheitsforschung wichtige Erkenntnisse erlangt wurden. Dazu gehört die Erkenntnis, dass Schichten nicht unbedingt abgeschlossenen Interaktionsgruppen im Sinne von Franz Urban Pappi sind, sondern sich durch spezifische, soziokulturell bedingte Strukturen des persönlichen Austauschs auszeichnen. So weisen etwa die Bessergebildeten in den USA einen vielfältigeren Kulturkonsum und mehr „weak ties" in ihren Netzwerken auf (Lizardo 2006) und stellen eher das Gegenteil von engmaschigen Elitenetzwerken dar, wie sie Norbert Elias als Grundlage der Etablierten-Außenseiter-Figuration identifiziert hatte.

Insgesamt lassen sich mit den Konzepten der Netzwerkanalyse und der relationalen Soziologie Konzepte wie Lebensstilmilieus, Schichten als Interaktionsgruppen, die Mechanismen der sozialen Schließung von Max Weber, die Etablierten-Außenseiter-Figurationen von Norbert Elias und die Zentrum-Peripherie-Konstellationen von Reinhard Kreckel theoretisch rekonstruieren und empirisch untersuchen. Dabei halten etwa die empirischen Arbeiten von Roger Gould und King-To Yeung dazu an, theoretische Argumentationsfiguren (wie die der Klassenforschung) immer wieder zu hinterfragen und angesichts sehr unterschiedlicher und vielschichtiger empirischer Ergebnisse zu modifizieren und der Komplexität der Sozialstruktur anzupassen.

Diese verschiedenen Anregungen führen dazu, dass Sozialstruktur nicht mehr einfach in der Tradition von Peter Blau als Verteilung von Ressourcen oder/und anderen Parametern (wie Geschlecht, ethnische Herkunft etc.) begriffen werden kann. Schon die Arbeiten von Pierre Bourdieu und stärker noch aus der Lebensstilforschung konzipieren kulturelle Formen, Klassifikationen und Distinktionspraktiken als wichtige und eigenständige Ebene der Sozialstruktur. Aber auch diese Umstellung ist mit dem statistischen Begriff von Sozialstruktur aus der empirischen Sozialforschung vereinbar: Wiederum geht es um Verteilungen von Merkmalen in Populationen, nur dass diese Merkmale nun kultureller Art sind.

Die Ebene der persönlichen Netzwerke lässt sich hingegen schwerer in die Logik der empirischen Sozialforschung integrieren: Schließlich geht es nun nicht alleine um individuelle Merkmale, sondern um Beziehungen zwischen Individuen – um deren relationale Einbettung. Die Netzwerkforschung spricht seit den klassischen Arbeiten von A. R. Radcliffe-Brown (1940) und Siegfried Nadel (1957) von „Sozialstruktur" oder „sozialer Struktur" als gleichbedeutend mit der Struktur von sozialen Beziehungen zwischen Individuen oder Positionen. Auch dies markiert aber wieder eine einseitige Extremposition: Netzwerke sind zwar ein wichtiges Merkmal von Ungleichheiten und sozialen Strukturen – aber doch wohl nicht deren einzige oder einzig wichtige Ebene. So wie die „kulturelle Wende" der Netzwerkforschung zu einer stärkeren Beachtung der Verknüpfung von Netzwerken mit kulturellen Formen geführt hat, so lassen sich soziale Strukturen auch nicht unabhängig von sozioökonomischen Ungleichheiten (in Bildung, Einkommen und Vermögen) denken.

Insgesamt ergibt sich aus dem Ansatz der relationalen Ungleichheitssoziologie also keine völlige Abkehr vom statistisch-distributiven Verständnis von Ungleichheit und Sozialstruktur, sondern dessen Komplementierung mit einerseits kulturellen Formen und andererseits der Einbettung von Individuen in soziale Netzwerke. Dies bringt eine Reihe von methodischen Herausforderungen mit sich: So können Netzwerke in den üblichen Befragungen der empirischen Sozialforschung nur sehr eingeschränkt, als „persönliche Netzwerke", erhoben werden. So baut die empirische Sozialforschung bei der Erhebung und der Analyse der Zusammensetzung von persönlichen Netzwerken auf der Gültigkeit und Abfragbarkeit von bestimmten Kategorien wie ethnische Herkunft oder Schichtzugehörigkeit auf. Denn nur so lässt sich untersuchen, ob Mitglieder bestimmter Kategorien systematisch mit Mitgliedern anderer Kategorien interagieren oder nicht. Der „anti-kategorische Imperativ" der Netzwerkforschung kann hier natürlich nicht durchgehalten werden, wohl aber eine kritische Reflexion der eigenen Erhebungs- und Analysekategorien. Die Struktur von persönlichen Netzwerken schließlich lässt sich nur sehr oberflächlich analysieren. Schon die Betrachtung von Dichte oder „weak ties" basiert darauf, dass die Befragten ein sehr subjektives Bild von den sie umgebenden Netzwerken generieren müssen. Strukturelle Äquivalenz im eigentlichen Sinne kann so nicht identifiziert werden, wohl aber gewisse Maße für die „strukturelle Ähnlichkeit" etwa geschlechtsspezifischer persönlicher Netzwerke.

Auf dem Weg zu einer relationalen Ungleichheitssoziologie, wie sie in ihren Grundzügen in der vorliegenden Arbeit skizziert wurde, sind also noch viele Hindernisse zu überwinden. Aber wir sind einer Verknüpfung von relationaler Soziologie und Ungleichheitsforschung mit gleichzeitiger Betrachtung von sozialen Netzwerken, kulturellen Formen und sozioökonomischen und kategorialen Ungleichheiten bereits ein gutes Stück nähergekommen.

Literatur

Abbott, Andrew, 1995: „Things of Boundaries", in: *Social Research* 62: 857-882.

Abbott, Andrew, 1997: „Of Time and Space: The Contemporary Relevance of the Chicago School", in: *Social Forces* 75: 1149-1182.

Anheier, Helmut/Jürgen Gerhards/Frank Romo, 1995: „Forms of Capital and Social Structure in Cultural Fields: Examining Bourdieu's Social Topography", in: *American Journal of Sociology* 100: 859-903.

Barnes, J.A., 1954: „Class and Committees in a Norwegian Island Parish", in: *Human Relations* 7: 39-58.

Bearman, Peter/Paolo Parigi, 2004: „Cloning Headless Frogs and Other Important Matters: Conversation Topics and Network Structure", in: *Social Forces* 83: 535-557.

Beck, Ulrich, 1986: *Risikogesellschaft*. Frankfurt/Main: Suhrkamp.

Breiger, Ronald, 1995: „Social Structure and the Phenomenology of Attainment", in: *Annual Review of Sociology* 21: 115-136.

Breiger, Ronald, 2004: „The Analysis of Social Networks", in: Melissa Hardy/Alan Bryman (Hg.), *Handbook of Data Analysis*. London: Sage: 505-526.

Breiger, Ronald, 2010: „Dualities of Culture and Structure: Seeing Through Cultural Holes", in: Jan Fuhse /Sophie Mützel (Hg.): *Relationale Soziologie*, Wiesbaden: VS Verlag.

Blau, Peter, 1977: *Inequality and Heterogeneity*. New York: Free Press.

Bourdieu, Pierre, 1979: *La distinction*. Paris: Minuit.

Bourdieu, Pierre, 1980: *Le sens pratique*. Paris: Minuit.

Bourdieu, Pierre, 1983: „Ökonomisches Kapital, kulturelles Kapital, soziales Kapital", in: Reinhard Kreckel (Hg.), *Soziale Ungleichheiten. Soziale Welt*; Sonderheft 2. Göttingen: Schwartz: 183-198.

Bourdieu, Pierre, 1985: „The Social Space and the Genesis of Groups", in: *Theory and Society* 14: 723-744.

Bourdieu, Pierre, 1994: *Raisons pratiques. Sur la théorie de l'action*. Paris: Seuil.

Bourdieu, Pierre/Loïc Wacquant, 1992: *Réponses. Pour une anthropologie réflexive*. Paris: Seuil.

Burt, Ronald/Joseph Jannotta/James Mahoney, 1998: „Personality Correlates of Structural Holes", in: *Social Networks* 20: 63-87.

DiMaggio, Paul, 1987: „Classification in Art", in: *American Sociological Review* 52: 440-455.

DiMaggio, Paul/Michael Useem, 1978: „Social Class and Arts Consumption: The Origins and Consequences of Class Differences in Exposure to the Arts in America", in: *Theory and Society* 5: 141-161.

DiMaggio, Paul/John Mohr, 1985: „Cultural Capital, Educational Attainment, and Marital Selection", in: *American Journal of Sociology* 90: 1231-1261.

Elias, Norbert, 1990 [1976]: „Zur Theorie von Etablierten-Außenseiter-Beziehungen", in: Ders./John Scotson 1990 [1965]: 7-56.

Elias, Norbert/John Scotson, 1990 [1965]: *Etablierte und Außenseiter*. Frankfurt/Main: Suhrkamp.

Eliasoph, Nina/Paul Lichterman, 2003: „Culture in Interaction", in: *American Journal of Sociology* 108: 735-794.

Emirbayer, Mustafa, 1997: „Manifesto for a Relational Sociology", in: *American Journal of Sociology* 103: 281-317.

Emirbayer, Mustafa/Jeff Goodwin, 1994: „Network Analysis, Culture, and the Problem of Agency", in: *American Journal of Sociology* 99: 1411-1154.

Erickson, Bonnie, 1988: „The Relational Basis of Attitudes", in: Barry Wellman/Stephen Berkowitz (Hg.), *Social Structure. A Network Approach*. Cambridge, UK: Cambridge University Press: 99-121.

Erickson, Bonnie, 1996: „Culture, Class, and Connections", in: *American Journal of Sociology* 102: 217-251.

Esser, Hartmut, 1990: „Interethnische Freundschaften", in: Hartmut Esser/Jürgen Friedrichs (Hg.), *Generation und Identität*. Opladen: Westdeutscher Verlag: 185-205.

Esser, Hartmut, 2006: *Sprache und Integration*. Frankfurt/Main: Campus.

Feld, Scott, 1982: „Social Structural Determinants of Similarity Among Associates", in: *American Sociological Review* 47: 797-801.

Festinger, Leon/Stanley Schachter/Kurt Back, 1950: *Social Pressures in Informal Groups. A Study of Human Factors in Housing*. Palo Alto: Stanford University Press.

Franzen, Axel/Markus Freitag (Hg.), 2007: *Sozialkapital. Grundlagen und Anwendungen. Kölner Zeitschrift für Soziologie und Sozialpsychologie*, Sonderheft 47. Wiesbaden: VS Verlag.
Friedrichs, Jürgen/Robert Kecskes/Christof Wolf, 2002: *Struktur und sozialer Wandel einer Kleinstadt. Euskirchen 1952-2002*. Opladen: Leske + Budrich.
Fuhse, Jan, 2006: „Gruppe und Netzwerk – eine begriffsgeschichtliche Rekonstruktion", in: *Berliner Journal für Soziologie* 16: 245-263
Fuhse, Jan, 2008a: „Netzwerke und soziale Ungleichheit", in: Christian Stegbauer (Hg.), *Netzwerkanalyse und Netzwerktheorie*. Wiesbaden: VS Verlag: 79-90.
Fuhse, Jan, 2008b: „Gibt es eine Phänomenologische Netzwerktheorie? Geschichte, Netzwerk und Identität", in: *Soziale Welt* 59: 31-52.
Fuhse, Jan, 2008c: *Ethnizität, Akkulturation und persönliche Netzwerke von italienischen Migranten*. Leverkusen: Barbara Budrich.
Fuhse, Jan, 2009: „The Meaning Structure of Social Networks", in: *Sociological Theory* 27: 51-73.
Gould, Roger, 1995: *Insurgent Identities*. Chicago: Chicago University Press.
Granovetter, Mark, 1973: „The Strength of Weak Ties", in: *American Journal of Sociology* 78: 1360-1380.
Grusky, David/Jesper Sørensen, 1998: „Can Class Analysis Be Salvaged?", in: *American Journal of Sociology* 103: 1187-1234.
Hartmann, Peter, 1999: *Lebensstilforschung. Darstellung, Kritik und Weiterentwicklung*. Opladen: Leske + Budrich.
Hradil, Stefan, 1992: „Alte Begriffe und neue Strukturen: Die Milieu-, Subkultur- und Lebensstilforschung der 80er Jahre", in: Ders. (Hg.), *Zwischen Bewußtsein und Sein*. Opladen: Leske + Budrich: 15-55.
Kalmijn, Matthijs, 1998: „Intermarriage and Homogamy: Causes, Patterns, Trends", in: *Annual Review of Sociology* 24: 395-421.
Kalmijn, Matthijs/Henk Flap, 2001: „Assortative Meeting and Mating: Unintended Consequences of Organized Settings for Partner Choices", in: *Social Forces* 79: 1289-1312.
Karafillidis, Athanasios, 2010: „Grenzen und Relationen", in: Jan Fuhse/Sophie Mützel (Hg.), *Relationale Soziologie. Zur kulturellen Wende der Netzwerkforschung*. Wiesbaden: VS Verlag.
Katz, Elihu/Paul Lazarsfeld, 1955: *Personal Influence*. Glencoe: The Free Press.
Knox, Hannah/Mike Savage/Penny Harvey, 2006: „Social Networks and the Study of Relations: Networks as Method, Metaphor and Form", in: *Economy and Society* 35: 113-140.
Koppetsch, Cornelia/Günter Burkart, 1999: *Die Illusion der Emanzipation. Zur Wirksamkeit latenter Geschlechtsnormen im Milieuvergleich*. Konstanz: UVK.
Kreckel, Reinhard, 2004 [1992]: *Politische Soziologie sozialer Ungleichheit*. Frankfurt/Main: Campus.
Lamont, Michèle, 1992: *Money, Morals, & Manners. The Culture of the French and the American Upper-Middle Class*. Chicago: Chicago University Press.
Lamont, Michèle/Marcel Fournier (Hg.), 1992: *Cultivating Differences. Symbolic Boundaries and the Making of Inequality*. Chicago: Chicago University Press.
Lamont, Michèle/Virág Molnár, 2002: „The Study of Boundaries in the Social Sciences", in: *Annual Review of Sociology* 28: 167-195.
Lash, Scott, 1993: „Pierre Bourdieu: Cultural Economy and Social Change", in: Craig Calhoun/Edward LiPuma/Moishe Postone (Hg.), *Bourdieu. Critical Perspectives*. Cambridge: Polity: 193-211.
Lin, Nan, 2001: *Social Capital*. Cambridge: Cambridge University Press.
Lizardo, Omar, 2006: „How Cultural Tastes Shape Personal Networks", in: *American Sociological Review* 71: 778-807.
Lorrain, François/Harrison White, 1971: „Structural Equivalence of Individuals in Social Networks", in: *Journal of Mathematical Sociology* 1: 49-Lüdicke, Jörg/Martin Diewald, 2007: *Soziale Netzwerke und soziale Ungleichheit. Zur Rolle von Sozialkapital in modernen Gesellschaften*. Wiesbaden: VS Verlag.
Mark, Noah, 2003: „Culture and Competition: Homophily and Distancing Explanations for Cultural Niches", in: *American Sociological Review* 68: 319-345.
Marsden, Peter, 1988: „Homogeneity in Confiding Relations", in: *Social Networks* 10: 57-76.

Marsden, Peter, 2005: „Recent Developments in Network Measurement", in: Peter Carrington/John Scott/ Stanley Wasserman (Hg.), *Models and Methods in Social Network Analysis*. New York: Cambridge University Press: 8-30.
Martin, John Levi, 2000: „What Do Animals Do All Day? The Division of Labor, Class Bodies, and Totemic Thinking in the Popular Imagination", in: *Poetics* 27: 195-231.
Martin, John Levi/Monica Lee, 2010: „Wie entstehen große sozialen Strukturen?", in: Jan Fuhse/Sophie Mützel (Hg.), *Relationale Soziologie. Zur kulturellen Wende der Netzwerkforschung*. Wiesbaden: VS Verlag.
Martin, John Levi/King-To Yeung, 2003: „The Use of the Conceptual Category of Race in American Sociology, 1937-1999", in: *Sociological Forum* 18: 521-543.
Marx, Karl, 1969 [1852]: „Der achtzehnte Brumaire des Louis Bonaparte", in: Ders./Friedrich Engels: *Werke*; Band 8. Berlin: Dietz: 115-207.
Massey, Douglas, 2007: *Categorically Unequal. The American Stratification System*. New York: Russell Sage Foundation.
McPherson, Miller/Lynn Smith-Lovin/James Cook, 2001: „Birds of a Feather: Homophily in Social Networks", in: *Annual Review of Sociology* 27: 415-444.
Meyer, Thomas, 2001: „Das Konzept der Lebensstile in der Sozialstrukturforschung – eine kritische Bilanz", in: *Soziale Welt* 52: 255-272.
Mische, Ann, 2003: „Cross-talk in Movements: Reconceiving the Culture-Network Link", in: Mario Diani/Doug McAdam (Hg.), *Social Movements and Networks*. Oxford: Oxford University Press: 258-280.
Mische, Ann, 2008: *Partisan Publics. Communication and Contention across Brazilian Youth Activist Networks*. Princeton: Princeton University Press.
Mische, Ann/Harrison White, 1998: „Between Conversation and Situation: Public Switching Dynamics across Network Domains", in: *Social Research* 65: 695-724.
Mohr, John, 1994: „Soldiers, Mothers, Tramps and Others: Discourse Roles in the 1907 New York City Charity Directory", in: *Poetics* 22: 327-357.
Moore, Gwen, 1990: „Structural Determinants of Men's and Women's Networks", in: *American Sociological Review* 55: 726-735.
Mützel, Sophie, 2009: „Networks as Culturally Constituted Processes: A Comparison of Relational Sociology and Actor-network Theory", in: *Current Sociology* 57: 871-887.
Mützel, Sophie/Jan Fuhse, 2010: „Zur relationalen Soziologie: Grundgedanken, Entwicklungslinien und transatlantische Brückenschläge", in: Jan Fuhse /Sophie Mützel (Hg.): *Relationale Soziologie*, Wiesbaden: VS Verlag.
Nadel, Siegfried, 1957: *The Theory of Social Structure*. London: Cohen & West.
Neckel, Sighard, 2000: *Die Macht der Unterscheidung*. Frankfurt/Main: Campus.
Otte, Gunnar, 2008 [2004]: *Sozialstrukturanalysen mit Lebensstilen*. Wiesbaden: VS Verlag.
Padgett, John/Christopher Ansell, 1993: „Robust Action and the Rise of the Medici", in: *American Journal of Sociology* 98: 1259-1319.
Pappi, Franz Urban, 1973: „Sozialstruktur und soziale Schichtung in einer Kleinstadt mit heterogener Bevölkerung", in: *Kölner Zeitschrift für Soziologie und Sozialpsychologie* 25: 23-74.
Pappi, Franz Urban, 1976: „Soziale Schichten als Interaktionsgruppen", in: Rainer Lepsius (Hg.), *Zwischenbilanz der Soziologie*. Stuttgart: Enke: 223-242.
Radcliffe-Brown, Alfred R.., 1940: „On Social Structure", in: *The Journal of the Royal Anthropological Institute of Great Britain and Ireland* 70: 1-12.
Ridgeway, Cecilia/Lynn Smith-Lovin, 1999: „The Gender System and Interaction", in: *Annual Review of Sociology* 25: 191-216.
Rössel, Jörg, 2005: *Plurale Sozialstrukturanalyse*. Wiesbaden: VS Verlag.
Rytina, Steve/David Morgan, 1982: „The Arithmetic of Social Relations: The Interplay of Category and Network", in: *American Journal of Sociology* 88: 88-113
Schenk, Michael, 1995: *Soziale Netzwerke und Massenmedien*. Tübingen: Mohr.
Schulze, Gerhard, 1992: *Die Erlebnisgesellschaft*. Frankfurt/Main: Campus.

Schulze, Gerhard, 2001: „Scheinkonflikte: Zu Thomas Meyers Kritik der Lebensstilforschung", in: *Soziale Welt* 52: 283-296.
Smith, Tammy, 2007: „Narrative Boundaries and the Dynamics of Ethnic Conflict and Conciliation", in: *Poetics* 35: 22-46.
Smith-Lovin, Lynn/J. Miller McPherson, 1993: „You Are Who You Know: A Network Approach to Gender", in: Paula England (Hg.), *Theory on Gender / Feminism on Theory*. New York: de Gruyter: 223-251.
Tilly, Charles, 1998: *Durable Inequality*. Berkeley: University of California Press.
Tilly, Charles, 2002: *Stories, Identities, and Political Change*. Lanham: Rowman & Littlefield.
Tilly, Charles, 2005: *Identities, Boundaries & Social Ties*. Boulder: Paradigm.
Trezzini, Bruno, 1998: „Theoretische Aspekte der sozialwissenschaftlichen Netzwerkanalyse", in: *Schweizerische Zeitschrift für Soziologie* 24: 511-544.
Verbrugge, Lois, 1977: „The Structure of Adult Friendship Choices", in: *Social Forces* 56: 576-597.
Warner, W. Lloyd/Paul Lunt, 1941: *The Social Life of a Modern Community*. New Haven: Yale University Press.
Wellman, Barry, 1983: „Network Analysis: Some Basic Principles", in: *Sociological Theory* 1: 155-200.
White, Harrison, 1992: *Identity and Control. A Structural Theory of Social Action*. Princeton: Princeton University Press.
White, Harrison, 1995a: „Network Switchings and Bayesian Forks: Reconstructing the Social and Behavioral Sciences", in: *Social Research* 62: 1035-1063.
White, Harrison, 1995b: „Passages réticulaires, acteurs et grammaire de la domination", in: *Revue française de sociologie* 36: 705-723.
White, Harrison, 2008: *Identity and Control. How Social Formations Emerge*. Princeton: Princeton University Press.
White, Harrison/Scott Boorman/Ronald Breiger, 1976: „Social Structure from Multiple Networks. I. Blockmodels of Roles and Positions", in: *American Journal of Sociology* 81: 730-780.
White, Harrison /Frédéric Godart 2010: „Relational Language: The Example of Changes in Business Talk", in: Jan Fuhse /Sophie Mützel (Hg.): *Relationale Soziologie*, Wiesbaden, VS Verlag.
Wimmer, Andreas, 2002: „Multikulturalität oder Ethnisierung? Kategorienbildung und Netzwerkstrukturen in drei schweizerischen Immigrantenquartieren", in: *Zeitschrift für Soziologie* 31: 4-26.
Wouters, Cas, 2007: *Informalization. Manners & Emotions since 1890*. London: Sage.
Wright, Erik Olin, 1978: „Class and Occupation", in: *Theory and Society* 9: 177-214.
Yeung, King-To, 2005: „What Does Love Mean? Exploring Network Culture in Two Network Settings", in: *Social Forces* 84: 391-420.

Strukturbildung durch Begrenzungen und Wettbewerb

Christian Stegbauer

Im folgenden Beitrag wird zunächst danach gefragt, welcher Teil der sozialen Strukturierung auf Begrenzungen beruht, die individuell nicht steuerbar sind. Im zweiten Teil wird die Herausbildung eines positionalen Systems durch Wettbewerb innerhalb von Positionen in Wikipedia nachvollzogen. Die beiden Bereiche sind insofern aufeinander bezogen, als einige der Strukturbildungs- und Begrenzungsargumente im zweiten Abschnitt wieder aufgenommen und am empirischen Beispiel untersucht werden.

Im ersten Teil des Beitrags werden grundlegende Strukturierungsprinzipien behandelt, die gerade in der Diskussion zu den Möglichkeiten der neuen Internetmedien oft nicht beachtet werden. Da die allermeisten menschlichen Handlungen durch diese Strukturierungsprinzipien bestimmt werden, sollte eine Debatte darüber aber von Interesse sein. Die relationale Soziologie beschäftigt sich mit der Struktur und der Hervorbringung dieser Strukturen. Strukturen werden oft als Handlungspotenziale (etwa Burt 1992) angesehen. In diesem Beitrag wird anders herum argumentiert: Es wird behauptet, dass sich aus den Spezifika der Relationen, die immer strukturiert sind und „Positionen"[1] genannt werden, Identitäten entwickeln. Das bedeutet aber auch, dass Positionen für typische Handlungsmuster stehen. Hierin steckt das Potenzial zur einer relationalen Handlungstheorie, die sich gegenüber individualistischen Handlungstheorien an ein streng soziales Erklärungsmuster im Sinne des bekannten Durkheim'schen Diktums hält.[2] An Beispielen aus der deutschsprachigen Wikipedia wird gezeigt, dass diese These zur Erklärung von Handlung brauchbar ist.

1. Handlungstheorie und relationale Soziologie

Die Handlungstheorie beschreibt die Ursachen von Handlungen als von Individuen als Akteuren ausgehend. Hier finden wir oft ein substanzielles Menschenbild, den Homo oeconomicus, der von vornherein genau weiß, was er will. Er ist umfassend über den Markt informiert und kennt alle Handlungsalternativen. Diese vermag er aufgrund von

1 Oft werden Positionen und Rollen in einem Atemzug genannt. Es existiert aber ein Unterschied: Mit Position ist der Status gemeint – handelt man von einer Position aus, so wird dies als Rollenhandeln beschrieben (Stegbauer 2001; 2010)

2 Welches besagt, dass Soziales nicht aus Individuellem, sondern nur aus Sozialem zu erklären sei (Durkheim 2007 [1895]).

Zweck-Mittel-Orientierungen zu bewerten. Rational Choice ist eine der wesentlichen Modellannahmen, die auch in der Netzwerkforschung prominent ist, insbesondere im methodologischen Individualismus (Kropp 2008; Raub 2010). Der „reine" Typus des eigennützig Handelnden kommt zwar in der Ökonomie (Weede 2009) immer noch zum Einsatz, wurde aber im Laufe der Theoriegeschichte zurechtgestutzt. Zunächst war es Herbert Simon (1959), der die Begrenzung der Rationalität erkannte. Mittlerweile sind durch Theoretiker wie Coleman (1990) und Lindenberg (1990) Modelle zur beschränkten Rationalität entwickelt worden. Er entwickelt das RREEMM-Schema, wonach die Akteure als „R resourceful, R restricted, E evaluating, E expecting, M maximizing, M man" angesehen werden.

Das hier zugrundeliegende Handlungsmodell wurde von Teilen der Netzwerkforscher um die Beziehungsstruktur als Infrastruktur für Handeln (Burt 1992) ergänzt. Der rational handelnde und am eigenen Nutzen orientierte Akteur bleibt aber auch in diesem Modell weiterhin bestehen. Die Formel der intentionalen Rationalität (Beckert 1996; Beckert/Rössel 2004: 37) nimmt die Überlegung noch weiter zurück, gibt sie aber nicht auf, obgleich dort klar wird, dass es keine „objektive" Rationalität geben kann.[3] Zahlreiche Untersuchungen der experimentellen Wirtschaftsforschung (als ein Beispiel: Ariely 2008) haben gezeigt, dass die Menschen sich nicht nach dem Rationalitätsmodell verhalten. In diesen Untersuchungen wird argumentiert, dass die Menschen nicht in der Lage sind, sich rational zu verhalten. Die angebotenen Erklärungen sind aus einer soziologischen Sicht zumeist sehr unbefriedigend. Der Ausgang der Experimente wird in der Regel damit erklärt, dass sich die Menschen eben gerade nicht rational, sondern vielmehr irrational verhielten. In diesem Beitrag soll dagegen für relationale Erklärungen von Handlungen plädiert werden, die Handlungen aus der sozialen Position der Akteure erklären. In den erwähnten Untersuchungen fehlt diese Dimension aber meist. Allerdings wird an einigen Stellen auf Beschränkungen der Akteure eingegangen, etwa wenn diese als kognitiv überfordert dargestellt werden. Man kann aber sagen, dass selbst in der Wirtschaftswissenschaft das Rationalitätspostulat mehr und mehr infrage gestellt wird (z.B. Gächter et al. 2005; Henrich et al. 2005). Dennoch wird mit aller Kraft zumindest am Eigennutz festgehalten (z. B. Binmore 2005; Weede 2009). Um das substanzielle Menschenbild der klassischen Ökonomie zu retten, wird der Eigennutz dem Altruismus[4] gegenübergestellt. Eine solche Alternative geht zweifellos genauso wie die an einem Homo Oeconomicus orientierten Überlegungen an der hier favorisierten relationalen Konstruktion des Menschen (siehe White 1992; 2008) vorbei. Eine ähnliche nicht zielführende Gegenüberstellung findet sich in den zahlreichen Debatten, in denen der methodologische Individualismus einem Holismus entgegengehalten wird (z. B. Vanberg 1975).

3 Über die Problematik der Rationalität klärt Max Weber (2002 [1921]) auf.

4 Dass die Perspektive des Eigennutzes sich mit Leichtigkeit in der Lage sieht, die schwache Alternative Altruismus zum Verschwinden zu bringen, ist ebenfalls belegt (z. B. Gouldner 1960, 1984; Milinski 2001; Nowak/Sigmund 1998; Wedekind/Milinski 2000).

Beiden Verteidigungslinien aus Sicht des Individualismus kann man aus relationaler Perspektive Argumente entgegenhalten. Beispielsweise hat Kreutz (Coleman/Kreutz 1997) diesbezüglich explizit auf ein ganz wesentliches Problem hingewiesen. Er zeigt auf, dass Handlungspräferenzen, also die Ziele von Handlungen, nicht festliegen. Sie entstehen innerhalb des Beziehungsrahmens und sind daher nicht unbedingt als „rational" oder „Zweck-Mittel-orientiert" zu begreifen. Es stimmt zwar, dass jeder Mensch „für sich" handelt, aber die Handlung folgt keiner grundsätzlichen Ausrichtung. Sie ist aus relationalistischer Sicht nicht als gesellschaftliches Atom auf der untersten Ebene des Individuums verankert. Die Entstehung der Handlungen und damit auch der konkreten „Motive" liegt eine Stufe darüber. Diese Ebene kann man Mesoebene nennen – es ist die Ebene des Netzwerkes.[5]

Harrison White und seinen Mitarbeitern (1976) ist es zu verdanken, dass in Netzwerkanalysen eine konsequent die soziale Konstitution von Beziehungen betrachtende Perspektive eingenommen wird.[6] In der Tradition Whites untersuchen wir Aggregate, welche aus strukturell äquivalenten Akteuren bestehen. Diese Aggregate bezeichnet man als Positionen. Mit dem Begriff der Position ist die Annahme verbunden, dass Personen, die sich in derselben Position befinden, strukturell äquivalent seien. In einem strengen Sinne (Kappelhoff 1992; Lorrain/White 1971; Michaelson/Contractor 1992; Stegbauer 2001) nehmen zwei Personen dieselbe Position ein, wenn sie identische soziale Verbindungen zu und von genau denselben anderen Menschen in ihrem Netzwerk haben. Nicht nur für den Alltag der Netzwerkanalyse (Stegbauer/Rausch 1999) ist dieses Konzept zu eng, es entspricht auch nicht unseren alltäglichen Erwartungen. Aus diesem Grunde wurden Abschwächungen eingeführt, etwa die allgemeine Äquivalenz *(general equivalence)*, bei der es ausreicht, dass Akteure dieselben Beziehungen zu ähnlichen anderen haben (Borgatti et al. 1989; Borgatti/Everett 1989; Michaelson/Contractor 1992).[7]

Positionen werden mittels der sogenannten Blockmodellanalyse ermittelt (Lorrain/White 1971; White et al. 1976). Dabei werden möglichst mehrere relevante Beziehungstypen simultan in die Analyse eingeschlossen. Bei der Untersuchung selbst handelt es sich um eine Clusteranalyse, bei der die Netzwerkmatrix in Cluster (Blöcke) umsortiert wird. Dabei sollen die Blöcke so angeordnet werden, dass jeder Block aus strukturell äquivalenten Personen besteht. Das strikte Äquivalenzkriterium lässt sich in der Praxis meist nicht einhalten, so dass am Ende die Blöcke Personen repräsentieren, die über ein ähn-

5 In Wahrheit ist auch dies eine verkürzte Betrachtungsweise. Es finden sich zahlreiche Bezüge zwischen der mittleren und höheren Ebene. Dort ist der Common Sense angesiedelt – dieser bildet einen Ausgangspunkt für Erwartungen in konkreten Situationen.

6 Whites (1992) Überlegungen weisen deutliche Parallelen zur formalen Soziologie auf. Insofern ist er nicht der Erste, der das Konzept einführte (Stegbauer 2001). Allerdings hat die Entwicklung der Blockmodellanalyse solche Konstellationen netzwerkanalytisch untersuchbar gemacht. Durch White erfuhren die Ideen aber einen wesentlichen Aufschwung (Mullins 1973; Scott 1991).

7 Genauer ist eine Unterscheidung in strukturelle, reguläre und automorphe Äquivalenz (Kappelhoff 1992). Für das Verständnis des Konzepts und der damit verbundenen Abschwächung führt eine Diskussion der Unterschiede an dieser Stelle zu weit.

liches Beziehungsmuster zueinander und zu den anderen Blöcken verfügen. Bei diesem Verfahren kommt es nicht nur auf bestehende Beziehungen an, „Lücken“ in den Beziehungsmustern spielen eine besondere Rolle, insbesondere dort, wo es sich um faktische Beziehungsverbote handelt. Der eigentliche Clou an diesem Verfahren ist aber die Gleichsetzung aller in einem Block zusammengefassten Personen zu einer Position. In der Interpretation geht es dann um das Verhältnis der Blöcke zu den anderen (und innerhalb der Blöcke) z. B. mit Hilfe der sogenannten Blockimagematrix, in der nur noch die Beziehungen zwischen und in den Blöcken sichtbar werden – die einzelnen Personen mit ihren Beziehungen spielen dann keine Rolle mehr. Die Blöcke entsprechen den Positionen. Die in einem Block zusammengefassten Akteure, so die Annahme, „see the rest of the world the same way but need not even be aware of each other, much less be tied as a clique“ (White 2008: 54).

Solche Positionen verfügen über spezielle Eigenschaften. Sie stehen nach einem sozial konstruierten Muster mit anderen Positionen in Kontakt. Zentrale Merkmale sind die Konkurrenz nach innen und eine Schließung nach außen. Die Konkurrenz nach innen wird von White (1992) als „pecking order“ bezeichnet. Die Schließung nach außen bedeutet, dass im Prinzip andere Positionen gar nicht als Vergleichsmaßstab infrage kommen. Um sich mit anderen vergleichen zu können, ist eine bestimmte Ähnlichkeit notwendig. Dabei liegt es nahe, Personen, die man in derselben Position wie sich selbst verortet, als Maßstab zu verwenden. Diese Personen sind einem hinsichtlich des Status (ursprünglicher Begriff für Position) so ähnlich, dass auf einfache Weise eine Vertauschbarkeit des Standpunktes vorgenommen werden kann.[8] Die Position, auf der sich eine Person befindet, bestimmt in starkem Maße über deren Präferenzen – durch strukturelle Äquivalenzen, Orientierung an anderen, die sich in derselben Position befinden, und durch gleichzeitigen Wettbewerb mit diesen nähern sich die Handlungspräferenzen von Personen in gleichen Position einander an (siehe auch Beitrag von Fuhse in diesem Band). Innerhalb von Positionen wird natürlich über Vergleichsmaßstäbe kommuniziert. Das Genre, in dem der Vergleich stattfindet, wird ausgehandelt, wobei auf für bestimmte Positionen als Common Sense geltende „Übereinkommen“ zurückgegriffen wird. In bestimmten Jugendgruppen mag etwa der Besitz eines bestimmten Handys bedeutsam sein, in anderen sind es Modeaccessoires, eine sportliche Leistung oder ein bestimmtes Moped; in Intellektuellenkreisen findet sich strukturell Ähnliches – nur ist es dort nicht das Moped. Vielmehr mag es in diesen Kreisen um die Kenntnis von Literatur, um spezielle Rotweingebiete oder die neu besternten Restaurants gehen. Der Vergleich läuft nicht nur über direkte Beobachtung, er wird auch über Geschichten ausgetragen. Diese „Stories“ dienen zugleich der Abgrenzung zwischen den Positionen und müssen nicht unbedingt erzählt werden, sie können auch über Medien vermittelt werden (dann allerdings bedürfen sie einer Reinterpretation im sozialen Netzwerk). In eine Position zu gehören bedeutet demnach immer, sich an den Menschen zu messen, die sich an dersel-

8 Siehe hierzu Stegbauer (2002): Reziprozität der Perspektiven. Der Begriff geht auf Theodor Litt (1926) zurück. Genauer ausgearbeitet wird das Konzept aber von Schütz (1971).

ben Stelle in einem Sozialsystem befinden. Über Kommunikation und die Beobachtung der anderen in derselben Position entwickeln sich über die eigentliche Position hinaus Ähnlichkeiten. Der Wettbewerb bezieht sich nicht unbedingt nur auf den Besitz oder die Kenntnis von statusrelevanten Dingen, er kann sich auch auf eine konkrete Tätigkeit beziehen. Wenn sich das Streben auf den Wettbewerb mit anderen bezieht, dann wird dieses Streben zu einer identitätsgenerierenden Handlung der äquivalenten Akteure. Es ist dabei darauf zu achten, dass es sich bei dem Wettbewerb um eine Art anthropologischer Grundkonstante handelt (White 1992), die in ihrer Begrifflichkeit *(pecking order)* an den Hühnerhof erinnert.

Identitätsgenerierend sind aber nicht nur die Binnenbeziehungen in einer Position, sondern auch die Beziehungen zu anderen Positionen, weil damit Erwartungen an Handlungen verbunden sind. Dabei verläuft die Identitätsstiftung aber stärker durch Abgrenzung, Identitäten bilden sich heraus, weil Handlungspräferenzen wie beschrieben innerhalb der Netzwerkposition entwickelt werden. Eine solche Konstruktion von Handlung aus der Relation steht einem substanziellen Menschenbild, wie man sie in der Eigennutzperspektive (Weede 2009) findet, entgegen. Es lässt sich also keineswegs behaupten, dass Menschen nur daran denken, ihren Eigennutz zu vermehren. Vielmehr finden sich ganz unterschiedliche Handlungsmuster, die das Resultat einer jeweils innegehabten Position sind.

1.1 Wodurch entsteht die positionale Struktur?

Man kann sich nun fragen, wie eigentlich die unterschiedlichen Positionen entstehen. Was sind die Grundlagen für die Strukturierung, und warum entstehen genau jene Strukturen und nicht ganz andere?

Whites (1992) Überlegung fokussiert zuerst auf „Kontrollanstrengungen“, auf spezifische und gerichtete Aktivitäten auf Akteursebene. Das bedeutet, dass die beteiligten Identitäten versuchen, Unsicherheit, die sich durch Chaos und die Unendlichkeit von Möglichkeiten (Luhmann 1997) ergibt, zu reduzieren und auf diese Weise besser gegen Unwägbarkeiten gewappnet zu sein. Die Vorstellung, dass Identitäten aktiv nach „Kontrolle“ streben, ist sicher nicht falsch – allerdings stellen sich erwartbare Strukturen auch schon völlig ohne aktives Dazutun der Akteure her. Dabei handelt es sich um den „Mechanismus“, durch den Erwartungen erzeugt werden. Die Menschen beobachten sich gegenseitig in ihrem Verhalten. Wird eine Handlung wiederholt beobachtet, entstehen daraus Erwartungen für künftige Situationen – dies kann man als Struktur bezeichnen. Eltern kennen diese Gefahr der Strukturbildung von der Einkaufssituation im Supermarkt. Die Platzierung der „Quengelware“ im Supermarkt setzt darauf, dass Kinder ihre Eltern während der Wartezeit zum Kauf einer Süßigkeit „überreden“. Lassen sich Eltern darauf ein und antizipieren sie die schnelle Strukturbildung, dann legen sie Wert auf die Feststellung, dass es sich um eine Ausnahme handelt. Jede Interaktion wirkt in diesem Sinne strukturbildend. Sind die Handlungen mit den vorherigen Handlungen konsistent (sie schließen daran an), dann rechnen die Beteiligten in zukünftigen Situationen mit einem ähnlichen Verhalten. Struktur wird auf diese Weise ausgehandelt, auch ohne dass die Beteiligten sich dies explizit vornehmen.

Hieran sehen wir schon, dass eine Struktur entstehen muss. Weitere Argumente für die Strukturierung lassen sich aus Beschränkungen ableiten. Eine Konsequenz aus diesen Restriktionen ist, dass eine Vielzahl grundsätzlich denkbarer Strukturen nicht möglich sein wird. Die restriktiven strukturbildenden Faktoren bilden dann sozusagen den Rahmen, innerhalb dessen die Ausgestaltung von Beziehungen mit einer weiteren (weicheren) Strukturierung erfolgen kann. Solcherlei Strukturen, die Georg Simmel (1917) als Formen (etwa am Beispiel der reinen Form „Geselligkeit") bezeichnet, bestimmen sich ihm zufolge vorwiegend durch ihre Grenzen und Schwellen (also negativ).

Innerhalb der Grenzen und Schwellen finden (positiv) die Aushandlungen statt. Diese können sich mit der Zeit zu Formen verfestigen. Die Formen wurden zu einer Zeit und in Kreisen ausgehandelt, die zum Zeitpunkt der einzelnen Situation, in der sie zur Wirkung kommen, bereits der Vergangenheit angehören. Sie bilden einen relativ stabilen, aber trotzdem sich in längeren Zeiträumen wandelnden Hintergrund für Aushandlungen von Positionen, die in konkreten Situationen erfolgen. Sie sind so stabil, weil sie durch Erwartungen und Erwartungserwartungen in einem breiteren Umfang abgesichert sind und damit sowohl dem Einzelnen als auch der Situation, abgesehen von konkreten Vereinbarungen, entzogen sind.

Kommen wir aber zunächst zu den restriktiven Faktoren. Die hier zu nennenden Beschränkungen begrenzen die Möglichkeiten der Strukturbildung. Sie lassen sich in äußere kognitive – also den Einzelnen betreffende – und in kollektive Beschränkungen unterteilen. Positiv kann man aufgrund dieser Restriktionen nur in einzelnen Fällen vorhersagen, wie die Beziehungen strukturiert sein werden.

1.1.1 Äußere Beschränkungen

Es finden sich eine ganze Reihe von Beschränkungen, die von außen auferlegt werden und auf die die Beteiligten keinen Einfluss ausüben können. Hierunter fällt die Zeit, die als Ressource endlich ist. Daher können wir in einem bestimmten Zeitrahmen nur eine relativ geringe Anzahl an Beziehungen pflegen. Die Zahl der Beziehungen zwischen Menschen dürfte eigentlich nur geringfügig variieren. Tatsächlich zeigen Untersuchungen (Marsden 1987; McPherson et al. 2006), dass die Zahl der Vertrauenspersonen beschränkt ist. In der Literatur wird allerdings auch von Ausnahmen berichtet (z. B. Liljeros et al. 2001).

Mit der Zeit hängt eine weitere Begrenzung zusammen, auf die besonders Giddens (1988) hingewiesen hat. Es handelt sich um die Strukturation, die für raum-zeitliche Beschränkungen steht. Es kommen aufgrund unterschiedlicher Lebensrhythmen nur bestimmte Menschen miteinander in Kontakt.[9] Neben dem Lebensrhythmus finden

9 Es gibt Hinweise darauf, dass solche Strukturationsmechanismen auch durch das Internet nicht außer Kraft gesetzt werden, sie werden höchstens ein wenig aufgeweicht (z. B. Talmud/Mesch 2007).

sich segregierte Wohnorte, unterschiedliches Freizeitverhalten und Zugangsbarrieren über Preise[10], die eine Vorstrukturierung von Kontakten nach vertikaler und horizontaler Schichtung bewirken (beispielsweise Giddens 1988 oder Blau/Schwartz 1984). Man kann sagen, dass bei den Milieukonstruktionen des Sinus-Instituts (2006) solche Strukturationen ebenfalls zum Ausdruck kommen.[11]

Es finden sich Ähnlichkeiten in den Verhaltensweisen, die ebenfalls als eine Beschränkung gedeutet werden können. So werfen neue Situationen immer auch das Problem auf, sich mit seinem Verhalten darauf einstellen zu müssen. Die neuen Situationen stehen mit vergangenen Situationen insofern in Verbindung, als die Beteiligten sich an Erlebtem in ähnlichen Situationen orientieren. Hier findet eine Übertragung von Verhaltensweisen statt. Ein solches Moment der Ausrichtung von Verhalten reduziert Unsicherheit enorm. Kieserling (1999) nennt dies Übertragungslernen. Auch dies wird Unsicherheit reduzieren und zu einer Entlastung führen.

Die Erwartungen werden nicht nur an andere gerichtet, sondern auch an sich selbst: Die Teilnehmer rechnen nämlich damit, dass andere von ihnen erwarten, sie würden sich selbst so verhalten wie in ähnlichen Situationen zuvor.

Die Erwartungen an andere und die reflexive Erwartung an sich selbst bildet, zusammen mit dem Übertragungslernen, einen Dreischritt, der für die Herstellung von Vertrautem in der fremden Situation sorgt. Jenseits des möglichen individuellen Strebens werden Situationen dadurch vergleichbar und – obgleich jede Situation ganz spezielle und einzigartige Eigenschaften besitzt – findet dennoch eine Angleichung von Verhaltensweisen statt.

1.1.2 Kognitive Beschränkungen

Die Pflege von Beziehungen ist nicht nur zeitintensiv, sie erfordert auch eine bestimmte Merkfähigkeit. Die Beschränkung der Zahl an Beziehungen (Fischer 1982) gilt insbesondere für Kernbeziehungen (McPherson et al. 2006). Daran ändern auch Social Networking Sites im Internet (etwa Facebook, MeinVZ, StudiVZ, Myspace, Wer-kennt-wen etc.) nichts, obgleich hier technisch die Beschränkung der Zahl der möglichen Beziehungen ein wenig hinausgeschoben wird. In Beziehungen gilt es, sich an bestimmte Eigenheiten der Personen, mit denen man umgeht, zu erinnern und auch mit deren Sozialbeziehungen vertraut zu sein. Sicherlich kommt es vor, dass Personen 1000 und mehr Freunde in

Gleiches gilt für den Internet-Heiratsmarkt, bei dem es so scheint, als seien die äußerlichen Strukturationsbedingungen gleichzeitig kognitiv abgesichert, denn die internetbasierte Kontaktanbahnung scheint herkunftsbezogen noch homogenere Paare hervorzubringen (Skopek et al. 2009) als die von der Strukturation abhängigen Zufallsbekanntschaften außerhalb.

10 Hiermit sind nicht nur Eintrittspreise gemeint. Zugangsbarrieren über Kosten finden sich in zahlreichen gesellschaftlichen Bereichen, etwa Aufnahmegebühren für Clubs, die Kosten für Menüs in der gehobenen Gastronomie etc.

11 Hierbei wurden allerdings Methoden angewendet, die – wie in der Umfrageforschung üblich – den sozialen Zusammenhang zunächst auflösen, um ihn später interpretativ wieder hineinzuholen. Wie anders als einen sozialen Zusammenhang kann man sich ein Milieu vorstellen?

der Networking Plattform MySpace haben – der kognitive und zeitliche Rahmen, der für die Pflege der Beziehungen aufgewendet werden kann, wird sich aber kaum verschieben.

Die Merkfähigkeit von Menschen ist beschränkt. Insbesondere im Arbeits- bzw. Kurzzeitgedächtnis finden wir eine Limitierung auf etwa sieben Elemente (Miller 1956). Dies bedeutet, dass die Komplexität von Situationen nicht beliebig ausgedehnt werden kann – irgendwann ist eine Grenze der Überschaubarkeit erreicht. Manifestiert wird dies an Organisationsstrukturen. Das Problem kognitiver Beschränkungen hinsichtlich der Möglichkeiten, informiert zu sein und die Informationen zu verarbeiten, wurde im Zusammenhang mit der Handlungstheorie angesprochen, so in Simons (1959) „bounded rationality". Wenn Menschen nicht mit mehr als sieben Elementen gleichzeitig umgehen können, dann sind sie auf Vereinfachungen angewiesen, sie suchen nach Halt in der unendlichen Fülle an Möglichkeiten. Man kann annehmen, dass sie daher gerne auf bereits bekannte Verhaltenselemente zurückgreifen. Solche „vorgeformten" Elemente sind als „Positionen" vorhanden.

1.1.3 Kommunikative Beschränkungen im Kollektiv

Neben äußeren und kognitiven Beschränkungen findet man auch solche, die sich typischerweise entwickeln, wenn eine Reihe von Personen zusammenkommt. Es finden sich Besonderheiten in der Kommunikation zwischen mehreren Personen: Hier werden Kommunikationsbeiträge in eine Sequenz gebracht. Limits in der Kommunikationsfähigkeit und der Aufmerksamkeit spielen hierbei eine Rolle. Bei den kollektiven Beschränkungen handelt es sich neben den Problemen, die Aufmerksamkeit auf mehr als einen Punkt zu richten, um eine Kanalbeschränkung. Wenn eine Kommunikationssequenz von allen wahrgenommen werden soll, kann immer nur eine Person reden. Dies beschränkt nicht nur die Behandlung von Themen (Luhmann 1975), sondern es wird auch bereits eine bestimmte Formation zwischen Rednern und Publikum präformiert, zumindest bei einer größeren Anzahl an Teilnehmern (Rauch 1983). Es gelten bestimmte Regeln für die Entstehung von Positionen und die Möglichkeiten, Meinungen nebeneinander stehen zu lassen. Soll irgendeine Art der Verständigung möglich sein, kann zum Beispiel jeweils immer nur einer reden. Unter dieser Bedingung sind verschiedene Konstellationen möglich, die – je nachdem, wie viele Menschen zu Wort kommen sollen und wie viele gleichzeitig anwesend sind – immer Kapazitätsbeschränkungen unterliegen: In der Vorlesung, im Parlament, in der Dichterlesung ist das Auditorium (mehr oder weniger) still und auf den einen Sprecher konzentriert, auf der Cocktailparty sind es viele kleine Gesprächskreise, die sich gleichzeitig konstituieren (und häufig die anderen Anwesenden als Gesprächsanregung nutzen: „Hast Du XY gesehen, der hat wohl eine neue Freundin") (Geser 1999; Gibson 2000; Stegbauer 1999).

Kapazitätsbegrenzungen für Kommunikationen wurden auch experimentell untersucht. Hierbei zeigte sich, dass Tendenzen zu einer Hierarchisierung von Kommunikation als besonders effizient erschienen. Dies deutet darauf hin, dass Kapazitätseinschränkungen durch Hierarchisierung ein Stück weit hinausgeschoben werden können

(z. B. Leavitt 1951). Die Handlungsmöglichkeiten im Prozess der Kommunikation sind grundsätzlich durch die Situation beschränkt.

Zu den Beschränkungen der Handlung gehört aber auch die Strukturierung durch Themen, die nur wenig durch den einzelnen Teilnehmer bestimmt werden kann. Innerhalb der Konversation hat man auf den richtigen Zeitpunkt zu warten oder muss an das Gesagte anschließen (Gibson 2000; Kieserling 1999), sind bereits bestimmte Themen abgehandelt, so braucht man mindestens einen neuen Aspekt, um wieder auf darauf zurückkommen zu können (Stegbauer 2000).

1.2 Struktur aus Beschränkung

Man spricht hinsichtlich sozialer Strukturen oft vom Phänomen der Selbstähnlichkeit. Solche Selbstähnlichkeiten hat bereits Georg Simmel beschrieben (1989 [1890]: 115). Es spricht vieles dafür, dass die Selbstähnlichkeit Ausdruck der beschriebenen Begrenzungen ist. Diese entsteht aus der Beschränkung (und wird auch aktiv konstruiert unter Bezugnahme auf die Beschränkungen), dass wir auf jeder Ebene nur mit einer relativ kleinen Anzahl an Elementen umgehen können.[12]

Wie lässt sich das erklären? Oben wurde bereits angeschnitten, dass es kommunikative Grenzen gibt. Wollen alle mit allen reden und ist die Zahl der Beteiligten groß, dann benötigt dies Zeit und bindet Aufmerksamkeit. Dies war auch ein Grund dafür, dass die Kleingruppe (nach den Strukturüberlegungen des Übergangs von Zweien zu Dreien, siehe Simmel 1908) so bedeutend wurden. Eine Konstitutionsbedingung der kleinen Gruppe ist, dass jeder mit jedem in Kontakt treten kann.[13] Übergänge zwischen kleinen überschaubaren Gruppen hin zu größeren bedeuten nicht lediglich eine kontinuierliche Zunahme von Personen – es wird gleichzeitig eine Art kategorialer Übergang damit markiert (für Konversationsgruppen, siehe Rauch 1983; für die Organisation von Einladungen, siehe Simmel 1908).[14]

Hieraus ergibt sich, dass auch große Organisationen aufgrund der zahlreichen beschriebenen Beschränkungen aus kleinen Einheiten zusammengesetzt werden. Die Einheiten ähneln dann einander – und dies auf unterschiedlichen Hierarchieebenen. Die aus der Organisationsforschung bekannten Überlegungen zur Kontrollspanne thematisieren die kommunikativen Beschränkungen (Bavelas 1950; Guetzkow/Simon 1955; Leavitt 1951), durch die die maximale Größe von Arbeitsgruppen festgelegt wird. In der

12 Siehe hierzu die Experimente zu effizienter Kommunikation (Bavelas 1950; Leavitt 1951).

13 Sicherlich auch die weiteren von Homans (1960: 59 ff.) genannten Bedingungen (Aktivität, Interaktion und Gefühle).

14 „Zunächst fordert die ‚Gesellschaft' einen ganz spezifischen äußeren Apparat. Wer aus einem Bekanntenkreis von etwa 30 Personen immer je einen oder zwei einlädt, macht ‚gar keine Umstände'. Lädt er aber alle 30 zur gleichen Zeit ein, so entstehen sofort ganz neue Ansprüche in Bezug auf Essen, Trinken, Toilette, Formen des Benehmens, ein außerordentlich gesteigerter Aufwand nach der Seite des sinnlich Reizvollen und Genießbaren. Dies ist ein sehr reines Beispiel dafür, wie erheblich das bloße Massebilden das Niveau der Persönlichkeiten sinkt" (Simmel 1908: 50 f.).

Argumentation zur Kontrollspanne wird explizit auf Beschränkungen eingegangen (z. B. Meyer 1968; Ouchi/Dowling 1974; Van Fleet/Bedeian 1977). Es ergibt sich also eine Beschränkung von Abteilungsgrößen aufgrund von kognitiven, kollektiven und äußeren Kapazitätsengpässen. Ähnlich wie in den Überlegungen zur Kontrollspanne wurden in der früher populären Kleingruppenforschung Gruppengrenzen als Kapazitätsgrenzen (Homans 1960) definiert. An Organigrammen lässt sich die Ähnlichkeit der Elemente, aus denen Organisationen zusammengesetzt sind, erkennen. Treten ähnliche Merkmale auf unterschiedlichen hierarchischen Ebenen auf, so spricht man von Selbstähnlichkeit.

Die Notwendigkeit, im Gehirn angesammelte Informationen zu strukturieren und zu verarbeiten, führt dazu, dass wir in unseren Urteilen über Gruppen und Volksgruppen generalisieren. Aus dieser Beschränkung ergibt sich der oft beklagte Zustand, dass in vielen Zusammenhängen die Differenzierung von Urteilen leidet und es zu Vorurteilen kommt.

Wie im Beispiel der Konstruktion von Organisationen mit Prinzipien gezeigt, erwachsen aus den Beschränkungen auch Anstrengungen zur aktiven Herstellung von Struktur, hier am Beispiel der Planung von Organisationen. Die zwingende Notwendigkeit von Strukturbildung ergibt sich aus der beschränkten menschlichen Aufnahmefähigkeit. Es ist uns unmöglich, alles, was auf uns einströmt, wahrzunehmen und zu verarbeiten.

1.3 Gemeinsames Wissen

Obgleich die positionale Struktur Aushandlungen unterliegt, treffen die Menschen immer auch auf eine bereits vorhandene Struktur. Die beteiligten Menschen müssen etwas über diese Struktur wissen. Man kann sagen, dass diese kognitiv repräsentiert werden muss. Eine solche Repräsentation findet sich in der Reziprozität der Perspektiven (De Folter 1983; Litt 1926; Mead 2008 [1934]; Schütz 1971; zusammenfassend Stegbauer 2002). Grundlage dieser Überlegungen ist eine Vertauschung des Standortes – die beteiligten Personen fragen sich, was wäre, wenn man selbst genau dort wäre, wo der andere sich befindet, und die Gegenstände (und Personen) für einen selbst so erreichbar wären wie für den anderen. Auf diese Weise kann man die den Positionen zugeschriebenen Erwartungs-Erwartungen in sich selbst erzeugen.

Woher kommen die gemeinsamen Interpretationen? Nun – einerseits entstehen diese durch Erzählungen[15], die bestimmten Regeln folgen. Erzählregeln können als grammatikalische Elemente des Sozialen bezeichnet werden[16]. Hierzu gehört aber auch, dass die Wirklichkeit in starkem Maße vereinfacht dargestellt wird. Da sich nicht alle Besonderheiten mitteilen lassen, sind Simplifizierungen sogar die Voraussetzung für die Möglichkeit, sich zu verständigen. Solche Vereinfachungen findet man insbesondere in Ge-

15 „Story goes beyond behavior to weave interpretation into relationships, which is what generates recognition of indirect ties" (White 1992: 83).

16 Mit der sozialen Grammatik beschäftigt sich auch White (1992: 228) im Zusammenhang mit der Bedeutung von Stories.

schichten, die weitererzählt werden. Klassischerweise sind dies Märchen. Nimmt man Märchen als prototypische Erzählungen, zeigt sich, dass meist nicht differenzierte Charaktere gezeichnet werden, vielmehr findet sich meist nur die Unterscheidung zwischen „gut" und „böse".[17]

Wenn es in den Geschichten um Beziehungen geht, werden diese oft durch die Benutzung von positionalen Identitäten vereinfacht (etwa inkompetente Politiker oder verantwortungslose Manager). Die Zuhörer lernen vor allem etwas über die Verallgemeinerungen, man könnte auch sagen über die Stereotypen[18]. Diese dienen zu einer Simplifizierung der Interpretation von Situationen. Solche Vereinfachungen erscheinen aufgrund beschränkter Kapazitäten notwendig, um die Komplexität vieler Alltagssituationen überschaubar und damit handhabbar zu machen[19]. Positionen werden in den Geschichten personalisiert – das, was aber durchklingt, hat allgemeineren Charakter. Das bedeutet, dass von Geschichten eine Dualität ausgeht. Zum einen werden damit konkrete Beziehungen interpretiert, zum anderen werden „Common-Sense"-Interpretationen in die Beziehungen hineingeholt. Man kann vielleicht sogar sagen, dass die Stereotypen in den Geschichten einer von außen in die Beziehungen hineinkommenden Makrosicht entsprechen. Auf diese Weise werden konkrete Begebenheiten, die auf der Mikroebene Ausdruck von Beziehungen sind, mit dem „Common Sense" kompatibel gemacht. Man findet also in den erzählten Geschichten einen Link zur Makroebene des Sozialen. Vermutlich ist dies ein Anknüpfungspunkt für die als Nadels-Paradox in die Theoriegeschichte eingegangene Frage, wie die Besonderheit der Aushandlungen unterliegenden konkreten Situation mit dem Common-Sense-Bild von Positionen in der Gesellschaft vereinbar sind (DiMaggio 1992)[20].

Ein Argument spricht aber für das substanzielle Menschenbild, das sich in der Eigennutzthese ausdrückt – und zwar die interpersonelle Interpretationsfähigkeit von Hand-

17 Vgl. De Nooy (2006) am Beispiel von russischen Märchen.

18 Der Unterschied zwischen positionaler Identität und den zugehörigen Stereotypen liegt vielleicht weniger in den Aushandlungen (beides wird ausgehandelt), als darin, dass es sich bei der positionalen Identität um die eigene Sichtweise handelt, bei den Stereotypen um die Fremdsicht.

19 Martin (2000) erläutert Stereotypen anhand der Verwendung von Tieren für Berufskategorien in einem amerikanischen Kinderbuch. Dabei zeigt sich, dass in Märchen neben Gut und Böse (De Nooy 2006) also vor allem kognitiv entlastende und vereinfachende Kategorien als Interpretation für Verhalten angeboten werden. Zudem scheint es vorherbestimmt, die Tiere haben qua Geburt (Art) keine (oder nur eine bestimmte) Auswahl an Berufen.

20 Starke Vereinfachungen finden sich aber auch in der soziologischen Theoriebildung. Man kann daraus schließen, dass nicht nur der Alltagsmensch, sondern auch der Wissenschaftler, prinzipiell denselben Beschränkungen unterliegen. Aus diesem Grunde findet man Vereinfachungen an vielen Stellen (man kann spekulieren, inwiefern wichtige Unterscheidungen dadurch eingeebnet werden). Als Beispiele können gelten: die Lazarsfeld'sche Vierfeldertafel, bei der soziale Muster in Dichotomien zerteilt werden, oder die Balancetheorie (Davis 1963; 1977), die nur das Freund-Feind-Schema kennt. Wenn solche Vereinfachungen überall zu finden sind, dann könnte man folgern, dass die soziale Grammatik aus zahlreichen, kognitiv beherrschbaren kleinen Elementen aufgebaut ist. Hinzu kämen Regeln wie Reziprozität (Stegbauer 2002) und Wettbewerb (pecking order, White 1992) sowie Hierarchie.

lungen. Eine Vereinfachung der Intentionen (sofern man sie anderen vermittelt oder selbst über sie reflektiert) hin zu einer anpassungsfähigen Regel wie die der Zweckrationalität scheint daher naheliegend zu sein. Selbst wenn wir von sozial erzeugten Präferenzen und in der Situation ausgehandelten Handlungsstrategien sprechen, werden solche Handlungsmuster am ehesten interpersonell verstehbar sein, die einem einfachen zweckrationalen Grundmuster folgen. Auch wenn sich aus der Zweckrationalität nicht wirklich die Handlungen ergeben, so sind Handlungen doch mit dieser Regel sehr leicht erklärbar (siehe Max Webers erklärende Soziologie). Auch wenn Handlungen auf die Eigennutzregel hin interpretiert werden, bedeutet das noch nicht, dass die Regel tatsächlich dem eigenen Tun unterliegt. In einer ähnlichen Weise interpretiert Tilly (2006) Begründungen für Handlungen. Wenn man etwa zu spät kommt oder einen Termin vergisst, dann wird die Entschuldigung selten die wirkliche Ursache benennen. Die Ausrede muss nicht nur nachvollziehbar sein, sie muss vor allem etwas benennen, was die Beziehung nicht gefährdet. Ist diese Überlegung richtig, dann ist Rationalität eine (soziale) Übereinkunft darüber, wie Handlungen zu erklären sind; die Handlungen entstehen aber aus den Beziehungen in der jeweiligen Position[21].

1.4 Position und Persönlichkeit

Positionale Systeme ordnen Identitäten. Diese sind das Ergebnis von Aushandlungsprozessen, die White (2008: 1) als Ergebnis von Kontrollanstrengungen angesichts unzähliger Unwägbarkeiten und dem Wettbewerb in Interaktionen betrachtet. Kontrollanstrengungen sind dabei nichts anderes als die Suche nach Halt. Einen solchen Halt bietet die Position, die Orientierung an der Beziehung zu anderen Identitäten ermöglicht.[22]. Wir können das positionale System als etwas Situatives betrachten. In der Situation werden mittels Kontrollanstrengungen die Positionen reproduziert. Soziale Netzwerkanalysen nehmen meistens die ausgehandelte Beziehungsstruktur in solchen Situationen in den Blick. Dabei geht es eher um Regelmäßigkeiten als darum, Besonderheiten aufzudecken. Regelmäßigkeiten entstehen durch die Angleichung von Situationen, indem Erfahrungen von außen in die Situation hineingetragen werden. Variationen treten nicht nur durch unterschiedliche Beziehungskonstellationen auf, sondern entstehen auch durch die Persönlichkeiten der beteiligten Personen. Zwar können wir davon ausgehen, dass die jeweilige Situation eine starke Macht über das Verhalten der Einzelnen ausübt, sie aber nicht vollständig regiert. Aus der Situation ergeben sich die Bedingungen, unter denen die Menschen agieren.

---

21 Aus Studien ist beispielsweise bekannt, dass Eigennutzüberlegungen insofern nicht universell sein können, weil sie sich ganz ungleich verteilen – zwischen Kulturen (Henrich et al. 2005) oder zwischen Studienrichtungen (Cipriani et al. 2009), wobei ein beträchtlicher Teil der Orientierung offensichtlich im Studium selbst gelernt wird.

22 „Our axiom is that ties and identities alike are socially constructed, not just implied by observers" (White 2008: 61).

So reagieren nicht alle Personen gleich auf die Anforderungen, die sich aus „einer Situation ergeben. Möchten wir nicht in individualistische Interpretationen zurückfallen, so bietet sich zur Erklärung eine Sozialisationshypothese an: Die Beteiligten sind jeweils unterschiedlich geprägt worden in den verschiedenen Situationen, die sie im Laufe ihres Lebens erlebt haben. Diese Situationen bringen Individualisierungen im Sinne einmaliger Mischungsverhältnisse der Erlebnisse (etwa im Sinne Simmels „Überschneidung sozialer Kreise") hervor. Was wir hier finden ist also nichts anderes als die Selbstähnlichkeit von Strukturen auf unterschiedlichen Aggregationsebenen. Mit der Herkunft unterscheidet man auch Variationen im Habitus (Bourdieu 1982). Unterscheidet sich der Habitus nach gesellschaftlicher Schichtung, so kann er als ein Verweis auf Ähnlichkeiten von Situationen und damit als Ähnlichkeiten in der sozialisatorischen Prägung interpretiert werden.

Gleichzeitig entstehen Kollektivierungen dadurch, dass sich die Situationen in vielfacher Hinsicht (z. B. Beschränkungen, Grundregeln) gleichen und anhand der Reaktion der anderen und durch Erzählungen Erwartungsanpassungen vorgenommen werden.

Eine weitere Ursache für Variationen zwischen Personen in derselben Position resultiert aus dem Wettbewerb zwischen den Akteuren in derselben Position. Besonders günstig ist es, wenn man sich im Wettbewerb auf messbare Größen beziehen kann. Im Umfeld der Wirtschaft können dies Umsatz, Gewinn, Zahl der Angestellten etc. sein – wenn wir, wie im folgenden Beispiel, Wikipedia betrachten, dann bieten sich zählbare (und tatsächlich gezählte) Größen an. Hier kommt beispielsweise die Zahl an Artikelbearbeitungen, die geschriebenen und als lesenswert oder exzellent beurteilen Artikel oder die Zahl der Vandalensperrungen als Vergleichsgröße in Betracht. Obwohl sich die Konkurrenz in denselben Feldern betätigt, werden dennoch Distinktionen hervorgebracht (Stegbauer 2007).

2. Positionen und organisationale Nischen am Beispiel von Wikipedia

Positionen und das positionale System kann man sich als Ordnungsprinzip vorstellen. Das bedeutet, dass durch Positionen die komplexe Umwelt strukturiert wird, was einer Vereinfachung gleichkommt. Da wir kognitiv nur mit wenigen Elementen umgehen können, sind Vereinfachungen der Interpretation von Auswirkungen des Handelns in Bezug auf die vorhandenen Strukturen notwendig.

Strukturell äquivalente Personen stehen in einem Wettbewerb der als „pecking order" bezeichnet wird (White 1992). Wettbewerb ist also, wie bereits beschrieben, besonders scharf innerhalb von Positionen. Man kann sich vorstellen, dass ein solcher Wettbewerb innerhalb von Organisationen für eine organisationale Dynamik sorgt, die die Organisationsentwicklung befördert. Sind Positionen bereits besetzt oder ist die Konkurrenz dort zu stark, werden neue Nischen gesucht, in denen dann erneut Wettbewerb entsteht.

Bei Wikipedia handelt es sich um eine „wild" gewachsene, also nicht geplante Organisation, die fast ausschließlich auf Freiwilligenarbeit beruht und seit ihren Anfängen sehr stark gewachsen ist. Mit diesem Wachstum war die Schwierigkeit verbunden, dass die Organisation angepasst werden musste. Zudem traten weitere Schwierigkeiten auf, die die Organisation veränderten. Dazu zählten die Beobachtung der Wikipedia-Aktivitäten durch die Presse, die Reaktionen der Aktivisten erforderlich machten, die Notwendigkeit einer zunehmenden Spezialisierung der Teilnehmer und eine stärkere Ausdifferenzierung funktionaler Positionen. Zu Beginn waren die Aktivisten für fast alles verantwortlich. Es wurden neue Artikel geschrieben, eine Organisation aufgebaut und in Auseinandersetzung mit den anderen eingeübt, wie eine solche Organisation zu leiten sei.

Wie Strukturen unter den Bedingungen Begrenzung und Wettbewerb entstehen, lässt sich an Wikipedia sehr gut untersuchen, da fast alle Äußerungen in der Wikipedia-eigenen Datenbank dokumentiert wurden. Hierbei können wir zwischen verschiedenen Funktionen in der Organisation unterscheiden, die hier als Positionen gedeutet werden.

Meine hier vorgestellte Untersuchung beruht darauf, dass formale Kategorien als Blöcke definiert werden. Kritiker könnten einwenden, dass dieses Vorgehen eigentlich einer einfachen Anwendung von Attributen und damit einer Umkehrung der Blockmodellanalyse entspreche. Und dies, wo doch Whites und die aus Harvard stammende Sichtweise durch eine Abscheu gegenüber dem attributiven Vorgehen in der Umfrageforschung geprägt war (Raab 2010). Hier wird aber nicht wie in der Umfrageforschung einfach über ein Merkmal aggregiert, die entscheidenden Merkmale stammen aus einem weitgehend geschlossenen System, und es finden sich zahlreiche Hinweise darauf, dass die Merkmale durchaus Bedeutung für Handlungen gewonnen haben.[23] White (2008: 6) schreibt allerdings auch selbst, dass „on a small scale, identities in a grouping may come to be seen as structurally equivalent by themselves, and by still other identities. This equivalence may be because of a shared attribute, or because all are tied to each other in a clique".

2.1 Positionen und Nischen in der Organisation sind Vereinfachungen

Um mit der Komplexität zurechtzukommen, orientieren sich die Beteiligten an Positionen. Diese entstehen zwar in einer Situation, sie besitzen aber einen etwas höheren Generalisierungsgrad als die gesamten Eigenheiten, die in einer konkreten Situation von Bedeutung sind. Generalisierungen von Positionen sind im Alltag ständig gegenwärtig, so dass bestimmte Attribute zur Stereotypisierung verwendet werden. Man sieht dies daran, dass ein- oder zweimal beobachtete Regelmäßigkeiten oftmals bereits zu einer Strukturbildung führen. Dies kann seinen Ausdruck in magischem Denken finden oder darin, dass wir gerne an Verschwörungstheorien glauben.

Organisationen, insbesondere sofern sie noch im Wachsen begriffen sind, zeichnen sich durch eine Dynamik aus. Ein wesentlicher Antrieb dieser Dynamik ist der Wettbewerb innerhalb der sich funktional unterscheidenden Positionen. Positionen werden hier vor allem als formale Positionen beschrieben. Formale Positionen, so die Annahme und

23 Für einen Vergleich zwischen dem Vorgehen in Umfragen und bimodaler Netzwerkanalyse, siehe (Stegbauer/Rausch 2009).

auch die Beobachtung darüber, wie Zuschreibungen vorgenommen werden, sind eine Annäherung an die damit zusammenhängende Ebene der tatsächlichen Beziehungen, die sich als informell beschreiben lassen. Hiermit hängt zusammen, dass sich nicht alle Positionen mit beliebig vielen Personen besetzen lassen. Je nachdem, um welche Position es sich handelt, ist der Zugang beschränkt. Der positionsinterne Wettbewerb führt zur Suche von organisationalen Nischen, ähnlich wie neue „Arten" ökologische Nischen besetzen. Die Motivation hierzu ist besonders stark, wenn die Akteure in einem Organisationssegment einem starken Wettbewerb ausgesetzt sind. Bei den neuen Positionen kann es sich beispielsweise um funktionale Ausdifferenzierungen handeln.

In unserer Betrachtung unterscheiden wir grob drei übereinander geschichtete Ebenen von Positionen aufgrund von formalen Attributen, die einander selbstähnlich sind. Bei den Attributen differenzieren wir danach, ob die Teilnehmer überhaupt angemeldet sind oder nicht. Nichtangemeldete Teilnehmer werden im Jargon „IPs" genannt, weil ihr einziges Erkennungsmerkmal die Internetadresse (IP) ist, von der aus Änderungen vorgenommen werden. Vandalismus erfolgt meist von nicht angemeldeten Teilnehmern. Das bedeutet aber keinesfalls, dass alle IPs Vandalen sind. Es gibt sogar die Behauptung, dass nicht angemeldete Teilnehmer für einen wesentlichen Teil der Inhalte in Wikipedia verantwortlich seien (Schwartz 2006). Die zweite Grobposition ist die der angemeldeten Teilnehmer. Hiervon verfügt Wikipedia über eine große Zahl, die sehr bald die Millionengrenze überschreiten wird. Hierunter wird allerdings auch eine größere Zahl an Doppelanmeldungen gezählt. Im Juni 2009 waren etwa 25.000 Teilnehmer aktiv. Die dritte Position, die hier abgegrenzt werden soll, ist die der Administratoren. Hiervon gibt es derzeit 329, von denen allerdings nicht alle aktiv sind.[24]

Eine solche Einteilung in drei Ebenen kann bestenfalls eine Annäherung sein, da die positionalen Ebenen sich selbst nach dem Prinzip der Selbstähnlichkeit wiederum in unterschiedliche Positionen aufteilen lassen. Die drei analytisch konstruierten Positionen unterscheiden sich durch die Möglichkeiten zum gemeinsamen Handeln, welche durch die Struktur ihrer Beziehungen bestimmt werden. Auf der obersten Ebene, derjenigen der Admins, finden sich zahlreiche Gelegenheiten zum persönlichen Treffen, beispielsweise an Stammtischen. Zudem müssen sich Admins einem formalen Verfahren der Beurteilung beziehungsweise der Wahl unterziehen. Die Abstimmungen werden in starkem Maße von anderen Administratoren (Stegbauer 2009) beeinflusst. Durch das Verfahren gewinnen die Kandidaten, sofern sie noch nicht über die Bekanntheit verfügen, eine zusätzliche Öffentlichkeit.

Wenn solche Verallgemeinerungen für die angemeldeten Teilnehmer überhaupt möglich sind, so kann man sagen, dass sich hier Öffentlichkeit eher auf eine thematisch eingeschränkte bezieht. Aktive angemeldete Teilnehmer, die nicht Administratoren sind, kommen oft nur im Umkreis ihres Spezialgebietes (in dem sie zu Artikeln beitragen) mit anderen in Kontakt. Aus diesem Grunde sind koordinierte Handlungen auf dieser Ebe-

24 http://de.wikipedia.org/wiki/Spezial:Statistik (03.07.2009).

ne weitaus schwieriger zu organisieren. Die problematischste Stellung nehmen die sogenannten „IPs" ein. Sie nutzen die Möglichkeit anonymer Teilnahme[25].

Neben dieser vertikalen Zuordnung kann auch eine horizontale (also eine funktionale) Differenzierung beobachtet werden. Hier kann man (allerdings nicht immer ganz trennscharf) zwischen Artikelschreibern, Artikelbetreuern, Oppositionellen, Kritikern, OTRS-Mitarbeitern (Beantwortern von E-Mail-Anfragen), Propagandisten, Qualitätssicherern, Schiedsrichtern, Vandalen und Vandalenjägern, Trollen, Begrüßern, Vermittlern, Professionellen, die angestellt sind, Vorstands- und Boardmitgliedern unterscheiden. Man sieht, die Unterscheidungsdimensionen lassen sich sowohl horizontal als auch vertikal durch typische Beziehungsmuster beschreiben (vergl. Abb. 1). Vertikal finden wir einen großen Gegensatz zwischen „IPs" und den Administratoren. Während Letztere einander weitestgehend (vielfach auch persönlich) bekannt sind, verfügen IPs meist gar nicht über die Bedingungen, überhaupt adressierbar zu sein. Oben wurde gesagt, dass Funktionskategorien (vor allem im Berufssystem) mit Stereotypen belegt sind. Solche Stereotypen bilden häufig die Grundlage für den Umgang miteinander (wie an den Beispielen der Vandalenjäger gezeigt). Wenn dies der Fall ist, kann man von Positionen sprechen. Hier gilt, dass jede Situation zwar Aushandlungen unterliegt, der Ausgang dennoch prinzipiell offen ist, die Aushandlungen meist aber in typischen Bahnen verlaufen. Dabei sind die Machtverhältnisse ungleich verteilt. Diejenigen, die in der vertikalen Ordnung höher stehen, und die an zahlreiche zuvor gemachte Erfahrungen anknüpfen können, besitzen mehr Möglichkeiten, die Situation zu bestimmen. Ähnlichkeiten in den Selbstbildern und Aushandlungen, die dazu stattfinden, sorgen dafür, dass in den meisten Situationen die die Position begleitende Personen gar nicht bedeutsam ist. Die Personen sind austauschbar. Das gilt für praktisch alle Funktionen. Insofern kann man die Personen, die innerhalb der Funktionen agieren, als strukturell äquivalent (in der formal abgeschwächten Version s.o.) beschreiben.

25 Ganz so anonym sind die IPs allerdings nicht. So ist es möglich, über ihre IP-Adresse und eine WHOIS-Abfrage im Internet die Organisation in Erfahrung zu bringen, von der aus die Bearbeitung vorgenommen wurde. Hierdurch wurde es etwa möglich, Einflussnahmen von Organisationen in bestimmten Artikeln aufzudecken (Griff 2007).

Abbildung 1: Schematische Darstellung der funktionalen Differenzierung und der Konkurrenz zwischen strukturell äquivalenten Teilnehmern auf der Ebene der Administratoren

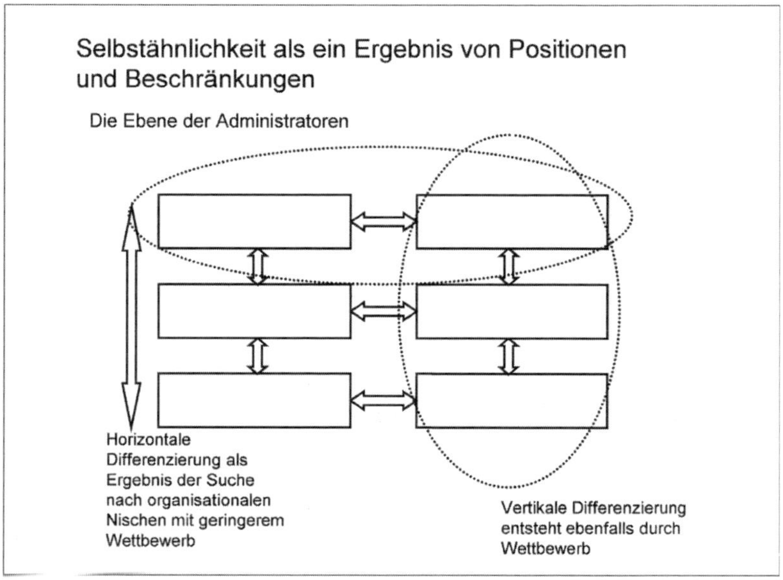

Der höchste Differenzierungsgrad findet sich auf der obersten Ebene: Ein Teil kümmert sich um die Außendarstellung, es finden sich Spezialisten für das Verfassen von Artikeln, für die Jagd auf Vandalen, für die Schlichtung von Streitigkeiten oder für die Begrüßung von neuen Teilnehmern. Meist sind diese Teilnehmer gleichzeitig Administratoren.

Dennoch zeigen unsere Untersuchungen, dass es nur zwischen wenigen der funktionalen Positionen Überschneidungen gibt. Während intern in den Positionen Wettbewerb ausgetragen wird, kommt es im Konfliktfall zu einer Solidarisierung nach außen, wie wir am Beispiel von Artikelsperrungen zeigen konnten (Stegbauer 2009). Man findet zwar auch Zuschreibungen und Konflikte zwischen Positionen. Innerhalb der Positionen ist der Wettbewerb jedoch stärker ausgeprägt (White 1992; White/Godart 2007).

2.2 Das Beispiel der Vandalismusbekämpfer

Diese Position wird meist von Administratoren eingenommen. Man kann also sagen, dass es sich um eine Position auf der obersten Ebene handelt. Sie eignet sich als Beispiel deswegen sehr gut, weil sich der Wettbewerb innerhalb der Position von außen gut nachvollziehen lässt. Der „Punktestand" der Konkurrenz ist nämlich deutlich in der Teilnehmerstatistik abzulesen (Abb. 2). Neben der gut zu beobachtenden Zahl der Artikeledits entsteht konkurrentes Verhalten direkt während der Arbeit. Die Vandalismusbekämpfer arbeiten dezentral und unabhängig voneinander. Das heißt, sie wissen zunächst nicht, wer sich außer ihnen selbst gerade noch mit dieser Tätigkeit beschäftigt. Dass weitere Personen ihrer Position aktiv sind, erfahren sie erst, wenn sie Vandalismus in Artikeln bereinigen möchten und dabei feststellen, dass ihnen etwa bei einer Rücksetzung eines Artikels auf den Stand vor dem Vandalenangriff jemand zuvorgekommen ist. Von uns interviewte Vandalenjäger erzählten uns davon, dass es dabei zu einer Art „Flow-Erlebnis" kommen könne. Dies kennt man aus dem Wettbewerb in Computerspielen.

An einigen weiteren Stellen wird die Konkurrenz dokumentiert, so etwa auf den Teilnehmerseiten. Dort findet eine direkte Auseinandersetzung zwischen den Beteiligten statt, und man kann einen kleinen Ausschnitt des Aushandlungsprozesses, aber auch des Wettbewerbs nachvollziehen. Man kann sagen, dass die Teilnehmerstatistiken den Wettbewerb vergleichbar machen und dadurch ein gutes Mittel dafür sind, soziale Ränge aufscheinen zu lassen (vgl. White 1992: 27). Zudem sind sie Anlass für Erzählungen und Interpretationen, aus denen wiederum Abgrenzungen innerhalb und zwischen den Positionen entstehen.

Abbildung 2: Diverse Teilnehmerstatistiken sind hilfreich im Wettbewerb zwischen den Vandalismusbekämpfern

Letzte Aktualisierung: 25.08.2009

Benutzer-Statistik [Bearbeiten]

#	Benutzername	Admin	Bearb.	Artikel-Bearb.
1	Aka	x	331 535	273 905
2	Peter200	x	180 546	172 390
4	ChristophDemmer		116 592	113 122
5	Uwe Gille	x	108 831	64 560
6	Marcus Cyron		107 544	61 550
7	Voyager	x	99 681	77 971
8	Atamari	x	98 483	35 914
9	Jesusfreund		95 859	53 073
10	Pelz	x	84 465	66 754

http://de.wikipedia.org/wiki/Wikipedia:Beitragszahlen 28.08.2009

Benutzerblockaden [Be

#	Benutzername	Anzahl
1	Aka	29811
2	DerHexer	27114
3	LKD	14142
4	YourEyesOnly	12949
5	Peter200	8995
7	FritzG	8028
8	Seewolf	7945
10	S1	6307
12	Tönjes	4850
14	Tsor	4717
15	Kuebi	4696
16	Engie	4582

http://de.wikipedia.org/wiki/Wikipedia: Beitragszahlen/Benutzerblockaden 28.08.2009

Seitenlöschungen [Bearl

#	Benutzername	Anzahl
1	Aka	363484
3	DerHexer	43785
4	FritzG	38415
5	YourEyesOnly	36165
8	Tilla	26476
13	STBR	22195
16	Zollernalb	20539
18	He3nry	19681
19	LKD	18598
20	Peter200	18407
21	S1	18240

http://de.wikipedia.org/wiki/Wikipedia:Beitragszahlen/Seitenl%C3%B6schungen 28.08.2009

Ebenso wird auch in einem Wikipedia-Chat-Kanal über die Zahl der Edits gesprochen, oder man findet Hinweise darauf, dass über „Top-Vandalenjäger" gesprochen wird. Ein Teilnehmer berichtet auf seiner Teilnehmerseite, dass er sich in der englischen Wikipedia versucht habe. Dort verwendete er das in der deutschsprachigen Wikipedia erprobte Werkzeug und kam bereits nach drei Tagen auf 4 000 Artikeledits. Er wurde daraufhin mit einigen Auszeichnungen bedacht und gefragt, ob er dort nicht als Administrator kandidieren wolle. Heute teilt er auf seiner Teilnehmerseite mit, dass er sowohl in der englischsprachigen als auch in der deutschsprachigen Wikipedia Administrator sei. Dies ist nicht nur ein Hinweis auf den oben angesprochenen Wettbewerb, der vor allem innerhalb einer Position bedeutend ist. Es ist auch ein Zeichen für die Aushandlung von sozialen Rängen, die von White (1992) als „pecking order" bezeichnet wird. Mit der Beteiligung an der englischsprachigen Wikipedia hat der Administrator gleichzeitig ein Feld der Distinktion gefunden. Aufgrund der dazu notwendigen Fertigkeiten ist dieses Feld vor Wettbewerb ein wenig besser geschützt als die „nur zählbaren" Aktivitäten. Ferner generiert es Geschichten über die Identität, die Güte der von der deutschen Gemeinde entwickelten Antivandalismustools, die Überlegenheit der deutschsprachigen Wikipedia gegenüber der englischen etc. An der Geschichte wird demnach nicht nur die Identität und damit die Positionierung des einzelnen Vandalismusbekämpfers deutlich, sondern sie dient auch zur Abgrenzung und Positionierung der Softwareentwickler und der unterschiedlichen Wikipedias auf einer weiteren Ebene.

2.3 Ein Beispiel für Vandalismus

Wikipedianer sehen Vandalismus als ein großes Problem an, und tatsächlich bietet die Offenheit für Änderungen von jedermann zahlreiche Angriffspunkte. Intern wird immer wieder diskutiert, ob Änderungen nur noch angemeldeten Teilnehmern gestattet werden sollen. Besonders weil Wikipedia sich einer aufklärerischen Idee verpflichtet fühlt, ist es für die Beteiligten nur schwer zu erklären, warum es zu so vielen Vandalenangriffen kommt.

Typisch für Vandalismus ist der Wikipedia-intern sogenannte „Schülervandalismus", der sich meist auf die Zerstörung von Artikeln durch Einfügen von jugendsprachlichen (sexualisierten) Kraftausdrücken bezieht, bei denen das Provokationspotenzial eine besondere Rolle spielt.

Im Beispiel handelt es sich um Textersetzungen im Artikel „Blut". Der Vandalismus erfolgte dort am 20.02.2006 ab 16.13 Uhr und dauerte etwa eine halbe Stunde. Aus den Textersetzungen geht hervor, dass es sich um mehrere Vandalen, wahrscheinlich zwei Personen aus unterschiedlichen Schulen in Bielefeld, handelte. Die Protokollierung der Änderungen und der Rücksetzungen zeigt, dass auch mehrere Vandalismusbekämpfer involviert waren.[26] Der Vorfall umfasst etwa 35 Artikeländerungen, die sich in Vandalismus und Rücksetzungen aufteilen.

Aus den Texten und den IPs, von denen aus der Vandalismus vorgenommen wurde, kann man auch schließen, dass diese sich und ihren persönlichen Kontext kennen. Die IPs gehören zur Universität Bielefeld. Bei der Ersetzung von Text im Artikel werden sogar die Namen von Mädchen genannt. Dies weist darauf hin, dass der Vandalismus in diesem Artikel vor dem Hintergrund eines anderen Rollenrahmens erfolgt. Der Rollenrahmen hat mit dem positionalen System der Schüler außerhalb von Wikipedia zu tun und ist offenbar Ausdruck des dortigen internen Wettbewerbs. Die Identität der Beteiligten und auch ihr Antrieb für den Vandalismus entstehen also in einem von Wikipedia getrennten Rollenrahmen. Zum internen Wettbewerb dort gehört offenbar auch die Mutprobe der Provokation, die mit dem Vandalismus und dem sexualisierten Sprachgebrauch der typischen Jugendsprache verbunden ist.[27]

Für die Vandalismusbekämpfer hingegen handelt es sich bei der Rücksetzung des für sie typischen Schülervandalismus um reine Routine. Ähnliche Situationen haben sie schon oft erlebt. Der Vandalismus entspringt IPs, ganz wie es zu erwarten ist, und auch die Löschung von Teilen des Artikels ist typisch und überdies mit den Tools zur Aufspürung des Vandalismus sehr leicht zu erkennen. Auch die Sprache, die verwendet wird, ist den Jägern aus vergleichbaren Fällen bestens vertraut. Obwohl die Wettbewerbssituation zwischen den Vandalismusaufspürern präsent ist, bleibt dies genauso im Hintergrund wie die Konkurrenz zwischen den Vandalen den Bekämpfern. Es finden sich lediglich Hinweise darauf, dass die Kommunikation von Seiten der Vandalen als lästig empfunden wird. Dies drückt sich in einer IP-Sperrung aus.

Aufgrund der Dynamik, die dem positionalen System der Schüler außerhalb entspringt, entwickelt sich sehr schnell ein drittes positionales System, das sich aus der Interaktion zwischen Vandalen und Bekämpfern entwickelt. Sie kommunizieren direkt zwar nur an einer Stelle, an der einer der Vandalen darauf hinweist, dass seine IP gesperrt wurde und er nun unter einer neuen IP weitermachen wolle. Hierbei handelt es sich zudem um eine Reaktion, die ebenfalls nicht selten erfolgt. Der Vandalismus wird in dieser Situation von dem Motiv der Revanche getragen. Die Situation entwickelt sich also neu, indem eine gegenseitige Anpassung der Reaktionen zwischen Vandalen und Vandalenjägern erfolgt. Auch hierin zeigt sich eines der grammatikalischen sozialen Grundmuster, nämlich das der Reziproziät.

Betrachtet man das Beispiel, so zeigt sich, dass die Situation nur sehr wenig Reflexion des Handelns der Teilnehmer erforderte. Jeder bleibt limitiert durch den Rahmen der durch seine Position abgesteckten Handlungserwartungen.

---

26 Die Auseinandersetzung kann unter http://de.wikipedia.org/w/index.php?title=Blut&dir=prev&limit=500&action=history nachverfolgt werden.

27 Der Versuch der Provokation ist der Jugendsprache inhärent (Kluge 1996).

3. Resümee: Strukturierung aus Beschränkung

Dieser Beitrag umfasst zwei Hauptteile: Zunächst wird auf überall wirkende Strukturierungsursachen eingegangen, im zweiten Teil werden solche Ursachen an einem Beispiel aus Wikipedia expliziert. Daran wird deutlich, dass die Teilnehmer, je nachdem welche Position sie einnehmen, Ähnlichkeiten im Verhalten anderen gegenüber zeigen. Dieses Verhalten hängt von der eigenen und der Position der anderen mit denen man umgeht, ab. Mit der Herausbildung von Position ist im Groben die Herstellung eines Gleichklangs verbunden: Das bedeutet, dass Handeln aufgrund der Positionen weitgehend erwartbar wird. Zwar finden auf situationaler Ebene Aushandlungen statt, diese erfolgen jedoch auf der Grundlage von Routinen, die sich durch die Herausbildung von Ähnlichkeiten in den Handlungsmustern ergeben. Solche Routinen wirken entlastend. Sie ermöglichen es, Handlungen vorzunehmen, ohne die gesamte Situation zu durchdenken. Damit hängt zusammen, dass Zuschreibungen vorgenommen werden müssen. Diese orientieren sich an Stereotypen, die mit einer zugerechneten Position und einem als typisch wahrgenommenen Handeln daherkommen. Beispielsweise wird ein bestimmtes Vandalismusmuster (z. B. das Ersetzen von Textteilen durch sexualisierte Sprache und von nicht angemeldeten Teilnehmern) als „Schülervandalismus" erklärt. Auf die mit der Reaktion darauf verbundenen Provokationen reagieren die Vandalismusbekämpfer routinemäßig.

Die Geschichten über Vandalen und unterschiedliche Typen von Vandalismus kursieren unter den Aktiven. Durch die Storys und durch die Erfahrungen als Vandalenjäger entstehen Vereinheitlichungen der Sichtweise. Diese kann man als Vorurteile bezeichnen. Man sieht dies daran, dass es einen Konsens über Vandalen gibt. Die übereinstimmende Meinung wurde bereits ausgehandelt und ist nun kaum noch zu ändern. Hierdurch erfährt die Auseinandersetzung eine einheitliche Interpretation. Das bedeutet, dass das Bild der eigenen Position, das Bild von der Position der Vandalen sowie der Umgang mit ihnen einander angeglichen wird. Strukturelle Äquivalenz ist dann aber der Modus, aus dem sich die Ähnlichkeiten im Handeln der Akteure speist.

Der Interpretation der Situation mit ihren Handlungsoptionen steht die Seite der Schülervandalen gegenüber. Von diesen ist kaum zu erwarten, dass sie sich mit der Wikipedia-internen Arbeitsteilung (oder gar dem Wettbewerb zwischen den Vandalismusbekämpfern) auskennen. Durch die Reaktion der Aufpasser jedoch lernen die Vandalen schnell, vom Referenzsystem der außerhalb der Wikipedia stehenden Schüler-Schüler-Beziehungen auf die neue Situation umzuschalten. Die Antwort der Vandalen auf die Reaktion der Vandalismusbekämpfer braucht sich eigentlich nur an der Reziprozitätsregel zu orientieren. Auf jedes Handeln folgt ein spiegelbildliches Gegenhandeln. Obwohl die Vandalen wissen, dass ihr Handeln eine Beschädigung des öffentlichen Guts bewirkt, schaukelt sich durch die Gegenwehr der Wikipedianer die Situation erst richtig auf. Da Aktion und Reaktion in diesem Schlagabtausch sehr schnell gehen müssen, bleibt für eine Reflexion des Verhaltens keine Zeit. Es wird nichts wirklich entschieden[28]. Die Routine wird dann von der Reziprozitätsregel (Simmel 1908; siehe auch Stegbauer 2002) vorgegeben und folgt damit einer weiteren Verhaltensregel, die der Entlastung in komplexen Situationen dient.

Dynamik findet sich im Beispielfall durch mehrere Wirkmechanismen. Zum Ersten findet durch die Regel der Reziprozität eine Stereotypisierung der Vandalenhandlung statt. Die Vandalen verhalten sich nach kurzer Zeit so, wie die Bekämpfer es erwarten. Allerdings ist das Verhalten der Vandalen in Teilen auch als Reaktion zu verstehen. Die Geschwindigkeit, in der sich das positionale System in einer konkreten Situation entwickelt, ist atemberaubend. Im betrachteten Beispiel liegt dies daran, dass sich die Routine in der Behandlung des Vandalismus zusammen mit der Reziprozitätsregel durchsetzt. Durch die Anwendung der Routinen wird die Interpretation der Situation vereinfacht. Sie weicht offenbar kaum von ähnlichen bereits erlebten Situationen ab. Es finden Übertragungen aus anderen Situationen statt. Auch dies erleichtert Handeln ohne Reflexion und größere Anstrengungen. Individuelles Wollen, eine Orientierung an einem eigennützigen Handeln, ist dabei nicht notwendig und für die Analyse des Verhaltens sicherlich auch nicht hilfreich.

Im Gegenteil – es ist gerade das sich aus den Restriktionen ergebende und an den Stereotypen orientierte Handeln, das den Beteiligten die Gewähr gibt, auf Reaktionen innerhalb einer bestimmten Bandbreite gefasst sein zu können. Die Orientierung an Erwartungen im Rahmen von Positionen stellt den Menschen also ein Stück „control" (White 1992) an die Seite, also die weitgehende Gewissheit, dass die anderen, mit denen man es zu tun hat, nicht aus dem Rahmen ausbrechen.

Im Beitrag wurde argumentiert, dass die Herausbildung von Strukturen, aus denen das Handeln der Menschen erwächst, in vielen Bereichen nicht der individuellen Beeinflussbarkeit unterliegt. Es sind Zwangsläufigkeiten, die sich aus den vielfältigen zeitlichen und kognitiven Beschränkungen ergeben, denen jeder Akteur ausgesetzt ist. Aus diesen Beschränkungen ergeben sich quasi negativ die Grenzen, innerhalb deren sich die Menschen bewegen. Die Menschen bestehen aber nicht aus sich selbst heraus, sie sind sozial geprägt. Diese soziale Prägung erfolgt situativ und sie ist strukturiert in Form von Positionen. Die Positionierung in Relation zu anderen erleichtert die Orientierung und bietet teilweise bereits ausgehandelte Handlungsmuster an. Auf diese kann man in der jeweiligen Situation unter Berücksichtigung der damit verbundenen Erwartungen zurückkommen. Grundlage der hier vorgenommenen Überlegungen ist die relationale Soziologie. Insbesondere das Werk von Harrison White (vor allem 1992, 2008) bietet die Anregung, über die Entstehung sozialer Formationen anhand solcher empirischer Beispiele weiter nachzudenken. Interpretation von Handlungen changieren von substanziellen Eigennutz oder Rationalitätsmodellen bis hin zur hier favorisierten relationalen Sichtweise.

28 Die Reaktion gehört in den Bereich dessen, was nicht entschieden werden muss. Beispiele dafür finden sich in Schimank (2005).

Literatur

Ariely, Dan, 2008: *Denken hilft zwar, nützt aber nichts. Warum wir immer wieder unvernünftige Entscheidungen treffen.* München: Droemer.

Bavelas, Alex, 1950: „Communication patterns in task-oriented groups", in: *Journal of the Acoustical Society of America* 22(6): 725-730.

Beckert, Jens, 1996: „Was ist soziologisch an der Wirtschaftssoziologie? Ungewissheit und die Einbettung wirtschaftlichen Handelns", in: *Zeitschrift für Soziologie* 25: 125–146.

Beckert, Jens/Jörg Rössel, 2004: „Kunst und Preise. Reputation als Mechanismus der Reduktion von Ungewissheit am Kunstmarkt", in: *Kölner Zeitschrift für Soziologie und Sozialpsychologie* 56 (1): 32-50.

Binmore, Ken, 2005: „Economic man – or straw man? Kommentar zu Henrich et al.: Economic behavior in cross-cultural perspective", in: *Behavioral and Brain Sciences* 28(6): 817-818.

Blau, Peter M./Joseph E. Schwartz, 1984: *Crosscutting Social Circles.* Orlando: Academic Press.

Borgatti, Stephen P./John Boyd/Martin Everett, 1989: „Iterated roles: Mathematics and application", in: *Social Networks* 11: 159-172.

Borgatti, Stephen P./Martin Everett, 1989: „The class of all regular equivalences: Algebraic structure and computation", in: *Social Networks* 11: 65-88.

Bourdieu, Pierre, 1982: *Die feinen Unterschiede – Kritik der gesellschaftlichen Urteilskraft.* Frankfurt am Main: Suhrkamp.

Burt, Ronald S., 1992: *Structural Holes: The Social Structure of Competition.* Cambridge, MA: Harvard University Press.

Cipriani, Giam P./Diego Lubian/Angelo Zago, 2009: „Natural born economists?", in: *Journal of Economic Psychology* 30: 455-468.

Coleman, James S., 1990: *Foundations of social theory.* Cambridge, Mass.: Belknap Press.

Coleman, James S./Henrik Kreutz, 1997: „Begründet oder zerstört das Eigeninteresse jenes wechselseitige Vertrauen, das Gesellschaft überhaupt erst ermöglicht?" in: Henrik Kreutz (Hrsg.), *Leben und Leben lassen. Die Fundierung der Marktwirtschaft durch symbolischen Tausch und Reziprozität.* Opladen: Leske und Budrich: 13-22.

Davis, James A., 1963: „Structural balance, mechanical solidarity, and interpersonal relations", in: *American Journal of Sociology* 68(4): 444-462.

Davis, James A., 1977: „Clustering and structural balance in graphs", in: Samuel Leinhard (Hrsg.), *Social Networks. A Developing Paradigm.* New York u. a.: Academic Press: 27-34.

De Folter, Rolf J., 1983: „Reziprozität der Perspektive und Normalität bei Husserl und Schütz", in: Richard Grathoff/Bernhard Waldenfels (Hrsg.), *Sozialität und Intersubjektivität.* München: Wink: 157-181.

De Nooy, Wouter, 2006: „Stories, scripts, roles, and networks. Structure and dynamics", in: *eJournal of Anthropological and Related Sciences.* Vol. 1, No. 2, Article 5. Verfügbar unter: http://repositories.cdlib.org/imbs/socdyn/sdeas/vol1/iss2/art5

DiMaggio, Paul, 1992: „Nadel's paradox revisited: Relational and cultural aspects of organizational structure", in: Nitin Nohria/Robert G. Eccles (Hrsg.), *Networks and Organizations. Structure, Form, and Action.* Boston Mass.: Harvard Business School Press: 118-142.

Durkheim, Émile, 2007 [1895]: *Die Regeln der soziologischen Methode.* Frankfurt am Main: Suhrkamp.

Fischer, Claude S., 1982: „What do we mean by ‚friend'? An inductive study", in: *Social Networks* 2: 287-306.

Gächter, Simon/Benedikt Herrmann/Christian Thön, 2005: „Cross-cultural differences in norm enforcement. Kommentar zu Henrich et al.: Economic behavior in cross-cultural perspective", in: *Behavioral and Brain Sciences* 28(6): 822-823.

Geser, Hans, 1999: „Metasoziologische Implikationen des ‚Cyberspace'", in: Claudia Honneger/Stefan Hradil/Franz Traxler (Hrsg.), *Grenzenlose Gesellschaft? Verhandlungen des 29. Kongresses der Deutschen Gesellschaft für Soziologie des 16. Kongresses der Österreichischen Gesellschaft für Soziologie des 11. Kongresses der Schweizerischen Gesellschaft für Soziologie in Freiburg i. Br. 1998.* Opladen: Leske und Budrich: 202-219.

Gibson, David R., 2000: „Seizing the moment: The problem of conversational agency", in: *Sociological Theory* 18, 3: 368–382.

Giddens, Anthony, 1988: *Die Konstitution der Gesellschaft. Grundzüge einer Theorie der Strukturierung.* Frankfurt am Main: Campus.

Gouldner, Alvin W., 1960: „The norm of reciprocity: A preliminary statement", in: *American Sociological Review* 25: 161-178.

Gouldner, Alvin W., 1984: *Reziprozität und Autonomie. Ausgewählte Aufsätze.* Frankfurt am Main: Suhrkamp.

Griff, Virgil, 2007: „Auch die CIA schreibt bei Wikipedia mit." Verfügbar über: http://www.derwesten.de/nachrichten/panorama/2007/8/19/news-549051/detail.html (05.06.2009).

Guetzkow, Harold/Simon, Herbert A., 1955: „The impact of certain communication nets upon organization and performance in task-oriented groups", in: *Management Science* 1(3/4): 233-250.

Henrich, Joseph et al., 2005: „‚Economic man' in cross-cultural perspective: Behavioral experiments in 15 small-scale societies", in: *Behavioral and Brain Sciences* 28: 795-855.

Homans, Georg C., 1960: *Theorie der sozialen Gruppe.* Köln/Opladen: Westdeutscher Verlag, (orig.: *The Human Group.* 1950. New York: Hartcout, Brace and Company).

Kappelhoff, Peter, 1992: „Strukturmodelle von Position und Rolle", in: Hans-Jürgen Andreß et al. (Hrsg.), *Theorie, Daten, Methoden – Neue Modelle und Verfahrensweisen in den Sozialwissenschaften.* München: Oldenbourg: 243-268.

Kieserling, André, 1999: *Kommunikation unter Anwesenden. Studien über Interaktionssysteme.* Frankfurt am Main: Suhrkamp.

Kluge, Norbert (Hrsg.), 1996: *Jugendliche Sexualsprache – eine gesellschaftliche Provokation.* Landau: Knecht (Landauer Universitätsschriften).

Kropp, Per, 2008: „Methodologischer Individualismus und Netzwerkforschung. Ein Diskussionsbeitrag", in: Christian Stegbauer (Hrsg.), *Netzwerkanalyse und Netzwerktheorie.* Wiesbaden: VS Verlag: 145-153.

Leavitt, Harold J., 1951: „Some effects of certain communication partners on group performance", in: *Journal of Abnormal and Social Psychology* 46: 38-50.

Liljeros, Fredrik/Christofer R. Edling/Luís A. Nunes Amaral/H. Eugene Stanley/Yvonne Åberg, 2001: „The web of human sexual contacts", in: *Nature* 411: 907-908.

Lindenberg, Siegwart, 1990: „Homo socio-oeconomicus: The emergence of a general model of man in the social sciences", in: *Journal of Institutional and Theoretical Economics (JITE) Zeitschrift für die gesamte Staatswissenschaft* 146: 727-748.

Litt, Theodor, 1926: *Individuum und Gemeinschaft. Grundlegung der Kulturphilosophie.* 3., abermals durchgearbeitete u. erw. Aufl. Berlin: Teubner.

Lorrain, François/Harrison C. White, 1971: „Structural equivalence of individuals in social networks", in: *Journal of Mathematical Sociology* 1: 49-80.

Luhmann, Niklas, 1975: *Soziologische Aufklärung 2. Ansätze zur Theorie der Gesellschaft.* Opladen: Westdeutscher Verlag.

Luhmann, Niklas, 1997: *Die Gesellschaft der Gesellschaft.* Frankfurt am Main: Suhrkamp.

Marsden, Peter V., 1987: Core Discussion Networks of Americans. *American Sociological Review* 52: 122-131.

Martin, John L., 2000: „What do animals do all day? The division of labor, class bodies, and totemic thinking in the popular imagination", in: *Poetics* 27: 195-231.

McPherson, Miller/Lynn Smith-Lovin/Matthew E. Brashears, 2006: „Social isolation in America: Changes in core discussion networks over two decades", in: *American Sociological Review* 71: 353–375.

Mead, George Herbert/Charles W. Morris, 2008 [1934]: *Geist, Identität und Gesellschaft. Aus der Sicht des Sozialbehaviorismus.* [Nachdr.]. Frankfurt am Main: Suhrkamp.

Meyer, Marshall W., 1968: „Expertness and the span of control", in: *American Sociological Review* 33(6): 944-951.

Michaelson, Alaina/Contractor, Noshir S, 1992: „Structural position and perceived similarity." in: *Social Psychology Quarterly* 55: 300-310.

Milinski, Manfred, 2001: „Evolution des Verhaltens. Freigebigkeit lohnt sich", in: *Spektrum der Wissenschaft*, Februar 2001: 24-26.

Miller, George A., 1956: „The magical number seven, plus or minus two: Some limits on our capacity for processing information", in: *Psychological Review* 63: 81-97.

Mullins, Nicholas, 1973: *Theories and Theory Groups in Contemporary American Sociology*. New York u.a: Harper&Row.
Nowak, Martin A./Karl Sigmund, 1998: „Evolution of indirect reciprocity by image scoring“, in: *Nature* 393: 573-577.
Ouchi, William G./John B. Dowling, 1974: „Defining the span of control“, in: *Administrative Science Quarterly* 19(3): 357-365.
Raab, Jörg, 2010: „Der ‚Harvard Breakthrough‘“, in: Christian Stegbauer/Roger Häußling (Hrsg.), *Handbuch Netzwerkforschung*. Wiesbaden: VS Verlag (im Erscheinen).
Raub, Werner, 2010: „Theorien der Netzwerkforschung: Rational Choice“, in: Christian Stegbauer/Roger Häußling (Hrsg.), *Handbuch Netzwerkforschung*. Wiesbaden: VS Verlag (im Erscheinen).
Rauch, Herbert, 1983: „Partizipation und Leistung in Großgruppen-Sitzungen. Qualitative und quantitative Vergleichsanalyse von 20 Fallstudien zum Sitzungsprozess entscheidungsfindender Großgruppen“, in: Friedhelm Neidhardt (Hrsg.), *Gruppensoziologie. Perspektiven und Materialien*. Sonderheft der Kölner Zeitschrift für Soziologie und Sozialspychologie 25: 256-274.
Schimank, Uwe, 2005: *Die Entscheidungsgesellschaft. Komplexität und Rationalität der Moderne*. Wiesbaden: VS Verlag.
Schütz, Alfred, 1971: *Gesammelte Aufsätze*. Den Haag: Nijhoff.
Schwartz, Aaron, 2006: „Raw thoughts: Who writes Wikipedia?“ Verfügbar unter: http://www.aaronsw.com/weblog/whowriteswikipedia (23.02.2009).
Scott, John, 1991: *Social Network Analysis. A Handbook*. London: Sage.
Simmel, Georg, 1917: *Grundfragen der Soziologie*. Berlin/New York: De Gruyter.
Simmel, Georg. 1908. *Soziologie. Untersuchungen über die Formen der Vergesellschaftung*. Leipzig: Duncker & Humblot.
Simmel, Georg. 1989 [1890]. *Über sociale Differenzierung. Sociologische und psychologische Untersuchungen*. Frankfurt: Suhrkamp.
Simon, Herbert, 1959: „Theories of decision making in economics and behavioural science“, in: *American Economic Review* 49(3): 253-283.
Sinus-Milieus, 2006: *Informationen zu den Sinus-Milieus® 2006*, Heidelberg: Sinus sociovision. Stand: 01/2006 Verfügbar über: http://www.sinus-sociovision.de/Download/informationen%20012006. pdf (03.06.2009).
Skopek, Jan/Florian Schulz/Hans-Peter Blossfeld, 2009: „Partnersuche im Internet. Bildungsspezifische Mechanismen bei der Wahl von Kontaktpartnern“, in: *Kölner Zeitschrift für Soziologie und Sozialpsychologie* 61(2): 183-210.
Stegbauer, Christian, 1999: „Die Struktur internetbasierter Sozialräume“, in: Claudia Honneger/Stefan Hradil/Franz Traxler (Hrsg.), *Grenzenlose Gesellschaft? Verhandlungen des 29. Kongresses der Deutschen Gesellschaft für Soziologie des 16. Kongresses der Österreichischen Gesellschaft für Soziologie des 11. Kongresses der Schweizerischen Gesellschaft für Soziologie in Freiburg i.Br. 1998*. Opladen: Leske und Budrich: 675-691.
Stegbauer, Christian, 2000: „Begrenzungen und Strukturen internetbasierter Kommunikationsgruppen“, in: Caja Thimm (Hrsg.), *Soziales im Netz*. Wiesbaden: Westdeutscher Verlag: 18-38.
Stegbauer, Christian, 2001: *Grenzen virtueller Gemeinschaft. Strukturen internetbasierter Kommunikationsforen*. Wiesbaden: Westdeutscher Verlag.
Stegbauer, Christian, 2002: *Reziprozität. Einführung in soziale Formen der Gegenseitigkeit*. Wiesbaden: Westdeutscher Verlag.
Stegbauer, Christian, 2007: „Die Bedeutung positionaler Netzwerke für die Sicherstellung der Online-Kooperation: Das Beispiel Wikipedia.“ in: *MERZ (Medien und Erziehung)* 51, 6: 59-72.
Stegbauer, Christian, 2008: „Die Bedeutung des Positionalen. Netzwerk und Beteiligung am Beispiel von Wikipedia“, in: Christian Stegbauer (Hrsg.), *Netzwerkanalyse und Netzwerktheorie. Ein neues Paradigma in den Sozialwissenschaften*. Wiesbaden: VS Verlag: 191-199.
Stegbauer, Christian, 2009: *Wikipedia: Das Rätsel der Kooperation*. Wiesbaden: VS Verlag.
Stegbauer, Christian, 2010: „Positionen und positionale Systeme“, in: Christian Stegbauer/Roger Häußling (Hrsg.), *Handbuch Netzwerkforschung*. Wiesbaden: VS Verlag.
Stegbauer, Christian/Alexander Rausch, 1999: „Ungleichheit in virtuellen Gemeinschaften“, in: *Soziale Welt* 50: 93-110.

Stegbauer, Christian/Alexander Rausch, 2009: „Grenzen der Erfassung = Grenzen von Netzwerken? Schnittmengeninduzierte Bestimmung von Positionen", in: Roger Häußling (Hrsg.), *Grenzen von Netzwerken*. Wiesbaden: VS, 133-154.

Talmud, Ilan/Gustavo Mesch, 2007: „Similarity and the quality of online and offline social relationships among adolescents in Israel", in: *Journal of Research on Adolescence* 17: 455-465.

Tilly, Charles, 2006: *Why? What Happens When People Give Reasons … and Why*. Princeton: Princeton University Press.

Van Fleet, David D./Arthur G. Bedeian, 1977: „A history of the span of management", in: *The Academy of Management Review* 2(3): 356-372.

Vanberg, Viktor, 1975: Die *zwei Soziologien. Individualismus und Kollektivismus in der Sozialtheorie*. Tübingen: Mohr.

Weber, Max, 2002 [1921]: *Wirtschaft und Gesellschaft. Grundriss der verstehenden Soziologie*. 5. rev. Aufl., Tübingen: Mohr-Siebeck.

Wedekind, Claus/Manfred Milinski, 2000: „Cooperation through image scoring in humans", in: *Science* 288: 850-852.

Weede, Erich, 2009: „Rationalität überfordert den Menschen", in: *Frankfurter Allgemeine Zeitung*, 25.05.:12.

White, Harrison C., 1992: *Identity and Control. A Structural Theory of Social Action*. Princeton: Princeton University Press.

White, Harrison C., 2008: *Identity and Control. How Social Formations Emerge*. (2nd edition). Princeton: Princeton University Press.

White, Harrison C./Scott A. Boorman/Ronald L. Breiger, 1976: „Social structure from multiple networks. I. Blockmodels of roles and positions", in: *American Journal of Sociology* 81: 73-780.

White, Harrison C./Frédéric C. Godart, 2007: „Märkte als soziale Formationen", in: Jens Beckert/Rainer Diaz-Bone/Heiner Ganßmann (Hrsg.), *Märkte als soziale Strukturen*. Frankfurt am Main: Campus: 197-215.

Handeln im Netzwerk: Zur Problemstellung der Soziologie

Dirk Baecker

1. No Action Required

„No Action Required" war die Antwort des Schauspielers Robert Mitchum auf die Frage, was die Buchstaben „NAR" zu bedeuten haben, mit denen er in den Drehbüchern seiner Filme die Stellen für seine Auftritte markiert hatte. In der Tat ist Mitchum berühmt für eine Art der Präsenz, die Ereignissen dabei hilft, sich zu sortieren, ohne dass der Held dabei eine dramatische Rolle spielt. Mitchum provoziert, indem er nichts tut. Die Maxime „NAR" bringt einen Beobachter ins Spiel, der darauf zählt, seinerseits beobachtet zu werden. In Filmen wie „The Night of the Hunters" (Regie: Charles Laughton, USA 1955) oder „Farewell, My Lovely" (Regie: Dick Richards, USA 1975) handeln der von Mitchum dargestellte böse Priester Harry Powell (auf dessen Fingergliedern der rechten Hand steht „L-O-V-E", der linken Hand „H-A-T-E") beziehungsweise der Privatdetektiv Philip Marlowe, indem sie nicht handeln. Indem der Held sie darstellt und aushält, *ist* er die bestimmte Unbestimmtheit einer Situation, die allen anderen klarmacht, dass es auf ihr Handeln ankommt, obwohl und weil sie kaum noch eine Wahl haben.

Zieht man die moderne Physik zu Rate, handelt es sich bei Mitchums Diktum jedoch um ein Missverständnis. In dem Moment, in dem mit Albert Einsteins Relativitätstheorie Raum und Zeit nicht mehr als Konstanten, sondern als Variablen gelten, wird Handlung zu einer grundlegenden Größe der Physik. Definiert als Produkt aus Energie und Zeit, liegt Handlung allem zugrunde, was als Materie, Gravitation und Beschleunigung beobachtet werden kann. Sie repräsentiert, wie Alfred Korzybski sagt (1994 [1933]: 679 f.), eine Krümmung der Welt, in der es, gerade weil sie kontingent ist, auf ihre Selektion ankommt, um eine Situation zu bestimmen. Sie ist die Handlung eines Beobachters, der ohne sie nicht wüsste, was er beobachtet. Sie fällt nicht mehr unangenehm auf, weil sie dort lärmt, wo die Welt ohne sie in perfekter Harmonie zu kontemplieren wäre, wie die alten Griechen annahmen (Arendt 1991 [1958]: 21), sondern sie integriert auch dann, wenn sie stillhält, eine Mannigfaltigkeit, die ohne sie nur ein unbestimmtes Durcheinander wäre.

Die Maxime „No Action Required" markiert einen Handlungstyp, auf dessen virtuose Beherrschung Mitchum seine Schauspielerkarriere gründete. Die Maxime ist paradox, da sie keine Handlung erfordert, wo diese unverzichtbar ist. Aber mit dieser Paradoxie bringt sie eine Dramaturgie zum Ausdruck, die unentschieden lässt, ob sie sich mehr für die Krümmung der Welt und für die Verhältnisse interessiert, die in ihr zum Ausdruck kommen, oder für die Handlung, in der sich diese Krümmung bricht. Die Verhältnisse sind die der Quantenmechanik (Kauffman 1978; Mittelstaedt 2000), denn die Handlung bestimmt die Krümmung einer Welt, die ohne diese Handlung unbestimmt bliebe und durch andere Handlungen anders gekrümmt würde. Will man den Blick von der Handlung auf die kontingente Krümmung werfen, muss man sich an die Maxime „No Action Required" halten. Will man beobachten, dass und wie es für die Krümmung der Welt auf die Handlung ankommt, muss man deren Form beobachten (Spencer-Brown 1997 [1969]), ihre Innenseite, ihre Außenseite und die von ihr getroffene Unterscheidung zwischen beiden Seiten.

Wenn es stimmt, dass der Ökonom ein Handlungsverständnis hat, das auf die freie und möglichst rationale Wahl hinausläuft, während das Handlungsverständnis des Soziologen darauf hinausläuft, dass der Mensch keine Wahl hat, dann brechen wir diese allzu glatte Arbeitsteilung im Folgenden auf, indem wir zu zeigen versuchen, dass die Handlung im Feld des Sozialen immer schon als unbestimmte bestimmt ist. Eingekreist von den Selektionen und Restriktionen der Situation, eignet jeder einzelnen Handlung dennoch ein wie immer minimales Moment der Wahl, der Entscheidung. Nur in dieser Form, so vermuten wir, kann der soziologische Handlungsbegriff mit dem Weltbild einer modernen Physik abgestimmt werden, in der jede Situation ihre Bestimmtheit einem Beobachter verdankt. Deshalb versuchen wir im Folgenden, die Handlung als eine Beobachtung nachzuweisen, die das, was sie zu sehen bekommt, nicht auf die Handlung zurechnet, sondern auf die Situation, und in diesem Sinne sich selbst, die Handlung, negiert.

Wir werden der Paradoxie einer Handlung, die keine *action* ist und keine *action* braucht, im Folgenden im Rahmen eines Versuchs nachgehen, das Handlungsverständnis, das sich hier zeigt, als eine, wenn nicht *die* soziologische Problemstellung zu rekonstruieren. Wir folgen der Vermutung, dass alle soziologische Theorie zunächst einmal Handlungstheorie ist und dass dies nicht etwa an einer positiv greifbaren und beobachtbaren Gegenständlichkeit von Handlung liegt und erst recht nicht daran, dass die soziologische Theorie einem Handlungsverständnis verpflichtet wäre, das sie mit dem Laien teilt, etwa einem Verständnis, das auf die Person des Handelnden und dessen Intentionen sowie die Situation und ihre Restriktionen zurechenbar wäre, sondern daran, dass all dies nur unbestimmt der Fall ist. Am sozialen Handeln, so werden wir zeigen, studiert die soziologische Theorie auch dann, wenn ihr die universitäre Lehrbuchsoziologie und das Selbstverständnis der Projekte empirischer Sozialforschung darin nicht immer zu folgen vermögen, die Unmöglichkeit der intentionalen im Kontext der Unmöglichkeit einer situationalen Handlung. Eine soziologische Theorie besteht darin, an Handlungen vorbei auf das zu schauen, was sich in Handlungen zeigt, um diese auf eine Art und Weise zu determinieren, zu der weder Intentionen noch Interessen in der Lage wäre.

Deshalb interessiert sich die soziologische Theorie für Normen, Rollen, Rahmen, Netzwerke und Systeme. Robert Mitchums Maxime hilft uns dabei, von der Handlung und ihrer Verkettung mit anderen Handlungen abzusehen und stattdessen die Handlung einzubetten in die vagen, aber entscheidenden Kontexte der Beobachtung zweiter Ordnung. Eine Handlung ist dort nicht erforderlich, wo längst Relationen zwischen Beobachtern existieren, die allerdings nicht wüssten, woran sie sind, wenn sie sich nicht mit Handlungen in einem Feld engagierten, das in jedem Moment neue Unentscheidbarkeiten generiert. Wir müssen es so paradox und so umständlich formulieren.

Wenn eine „relationale Soziologie" Sinn macht (Emirbayer 1997; Fuchs 2001), dann deshalb, weil hier jede analytische Einheit als eine „Transaktion" definiert wird, die ihre Bestimmtheit nicht essenziell oder substanziell bereits mitbringt, sondern relational aus anderen, jeweils aufzurufenden, erst noch zu beobachtenden Einheiten gewinnt. Ebenso irritierend wie faszinierend ist diese paradigmatische Option für eine relationale Soziologie nicht zuletzt deswegen, weil sie den Analytiker in dieselbe Position bringt wie ihren Gegenstand, in die Position eines Beobachters, ohne doch je Gefahr zu laufen, Analytiker und Gegenstand miteinander zu verwechseln. Denn eine soziologische Beobachtung beginnt damit, diese Unterscheidung zu treffen und auch dann an ihr festzuhalten, wenn sie anschließend negiert werden muss, weil nicht von der Hand zu weisen ist, dass auch der soziologische Beobachter in den Gegenstand impliziert ist, den er glaubt, sich zurechtlegen zu können. Insofern *ist* die Soziologie selber vom Typ jener Transaktionen, die sie zugleich als ihren Gegenstand behandelt.

Wir werden die These eines notwendig paradoxalen Handlungsverständnisses, das auf Unentscheidbarkeit zielt und nur daraus einen Sinn für Entscheidungen gewinnt, im vorliegenden Zusammenhang anhand ausgewählter Beispiele der soziologischen Theorie nur skizzieren können. Unsere Fragestellung ist im Wesentlichen dadurch bestimmt, dass wir versuchen, bestimmte Motive einer Theorie sozialer Netzwerke, wie sie Harrison C. White (1992, 2008) entwickelt hat, aus der von dieser Theorie aufgenommenen, bestätigten und weiterentwickelten Problematik jedes soziologischen Handlungsbegriffs verständlich zu machen. Wir tun dies im Folgenden jedoch nicht in der Form eines Referats der Theorie sozialer Netzwerke, sondern in der Form einer Skizze, die diese Theorie in eine entsprechende Tradition der soziologischen Begriffsbildung mehr oder minder bruchlos einordnet. Unsere Idee ist, dass die auffälligen begrifflichen Komplikationen der Theorie sozialer Netzwerke und auch ihr zuweilen ausweichender, zuweilen elliptischer, zuweilen schillernder literarischer Stil einem genauen Verständnis eines paradoxalen Handlungsbegriffs im Fundament der soziologischen Problemstellung auch dann geschuldet sind, wenn diese Paradoxie hier so wenig wie in andern soziologischen Theorien explizit gemacht wird. White legt zwar eine wichtige Spur, indem er jedes *getting action* nur im Kontext eines *blocking action* kennt und nennt, aber das ergibt sich wie aus der Sache und wird nicht in einem eigens ausgearbeiteten Handlungsbegriff festgehalten.

Wir unternehmen hier den Versuch einer Explikation des paradoxalen Handlungsbegriffs der soziologischen Theorie, weil wir vermuten, dass diese Explikation im Rahmen ihrer Formulierung mithilfe des von George Spencer-Brown (1997 [1969]) entwickelten Indikationenkalküls sowohl einige Problemstellungen der soziologischen Theorie kürzer und prägnanter auf den Punkt bringen kann, als dies viele Texte der Tradition leisten, wie auch neue Forschungspfade eröffnen kann. Wir deuten dies zum Abschluss des Textes mit einer Relationierung des Netzwerk- und des Systembegriffs nur an, denken jedoch, dass sich die in der Paradoxie des Handelns brechende Krümmung des sozialen Raumes weiter erforschen lässt, indem man ebenso selbstähnlichen wie differenten Formen der Entfaltung der Paradoxie einer auf unmögliche Weise möglichen Handlung weiter nachgeht.

2. Handlung als Grundbegriff

Der Begriff der Handlung ist neben den Begriffen der Beziehung, der Norm, der Rolle und der Institution einer der Grundbegriffe der Soziologie. Er ist zugleich einer ihrer schwierigsten, wenn nicht sogar der unmögliche Begriff schlechthin. Man bekommt ihn nur zu fassen, wenn man die Komplikation, die er aufwirft, mithilfe anderer Begriffe auffängt, so mithilfe des Begriffs der Beziehung (Max Weber), des Bewusstseins (Alfred Schütz), der Reflexivität (Harold Garfinkel), des Systems (Talcott Parsons, Niklas Luhmann, James Coleman), der Rahmung (Erving Goffman) oder des Netzwerks (Harrison C. White). Interessanterweise lässt sich dies in jeder soziologischen Theorie, die diesen Namen verdient, nachweisen. Nicht eine verfügt über einen einfachen, schlichten, positiven Handlungsbegriff, sondern jede von ihnen weicht bei dem Versuch, Handlung zu definieren oder auch nur zu verstehen, in ein Netzwerk weiterer Hinsichten und Begriffe aus. Wir nehmen dies als einen Hinweis darauf, dass die Handlung, verstanden als kleinste soziale Einheit, nichts anderes ist als ein Anhaltspunkt für ein Netzwerk möglicher sozialer Anschlüsse.

Schauen wir uns einige dieser prominenten Handlungsbegriffe an. Wir wollen nachweisen, dass jede soziologische Theorie eine Netzwerktheorie *avant la lettre* ist, auch wenn der mit dem Begriff des Netzwerks bezeichnete Sachverhalt zuweilen einen anderen Namen trägt. Und wir wollen einen Versuch machen, Handlung so zu fassen, dass diese Art von Netzwerktheorie unvermeidlich wird. Denn bisher ereignet sich das Netzwerk eher unwillkürlich, gleichsam als Konsequenz eines redlichen, nicht mit falscher Einfachheit aufwartenden theoretischen Gewissens. Es fehlen der Nachweis seiner Notwendigkeit und die wechselseitige Ableitung von Handlungen aus Netzwerken und Netzwerken aus Handlungen.

Wir beginnen mit Max Weber, denn er legt mit seinem Grundbegriff des „sozialen Handelns" einen Begriffsvorschlag vor, der unsere Bemühungen überflüssig zu machen scheint, so gut beziehungsweise „klassisch" ist er bereits abgestimmt mit den empirischen und theoretischen Möglichkeiten der Soziologie. Ein einfacher Dreischritt konstituiert den Gegenstand der Soziologie. Die Soziologie handelt erstens vom „Handeln", das heißt von einem Verhalten, „wenn und insofern als der oder die Handelnden mit ihm einen subjektiven *Sinn* verbinden" (Weber 1990 [1921]: 1). Die Soziologie handelt zweitens vom „sozialen Handeln", das heißt von einem Handeln, „welches seinem von dem oder den Handelnden gemeinten Sinn nach auf das Verhalten *anderer* bezogen wird und daran in seinem Ablauf orientiert ist" (1). Halt bekommt dieses soziale Handeln drittens an einer „sozialen Beziehung", das heißt an einem „seinem Sinngehalt nach aufeinander gegenseitig *eingestellte(n)* und dadurch orientierte(n) Sichverhalten mehrerer" beziehungsweise in der durch diese Beziehung konstituierten „*Chance*, daß in einer (sinnhaft) angebbaren Art sozial gehandelt wird, einerlei zunächst: worauf diese Chance beruht" (13).

Nimmt man hinzu, dass zwischen dem zweiten und dem dritten Schritt eine für Weber vermutlich vollständige Liste solcher sinnhaft angebbaren „Bestimmungsgründe sozialen Handelns" gegeben wird, nämlich: Zweck, Wert, Affekt und Tradition (12), die es dann erlaubt, verschiedene Formen des Wirtschaftens (31 ff.) und expliziter noch verschiedene Typen von Herrschaft zu unterscheiden (122 ff.), so fällt es nicht schwer, den verbreiteten Eindruck zu teilen, dass der Gegenstand der Soziologie hier wenn nicht erschöpfend, so doch für einen ersten Zugriff hinreichend prägnant umrissen ist. Stutzig macht nur eine diesem Dreischritt hinzugesetzte Ergänzung. Nicht mit dem sozialen Handeln befasse sich die Soziologie, so Weber, sondern mit dessen Regelmäßigkeiten, mit dessen „typisch gleichartig gemeinte[m] Sinn", das heißt mit den „Typen des Ablaufs von Handeln", denn mit der „kausalen Zurechnung wichtiger, d. h. schicksalhafter, Einzelzusammenhänge" befasse nicht sie sich, sondern die Geschichte (14). Es wird zwischen den Typen unterschieden, um darauf hinzuweisen, dass jeweils dasselbe geschieht, nämlich eine Typisierung. Ohne dieses Moment der Typisierung hätte die Soziologie keinen Gegenstand, denn nicht das einzelne Handeln ist dieser Gegenstand, sondern die Angewiesenheit des einzelnen Handelns auf einen gemeinten – strenger noch, wenn das Wort nicht so hässlich wäre: meinbaren – Sinn.

Die vier verschiedenen Bestimmungsgründe sozialen Handelns bilden demnach nur insofern eine vollständige Liste, als sie einen geeigneten Ausgangspunkt für die Bildung und Unterscheidung von Typen darstellen, so etwa im Fall der Unterscheidung rationaler, traditionaler und charismatischer Herrschaft. Sie erheben nicht den Anspruch, für die sinnhafte Bestimmung sozialen Handelns und darüber hinaus subjektiv gemeinten Handelns in jedem Einzelfall maßgeblich zu sein. Im Gegenteil. Handeln und soziales Handeln kann in seinem Sinn mannigfacher Art sein, wenn und insofern es sich der angegebenen Typisierung nicht unterwirft. Es kann nicht nur von einem Idealtypus abweichen und insofern für Weber innerhalb des Zugriffsbereichs soziologischen Verstehens bleiben. Es kann auch schlicht und ergreifend auf keinerlei Typ bezogen sein, sondern sich seinen Sinn wie immer idiosynkratisch und poetisch selber machen. Diese Möglichkeiten sind im Begriff des sozialen Handelns, den Max Weber entwirft, ausdrücklich mitzudenken, auch wenn Weber sich im Sinne seiner Erklärungsziele dann auf diejenigen Handlungen konzentriert, an denen die Typisierung ablesbar ist. Es kann nur erklärt werden, was typisiert ist. Aber der Begriff des Typs stellt in Rechnung, dass das Typisierte nicht in jeder Hinsicht typisierbar ist. Der Gegenstand fällt niemals ganz unter seinen Begriff. Methodologisch hält Weber hier fest, was Georg Simmel auch sachlich, nicht am Begriff, sondern am Gegenstand selber festhält, indem er darauf hinweist, dass das einzelne Individuum (inklusive seines Handelns, dürfen wir hinzusetzen) „in der Art seines Vergesellschaftet-Seins […] bestimmt oder mitbestimmt [ist] durch die Art seines Nicht-Vergesellschaftet-Seins“ (Simmel 1992 [1908]: 51). Wer auf dieses „Nicht“ in die mit ihm gesetzte Grenze nicht zu achten versteht, verschenkt die Pointe der soziologischen Analyse.

Weber formuliert das Nicht nicht so explizit. Für ihn ist es im Stichwort des „Sozialen“ enthalten und wohl auch gut versteckt: versteckt insofern, als man sich systematisch nie ganz sicher sein kann, wer denn nun die Arbeit der Typisierung unternimmt, der Soziologe oder sein Gegenstand. Tatsächlich negieren beide. Beide konstituieren das, was sie leisten, indem sie Grenzen ziehen und ausgrenzen, was aus dem umrissenen Gegenstand oder seinem Begriff herausfällt. Anders geht es nicht. Aber das darf nicht heißen, dass die Negation anschließend vergessen werden kann. Man darf nicht so tun, als könne man sich auf ein fröhliches „Als ob“ der Deckung zwischen Begriff und Gegenstand einlassen, das einmal schaut, wie weit man damit kommt. Denn mit dieser Deckung, mit dieser Gleichsetzung wird das produktive Moment der ihrerseits als Handlung zu verstehenden Beobachtung hier wie dort, im Gegenstand wie in seinem Begriff, verschenkt. Das gilt auch dann, wenn ein Zirkel konstruiert wird, der den gemeinten Sinn als Ursache des Handelns rekonstruiert und somit *post hoc* ein *ex ante* postuliert. Denn auch in diesem Zirkel steckt die Produktivität und mit dieser Produktivität die Kontingenz einer Beobachtung, die im Gegenstand und im Begriff einen Zusammenhang generiert, der jeweils nicht nur konstatiert, sondern eben auch performiert wird.

Mit Webers Begriff des sozialen Handelns rücken somit nicht das Handeln, sondern der Typ des gemeinten Sinns beziehungsweise die Typisierung des meinbaren Sinns des Handelns in das Zentrum der soziologischen Grundbegrifflichkeit. Und man bekommt es nicht etwa mit einem positivistischen, seinen Gegenstand fassenden, sondern mit einem problematischen, das heißt Probleme des Verstehens und der Beschreibung aufwerfenden Grundbegriff zu tun. Denn was ein Handelnder meint oder was andere meinen, wenn sie ein Handeln beobachten, ließe sich zur Not mithilfe von mehr oder minder elaborierten Interviews ja abfragen. Doch woher soll man wissen, woher die Typen kommen, die dem gemeinten Sinn seine Qualität und sein Profil geben? Man wird nicht annehmen können, dass die Akteure auch hierüber Bescheid wissen.

Diese Wende vom Unproblematischen ins Problematische war Max Weber sicher nicht unlieb. Am Beispiel der Nationalökonomie hatte er studieren können, wie es einer Wissenschaft ergeht, die ihren Gegenstand als Wert an sich setzt, nicht problematisieren kann und sich so zwar für Zwecke eine Kunstlehre und für technologische (inklusive: ideologische; Weber formulierte: „glaubensfrohe“) Zwecke eignet, aber zum einen ihrer Kritik (durch Marx) hilflos gegenübersteht und zum anderen das Verhältnis von Begriff und Gegenstand nicht wirklich, das heißt nicht wissenschaftlich bestimmen kann (Weber 1988 [1904]: 185 ff.).

Sichtbar wird der Problembegriff, der die Soziologie konstituiert, an einer leicht zu überlesenden Stelle gleich in der ersten Definition des Handelns, in der nicht nur auf den „Sinn“ des Handelns verwiesen wird, so als sei dieser der Gegenstand, mit dem sich der Soziologe dann befassen kann, sondern überdies darauf, dass es um ein Verhalten geht, mit dem der oder die Handelnden einen subjektiven Sinn „verbinden“ (Weber 1990 [1921]: 1). Wie aber macht man das? Wie verbindet man mit einem Handeln einen Sinn? Und woher kommt dieser Sinn, der mit einem Handeln verbunden wird?

Mit der Frage danach, wie die Handelnden dies tun und worauf sie zurückgreifen, wenn sie mit ihrem Verhalten nicht nur einen Sinn verbinden – das wäre die Problemstellung der Psychologie (die sich allerdings auf die Individualität des Handelnden auch nicht einlässt, sondern ihrerseits mit Typisierungen arbeitet) –, sondern einen typischen Sinn verbinden, hebt die soziologische Handlungstheorie an. An dieser Frage ist nichts auf eine irgendwie selbstverständliche Art zu beantworten. Im Doppelhorizont einerseits dessen, was in einem Menschen (denn Weber, das ist immerhin eine Einschränkung, geht es nur um menschliches Verhalten) vorgehen mag, der mit seinem Verhalten einen Sinn verbindet, und andererseits der historischen und empirischen Faktizität von Typen, die ihm dabei zu Hilfe kommen, öffnet sich ein vielfältig und unterschiedlich bestimmbarer Abgrund an Möglichkeiten des Verstehens, Beschreibens und Erklärens. In diesem Abgrund bewegt sich die Soziologie seither. Ihr Gegenstand, das soziale Handeln, wirft ein Problem auf, das Problem des Meinens eines Sinns, dessen Lösung dem Handelnden selber aufgebürdet wird, obwohl man beobachtet, dass dieser Lösung etwas zu Hilfe kommen muss. Die Soziologie beobachtet Typen sinnhaften Handelns, die vom Handelnden aufgerufen und in Anspruch genommen, auch verschoben und unterlaufen werden, ohne dass man wüsste, woher diese Typen kommen.

Diese Typen sind auch für Emile Durkheim jene Fakten des Sozialen, die „außerhalb des Individuums (stehen)“ und „mit einer gebieterischen Kraft ausgestattet [sind], kraft deren sie sich jedem aufdrängen, er mag wollen oder nicht“ (Durkheim 1976 [1895]: 106). Durkheim legt Wert auf die Feststellung, dass man mit der Frage nach Typen die „physiologische Ordnung“ (113) des Handelns nicht verlässt. Zwar gäbe es für sie im Bereich des Biologischen kein Beispiel (man sprach damals zwar von „Vererbung“, aber noch nicht von „Genen“), doch sei dies kein Grund, ihnen ihre Realität abzusprechen. Typen entstehen durch Wiederholung. Die Wiederholung verleiht ihnen Konsistenz. Diese Konsistenz beschleunigt sie. Und diese Beschleunigung isoliert sie gegenüber den einzelnen Ereignissen, in denen sie sich gleichwohl realisieren (109).

Soziologische Theorie besteht seither darin, festzuhalten, dass mit den Typen sinnhaften Handelns nicht etwa ein Gegenstand gefunden ist, den man nun nach allen Regeln der Kunst bestimmen, unterscheiden, kategorisieren und katalogisieren kann, sondern die Lösung eines Problems gefunden worden ist, dessen beide Seiten man nicht wirklich versteht. Weder versteht man, wie Handelnde mit ihrem Handeln einen Sinn verbinden, noch versteht man, wie Typen in robuster Unterschiedlichkeit zur Lösung dieses Problems zur Verfügung stehen. Aber man versteht, dass sinnhaftes Handeln nur so möglich ist, nur als Rückgriff auf durch Wiederholung beschleunigte Typen, die es dem Handelnden erlauben, sich und anderen die Frage zu beantworten, welchen Sinn er mit dem Handeln verbindet.

Dieses Verstehen einer Faktizität (des „Rückgriffs" auf Typen) bei gleichzeitigem Nichtverstehen der Operativität (der „Verbindung" eines Sinns mit einem Handeln) einer Problemlösung erfüllt alle Bedingungen eines performativen Aktes. Es geht nicht darum, die Existenz und Identität eines Gegenstands festzustellen, sondern es geht darum, seinerseits etwas zu wiederholen, was man verstanden zu haben glaubt, und durch die Wiederholung eine Konsistenz annehmen zu lassen, die man „beschleunigen" kann, um sie gegenüber allen Ereignissen zu isolieren, deren Spiel auf etwas anderes hinweisen könnte, womit man jedoch nicht umgehen könnte. Das Verstehen der Soziologie ist kein passives, sondern ein aktives Verstehen. Es typisiert ein Verstehen, das Typen identifiziert, um verstehen zu können.

Die soziologische Theorie zeigt sich von diesem Vorgehen fasziniert: Man löst ein Problem, indem man empirisch nachweist, *dass* es laufend gelöst wird, lässt aber offen, *wie* es gelöst wird, weil man zu der Art und Weise, wie ein Handelnder mit seinem Handeln einen Sinn verbindet, und wie es kommt, dass die Typen so verlässlich zur Verfügung stehen, nur Vermutungen anstellen kann, die man ihrerseits empirisch nicht belegen kann. „Soziologische Theorie" heißt seither, die Erinnerung daran wachzuhalten, dass die „verstehende Soziologie" (Max Weber) ein Problem und seine Lösung versteht, obwohl ihr die Verbindung zwischen dem Problem und seiner Lösung rätselhaft bleibt.

Niemand hat diesen Punkt deutlicher formuliert und zugleich klarer verkannt als Alfred Schütz. In seiner kritischen Auseinandersetzung mit Max Weber unterstreicht er dessen Leistung, das Problem des subjektiven Sinns überhaupt gestellt zu haben, fordert jedoch zugleich, dieser Spur nun auch zu folgen und die aufgedeckte Problematik „bis zu den fundamentalen Tatsachen des Bewusstseinslebens zurückzuverfolgen" (Schütz 1974 [1932]: 9). Gerade weil das Material der Sozialwissenschaften in den Idealtypen gemeinten Sinns bestehe, müsse man herausfinden, wie ein Sinn gemeint werden könne, der, was Weber sträflich vernachlässigt habe, in mindestens zwei Fassungen vorliege, nämlich in der Fassung des Fremdverstehens und in der Fassung des Selbstverstehens (15 f.). Denn nichts sei „eindeutig", sondern alles sei „vielverzweigt" (15) an einem Sinn, den nicht nur der Handelnde anders meint als ein Beobachter, sondern der überdies von beiden je unterschiedlich in Anspruch genommen werde, um die eigentliche Aufgabe zu lösen, nämlich die Konstitution einer als solcher verstehbaren, thematisch werdenden Handlung im Strom des unthematisch bleibenden Handelns (48 ff.).

Schütz kritisiert die von Weber angenommene intersubjektive Konformität des Sinnverstehens und schlägt eine Analyse der Konstitution von Sinn durch das (immer nur jeweilige) Bewusstsein vor, weil er darauf vertraut, dass mit Henri Bergsons Begriff der Dauer und Edmund Husserls transzendentaler Phänomenologie die dafür erforderlichen analytischen Mittel gegeben seien (Schütz 1974 [1932]: 20 f., 47 f. u. ö.). Anstatt die Unlösbarkeit des soziologischen Problems als die eigentlich fruchtbare Problemstellung zu erkennen, fordert er die Lösung des Problems mit unsoziologischen Mitteln. Möglicherweise faszinierte ihn die Unlösbarkeit des philosophischen Problems des Verstehens, aber in dieser Fassung ist soziologisches Arbeiten nicht möglich. Soziologisches Arbeiten ist nur möglich, wenn man die Unlösbarkeit des selbst gestellten Problems auf dem Terrain der eigenen Disziplin aufsucht, eingesteht und in der Beschreibung und Erklärung sozialer Phänomene fruchtbar werden lässt.

Auch Talcott Parsons weicht dem von Weber gestellten Problem zunächst aus, gibt ihm dann jedoch eine kanonische Formulierung. Er weicht ihm aus, indem er sich mit Alexander von Schelting gebührlich darüber wundert, wie Weber von einem Verstehen reden kann, wenn sich dieses nur auf die Typen sinnhaften Handelns beziehen kann, während das motivierende Meinen dieses Sinns durch den Handelnden selber dem Blick des Beobachters nicht zugänglich ist. Und er beruhigt sich mit Webers Aussage, dass das Verbinden der Handlung mit einem Sinn spätestens an seinen Wirkungen, das heißt rückblickend als Ursache dieser Handlung erkannt und verstanden werden kann (Parsons 1968 [1937]: 635 f. und 641 f.). Offenbar sieht Parsons in der Kausalität des sozialen Handelns, das heißt in einem Verständnis des Handelns, das aus Mitteln und Zwecken Ursachen und Wirkungen ableitet (dabei kann das Mittel den Zweck, aber auch umgekehrt der Zweck die Mittel „bewirken"), die theoretisch identifizierte und empirisch nachweisbare „Struktur" eines Handelns, das im Übrigen mit allen Mitteln der klassischen europäischen Soziologie mit den einschlägigen sozialen Phänomenen kurzgeschlossen wird.

Zugleich gibt Parsons der Problemstellung einer soziologischen Handlungstheorie ihre kanonische Formulierung, indem er die gerade gefundene Kausalität mit einer Voluntaristik der Zwecke und der Mittel gleichsetzt, die nichts mehr mit einer positivistischen Ursachenforschung zu tun hat, sondern die Kausalität als Medium einer Selbsttypisierung des sozialen Handelns begreift, die in jedem ihrer Vollzüge sowohl theoretisch als auch empirisch problematisch und verständlich zugleich ist. Deshalb wählt Parsons Webers Satz aus dessen *Wissenschaftslehre* „Jede denkende Besinnung auf die letzten Elemente sinnvollen menschlichen Handelns ist zunächst gebunden an die Kategorien ‚Zweck' und ‚Mittel'" als Motto seiner *Structure of Social Action* und nicht etwa einen Satz, der auf Ursache und Wirkung in einem positivistischen Sinne abstellt. Zwecke und Mittel sind niemals beliebige, aber immer bewegliche Kategorien der Orientierung und Selektion eines sozialen Handelns, das in seinem Zugriff auf Zwecke und Mittel immer umstritten und immer normierbar zugleich bleibt.

In ihrer voluntaristischen Handlungstheorie sieht Parsons die Leistung der klassischen Soziologie, und dies zunächst deshalb, weil sich die Soziologie dank dieser Theorie von utilitaristischen Tauschmodellen und linear-evolutionären Fortschrittsmodellen, das heißt von problemlos „glaubensfrohen" (Weber) Wertsetzungen verabschieden kann (Parsons 1968 [1937]: 3 ff.). Spencer sei tot, schreibt Parsons und stellt sich damit in die Reihe jener für die Soziologie seltsam typischen Polemiker, die eine Theorie für überholt erklären müssen, um eine andere an ihre Stelle treten zu lassen. Unser hier vorgelegter Versuch, in der Unlösbarkeit des soziologisch gestellten Problems (andernfalls wäre es kein Problem) die Leistung der Soziologie zu sehen, ist nicht zuletzt auch ein Versuch, aus dieser Reihe auszusteigen und stattdessen Konsequenz und Irrtum im Umgang mit dem Problem zu beschreiben. Ähnlich wie für die gegenwärtige Soziologie Parsons wiederzuentdecken ist (immerhin zählt er neben Malinowski und Mead zu den ersten Kognitionswissenschaftlern der Soziologie), so wäre auch Spencer wiederzuentdecken (der neben Tarde zu den ersten Differenztheoretikern der Soziologie zählt).

Aber nicht auf diese Polemik und ihre polemische Zurückweisung kommt es uns hier an, sondern auf Parsons' kanonische Formulierung der soziologischen Problemstellung. Sie findet sich in jenem „conceptual scheme", das er aus der voluntaristischen Handlungstheorie der europäischen Klassiker herauspräpariert und das auf ein Konzept der Handlung (*action*) als *unit act* der soziologischen Analyse hinausläuft, in dem das Rätsel der Typisierung von Handlung zum einen ebenso präzise festgehalten ist wie bei Weber und Durkheim (und bei Simmel: siehe dessen Verständnis von „Form und Inhalt der Gesellschaft", Simmel 1992 [1908]: 17), es zum anderen jedoch dank des Verständnisses des *unit act* als *frame of reference* wesentlich reichhaltiger entfaltet werden kann als je zuvor. Die Details sind bekannt: Die Handlung, *action*, wird als *unit act* verstanden, der aus vier Elementen besteht, (1) einem Handelnden, (2) einem Zweck der Handlung, an der diese orientiert ist, (3) einer Situation, deren aktuelle Beschaffenheit von jener Beschaffenheit abweicht, die in dem vom Handelnden gesetzten Zweck vorgestellt ist, und (4) einer Relationierung zwischen diesen Elementen, die immer dann, wenn Mittel und Zwecke der Handlung Alternativen aufweisen, normativer Art ist (Parsons 1968 [1937]: 44 f.). (Interessanterweise, das sei hier nur in Klammern gesagt, lässt Karl-Dieter Opp in seiner auf Parsons zurückgreifenden Systemtheorie des Handelns dieses dritte Element des *unit act* aus – und kann so zu einem schlicht positivistischen Handlungsbegriff kommen, der sich damit begnügt, Wünsche, Mittel und Ziele zu unterscheiden, die von Menschen gehegt, in Situationen vorgefunden und in Situationen verfolgt werden [Opp 1970: 20 f. und 24 f.].)

Das Konzept einer Basiseinheit des Sozialen wäre trivial, wenn die Normen, die in der jeweiligen Situation zur Entscheidung einer Alternative abrufbar sind, irgendwie extern gegeben wären. Es ist in dem Moment nicht mehr trivial, in dem Parsons darauf hinweist, dass es irgendeine und nicht etwa eine bestimmte normative Orientierung geben muss. Denn dann kann die Soziologie sich damit beschäftigen, die verschiedenen „modes of normative orientation" (Opp 1970: 45) zu identifizieren und zu beschreiben, ohne damit bereits das Problem der Selektion und Orientierung von Handlung für gelöst zu halten. Denn die Verbindung eines Sinns mit einem sozialen Handeln kann und muss nach wie vor in der Situation selber geschehen und kann vom Soziologen nicht vorweggenommen, sondern allenfalls anschließend „verstanden" werden.

In Parsons' weiterer Arbeit an der Handlungstheorie wird deshalb zum einen das Handeln immer deutlicher selber zum Motiv der Handlung (Parsons 1951: 6), das heißt, es stellt das Problem, das es löst, selber (und umgekehrt). Zum anderen wird es immer attraktiver, die Muster der normativen Handlungsorientierung in den berühmten *pattern variables* als Dilemmata zu formulieren, die jedes Handeln begleiten und von jedem Handeln so oder so, aber immer situationsabhängig, entschieden werden müssen (Parsons/Shils 1951: 76 ff.). Damit wird die von Weber in ihrer Herkunft noch offengehaltene Typisierung in den Gegenstand als dessen eigene Leistung nicht nur dezidiert hineingetragen, sondern dort auch verankert, indem die *pattern variables* anders als die Typen sowohl das Problem des Handelns als auch dessen Lösung formulieren.

Handeln, das ist die Pointe der Parsons'schen Theorie, ist nicht als einfaches Handeln, sondern immer nur als Orientierung innerhalb eines Komplexes von Aspekten dieser Orientierung möglich, der als AGIL-Schema ausformuliert wird (etwa Parsons 1977 [1970]). Die maximale Forderung an die Möglichkeit des Handelns lautet aus der Sicht der soziologischen Problemstellung schließlich: „the interaction process can not be stabilized unless on both the attitudinal and the object sides of the organization of action, there is a building up by the participants of *complexes* of attitudes, symbolic acts, and objects with symbolic reference to each other, by virtue of which elementary objects of cathexis, secondary objects of interest and motivational interest-components themselves come to be organized in systems. It is the *patterning* of these symbolic references which constitutes the ‚structure' of a system of action in the strictest sense" (Parsons/Bales 1953: 81).

Selbstverständlich, so fügen Parsons und Bales hinzu, gilt das auch für den soziologischen Beobachter. Auch er kann nur beobachten, wenn er seine Rolle des Beobachtens in das analysierte System als eine Form des Handelns mit einschließt (96). Im vierdimensionalen euklidischen Handlungsraum, den Parsons und Bales postulieren (85 ff.), bildet er, solange er beobachtet, den Nullpunkt, so wie offenbar auch jeder Handelnde, um sich orientieren und seine Entscheidungen treffen zu können, in einem *action system*, das man dennoch nicht das seine nennen kann, einen Nullpunkt bildet.

Das aber bedeutet, dass wir es mit einer Handlungstheorie zu tun haben, in der es nicht nur immer schon heißt, „action is system" (Luhmann 2002: 22), sondern in der man sich dieses System nur als Unwahrscheinlichkeitsbedingung, wenn nicht als Unmöglichkeitsbedingung, dieses Handelns vorstellen kann. Alles spielt sich so ab, als käme es der Soziologie darauf an, sich davon vom Raffinement einer Handlung zu überzeugen, die auf eine Situation Bezug nimmt, die auch der Handelnde nur unvollkommen überschaut, wenn überhaupt. An der Handlung wird in erster Linie nicht der Handelnde, sondern die Orientierung in einer Situation deutlich. Aus dieser Orientierung werden die Kompetenzen gewonnen, die es einem Handelnden ermöglichen, eine Entscheidung zu treffen oder aufzuschieben. Diese Kompetenzen sind die der Situation, nicht die des Handelnden, beziehungsweise dessen Kompetenzen nur deshalb, weil er die Situation teilt („teilt", das heißt durch sein Handeln unterscheidet in das, was er versteht und meint, und das, was er nicht versteht und nicht meint). Hier gilt nicht nur, dass die Handlung ihr eigenes Motiv sein muss, sondern auch, dass die Entscheidung ihre eigene Kompetenz mobilisieren muss. Deshalb ist der Akteur nur ein Element unter den vier Elementen der Handlungssituation. Handlung ist bereits hier: Handlung im Netzwerk der Bestimmung dieser Elemente.

Parsons hat den bis dato am weitesten gespannten Versuch vorgelegt, mithilfe des „action frame of reference“ (Parsons 1951) die oben genannte Krümmung des sozialen Raumes auszumessen, in dem Handlung auf unmögliche Weise möglich ist. Nicht nur befindet sich bei ihm die Handlung im Nullpunkt des aus kulturellem System, sozialem System, Persönlichkeit und Verhalten bestehenden vierdimensionalen Raumes des „action system“, sondern er platziert den menschlichen Beobachter (wenn man Parsons/Bales 1953 zu Parsons 1978 verlängert) im Nullpunkt einer aus telischem System, Handlungssystem, physiko-chemikalischem und menschlichem Organismus bestehenden *human condition*, die mit dem Kosmos aller Voraussetzungen menschlicher Möglichkeiten zusammenfällt. Nimmt man hinzu, dass jeder dieser vierdimensionalen Räume in allen seinen vier Dimensionen wiederum vierdimensional bestimmt werden kann, hat man es mit einer selbstähnlichen Ordnungsfigur zu tun, die im Koordinatenkreuz von Zielerreichung und Ausdifferenzierung (Parsons 1970) beziehungsweise, wie Luhmann (1980) später zu übersetzen vorschlägt, von *indication* und *distinction* vielfach in sich selber abgebildet werden kann und so die Referenzen abbildet, mit denen es jede Handlung zu tun hat.

Man kann den Akzent einer soziologischen Problemstellung, die am Problem mehr interessiert ist als an seiner Lösung, bei verschiedenen Theoretikern immer wieder antreffen. Harold Garfinkel spricht explizit davon, dass die soziologische Theorie zwar Mühe hat, dies einzusehen, aber doch immer wieder von dieser Einsicht ausgehen muss, „that practical actions are problematic in ways not so far seen“ (Garfinkel 1967: 31). Garfinkel wirbt dafür, nicht nur nach den *accounts* zu fragen, mit deren Hilfe sich Handelnde in Situationen zurechtfinden und rechtfertigen, sondern überdies im Blick zu behalten, dass diese *accounts* immer unvollständig sind („loose“) und mit dieser Unvollständigkeit rechnen (2). Das soziale Handeln lässt sich von dieser Unvollständigkeit nicht daran hindern, dennoch zustande zu kommen. Es zieht sich selbst als zusätzliche Ressource seiner Determination hinzu und kompensiert so nicht nur die scheinbare Ungenauigkeit des indexikalischen Redens und Meinens, sondern es profitiert sogar von ihr. Das ist der Grund dafür, dass Garfinkel fordern kann, nicht von der Objektivität des Handelns, sondern von dessen Reflexivität auszugehen (7).

Diese Reflexivität ist nicht etwa eine zusätzliche performative Leistung, die das, was ohnehin geschieht, dabei begleitet, *dass* es geschieht, und daraufhin beobachtet, *wie* es geschieht, sondern sie ist Teil der Motivation, dass überhaupt etwas geschieht. Deshalb kommt es darauf an, zu hören und zu verstehen, *wie* eine Person *spricht*, mit welchen Gesten, in welchen Metaphern, mit welchem Ernst und mit welcher Stimme, und damit sowohl die Vielfalt einer Situation als auch ihr Raffinement der Orientierung in dieser Vielfalt nicht nur zum Ausdruck bringt, sondern allererst hervorbringt (28 ff.).

Die soziologische Theorie formuliert ihren Gegenstand, das soziale Handeln, nur, um ihn sich sogleich wieder entgleiten zu lassen und statt seiner den Raum zu beobachten, in dem dieses Handeln auf unmögliche Weise möglich ist. So auch Erving Goffman. Kaum ist es ihm gelungen, die „keyings“ und „fabrications“ zu beobachten, mit deren Hilfe Akteure ihre Situationen strukturieren (Goffman 1974: 83 ff. und 156 ff.), so wendet er sich dem Akteur zu, der über diese *keyings* und *fabrications* in unterschiedlicher Tiefe (das heißt Fähigkeit zur Rekontextuierung) verfügt (182 ff.) und sein endloses Spiel damit treibt, mal die natürliche, das heißt unbeeinflussbare Ordnung und Unordnung und mal die soziale, das heißt gestaltbare Ordnung und Unordnung der Situation so zu betonen (22 ff.), als käme es ihm darauf an, immer nur so viel Eindeutigkeit herzustellen, wie auch wieder in Vieldeutigkeit zurückübersetzt werden kann.

Sogar die Rational-Choice-Theorie agiert so, sobald sie von einem Soziologen formuliert wird. Natürlich interessiert sich die Soziologie, sagt James Coleman, für Typen zweckorientierten Handelns, aber dies doch nur, um parallel dazu jene Systeme zu beobachten, die unbeabsichtigt zustande kommen und die Akteure mit Situationen (inklusive anderer Akteure in diesen Situationen) konfrontieren, die sie nur unvollständig kontrollieren können (Coleman 1990: 28 ff.). Wenn man dann auch noch liest, dass die Soziologie nicht das Verhalten der Akteure, sondern das Verhalten der sozialen Systeme erklären soll (3), dann weiß man, dass man es mit einer Variante der soziologischen Problemstellung zu tun hat, die wieder darauf Wert legt, das Unmögliche zu fordern. Denn zwischen dem zweckvollen Handeln, das der Soziologe versteht, weil er auch (nur) ein Mensch ist (16), und dem System, dessen Verhalten er erklären will, liegt das Problem einer „micro-macro-transition“ (6), für das es grundsätzlich und unvermeidbar nicht eine, sondern viele Lösungen gibt.

Die Handlungstheorie von Niklas Luhmann begreift jede Handlung als das Produkt einer kommunikativen Zurechnung, die grundsätzlich die Wahl hat, ob sie auf Handeln oder auf Erleben zurechnet (Luhmann 1984: 191 ff.). Diese Wahl ist nie bereits entschieden, sondern immer erst noch zu entscheiden. Ein Handeln kann als Erleben, ein Erleben als ein Handeln ausgelegt werden, weil es beides unabhängig von seiner alternativen Fassung im Feld des Sozialen nicht gibt. In dem Moment, in dem der Handelnde sich kommunikativ zu Gesicht bekommt, indem auf ihn und sein Handeln zugerechnet wird, wird notwendig und unvermeidbar (sonst wäre die Wahl nicht möglich) die Frage gleich mitkommuniziert, ob das Handeln, das man gerade beobachtet, nicht doch eher das Ergebnis eines Erlebens ist. Dem Handelnden werden Motiv, Intention und Absicht immer nur um den Preis unterstellt, ihm all dies auch wieder aberkennen zu können und sein Tun und Lassen stattdessen auf die Situation zuzurechnen, die ihn handeln lässt, wie er handelt, weil er erlebt, was er erlebt. Und umgekehrt. Jedes Erleben, auf das der Handelnde sich berufen mag, um zu begründen, was er tut oder lässt, kann ihm jederzeit als ein Erleben ausgelegt werden, für das er mit seinem Handeln selber verantwortlich ist, indem er sieht, was er sehen will, und provoziert, was er braucht.

Auch in der soziologischen Theorie Luhmanns ist Handeln theoretisch und empirisch nur möglich, weil es zugleich unmöglich ist. Es ist unmöglich, weil kein Handeln über die Zurechnungskompetenz verfügt, die es braucht, um die Kommunikation dazu zu bringen, genau diesen und nicht einen um Nuancen verschiedenen gemeinten Sinn zu unterstellen, so dass noch die stärkste Intention abwarten muss, wie sie von Beobachtern aufgegriffen, in Worte gefasst und weiterverarbeitet wird. Und es ist immer schon möglich, weil nichts einfacher ist, als gerade dort ein Handeln zuzurechnen, wo nichts getan, sondern nur abgewartet wird. Luhmann zögert nicht, in dieser unmöglich möglichen Handlung auch gleich die unlösbare Problemstellung der Soziologie zu verankern, indem er diese Zurechnungsadresse der Handlung, so konstruiert sie ist, doch als den Ansatzpunkt fasst, auf dessen empirische Beobachtung auch der Soziologe angewiesen ist, wenn er beobachten will, worum es ihm eigentlich geht und gehen muss, nämlich die Kommunikation, die die Zurechnung vornimmt. Diese Kommunikation jedoch, so sagt Luhmann (1984: 226), kann nur erschlossen, nicht direkt beobachtet werden. Damit ist der Soziologe in derselben Situation wie der Handelnde. Er kann nur mit seinen Konstruktionen (Zurechnungen, *accounts*) arbeiten, muss sich laufend fragen, was er über die Gesellschaft lernt, in der er arbeitet, wenn er zur Kenntnis nimmt, welche Art von Zurechnungen ihm sein Handeln adressierbar macht, und muss die unentscheidbare Frage immer wieder neu entscheiden, ob er erlebt und handelt oder nicht vielmehr erlebt und behandelt wird.

Auch für Luhmann liegt die Pointe dieser Art Zuspitzung der soziologischen Fragestellung nicht etwa darin, die Soziologie auf Grund laufen zu lassen, sondern darin, sie flott zu machen für die Beobachtung (Erschließung) jenes vielfach gekrümmten sozialen Raums, der von Kommunikation und Handlung aufgespannt wird. „Vielfach gekrümmt" soll heißen, dass der soziale Raum als eine Mannigfaltigkeit, eine Verwicklung, ein Knoten bestimmt ist, in dem Unbestimmtheiten eine konstitutive Rolle spielen, die nur innerhalb des Raums, wie auch immer dieser Raum sich, seine Grenze und sein Außen zu diesem Zweck absucht, bestimmt werden können. Das reicht von der Unterscheidung der Formen der Zurechnung auf Anwesende, Mitglieder und Abwesende in den sozialen Systemen der Interaktion, Organisation und Gesellschaft über die Differenzialdiagnostik der Unterscheidung der Arten der Zurechnung von Handeln und Erleben auf die kommunikativen Adressen Ego und Alter Ego in den symbolisch generalisierten Medien der Kommunikation bis zur für Kommunikation schlechthin konstituierenden Frage, welche Art von Wissen jeweils kommunikativ fabriziert werden muss, um welche Art von Nichtwissen kompensieren zu können (Luhmann 1997: 36 ff., 813 ff., 826 ff., 316 ff.). Gerade weil Luhmann das Credo von Garfinkel jederzeit teilen würde, dass für die Soziologie nicht, wie für Kant, das „moralische Gewissen in uns", sondern „the moral order ‚without'" als das „technical mystery" schlechthin gilt (Garfinkel 1967: 35), kommt es darauf an, sich soziologisch jederzeit so bewegen zu können, dass man neben den reichhaltigen empirischen Beschreibungen, die man anfertigt, auch den eigenen Anteil an diesen Beschreibungen als zusätzliche Indikation dessen, was Sache ist, jederzeit vor Augen sehen hat. Die Unmöglichkeit der Möglichkeit ist deshalb nichts anderes als der pragmatische Index der Selbstvergewisserung dieser eigenen Konstruktionen.

Bei Harrison C. White schließlich wird der Grundgedanke einer Theorie der Handlung, die als Soziologie des Netzwerks angelegt ist, explizit. Davon legt sogar der Wechsel des Untertitels zwischen der ersten und der zweiten Auflage seines Manifests „Identity and Control" Zeugnis ab (White 1992, 2008). Ist 1992 noch von einer „Structural Theory of Action“ die Rede, so geht es 2008 mit der Fragestellung „How Social Formations Emerge“ um das, was man zu sehen bekommt, wenn man als Soziologe Handlung beobachtet. Das Handlungsverständnis von White ist strikt transaktional, um noch einmal Emirbayer (1997) zu zitieren, indem selbst der notorische Akteur mit seinen Intentionen und Motiven allenfalls als Index für die Formationen, in denen er sich bewegt, eine Rolle spielt, aber eben eine Rolle spielt, die ihn nicht überflüssig macht. Bereits das Vorwort der zweiten Auflage bringt dies mit der Programmatik auf den Punkt: „We work outwards from situations rather than“ – was allerdings theoretisch auf dasselbe hinausliefe (White 2008: 346) – „impose boundaries“ (White 2008: xviii). Wenn es etwas gebe, was Soziologen interessieren müsse, so sei dies, ähnlich wie bei Goffman (1974: 182), der „depth aspect“ des Kontexts (White 2008: xix), das heißt die Frage, wie weit der Blick des Akteurs und der Blick des Beobachters auf den Akteur jeweils reichen, um der Bestimmungsgründe des eigenen Handelns und der eigenen Variationsmöglichkeiten dieser Bestimmungsgründe ansichtig und in gewisser Weise habhaft zu werden. „Disallow the bracketing, the setting aside, of context“, liest man daher fettgedruckt in Kapitel 1 des Buches (White 2008: 12).

Als Parameter der Beschreibung jener Situationen, in denen soziales Handeln stattfindet, kommen nur solche in Frage, die die Krümmung des Raumes erfassen können: *involution*, *differentiation* und *dependency*, je nachdem, mit welcher der drei von White unterschiedenen Disziplinen der Reproduktion von Handeln man es zu tun hat, mit *interface*, *council* oder *arena* (White 2008: 355). Denn im Fokus der soziologischen Theorie Whites liegen Netzwerke, von denen man zum einen nie weiß, ob die *ties*, aus denen sie bestehen, von einer anderen Qualität sind als die *stories*, die man sich über sie erzählt (White 2008: 20 ff.), und die zum anderen grundsätzlich und immer für beides in Anspruch genommen werden, für *blocking action* und für *getting action* (White 2008: 220 ff. und 279 ff.). Man bekommt das eine nur um den Preis des anderen. Handeln ist nur dort möglich, wo es auch unmöglich ist beziehungsweise gemacht werden kann. Schlimmer noch, Handeln kann überhaupt nur dort gewonnen werden, wo es sich gegen seine eigene Verhinderung profilieren kann. Handeln ist grundsätzlich und immer Desinhibition, würde Luhmann sagen (etwa Luhmann 1990: 81), die Aufhebung einer Beschränkung. Denn in dieser Form kann die Beschränkung doppelt konditioniert werden, einmal unter dem Gesichtspunkt ihrer Beschränkung und ein zweites Mal unter dem Gesichtspunkt der Aufhebung der Beschränkung. Erst diese doppelte Negation und die von ihr freigesetzte Arbeit an ihr liefern hinreichend viele Anhaltspunkte für die Vernetzung, die Einbettung des Handelns in die möglichen Kontexte seiner Situation.

Jedes Handeln ist daher in dem Moment, in dem es sich mit einem Sinn verbindet, also vom Verhalten zum Handeln wird, bereits ein Kalkül verschiedener Ungewissheiten (White 1992: 17-19; 2008: 279 ff.): Es kann ausweichen und ihm kann ausgewichen werden (*social ambage*); es kann anders verstehen oder anders verstanden werden (*cultural ambiguity*) und, so ergänzt White (2008: 296) gegenüber White (1992), es ist mit einer grundsätzlichen *contingency* konfrontiert, die hier zwar genannt, aber nicht erläutert wird und vermutlich so etwas wie eine Reflexionsformel auf die verschiedenen Varianten sowohl des Ausweichens als auch des Verstehens bezeichnet. Das Kalkül ist unverzichtbar, denn soziales Handeln hat es, folgt man Whites „four general claims" (2008: 296 ff.), immer mit den möglichen Unmöglichkeiten erstens der Überschreitung von Grenzen und Vermengung von Kontexten, zweitens der Veränderung von Mustern, Rollen und Positionen, drittens der Produktion von Ungleichheit und viertens der Aufgaben von *blocking action* und *getting action* nicht nur auf den dafür ausgezeichneten elitären Positionen, sondern auch und gerade auf den abhängigen Positionen zu tun. Das Kalkül ist deshalb unverzichtbar, weil immer mindestens drei Berechnungen angestellt werden müssen: (a) welche Kontexte werden vermischt und dadurch zwangsläufig auch missachtet (*decoupling*), (b) mit welchen Anforderungen bekommt man es zu tun (*footing*) und (c) wie kann man die neu gewonnene Position halten (*embedding*)? Das Kalkül ist notwendig, weil es in keiner denkbaren Situation eindeutige Antworten auf diese Fragen gibt. Stattdessen relationiert das Kalkül immer wieder neu Fragen der Identität und der Kontrolle, um daraus Anhaltspunkte dafür zu gewinnen, wie es weitergehen kann.

Robert Mitchums Maxime „NAR" gilt somit auch für die Soziologie. Sie hat sich ihren Begriff von ihrem Gegenstand längst gemacht, wenn ein einzelnes Individuum auf die Idee kommen sollte zu handeln. Unter welchem Namen auch immer sind die Rollen, Werte, Rahmen, Systeme und Netzwerke immer schon da, selbst wenn man sich davor hütet, diese zu „der" Gesellschaft zu substanzialisieren. Spätestens mit Luhmanns Gesellschaftstheorie ist „die" Gesellschaft nur noch als Operation (der Fortsetzung von Kommunikation), das heißt als Transaktion, als Relation zu haben (Luhmann 1997; vgl. Baecker 2007). Auch die Soziologie tut so, als könne sie sich unter ihren Gegenstand mischen, ohne selber zu handeln. Aber das ist, wie bei Mitchum, nur ein Trick, wenn auch, das versteht sich, in bester Absicht. Wie Mitchum weiß die Soziologie, dass ihr Erleben ein Handeln ist. Es legt eine Spur in der Gesellschaft und verändert sie dadurch nicht nur, sondern macht sie sichtbar. Die Veränderung ist der Preis der Sichtbarkeit – und umgekehrt.

3. Handlung als Negation ihrer selbst

Das ist der Stand der Dinge in Sachen soziologischer Handlungstheorie. Man versteht, warum es den Soziologen schwerfällt, sich von einem Grundbegriff der Handlung zu verabschieden und etwa dem Sirenengesang der Systemtheorie zu folgen und auf einen Grundbegriff der Kommunikation umzustellen (Luhmann 1982), so sehr ein Versuch naheläge, den mathematischen Kommunikationsbegriff eines Umgangs mit Varietät und Redundanz (Shannon/Weaver 1963 [1949]) auf die Problemstellung des Handlungsbegriffs zurückzubeziehen. Die paradoxe Genauigkeit des Handlungsbegriffs hat der Kommunikationsbegriff noch nicht erreicht, obwohl ein Begriff der Kommunikation, der diese sozialen Systemen vorbehält und Menschen vorenthält, hinreichend viele

Anhaltspunkte für eine paradoxe Konstruktion bieten könnte (Luhmann 1995; spätestens die Lektüre der *Stimme* und des *bloßen Lebens* durch Agamben [2002; 2007] legt dafür weitere interessante Spuren).

Aber das ist hier nicht unser Thema. Unser Thema ist die Verknüpfung von Handlung mit Netzwerk beziehungsweise die paradoxe Fassung eines Handlungsbegriffs derart, dass die Beobachtung (Erschließung) des Netzwerks, in das jedes Handeln und jedes soziale Handeln eingebettet ist, soziologisch unausweichlich wird. Selbstverständlich lassen sich die soziologischen Handlungstheorien, die hier in aller Kürze referiert wurden, nicht überbieten. Darum geht es auch nicht. Es geht darum, die Problematik der soziologischen Problemstellung festzuhalten und zu diesem Zweck die Geschicklichkeit zu unterstreichen, mit der alle Handlungstheoretiker, sobald sie an den Grundlagen der Handlungstheorie arbeiten, Begriffsmanöver einleiten, die den gerade gewonnenen Begriff der Handlung wieder schwierig, die gerade gewonnene Eindeutigkeit wieder uneindeutig werden lassen.

Hinzuzufügen haben wir dieser Geschicklichkeit nur ihre Explikation. Keiner der diskutierten Handlungstheoretiker hält seinen Handlungsbegriff für paradox, obwohl sich jeder einzelne, das galt es zu zeigen, jener mal unscheinbaren, mal auffälligen Supplemente vergewissert, die die Handlung in einem begrifflich postulierten Anderen verankern, um sie überhaupt zu ermöglichen. Ohne diese Verankerung, ohne ihr *embedding*, ist die Handlung, die elementare Form des *decoupling*, der *unit act* der Soziologie, nicht möglich (Caillé 2009). Hinzuzufügen haben wir der oft genug beschriebenen Paradoxie ihre Benennung schon deswegen, weil die Paradoxie, unbenannt, den Weg aus den Primärtexten einer theoretisch arbeitenden Soziologie in deren Lehrbücher meist nicht übersteht, so dass die soziologische Problemstellung in diesen Lehrbüchern und den Universitätsseminaren, die sich an sie halten, einen schweren, wenn nicht aussichtslosen Stand hat. Viel lieber identifiziert man Handlungen anhand von Rollen und Normen, benennt Restriktionen und fahndet nach möglichen Deviationen und Innovationen, um es dabei auch schon wieder bewenden zu lassen.

Um es deutlich zu sagen: Soziologie besteht nicht darin, von der Selektivität einer Handlung auf die Strukturen zu schließen, die das Problem der Selektivität zu lösen erlauben, so als käme dem Handelnden ein zu meinender Sinn zu Hilfe, der in hinreichend genauen Formularen immer schon verfügbar ist und vorgehalten wird (siehe zur offenen Frage, wie man ein Formular ausfüllt, Frese 1985: 159). Sondern Soziologie besteht darin, diese zu Hilfe kommenden Strukturen als das Produkt genau des Handelns zu beschreiben, dem sie zu Hilfe kommen, unter der dafür erforderlichen Bedingung, eine Interdependenzunterbrechung (siehe auch Parsons/Bales 1953 zur Notwendigkeit der Asymmetrie) vorzunehmen, die erstens ebenfalls das Produkt des Handelns ist, zweitens jedoch den Blick auf die Produktion der Struktur und der Interdependenzunterbrechung hoch unwahrscheinlich macht beziehungsweise unter Anforderungen stellt, die der Soziologe als Anforderungen definiert, denen nur er gewachsen ist. Eric Leifer (1991: 26 f.) formuliert treffend: „For too long we observers have been struggling for access to an imagined actor's point of view in order to understand action. Now we can let the actor struggle for access to our point of view in order to understand relationships." Das ist das Mindeste. Der Soziologe muss verstehen können, wie der Handelnde den von ihm, dem Handelnden, gemeinten Sinn verstehen kann, ohne dazu verstehen müssen oder auch nur zu können, was der Soziologe versteht. Die performative Wende in den Kulturwissenschaften, die die Sozialwissenschaften bisher nur peripher, nämlich in der Gestalt der Erkenntnislehre des Konstruktivismus, erreicht hat, hilft dabei, insofern sie das zu Verstehende nicht mehr im Gegenstand lokalisiert, über den man sich dann streiten muss, sondern im Akteur, im Handelnden und Beobachter, der sich, so gut er kann, und im Rahmen der Zwecke, die er sich setzt, sein Verstehen selber macht.

Doch mit dieser performativen Wende und konstruktivistischen Lehre ist das Problem zu schnell gelöst. In der Soziologie kommt man wegen der Verantwortung des Handelnden für alles, wofür er nicht zur Verantwortung gezogen werden kann, nicht darum herum, das Manöver der paradoxen Setzung in das Handeln selber zurückzutragen. Es kann dem Soziologen nicht erspart werden, seine Erkenntnisse über seinen Gegenstand zum einen auf sich selber anzuwenden, wie es die sogenannte reflexive Soziologie fordert (Luhmann 1988; Platt 1989; Pollner 1991), zum anderen jedoch als Erkenntnis des Gegenstands, dem er ja angehört, über sich selber zu formulieren, wie es bislang keine Soziologie, sondern nur die Mathematik fordert (Kauffman 1987; Spencer-Brown 1997 [1969]).

Unser Ausgangspunkt bleibt Robert Mitchums Motto, „No Action Required". Gemeint ist die Ablehnung jenes ereignisreichen, schnellen, stimulierenden Handelns, das Spannung um der Spannung willen aufbaut, das Risiko und die Schicksalhaftigkeit sucht und alle Aufmerksamkeit auf wenige Momente konzentriert (Goffman 1967), zugunsten eines Handelns, das mit sparsamsten Gesten einen Raum von Möglichkeiten eröffnet, die von einem Virtuosen (wie jenen Charakteren, die Mitchum häufig darzustellen hatte) beherrscht werden und allen anderen Teilnehmern an der Situation nur noch die Wahl lassen, ob sie ihre Unterlegenheit einzusehen bereit sind oder nicht. Es ist interessant, dass Weisheits- und Klugheitslehren wie die der alten Chinesen und die der neuzeitlichen Höflinge immer schon empfohlen haben, Situationen eher durch diese Art des Nicht-Handelns, des Unterlassens auffälliger Eingriffe, der Bereitschaft zum Rückzug und durch die passende kleine Geste zum richtigen Zeitpunkt weniger zu beherrschen, als vielmehr sich entwickeln zu lassen (Graciàn 1978 [1647]; Jullien 1999). Nicht nur in der Ethnografie, sondern auch in der Historiografie hat man dafür längst einen präzisen Blick entwickelt (de Certeau 1988).

Vor dem Hintergrund der paradoxen Problemstellung der Soziologie, die das soziale Handeln zugleich als möglich und als unmöglich darstellt, machen wir hier den Vorschlag, Mitchums Motto auf das Axiom zu reduzieren, dass eine Handlung unter der Bedingung sozialen Handelns nur möglich ist, wenn es als Negation seiner selbst auftritt. Unter den Bedingungen einer Konversation, der Ausübung von Macht und Führung, des Treffens einer Entscheidung, der Einleitung von Intimitäten und in vielen anderen Zusammenhängen gilt, dass eine Initiative nur hingenommen wird, wenn sie nicht als solche auftritt, sondern bereits den nächsten Moment der Situation und damit einem anderen Akteur überlässt, für den wiederum dasselbe gilt.

Das heißt, wir haben es mit einer Negation zu tun, die nicht etwa Nein sagt, um etwas zu verhindern, sondern die Nein sagt, um auf etwas anderes hinzuweisen. Die Negation ist eine Reflexionsformel, die auf einen Kontext aufmerksam macht und ihn zur Bestimmung dessen, worum es geht, hinzuzieht. In diesem Sinne sind negative Größen positive Größen im Zusammenhang einer „Realentgegensetzung", wie bereits Kant (1968 [1763]) unterstrichen hat. Das müssen wir hier nicht weiter ausführen (siehe jedoch Baecker 1996; Luhmann 1975). Entscheidend ist, dass wir es mit der Einführung eines Verständnisses von Negativität zu tun haben, das diese wie eine Kategorie behandelt, die den beiden aristotelischen Kategorien der Aktualität und der Potenzialität gleichwertig zur Seite gestellt werden kann (Agamben 2007). Nach gutem hegelschen Brauch erfüllt sie zwei Leistungen: Sie macht auf die Freiheit der Setzung eines Anfangs und eines Endes aufmerksam, und sie stellt das eine im Kontext eines anderen dar, das zur Bestimmung des einen hinzugezogen werden muss (Hegel 1990 [1832]: 56 ff. und 93 ff.).

Die Spencer-Brown'sche Notation der Form erlaubt es uns, diesen Zusammenhang von Negation und Implikation in einer einzigen mathematischen Gleichung anzuschreiben (Spencer-Brown 1997 [1969]: 98 ff.), indem wir das Axiom aufstellen, dass für jede Handlung, *a*, im Kontext des sozialen Handelns die Bedingung gilt:

$a = \overline{a\,}|$ Gleichung 1

In der Spencer-Brown'schen Mathematik, interpretiert für die Logik, steht das *cross* sowohl für die Negation, $a = {\sim}a$, als auch für die Implikation, im Falle der Gleichung 1 dafür, dass die Innenseite der Form, *a*, die Außenseite der Form impliziert, hier der *unmarked state.*

Letzteres machen wir uns zunutze, indem wir die soziologische Problemstellung, die wir als roten Faden der Bemühungen der soziologischen Theorie um einen Handlungsbegriff identifizieren konnten, auf den gemeinsamen Nenner bringen:

$a = \overline{a\,}|\,n$ Gleichung 2

Jede Handlung, *a*, impliziert als ihren Kontext ein Netzwerk, *n*, auf das die Handlung in der Form der Negativität, das heißt der Wählbarkeit und der Bestimmbarkeit ihrer selbst, verweist.

In dem Moment, in dem der Handlung, *a*, zusätzlich zu ihrer Negativität auch Reflexivität eignet, wie es die soziologische Theorie zwar nicht dem Handelnden, aber dem sozialen Handeln durchweg unterstellt, ergänzen wir die Gleichung 2 durch den *Re-Entry*-Haken:

$$a = \overline{\overline{a}|\;n}| \qquad \text{Gleichung 3}$$

Mit diesem *Re-Entry*-Haken bringen wir zum Ausdruck, dass die Bestimmung der Handlung, *a*, durch das Netzwerk, *n*, die Selektion der Handlung, *a*, bereits im Moment der Selektion informiert. Konkret und in der Sprache von Harrison C. White formuliert, heißt dies, dass die Identität einer Handlung, *a*, im Kontext ihrer Kontrolle durch ein Netzwerk, *n*, auf die Möglichkeit eines *switching* aufmerksam wird, das den Optionenraum eines *decoupling* im Kontext des *embedding* ausmisst.

Nehmen wir den Einwand der soziologischen Systemtheorie ernst, dass die Netzwerktheorie zwar dieses *switching* präzise beschreibt, aber für die Reproduktion des Sozialen durch das Soziale, das heißt für Ausdifferenzierung (*distinction*) und Reproduktion (*indication*) einen nur unzureichenden Blick hat (Baecker 2009), erweitern wir die Gleichung 3 durch einen Terminus für das System, *s*, und postulieren damit, dass jedes Netzwerk, *n*, als Raum seiner eigenen Negativität ein System, *s*, impliziert, das für seine Reproduktion unter der Bedingung seiner Ausdifferenzierung Sorge trägt. Damit wäre der soziale Raum, aktiviert und auszumessen durch die Handlung, *a*, doppelt gekrümmt:

$$a = \overline{\overline{\overline{a}|\;n}|\;s}| \qquad \text{Gleichung 4}$$

Wir haben damit ein minimales Axiom formuliert, das Fraktal einer dank zweier *re-entry*-Haken selbstähnlichen sozialen Bestimmung allen Handelns, *a*, im Zusammenhang der beiden implizierten Kontexte eines Netzwerks, *n*, und eines Systems, *s*.

Man kann sich fragen, was damit erreicht ist. Erreicht ist damit erstens die axiomatische Formulierung der bislang eher implizit als explizit kontinuierten soziologischen Problemstellung einer unmöglich möglichen Handlung, zweitens die Formulierung eines gleichsam minimalen soziologischen Forschungsprogramms der Analyse und Beschreibung jeder Handlung im Kontext sowohl eines Netzwerks (*identity* und *control*) als auch eines Systems (*distinction* und *indication*) und drittens der Anschluss einer soziologischen Handlungstheorie an eine aristotelische Kategorienlehre, die um die Kategorie der Negativität erweitert werden muss, um für Fragen des freien Willens und der Bestimmung im Kontext des Unbestimmten und damit Bestimmbaren hinreichend genaue Hinweise zu bekommen.

Im Anschluss daran kann man sich die Arbeit an einer soziologischen Formtheorie vorstellen, die einige der Impulse der Theorie sozialer Netzwerke und sozialer Systeme aufgreift und für Zwecke einer mathematischen Modellierung aufbereitet. Ob und wie dieses Programm realisiert werden kann, muss sich herausstellen. Attraktiv ist es nicht zuletzt deshalb, weil es erlaubt, die Möglichkeiten der Mathematik dort aufzugreifen, wo diese ihre eigenen Stärken sehen: zur Durchführung eines Beweisverfahrens. Eine soziologische Formtheorie liefert unter Umständen Ansatzpunkte dafür, die Unbestimmtheit und damit Bestimmbarkeit des Sozialen als Voraussetzung der Möglichkeit einer Handlung, die diesen Namen verdient, zu beweisen.

Einen Auftakt zum Versuch, die Unbestimmtheit des Sozialen nachzuweisen, haben wir hier vorgelegt. Wir begreifen ihn als Einladung zu einer die Problematik der soziologischen Frage ernst nehmenden Lektüre sowohl der klassischen als auch der aktuellen Beiträge zur soziologischen Theorie.

Literatur

Agamben, Giorgio, 2002: *Homo Sacer: Die souveräne Macht und das nackte Leben.* Aus dem Italienischen von Hubert Thüring. Frankfurt am Main: Suhrkamp.

Agamben, Giorgio, 2007: *Die Sprache und der Tod: Ein Seminar über den Ort der Negativität.* Aus dem Italienischen von Andreas Hiepko. Frankfurt am Main: Suhrkamp.

Arendt, Hannah, 1991 [1958]: *Vita Activa oder Vom tätigen Leben.* München: Piper.

Baecker, Dirk, 1996: „Was leistet die Negation?", in: Friedrich Balke/Joseph Vogl (Hrsg.), *Gilles Deleuze – Fluchtlinien der Philosophie.* München: Fink: 93-102.

Baecker, Dirk, 2009: „Systems, Network, and Culture", in: *Soziale Systeme: Zeitschrift für soziologische Theorie* 15.

Caillé, Alain, 2009: *Théorie anti-utilitariste de l'action: Fragments d'une sociologie général.* Paris: La Découverte.

Coleman, James, 1990: *Foundations of Social Theory.* Cambridge, Mass.: Harvard University Press.

de Certeau, Michel, 1988: *Kunst des Handelns.* Aus dem Französischen von Robert Vouillé, Berlin: Merve.

Durkheim, Emile, 1976 [1895]: *Die Regeln der soziologischen Methode*, hrsg. und eingel. von René König, 4., rev. Aufl.. Darmstadt: Luchterhand.

Emirbayer, Mustafa, 1997: „Manifesto for a Relational Sociology", in: *American Journal of Sociology* 103: 281-317.

Frese, Jürgen, 1985: *Prozesse im Handlungsfeld.* München: Boer.

Fuchs, Stephan, 2001: *Against Essentialism: A Theory of Culture and Society.* Cambridge, Mass.: Harvard University Press.

Garfinkel, Harold, 1967: *Studies in Ethnomethodology.* Reprint Oxford: Blackwell.

Goffman, Erving, 1967: „Where the Action Is", in: Irving Goffman *Interaction Ritual: Essays on Face-to-Face Behavior.* New York: Pantheon: 149-270.

Goffman, Erving, 1974: *Frame Analysis: An Essay in the Organization of Experience.* Cambridge, Mass.: Harvard University Press.

Graciàn, Baltasar, 1978 [1647]: *Handorakel und Kunst der Weltklugheit.* Deutsch von Arthur Schopenhauer. Stuttgart: Kröner.

Hegel, Georg W. F., 1990 [1832]: *Wissenschaft der Logik: Die Lehre vom Sein.* Neu hrsg. von Hans-Jürgen Gawoll. Hamburg: Meiner.

Jullien, François, 1999: *Über die Wirksamkeit.* Aus dem Französischen von Gabriele Ricke und Ronald Vouillé. Berlin: Merve.

Kant, Immanuel, 1968 [1763]: „Versuch, den Begriff der negativen Größen in die Weltweisheit einzuführen", in: Wilhelm Weischedel (Hrsg.), *Werke, Band II, 2.* Frankfurt am Main: Suhrkamp: 775-819.

Kauffman, Louis H., 1978: „Network Synthesis and Varela's Calculus", in: *International Journal of General Systems* 4: 179-187.

Kauffman, Louis H., 1987: „Self-Reference and Recursive Forms", in: *Journal of Social and Biological Structures: Studies in Human Sociobiology* 10: 53-72.

Korzybski, Alfred, 1994 [1933]: *Science and Sanity: An Introduction to Non-Aristotelian Systems and General Semantics.* 5. Aufl., Lakeville, Conn.: Institute of General Semantics.

Leifer, Eric M., 1991: *Actors as Observers: A Theory of Skill in Social Relationships.* New York: Garland.

Luhmann, Niklas, 1975: „Über die Funktion der Negation in sinnkonstituierenden Systemen", in: Harald Weinrich (Hrsg.), *Positionen der Negativität. Poetik und Hermeneutik*, Bd. VI. München: Fink: 201-218.

Luhmann, Niklas, 1980: „Talcott Parsons – Zur Zukunft eines Theorieprogramms", in: *Zeitschrift für Soziologie* 9: 5-17.

Luhmann, Niklas, 1982: „Autopoiesis, Handlung und kommunikative Verständigung", in: *Zeitschrift für Soziologie* 11: 366-379.

Luhmann, Niklas, 1984: *Soziale Systeme: Grundriß einer allgemeinen Theorie.* Frankfurt am Main: Suhrkamp.

Luhmann, Niklas, 1988: „Warum AGIL?", in: *Kölner Zeitschrift für Soziologie und Sozialpsychologie* 40: 127-139.

Luhmann, Niklas, 1990: *Die Wissenschaft der Gesellschaft.* Frankfurt am Main: Suhrkamp.

Luhmann, Niklas, 1995: „Was ist Kommunikation?", in: Niklas Luhmann *Soziologische Aufklärung, Bd. 6: Die Soziologie und der Mensch.* Opladen: Westdeutscher Verlag: 113-124.

Luhmann, Niklas, 1997: *Die Gesellschaft der Gesellschaft*, Frankfurt am Main: Suhrkamp.

Luhmann, Niklas, 2002: *Einführung in die Systemtheorie.* Hrsg. von Dirk Baecker, Heidelberg: Carl-Auer-Systeme.

Mittelstaedt, Peter, 2000: „Universell und inkonsistent? Quantenmechanik am Ende des 20. Jahrhunderts", in: *Physikalische Blätter* 56: 65-68.

Opp, Karl Dieter, 1970: *Soziales Handeln, Rollen und soziale Systeme: Ein Erklärungsversuch sozialen Verhaltens.* Stuttgart: Enke.

Parsons, Talcott, 1968 [1937]: *The Structure of Social Action: A Study in Social Theory with Special Reference to a Group of Recent European Writers.* Reprint New York: Free Press.

Parsons, Talcott, 1951: *The Social System.* New York: Free Press.

Parsons, Talcott, 1977 [1970]: „Some Problems of General Theory in Sociology", in: Talcott Parsons *Social Systems and the Evolution of Action Theory.* New York: Free Press: 229-269.

Parsons, Talcott, 1978: „A Paradigm of the Human Condition", in: Talcott Parsons *Action Theory and the Human Condition.* New York: Free Press: 352-433.

Parsons, Talcott/Robert F. Bales, 1953: „The Dimensions of Action-Space", in: Talcott Parsons/Robert F. Bales/Edward A. Shils (Hrsg.), *Working Papers in the Theory of Action.* Glencoe, Ill.: Free Press: 63-109.

Parsons, Talcott/Edward A. Shils (Hrsg.), 1951: *Toward a General Theory of Action.* Cambridge, Mass.: Harvard University Press.

Platt, Robert, 1989: „Reflexivity, Recursion and Social Life: Elements for a Postmodern Sociology", in: *Sociological Review* 37: 636-667.

Pollner, Melvin, 1991: „Left of Ethnomethodology: The Rise and Decline of Radical Reflexivity", in: *American Sociological Review* 56: 370-380.

Schütz, Alfred, 1974 [1932]: *Der sinnhafte Aufbau der sozialen Welt: Eine Einleitung in die verstehende Soziologie.* Frankfurt am Main: Suhrkamp.

Shannon, Claude E./Warren Weaver, 1963 [1949]: *The Mathematical Theory of Communication.* Reprint Urbana, Ill.: Illinois University Press.

Simmel, Georg, 1992 [1908]: *Soziologie Untersuchungen über die Formen der Vergesellschaftung.* Hrsg. von Otthein Rammstedt. Frankfurt am Main: Suhrkamp.

Spencer-Brown, George, 1997 [1969]: *Gesetze der Form: Laws of Form.* Aus dem Englischen von Thomas Wolf. Lübeck: Bohmeier.

Weber, Max, 1988 [1904]: „Die „Objektivität" sozialwissenschaftlicher und sozialpolitischer Erkenntnis", in: Max Weber *Gesammelte Aufsätze zur Wissenschaftslehre.* Hrsg. von Johannes Winckelmann. Tübingen: Mohr: 146-214.

Weber, Max, 1990 [1921]: *Wirtschaft und Gesellschaft: Grundriß der verstehenden Soziologie.* 5., rev. Auflage. Tübingen: Mohr.

White, Harrison C., 1992: *Identity and Control: A Structural Theory of Action*. Princeton, NJ: Princeton University Press.

White, Harrison C., 2008: *Identity and Control: How Social Formations Emerge*. 2. rev. Auflage. Princeton, NJ: Princeton University Press.

Relational Ontology
Being and Order out of Heidegger's Socioontology

Patrik Aspers

Introduction[1]

This chapter addresses the question of ontology. It is an issue on which each scientific theory explicitly or implicitly has a position, as a theory comes with ontological assumptions. I will in this text show that the ontological question, nonetheless, has been neglected. My point is not to make a philosophical argument; instead, I approach the question of ontology by analyzing the more concrete question of order. How order is made and maintained are profound sociological questions.[2] Social scientists have studied order, in terms of law and order, and how, for example, institutions, identities, organizations are socially constructed and "ordered" in relation to each other. Social scientists have also discussed the more profound epistemic level of order, or in other words, the ordering principles of things.

In this chapter I will take the analysis one step further and analyze the ontological level of order, which, as we will see, cannot be separated from the question of ontology. Social scientists who speak of "ontology," a notion with a less clear meaning in the English language that has come to dominate academia, normally refers to the epistemic problem of how to know about the world, but this world is assumed. As, arguably, all sociological theories make ontological assumptions, it is a surprise that even radical and agnostic sociologists have remained faithful Christians in one important sense. They have, as most social scientists, assumed the world to be there, not to be understood by means of an interpretative process in which we simultaneously get to know ourselves, but as something to be discovered by us.[3] But the problem is even more severe: the social scientists are caught in an epistemic spell, and the discussion of realism and idealism are epistemologically framed (Heidegger [1927] 2001:183). It is always the question of how to get to know the world that is the focus, never the ontological conditions of this "knowledge-question". It is the latter question I want to study. To discuss the onto-

1 I am grateful for comments from conference participants, Sebastian Kohl, and especially Jan Fuhse and Sophie Mützel.

2 I have in other texts discussed the issue of order, and especially in relation to markets (Aspers 2007b; Aspers 2010; Aspers 2008).

3 At the time when sociology was formed as a discipline, ontology was not a central issue, and it never became central.

logical level is a way of reflecting on how the social is constituted, and the conditions of social constructions. I claim that this will have consequences for how sociologists think, theorize and conduct empirical studies.

I start the chapter with the question of order, but this is merely the entry point to the discussion of how major sociological approaches assume ontological positions, though not making this a theme of reflection or analysis. Special attention is paid to relational sociology that is a promising social scientist approach. However, I show that also its leading thinker Harrison White operates with a traditional view on ontology. Relational sociology is nonetheless corresponding well with the relational ontology discussed in this chapter. To provide an ontological foundation Martin Heidegger's relational ontology is introduced, and I show how it is a useful ground for further discussions of the ontology of relational sociology.

1. Starting with Martin Heidegger

To analyze this central, but essentially forgotten, question of ontological order, I shall turn to the relational ontology of the German philosopher Martin Heidegger (1889-1976). Heidegger not only brought this question into light but also provided building blocks for an ontological analysis. By drawing on Heidegger, this chapter offers an ontological foundation for sociology. More specifically, it proposes a relational ontology that puts man and his relations to other men at the center. I call this socioontology. This paper starts from the assumption that a study of ontology is a way to provide us with a new foundation for sociology. We can thereby address the old question of order with a fresh look, by finally passing the episteme hurdle that has so far been insurmountable for social scientists. I offer a starting point that is essentially social: Man, or in other words the human being, is ontologically constituted as social. Consequently, man is an essential part of social order. In this way, the chapter provides a discussion of the foundation that is also relevant for the other chapters in the book. Though this chapter can be nothing but a starting point of what may be studied by sociologists in the future, it contributes to our knowledge by addressing ontology. This contribution is the result of bringing Heidegger's thinking into sociological use, which is a too rare thing to do (Weiss 2001).

2. Order Based on Taken-For-Granted Reality

We have learned that the question of ontology is a task for philosophers, although even among them, this question has been seen as "metaphysical". Sociology is not philosophy, but sociology approaches social life based on ontological assumptions. To not jump directly to the ontological question, and to show why it matters for sociology, we start with the question of order. Order can be defined as the predictability of human activities and the stability of social components in relation to each other (Hayek 1973:36). The question of order has been analyzed at three levels, the political, the social and the epistemic. I will briefly exemplify each of these.

The "political" level concerns how law and order is maintained. This is the question that Hobbes ([1651] 1968) posed. Hobbes assumed that men have certain traits, living in the state of nature, which they then use when "agreeing" on a rational solution—the creation of the state as the sovereign authority—to the benefit of all. Parsons has addressed order of society and its components as a social problem ([1951] 1970:4; Parsons [1937] 1968). To him the question of order is "solved" because of the cultural values that are reproduced in the socialization process. More concretely, actors' orientation to the norm system preserves order in society.

Both Hobbes and Parsons assume that there is a world existing out there, a position that we call realism (Parsons [1937] 1968:753-7). Parsons assumes that there is a firm "ontological base" which is never questioned, and frames the problem for the social sciences as an epistemic problem. Parsons describes his position as:

> "realistic, in the technical epistemological sense. It is a philosophical implication of the position taken here that there is an external world of so-called empirical reality which is not the creation of the individual human mind and that is not reducible to terms of an ideal order, in the philosophical sense." (Parsons [1937] 1968:753)

This idea implies that the world, also the social world that we have made, is real, and exists independently of us as scientific observers. Parsons argues that scientific theories are not part of the world (Parsons [1937] 1968:753-754). This position he calls "analytical realism" (Parsons [1937] 1968:758). Realism implies that the world is "out there" and that the researcher, also the sociologists, should direct his attempt to investigate the world that is accessible in principle in the same way as the natural world is accessible to the natural scientists. The question for Parsons is social, and the epistemic question is merely a reflection of his ontological assumption of an independently existing world.[4]

Foucault ([1966] 2002) studies order at the epistemic level. His problem is about the different *episteme*, i.e., tacit assumptions that are the base for the principles of ordering the world. He talks of different epistemic regimes, each providing a scheme of how the world is. The focus lies on principles of knowing the world, as they determine how we order things; the world as such is not really the subject matter. Foucault's question is essentially about how to get to know the world, and he shows the different epistemic "discourses" that determine what is knowledge and the ways of gaining knowledge. This analysis does not really separate ontology from epistemology; each episteme comes with an idea of the world.

4 Fuhse has analyzed how network theorists have viewed man (Fuhse 2008). His study shows how relational sociologists have stressed how man is affected by his ties. Here I look at the assumption of how man is constituted, and more fundamentally, how man's constitution cannot be separated from the question of ontology.

According to phenomenological sociology, order is to be understood at the level of meaning structure. What is the ontological foundation of phenomenological sociology, the most outspoken social constructivists approach? The roots of the most well-known social constructivists, Berger and Luckmann ([1966] 1991), are found in the works of Alfred Schütz.[5] Schütz is clear about what is constructed and what is taken for granted:

> "As we proceed to our study of the social world, we abandon the strictly phenomenological [Husserlian] method. [...] The object we shall be studying, therefore, is the human being who is looking at the world from within the natural attitude." (Schütz [1932] 1976:97-98)

Schütz explicitly states that we thereby have reached the ontological level: "it is our meaning of our experiences and not the ontological structure of the objects which constitutes reality" (Schütz 1964:230; 1996:36-38). This sentence implies two things: there is an ontological structure which is different from and independent of the meaning structure of people, and the scope of the social scientist is only the latter of these two, i.e., the meanings (cf. Theunissen [1977] 1984).[6] One may, in line with Schütz' position, speak of ontological realism, and epistemic idealism. The key assumption of this "ontology" is that of the ego who tries to find out something about reality.

The important issue here is not that realism has been the most common assumption of social scientists, but that the question of ontology has never been discussed. I will in the next section turn to relational sociology, which is the focus of this book. This approach, as I will show, holds a key for entering the door to the ontological domain that hitherto has been essentially closed to, but more importantly by, sociologists.

3. Order and Ontology in Relational Sociology

How is the central question of order addressed by relational sociology, and what is the ontological assumptions of this approach? We may pose the question of order in the light of the relational sociological perspective as follows: what is the relation between social components, including "things" and humans? The father of modern network the-

5 Schütz' phenomenology, furthermore, is rooted in Husserl's monadological "ontology" (Aspers [2001] 2006).

6 Rational choice is yet another approach that starts with this "egological" assumption (Coleman 1990), which essentially means that the entire question of ontology is taken for granted, and the task of science is only to elaborate on how social relations are constructed. Actor Network Theory speaks of "actants" (for example, Latour 1996) and fails to see that a social "ontology" is rooted in human beings; it merely reduces humans to things. Some researchers, who use network "theory" more as a method, assume, in a similar fashion, that the only thing that matters is the form of contact, or the content of the form of relation that is of interest. The nodes, the actors, constitution, do not change. One may even say that positivism and its corresponding methods have generated a kind of ontological Gestell (Heidegger 1962) in which the world has to be there independently of us to legitimate these methods. My point is, that for some the epistemic conditions have primed their view on "ontology". This may be a sociological reason as to why the ontological question has not been raised.

ory, Harrison White, is the most central thinker of "relational sociology" (Azarian 2003; Mützel 2009). Emirbayer (1997) identified a number of other sociologists, e.g., Pierre Bourdieu and also symbolic interactionists, who can also be called relational sociologists.

In this text, I let Harrison White represent the relational approach. See Fuhse (2009) and the other contributions to this volume for a more detailed discussion of the relational approach. White's most important book is called *Identity and Control*. It is published in two editions, the first with the subtitle *A Structural Theory of Social Action* (White 1992), and the second with another subtitle *How Social Formations Emerge* (White 2008). These two editions will be the main sources in this text for understanding and analyzing White on the question of order, and more concretely on the ontological foundation of this theory.

White is a structuralist who theorizes how to get action. Another central idea of White is that order emerges out of noise. White claims that his theory of social formations (disciplines), or social molecules, is a general theory, which operates at the so-called middle range level (White 1992:xii). He says that these disciplines, which are social formations, are the smallest units of analysis. They are, moreover, social constructions. White talks of three forms of social molecules: arena, interface and councils, but this is unlikely to be the final outline (cf. Azarian 2003:117-125, 185-187). Each of these disciplines evolve together with ordering (White 1992:28). Molecules are seen as "self reproducing" structural contexts, which sustain identities (Leifer/White 1987:85; White 1992:22). His analysis is centred on two concepts, identity and control. Identities are created as a result of interaction in the social molecules. Or as the second edition begins, "Identities spring up out of efforts at control in turbulent context" (White 2008:1).

Control efforts are made in relation to other identities, and this can only be understood in relation to the "contingencies" that the identities imply. For a single identity, other identities make up the social reality, which it more or less has to take for granted. An identity is defined as "any source of action not explicable from biophysical regularities, and to which observers can attribute meaning" (White 1992:6). One identity, and one identity's emergence, can only be understood in relation to other identities, their emergence and existence.

Identity, rather than persons, which White (1992:24) sees as a myth, or organizations is the starting point of the analysis. Persons, including the associated components, preference and goals, are derived from social actions, rather than being the cause of these actions, as the myth of rational choice theory tells us (White 1992:8). White, nonetheless, focuses on the "personal" identity, which is the result of actors switching between different netdoms (White 2008:7). He argues that persons come into "existence and are formed as the result of overlaps among identities from distinct network populations" (White 2008:129). This is a form of "passive" identity formation, in which one identity can only be understood as a result of other identities (and their need to control). An identity evolves in social interaction; it is here that the most central idea of "relational sociology" appears in White's thinking. Identities and ties emerge together, and ties make up networks. Ties and identities are inseparable, though ties can be direct or indirect (White 2008:20-36). Identities can, moreover, couple and decouple from a network. This means that one is taking part as coupled, and stop taking part (for the time being) by decoupling. Thus the tie remains after decoupling, which presupposes coupling (White 2008:36). There is consequently an essential relation – the tie – that is constitutive of identities.

How does this Whitean approach apply to the concrete fields that he has studied? In his sociology of markets, to take one example, actors watch each other, and it is the relational structure of a "dozen or so" actors who constitute each other's identities as a result of their interaction with the consumers (White 2002; Aspers [2001] 2006; Aspers 2010). White defines markets as "self-reproducing social structures among specific cliques of firms and other actors who evolve roles from observing each other's behavior" (White 1981:518). Each firm focuses on holding a niche in its own market, which it does in relation to other firms, some of which become known as high-quality producers, whereas others tend to be low-quality producers, who sell their product for less money (White 1993:162). Market order, to follow this argument, is a result of identities stabilizing in relation to each other. But what is the ontological foundation of this theory? To analyze this question takes us back to the issue of ontology and relational sociology.

More specifically, I address the following question: To what extent has White a "relational ontology"? In other words, on which implicit assumptions does relational sociology rest? In pursuing this question, I begin with the notion of identity. What does identity in White's theory presuppose ontologically? Remember, we are not here asking what identity "is", this we have seen. We try to figure out the ontological foundation of "identity" in White's theory. The following quotation suggests an answer: "[W]ithout footing, identities would jump around in a social space without meaning thus without communication" (White 2008:1).[7] White claims that footing is the result of control projects by the identities. Though I actually believe that White, if pushed, would say that these "identities" are not identities, or not "real identities," the quotation nonetheless reveals what I see as a non-relational ontology. In other words, the assumption is that somehow the "non-social identities" – though this is a contradiction in terms – start to interact, and out of this, some order is generated that creates social contingencies, relations and thereby stabilized identities. In yet another terminology, before we can speak of identities there are monads that are jumping around, and only in a process of interaction do they become social (identities).

It is, according to White, the "chaos and accident" that are the "sources and bases of identity" (White 1992:4). One must, however, ask what it means to start with this original situation of noise or chaos, out of which identities, social structure, meaning, and eventually order emerges. What does it presuppose? White analyzes, though "for

7 White operates with several "senses" of identity. Though they are not by definition tied to human beings, White, "for simplicity," discusses them as "tagged to individual beings" (White 2008:10).

simplicity," "identities as tagged to individual human beings" (White 2008:10). So apparently, something is tied to the pre-existing and, I assume, atomistic units called humans. My interpretation of White's approach is, that these pre-existing units are endowed with meaning. In this way, we see the same non-relational ontological assumptions that are common in many different sociological approaches, also as the underlying assumption of relational sociology.

My point, to conclude this section, is that the abovementioned approaches, including White's, are based on ontological assumptions, but none of these discuss them explicitly. Man is assumed, and so is the rest of the world. Harrison White has, without doubt, a relational sociology, but it is less clear if there is a relational ontology. In my view, the relational approach lacks an ontological foundation that would correspond to a relational sociology, and that would see relations as essence, in contrast to man. It is thus correct to say, that in sociology, the

> "question of order…concerns the ultimate source of social patterns; it does not concern the ontological question of whether these patterns or the individuals who may or may not support them are real" (Alexander, et al. 1987:13).

The problem with this is that sociologists only reduce ontology to epistemology, as too many do (Reed 2008). This may partly be because sociologists have never fully understood the character of the question, as our tools block us from posing it, and make us unable to even realize that this is an important question.

4. The Regional Ontology of the Social Sciences

My argument so far is that even among social constructivists the idea of ontology, and what it means, is underdeveloped. None of the approaches discussed so far, regardless of their "ontological" assumptions, has discussed the ontological level. These different sociological strands, instead, deal with the epistemic problem of taken for granted egos who try to know the world and who interact with other egos. They are not concerned with the ontological level. The central issue here is not realism or idealism, though sociologists seem to become realists when faced with this problem. The central point is that there has been no real discussion of ontology. But before we turn to the question of ontology, let us look at a philosopher who tries to solve the social science problems.

The realism, to which many sociologists adhere, is essentially the same kind of social constructivism with a realist base that John Searle (e.g., 1995; 1998a; 1998b; 2005) tries to re-label and re-sell to the social sciences by making claims of contributing to the philosophical foundation of the social sciences.[8] Searle's realist position takes virtually everything that is seen as knowledge according to the natural sciences as valid. He speaks of "brute facts" of the natural sciences that cannot be questioned. Ultimately, "the world" is part of what we cannot question. I fully agree with Waldenfels's view on Searle's contribution:

> "Although Searle likes to pretend that what others like Berger and Luckmann did is totally different from what he is doing himself, he frankly promises to solve a lot of traditional questions by using new tools." (Waldenfels 1998:160)

I see Searle's work as evidence for my point that sociologists operate with a taken for granted ontology, which often rest on the realist position, i.e., a form of "every-day ontology" that is the basis for essentially epistemic questions. So, though I agree with Searle, that "unless you have a clear conception of the nature of the phenomena you are investigating, you are unlikely to develop the right methodology and the right theoretical apparatus for conducting the investigation" (Searle 2008:443-444), Searle stops the analysis long before it even gets interesting. In other words, sociologists, and also well-known analytic philosophers like Searl, have not addressed the ontological level of order, as they have not analyzed the ontological level at all. At this point the reader may ask what ontology is, as it seems as if no social scientists have addressed it.

To get off ground, each individual discipline, including the social sciences, had to define a field of study that often corresponds with assumptions of the world. These ontological assumptions of the various disciplines constitute their regional ontologies (Husserl [1952] 1980:22; Husserl [1913] 1962:57), and we have seen that sociologists operate with surprisingly similar ontological assumptions, even though they disagree on many other issues. This means that we can, in fact, speak of *one* regional ontology of sociology. This "reality" has some particular characteristics, and it is to be investigated by egos who gradually open themselves up to the world around them (Heidegger [1927] 2001:206-207). This reality is only seen as something that is there to be discovered by an external observer – the knowing subject. I have shown that this is the case of the most central question in sociology – the question of order – which has never been asked as an *ontological* question. The main point, to repeat, is, that these approaches assume that there is a world that the knowing ego is trying to get knowledge about, thereby reducing the question to an epistemic problem.

The level sociologists call "ontology" is the level that Heidegger calls ontic, and it refers to what an individual discipline presupposes. Consequently, the ontic level refers to the "regional ontologies" of disciplines like sociology. But to clarify this, and to get a

---

8 This is also the case of the British movement called "critical realism". This movement, spearheaded by Roy Bhaskar ([1975] 1997) has developed a *philosophical* ontology that essentially is about the conditions of the "world" that must be present for us to do research. Again, the ontological question is framed as an epistemic problem.

better understanding of ontology, and perhaps also to provide sociology, or at least relational sociology, with an ontology, the next section turns to the philosopher who has discussed and analyzed the ontological question more than any other thinker, namely Martin Heidegger. Heidegger is used to address the two questions that we confront. The first is to clarify the ontological question, and the second is to see if relational sociology, and sociology more generally, could make use of Heidegger's work on ontology.

5. Heidegger on Ontology and Man

In this section, I will briefly explain Heidegger's ontological position, which I see as potentially useful for relational sociology.[9] Ontology, the study of being, is the central question in Heidegger's most important work *Sein und Zeit* (*Being and Time*) (Heidegger [1927] 2001). More specifically, Heidegger's purpose is to clarify and pose the question of the meaning of being. What does it mean to say that something "is"? He argues that this question is forgotten and has essentially been covered up by the "ideas", in the broadest sense, we have developed since the time of the great Greek philosophers. We are today left with an "ontology" that is trapped in a Cartesian "subject-object" relation. That our thinking is deeply rooted in the Christian and Western-Christian thinking is beyond doubt. Heidegger has analyzed in detail the precondition of the Cartesian approach to "the world". Descartes, according to Heidegger, has provided the foundation for the idea that there is a human-independent world, and to that connected the epistemic problem. This serves as a fundamental level (*Sicht*) on which values and other social and cultural meanings are ascribed (Heidegger [1927] 2001:98-100). This is also the foundation on which the positive sciences, such as psychology, biology and sociology, are founded (Heidegger [1927] 2001:49).

Sociology has contributed, though essentially without reflecting upon this matter, to covering up the ontological question. I fear that one reason why sociologists have said so little on ontology, or simply reduced it to epistemology, is because the question has been misunderstood. What, then, is ontology?

The most general definition of ontology is the study of being, i.e., what there is (Heidegger 1988:1). This is not the study of particular "things", such as the objects of social sciences, or even what they "are" (constitution or essence); it is more the conditions of these "ontic" statements that constitute the matter of ontology. Heidegger's own analysis can shed further light on the question. He begins *Being and Time* by analyzing and

9 Emirbayer (Emirbayer 1997) discussed the relational approach, but he does not mention Heidegger. In a later text he wrote with Ann Mische, Heidegger is mentioned, but only to introduce the notion of care (sorge), and not the more fundamental idea of relation (Emirbayer/Mische 1998:986-987) The most likely reason is that Heidegger is not well-known by sociologists. Heidegger has sometimes been compared with pragmatist thinkers, though this is not correct (Frede 2006:65-66), as they reduce ontology to epistemology (Malhotra 1987). This is not to deny that there is some similarity when it comes to ideas of "action".

commenting on the question itself. To analyze ontology one cannot build on the existing theories, as they are part of the problem (Heidegger 1994:109-114). Heidegger suggests that phenomenology is the only suitable approach for understanding this basic question.

Heidegger's method is phenomenological-hermeneutical and it can be divided into three steps, reduction, construction and deconstruction. Reduction means to go back to the question of being, construction refers to the study of being, and deconstruction refers to the starting point of the analysis (Heidegger 1975:28-31). Destruction does not mean to destroy, but to take apart (*Abbau*). The process starts with our conception (preconception) of what we are interested in. This will take us to the phenomenon. Heidegger does not want to deconstruct ontology, but the historically produced doctrines of being ([1927] 2001:22-23); deconstruction is a concrete way of doing this (Heidegger 1994:118).[10]

According to this hermeneutical method, "man," human being, or what he calls *Dasein*, is the center of the analysis. *Dasein* has a special role, not as being outside the world that it tries to discover, but as being in this world. *Dasein* is the condition and the root of the fundamental ontology upon which all other ontologies rest. Man is thus at the centre of the analysis. To analyze "the world" without including man is nonsense. Man is in the world, and cannot be thought of as living "outside" this world (which is a presumption of the Cartesian subject-object distinction). It is, consequently, not the case that man first opens up a window to the world, reaches out, and builds a relation with the "atoms," "monads," or "egos" who are also reaching out from their "houses" (Heidegger [1927] 2001:81).[11] In fact, the idea of "ready-made" units who, somehow are there and become social at the same time as they create a social world, is an idea that many Western social scientists have taken over from Descartes, Leibniz and Husserl.

Heidegger sees things in a radically different way, and he addresses the ontological problem. He starts with the fundamental ontology of man, which is the baseline of other ontologies, such as those of the individual sciences. He makes clear that there is no naked subject (Heidegger [1927] 2001:116). Heidegger starts, in contrast, from the idea of what he calls Being, or in German, *Dasein* ("Dasein"=being there). *Dasein* is no strange creature, but what we are; it is mine (Heidegger [1927] 2001:114). *Dasein* is characterized by its "reflexive capacity," which is to say that *Dasein* also tries to understand itself (Heidegger [1927] 2001:86). That man, according to Heidegger, is already in the world (Heidegger [1927] 2001:53-60) implies that is conditioned by the relational web in which *Dasein* is positioned. Man is from the very "beginning" part of a larger whole, the

10 The historically created understanding, that is what we call tradition and "knowledge" has its roots in Greek thinking, on which later developments were built. Thus, our contemporary understanding is built on old ideas as well as taken for granted logical principles (Heidegger 1994:16-17). Also theology is built on historical ideas of being, and theology has stressed the idea of "substance" (Frede 2006:45).

11 Heidegger's approach is distinctly different from Husserl's. Husserl stresses the role of mental acts and the constitution of meanings as the foundation for what we see as the world (Srubar 2001:178-179).

world (Heidegger [1927] 2001), and, eventually, everything is related back to man; man is the phenomenological and ontological starting point. Put in a different language: *Dasein* refers to himself, directly and indirectly, and is capable of asking questions of itself.

Heidegger presents a holistic idea; man is in the world, together with people and tools. The form of constitutive relation that is special to humans is called *existential* (not to be mixed up with existence) (Heidegger [1927] 2001:44-45), and this refers to the question "who?" (is there / does something). Humans have a form of being that is, as indicated above, more profound than "objects", as only man is capable of reflecting and he is also the condition to which all tools and activities finally are reduced (Heidegger [1927] 2001:86-87).

Heidegger presents the world as a hermeneutic unit. The man-world relation including the system of relations of the different tools that are in the world, Heidegger says, is prior to the single tools (Heidegger [1927] 2001:84). We only understand a tool, like a hammer, in its context. Heidegger, thus, presents a holism of how things are used (*Bewandtnisganzheit*). But this is not merely a set of related "objects"—these tools (*Zeuge*) that we use should be understood in relation to *Dasein*. These tools are ready-to-hand (*Zuhanden*) and refer to the question "what?" (Heidegger [1927] 2001:84), in contrast to existentials. The relation of the tools are called *categories*, and they are not essentials of *Dasein*.

Let us look more carefully into the "tools." They are only "discovered" by *Dasein* as a result of what it does.[12] Heidegger is not propagating the Kantian idea that we discover the "things" as existing independently of people; in fact, the idea of "thing" in the Kantian way does, strictly speaking, not apply in Heidegger's theoretical work. Objects are not there before *Dasein* is there, but are constituted by the relation to his fellow men and other "things" that also are in the world. We have, as indicated, to do with a whole: each tool refers to another: the hammer to the nail, to the painting that hangs on the nail on the wall, which refers to the person who views it. Moreover, what is present-at-hand (*Vorhanden*), and what typically stands in the search light of any science, like stones, trees and so on that are part of the environment (*Umwelt*), is only "discovered" indirectly through what is close to, and practically known by, us, or what Heidegger calls ready-at-hand (*Zuhanden*). The trees in the forest that are used to make fire in the stove, as timber for the construction of the barn in the field, or for pulp to be sold for money. It is this that puts them in a meaningful whole. The fields of the farm, as its tractor, as its forest with its woodcutting roads (*Holzwege*) – including the one with the stone that is too big for tractor to overcome – are all related to each other. Furthermore, the field and the forest belong to the owner of the farm, and the farmer cultivates the land. The farm is adjacent to another farm, but it is not the physical proximity, but the relation to the owner – regardless whether he or she is known to us – that makes it a relation to others. This "*Zeugzusammenhang*" or wholeness of our surrounding world (*Umwelt*) of tools in a wide sense, suggests that one shall not see "things" atomistically, or as existing prior to

12 Heidegger claims that man, in his everyday-life, understands himself by what he does (Heidegger [1927] 2001:239).

Dasein. We understand them because of their system usefulness in which they refer to each other (Heidegger [1927] 2001:85-88). Moreover, as indicated in the examples, what we have around us refers to other humans' activities, though we may not know them as individuals. It nonetheless refers to others (Heidegger [1927] 2001:117-118). One may say that the world is essentially a social world, in which what we have around us refers to our *Mitseins* (being-with other people).[13]

So far, I have discussed man's relation to things, and only indirectly discussed the relation to other men. However, the world is essentially a world with others (*Mitwelt*) (Heidegger [1927] 2001:118). The other is not always represented by a concrete individual. There is, according to Heidegger, an existential relation between *Dasein* and others who are also there (*Mitsein*). Individuation and individual perceptions, ideas and so on, if I am correct, are, however, only derivatives of the "social world" that constitute our being (Heidegger 2001:334). Heidegger, as we have seen, argues that man is not an island. In fact, man, or *Dasein*, is only possible as a relation with others (Heidegger 2001:333; [1927] 2001:125). Thus, we cannot, "even make sense of a non-social Dasein" (Dreyfus 1991:148). *Dasein*, as I have said, is not a subject, and Heidegger, in trying to make his point clear by using a Cartesian language, sees it as "between" subject and object (Heidegger [1927] 2001:132). But he, of course, means something more than that *Dasein* is "in between" two existing things in a Cartesian space. The theories of "subject-object-relations" that have framed so much of the sociological discussion, is in Heidegger's view a result of *Dasein.* It is one ontic possibility among many, but this relation is not basic, and cannot account for the ontological question. It is, as it were, an ontic question. The "in-between", to try to explain Heidegger's position in a non-Heideggerian language, is the constitutive relation, not the "objects". For Heidegger, distances and positioning are derivates of the phenomenological notion of being there, and the distance correlates with *Ferne* ("far away") and "*Nähe*" ("close by"). Consequently, to be in-the-world is essentially to be in the world with others. Although a car is also in-the-world, it has a different relation to *Dasein* than *Dasein* has to its *Mitseins.*

We will now take a closer look at the "social" dimension of *Dasein. Dasein*, to further separate it from the more common idea of "subject" is dispersed (*zerstreut*) and must find itself (Heidegger 2001:333). Not only is *Dasein* ontologically dispersed, it is also dispersed and fragmented in its own activities: caring (*sorgen*) for something, doing something, questioning and other kinds of activities (Heidegger [1927] 2001:56-57). This idea of dispersion corresponds to what White says about how persons are constituted due to multiple identities in several domains. What Heidegger says is not that *Dasein* first is a unit that then falls apart, it is rather the other way around: the dispersion is the condition of the unity of man. Heidegger says moreover, that one is given to one self (Heidegger [1927] 2001:129). The "subjective" feelings, empathy and much more are only derivatives of the more basic *Mitsein* relation. Heidegger says that the "I-You" as

13 One may here discuss the relation to the Actor-Network-Theory (e.g., Latour 1996). But Heidegger sees practice as being prior to mental knowledge.

well as the sex-relation presupposes the we-relation of *Mitsein* (being with) (Heidegger 2001:145-146). It is only because we first are together that we can be alone. This idea summarizes the ontological condition, which is directly the opposite of the "egological" positions that we discussed in relation to the sociological theories, and which state that man starts out alone, and then becomes social.[14]

Although the idea of relations between man and the world is essential, one must see how it connects to what sociologists usually find to be highly interesting, the idea of *das Man* (They). The others, not necessarily in a concrete way, are what make up *das Man* (they). To be with others does not call for direct presence of people. Heidegger is, in contrast, stressing how we are affected by what "one does" or what *das Man* does. The normative priming is for Heidegger not something that enters the "inner sphere" of the subject, as he rejects this idea; it is an essential relation. Each of us is part of they, but they are always there; one behaves as "one does," reads newspaper as one does, enjoy oneself as one does and so on. *Das Man* constitutes the public and Heidegger even uses the notion of dictatorship to account for the relation between the one and the many, in a way that resembles Nietzsche's view (Aspers 2007a). It is important to see that Heidegger does not only focus on the direct relations, but argues that we are tied up with social norms. Our thinking and practice, or for short, being, is constituted in relation to social practice and conventions (Heidegger [1927] 2001:126-130). *Das Man* is part of the constitution of *Dasein*, and *Dasein* is dispersed "in" *das Man*. I will not here discuss Heidegger's analysis of authentic life, and the relation of this to *das Man*. The main point from the perspective of this chapter is, that Heidegger addresses the ontological level. This level cannot be understood unless one starts with man who is already in the world—*Dasein*, reflecting the fundamentally relational ontology of Heidegger. A more detailed study should be done to further outline and analyze Heidegger's position in relation to relational sociology.

6. Conclusion and Outlook

The ontological question is not addressed in sociology. This is despite the fact that all sociological theories make ontological assumptions. This issue has often not even been acknowledged, which may be due to sheer ignorance. This chapter has studied the ontological level. I started with the question of order, and saw that sociological approaches, the relational approach included, have a non-relational ontology. In fact, the every-day ontology is taken for granted, upon which meaning is bestowed in social processes. This is to say that the ontological level is left out in social science analyses. To address this question of ontology we turned to Martin Heidegger, who analyzed it in detail.

14 Berger and Luckmann as well as Mead, represent, when their theories are boiled down to their ontic assumptions, egological approaches, though they in practice are much more oriented to a social constitution.

Heidegger's position puts man at the center, but it also suggests that there are a number of essential relations before one can speak, at all, of man (*Dasein*). Man is, in a different language, essentially social. This position, what I call socioontology, represents a radically different idea than what has been common in sociology and other social sciences, most notably economics, namely that man is ontologically isolated and only through processes does he reach out and become social. Heidegger is remarkably radical as he says that to talk of "man" as non-social is nonsense. This sociological idea must be seen in the light of Heidegger's fundamental ontology program. Instead of taking the world for granted, as being there to be discovered by a knowing subject – which is to reduce the ontological problem to an epistemic problem – Heidegger offers us a fundamental ontology centered on man. From the discussion of Heidegger's work it follows that one can "apply" his findings to understand the ontological level, and even perhaps also in a more relaxed and pragmatic way. Heidegger's position represents a critique of neoclassical economics and rational choice, and others that propose a non-social foundation.

Heidegger's ontological work is not directed at the specific problems of the individual sciences (Srubar 2001:184; Heidegger [1927] 2001:312-313). This should not stop us from finding ideas in Heidegger's text that can help us to improve sociology. In this chapter, I have tried to draw on Heidegger's analysis of ontology, and shown how it is relevant for relational sociology. I argue that Heidegger's idea of *das Man* and being-together-with-others, the importance of "in between," the deconstruction of the subject-object relation, the rejection of mentalism, and much more can be used for developing sociology. More specifically, sociologists who speak of social constructions (Hacking 1999), following Berger and Luckmann (Berger/Luckmann [1966] 1991), must account for the fact that also people's identities are "social components" that have to be ordered. *Social* order is special as man is both ordered and, at the same time, the reason for us talking of order at all. Man, one may say, holds a special role as both *part* of the world but with the *capacity* to reflect upon herself (cf. Heidegger [1927] 2001:25). Sociologists must therefore approach the notion of identity, and more explicitly human identity, with special attention, as the very idea of order only makes sense in relation to human activities. Man is, in other words, not an object among others, as relational sociologists have made clear (Mützel 2009).

Heidegger discusses the "relation" and the "constitution" of *Dasein,* and he thereby presents a fundamental ontology, which I have tried to show has a strong relational base. This can be the starting point for further development. The relation to others, not the least in forms of ties, as well as the indirect relation to man via human-made tools, could also be discussed much more in the light of Heidegger. Heidegger's relational socioontology is a new way of thinking of social relations. He outlines several different kinds of relations, but also a method for understanding of man. This method of understanding, the hermeneutic (Heidegger 1988), is everything but psychological, it is ontological, or as I have said, socioontological. The larger task of employing Heidegger's ideas, however, has not been pursued here; this is a task for the future.

References

Alexander, Jeffrey , et al. (eds.), 1987: *The Micro-Macro Link*. Berkeley: University of California Press.

Aspers, Patrik, [2001] 2006: *Markets in Fashion, A Phenomenological Approach*. London: Routledge.

Aspers, Patrik, 2007a: Nietzsche's Sociology. In: *Sociological Forum* 22, 474-499.

Aspers, Patrik, 2007b: Wissen und Bewertung auf Märkten. In: *Berliner Journal für Soziologie*, 431-449.

Aspers, Patrik, 2008: Order in Garment Markets. In: *Acta Sociologica* 51, 187-202.

Aspers, Patrik, 2010: *Orderly Fashion: A Sociology of Markets*. Princeton: Princeton University Press.

Azarian, Reza, 2003: *The General Sociology of Harrison White*. Stockholm: Department of Sociology, Stockholm University.

Berger, Peter/Thomas Luckmann, [1966] 1991: *The Social Construction of Reality, A Treatise in the Sociology of Knowledge*. London: Penguin Books.

Bhaskar, Roy, [1975] 1997: *A Realist Theory of Science*. London: Version.

Coleman, James, 1990: *Foundations of Social Theory*. Cambridge, Mass.: Harvard University Press.

Dreyfus, Hubert, 1991: *Being-in-the-World, A Commentary on Heidegger's Being and Time, Division 1*. Cambridge: The MIT Press.

Emirbayer, Mustafa, 1997: Manifesto for a Relational Sociology. In: *American Journal of Sociology* 103, 281-317.

Emirbayer, Mustafa/Ann Mische, 1998: What is Agency? In: *American Journal of Sociology* 103, 962-1023.

Foucault, Michel, [1966] 2002: *The Order of Things: An Archaeology of the Human Sciences*. London: Routledge.

Frede, Dorothea, 2006: The Question of Being: Heidegger's Project *The Cambridge Companion to Heidegger*. Cambridge: Cambridge University Press, 42-69.

Fuhse, Jan, 2008: Menschen in Netzwerken. In: Karl-Siegbert Rehberg (ed.) *Die Natur der Gesellschaft*. Frankfurt/Main: Campus 2933-2943.

Fuhse, Jan, 2009: The Meaning Structure of Social Networks. In: *Sociological Theory* 27, 51-73.

Hacking, Ian, 1999: *The Social Construction of What?* Cambridge Mass: Harvard University Press.

Hayek, Friedrich von, 1973: *Law, Legislation and Liberty, A New Statement of the Liberal Principles of Justice and Political Economy, Volume 1, Rules and Order*. Chicago: The University of Chicago Press.

Heidegger, Martin, 1962: *Die Technik und die Kehre*. Pfullingen: Verlag Günther Neske.

Heidegger, Martin, 1975: *Die Grundprobleme der Phänomenologie, Gesamtausgabe, II. Abteilung, Vorlesungen 1923-1944, Band 24*. Frankfurt am Main: Vittorio Klostermann.

Heidegger, Martin, 1988: *Ontologie. Hermeneutik der Faktizität, Gesamtausgabe II. Abteilung: Vorlesungen 1919-1944, Band 63*. Frankfurt am Main: Vittorio Klostermann.

Heidegger, Martin, 1994: *Einführung in die phänomenologische Forschung, Gesamtausgabe, II. Abteilung: Vorlesungen 1919-1944, Band 17*. Frankfurt am Main: Vittorio Klostermann.

Heidegger, Martin, 2001: *Einleitung in die Philosophie, Gesamtausgabe, II Abteilung: Vorlesungen, Band 27*. Frankfurt am Main: Vittorio Klostermann.

Heidegger, Martin, [1927] 2001: *Sein und Zeit*. Tübingen: Max Niemeyer Verlag.

Hobbes, Thomas, [1651] 1968: *Leviathan*. London: Penguin Books.

Husserl, Edmund, [1913] 1962: *Ideas, General Introduction to Pure Phenomenology, Book I*. New York: Collier Books.

Husserl, Edmund, [1952] 1980: *Ideas, Pertaining to a Pure Phenomenology and to a Phenomenological Philosophy, Book III, Phenomenology and the Foundations of the Sciences*. The Hauge: Martinus Nijhoff.

Latour, Bruno, 1996: *Aramis or the Love of Technology*. Cambridge: Harvard University Press.

Leifer, Eric/Harrison White, 1987: A structural approach to markets. In: M Mizruchi/M Schwartz (eds.), *The Structural Analysis of Business*. Cambridge: Cambridge University Press, 85-108.

Malhotra, Valerie 1987: A Comparison of Mead's 'Self' and Heidegger's 'Dasein': Toward a Regrounding of Social Psychology. In: *Human Studies* 10, 357-382.

Mützel, Sophie, 2009: Networks as Culturally Constituted Processes, A Comparison of Relational Sociology and Actor-Network Theory. In: *Current Sociology* 57, 871-887.

Parsons, Talcott, [1951] 1970: *The Social System*. London: Routledge.

Parsons, Talcott [1937] 1968: *The Structure of Social Action,*. New York.

Reed, Isaac, 2008: Justifying Sociological Knowledge: From Realism to Interpretation. In: *Sociological Theory* 26, 101-129.

Schütz, Alfred, 1964: *Collected Articles II, Studies in Social Theory*. The Hague: Nijhoff.

Schütz, Alfred, [1932] 1976: *The Phenomenology of the Social World*. London: Heineman Educational Books.

Schütz, Alfred, 1996: *Collected Papers IV*. Dordrecht: Kluwer Academic Publishers.

Searle, John, 1995: *The Construction of Social Reality*. New York: Free Press.

Searle, John, 1998a: *Mind, Language and Society, Philosophy in the Real World*. New York: Basic Books.

Searle, John, 1998b: Social Ontology and the Philosophy of Society. In: *Analyze und Kritik* 20, 143-158.

Searle, John, 2008: Language and Social Ontology. In: *Theory and Society* 37, 443-459.

Searle, John 2005: What is an institution? In: *Journal of Insititutional Economics* 1, 1-22.

Srubar, Ilja, 2001: Heidegger und die Grundfragen der Sozialtheorie *Die Jemeinigkeit des Mitseins, Die Daseinsanalytik Martin Heideggers und die Kritik der soziologischen Vernuft*. Konstanz: Verlagsgesellschaft mbH., 175-195.

Theunissen, Michael, [1977] 1984: *The Other, Studies in the Social Ontology of Husserl, Heidegger, Sartre, and Buber*. Cambridge, Mass.: MIT Press.

Waldenfels, Bernhard, 1998: Comment on John Searle's 'The Construction of Social Reality. In: *Analyse & Kritik* 20, 159-165.

Weiss, Johannes, 2001: Einleitung. In: Johannes Weiss (ed.) *Die Jemeinigkeit des Mitseins, Die Daseinsanalytik Martin Heideggers und die Kritik der soziologischen Vernuft*. Konstanz: Verlagsgesellschaft mbH., 11-56.

White, Harrison, 1981: Where do Markets Come From? In: *The American Journal of Sociology* 87, 517-547.

White, Harrison, 1992: *Identity and Control, A Structural Theory of Social Action*. Princeton: Princeton University Press.

White, Harrison, 1993: Markets in Production Networks. In: Richard Swedberg (ed.) *Explorations in Economic Sociology*. New York: Russel Sage Foundation, 161-175.

White, Harrison, 2002: *Markets from Networks, Socioeconomic Models of Production*. Princeton: Princeton University Press.

White, Harrison, 2008: *Identity and Control, How Social Formations Emerge*. Princeton: Princeton University Press.

Relational Language: The Example of Changes in Business Talk[1]

Harrison C. White/Frédéric C. Godart

How are you exhibiting that you are acting in a market, or that instead you are caught up in internal affairs of a big hierarchical firm? And what would be the tangible evidences of your being in a different sort of context altogether, a Silicon Alley of network mobilizations among aficionados in some novel technical line of business or design? These questions do not address issues of business operation, of management strategy and expediency, nor do they take on issues of control and identity that arise over time and have engendered this variety in business contexts. They address issues of language as a relational social formation in business contexts.

Let us focus our attention on finding and deciphering evidence. Typically we ask, directly or indirectly, for the stories of participants and then try to use these responses to fill out and verify the black boxes in our analytic diagrams of management process. We suggest we should instead pay attention to how managers mount their stories with each other, aside from responding to analysts' inquiries. Let us notice what they themselves are not hearing as to how they are saying what they are saying. In short, let us develop a sociolinguistics of business management. Participants not only do not notice, also they cannot much manipulate these matters of discourse, matters which are socially constructed within, and enforced through, the given business contexts.

Within your part of a firm, say, a big New York bank, one has come to speak in the style which is at home there. Speaking with another firm, by contrast, could instead be analogous to using a different, coarser, and more formal idiom, much as in the Djirbal tribe of indigenous Australians where a man switches to a special mother-in-law language when speaking to affines (Dixon 1972; Dixon/Blake 1979). That might also be true of occasional encounters with very high bosses, CEOs, or with remote or recondite and backroom departments of your own firm.

Understanding change in business talk fosters the "new structuralist project in cultural analysis" identified by Mohr (2000). This project, of which Fuhse (2009) provides a recent overview, aims at addressing the long-standing structure/culture conundrum by analyzing the co-constitution of relations and meanings. Discourse is interanimated in both social network and cultural domain, which become melded in a distinct type of relational ties. We argue that the framing of any language, its syntax and grammar, are themselves social products of networks of relations. Thus, our claim is that language is

1 We thank Jan Fuhse and Sophie Mützel for their insightful comments.

"relational" (Emirbayer 1997; Emirbayer/Goodwin 1994): all language emerges and is shaped in interaction with social organization and process.

All of which is to suggest attempting to specify business practices by applying sociolinguistic principles for how the dual social and cultural aspects of situational context shape discourse, be it in speech, e-mail, or videoconferencing. This is a tall order. It will suggest and require some innovation in existing practices of the linguists on whose work we draw. We will build up to three very specific phenomena of language in discourse as promising sites for applying the dual approach that will be developed.

1. Background, focus, and overview

1.1 Background

Change for its own sake can be a main principle in fraught contexts, as Eccles and Nohria (1992) among many others have pointed out for aspects of business affairs. Or change can be thrown up by interacting management strategies in operation (see e.g., Bower [1970] 1986; Morrill 1995). Here, the linguistic realization of any such changes becomes the additional question, or rather the set of questions, we urge upon us as business management analysts.

Our approach is to develop a quite general and flexible approach to studying business discourse which can be brought to bear time after time on particular concerns. For example, Davis and McAdam (2000) argue for a shift to network forms rather far from either market or firm as we have thought about them. Discourse evidence can not only help verify their claims but also unfold them into more specific practices.

One source of the needed empirical techniques is work by Gibson (2000, 2003, 2005) coming out of a multi-year study of management interaction networking in a large New York bank. Gibson offers a family of measures and models for discourse induced from his very extensive coding of discussions in management groups and grounded in earlier findings on turn-taking in discourse going back to Sacks, Schegloff and Jefferson (1974). This is at the micro level. At larger scopes, Mische and Pattison (2000) apply techniques in lattice analysis to time series for mobilization of political organizations. Mützel (2002) analyzes the emergence of meanings in the German capital's move from Bonn to Berlin using social network analysis techniques. Godart and Mears (2009) study the underlying status structure of fashion designers' professional rhetorics using Quadratic Assignment Procedures, a statistical technique well-suited for social networks. Their work exemplifies one line of research that attempts to use social network analysis to understand culture (see Mohr 1994; Mohr 1998; Mohr/Duquenne 1997). These enable further development of earlier linguistic methodology for field studies (e.g., Gal 1979), all of which should be brought to bear on field research and measurement focused within formal organizations (e.g., Lazega 1992; and on business see Morrill 1995).

1.2 Focus

Our emphasis lies in between different scales of time and scope, but also draws in some depth on many strands in linguistics and discourse analysis. The general argument is that one can discern and help develop approaches to analyzing how communication interaction is effected, at many scales, and largely outside the conscious knowledge of those interacting. There are of course psycholinguistic and cognitive aspects, many much studied, but our concern is with more tangible phenomenology of interaction, as in Goffman (1971).

Let us here concern ourselves with applications in principle rather than with particular corpuses of language use. The institutional systems targeted are those of business, of which a general framing is laid out in White (2002; see also White/Godart 2007); for related strategic analyses see Bothner (2003; and also Bothner/White 2001; Bothner et al. 2004). As one example, switch in orientation of firms in a production market from downstream to upstream should have discernible traces in linguistic practice, during the change period and in contrast between, before, and after observation. Less dramatically, there should be correlation between discourse practices – how subcultural form interweaves with social patterning of dominance – and parameters (White 2000) that measure embeddings of producers in market flows. But that is an estimation of a single parameter, derived from general flow of discourse. This paper is aiming at much more specific operationalizations, and with reference to more specific business situations.

1.3 Overview

Use of the plural, languages, reminds us that languages from their beginnings have been multiple and interlaced. Languages in fact overlap and interact in their evolutions to such an extent that we may better speak of sublanguages as the basic units (e.g., Brenzinger 1992; Dixon/Blake 1979; Le Page/Tabouret-Keller 1985). 'Dialect'[2] designates those sublanguages that are distinguished by location in geography or social class, with 'diglossia' indicating a yet larger linguistic gap as when Dominican cashiers from Washington Heights chat with each other as well as lines of customers in Manhattan stores uptown (Fishman 1968). Some of these customers go on to spend the day downtown using the specialized register of bankers' talk, others disappear into a world of legal discourse, and the cashiers go back to the Heights to use mostly Spanish.

Register is the general term for the argot associated with a particular socio-cultural world, be it occupational or organizational. This obviously should be a focus for studying usage in lines of business. It carries connotations of special lexicon, a dictionary that reflects a history of the social production of this world together with its subculture. This history reflects specialized interactions among particular projects of identity and con-

2 See the Appendix for a clarification of linguistic terms used here.

trol (White 1992, 2008)—or, in the language of linguists, of particular functions (Halliday 1994) as these work themselves out concretely in discourse (Brown/Yule 1983).

Variety of register, thus, must be a principal concern in this effort to develop more supple ways to measure and discriminate business discourse. Much more prominent have been studies of how expression in existing sublanguages is manipulated to various ends, without considering that partial changes may result in the sublanguages themselves (Agha 1993; Crapanzano 1993; Forgas 1985; Shotter 1993). There are some exceptions, such as studies of language death (e.g., Brenzinger 1992), of evolutions of genre (Briggs/Baumann 1992; Perinbanayagam 1991; Swales 1990), and of shift under change in political regime (Kratochvil 1968; Lodge 1993; Tilly 1995). Some linguists do close a related but distinct loop, the semiotic loop of Whorf from language to behavior and back (Lee 1993; Mertz/Parmentier 1985). Traditional linguistics is of course concerned with historical development, but without adequate concern with social context, such as historians have called for (e.g., Harris 1989).

The goal is sketches for concrete studies consistent with this general analytic approach. We will cite from the many literatures bearing on sociolinguistics. Key linguistic references for our focus are Biber and Finegan (1994) and Halliday (1994). The central sociological constructs are involved with networks of relations (Wellman/Berkowitz 1988), although there are only a few applications to language, notably Gal (1979), Milroy (1987), and Bickerton (1975). We begin with alternative framings of business discourse, which we tie in with social network analyses. Then we turn to specific linguistic measures and methods, together with mention of modeling and data reduction techniques that will be required.

2. Grammar and discourse in registers with change

There are many studies of change in lexicon and its incidence that can be adapted to the business change context: see Gumperz (1982) and Gramley and Pätzold (1992) for overviews. These may be less likely to evidence changes in social process and organization than are changes of grammatical usage. For general background on existing linguistic views on changes in grammar, see Hopper and Traugott (1993). Those views take for granted that very long periods are associated with such change.

There are two main approaches to investigating correlation of change, in business or elsewhere, with syntax and grammar on a much shorter scale than in linguistic studies of grammaticalization. One is to note with Halliday (1994) that each utterance normally is accomplishing several functions at once, thanks in large part to grammar/syntax, although also to body language, intonation, and the like in face-to-face discourse. The second emphasizes a complementary point, that language use has to deal with, and thus is shaped by, endless *switchings* between *network-domains* as situations and schedules call for them (White 1995). These concepts are developed in the following two sections.

In either approach, developing measures and tests related to the claims is daunting. Three principles will be followed.

One is to search for empirical contexts which seem ripe for change or emerging from change sharp enough to make language changes easier to note. Pause to consider examples. U.S. firms manufacturing chemicals are subject to stringent Occupational Safety and Health Administration (OSHA) regulations such that they must develop and monitor continuous real-time record-keeping of their operations to file reports and to have evidence in any later lawsuits. Ways of thinking and thus discourse, register, and syntax, can be expected to be changeable and changing. Consider instead an interacting network of business organizations, as exemplified in the study by Davis and McAdam (2000) mentioned earlier. One realization would be wineries connected in some regional identity: Bourgogne in France (Chiffoleau/Laporte 2004), California (Benjamin/Podolny 1999), or the "New World" in general (Roberts/Reagans 2007). Here again quality is central, but quality as constructed among networks of brokers, consumers and producers, who observably are developing special registers around quality and identities.

The second principle is equally important. Choose particular features of grammar, and related lexicon, as likely to influence and be influenced by changes on short time scales such as are anticipated. The grammar of English, as of any language, has very many aspects that could be candidates.

The third principle is to seek practicable access to data which is sufficient for finding and establishing change. The obvious candidate is internal electronic communication, especially e-mail. One can seek, possibly in a management consultant role, to develop software capability of sifting all, or samples, of e-mail.

We will discuss only two, quite limited aspects, concessive connectives (König 1988; Thompson/Mulac 1991) and indefinite pronouns (Haspelmath 1997). Both are areas of relatively recent grammaticalization, which is still quite variable, in a number of languages. Both seem likely to be involved in the business dynamics to be examined. In particular, each is likely to be prominent in how discourse in various modes is an overlay of functions or gets switched between networks of relations and domains of meanings.

The third sketch for empirical focus cross-cuts grammar with lexicon. We return to elaborate on this at the end, after sections on concessives, indefinite pronouns, and appropriate fieldwork design. We next turn to laying out the two complementary network, or relational, approaches used to set up observation and analysis of business practices.

3. Switchings, network-domains, and publics

Ties of several types between actors were early recognized within role frames such as kinship. Along with specialization among still further socio-cultural domains there appeared ties of new types, each type being coupled with a domain, but no longer interlocked in prescribed role frames. Transitions among domains thus are bound up necessarily with transitions among such networks, and the endstates have to be seen as interminglings. Perceptions in discourse are always being filtered, and it is these filters which we call *domains*. But the construction of discourse is differentiated socially in ways mixed in with its cultural discriminations. Domain always comes inter-coordinated with some social setting, which we specify in *network* terms; hence the term *network-domain* (Corona/Godart 2009; Grabher 2006; White 2008). The term 'network-domains' is ungainly, but it serves to insist upon, first, switching being jointly cultural and social, and, second, switching being contingent and vague rather than fixed and sharp in boundary. For ease of reference abbreviate this as *netdom*.

The social network constitution of an organizational world may vary with situation, context, and environment (White 1992, 2008; White et al. 2007). The other major point of this paper is that discourse is shaped as much by switchings between network-domains as it is within each network-domain. The model developed here is an outgrowth which involves switches of cultural domain simultaneously with network, often via intervening standings as publics. For applications to discourse consult White (1995) and Mische and White (1998).

The key distinction of human social networks lies in interaction that is interpretive, from language use—which also is reflexive (see e.g., Lash 1994). Considered abstractly, interpretive and reflexive qualities can be characterized as yielding distinctive social constructions of durations and coordinations. Networks of language use by cultural domain thus are distinctive of social organization, and equally construct and determine language form. Social networks also reach out over time to warrant and entail still other ties to an actor reached by a given tie.

In talk, reactions can shape perceptions just in terms of momentary topics without changing the perception either of connectivity in social space, or of coherence in connections within cultural space. But there also are abrupt transitions between networks accompanied by switchings of speech register. In this paper we seek to trace the mechanisms and impacts of these joint and abrupt transitions.

Claim #1. Switching is endemic.

Switchings in discourse occur on small scales, formally or informally, as when two couples sort out to enter a car. Switchings in discourse also occur on large scales, either with formality, as when a meeting comes to order, or more informally, as during the emergence of a new convention of social mobilization (Tilly 1995). And all of us recurrently witness and also read in our newspapers about discourse between corporate bodies around us which reflects rapid, yet unplanned, shifts of attention in action (Burt/Schøtt 1985).

Switchings may seem conscious and rational, or instead they may be quite un-self-conscious. 'Zapping' offers itself as image of such movements: zapping as a magic wand for how we, singly and in sets, switch from daily life to job politics, and back, then on to research work, entertainment, and so on. But even TV zapping, or compulsive Internet browsing, is ambiguous as a model. The metaphor of zapping or switching 'as if by magic' is story-telling, it is folk-theory that both gives and contributes to a short-cut explanation featuring orderliness.

But switching is mainly non-agentive. A person can be said to have 'switched' when the new situation considers as relevant a different set of cues than the previous set, even if that individual's entire cue-set has not changed. But then when that person thinks about it after-the-fact, as that person describes the experience to others, the anomalous experiences 'drop out,' because they cannot be woven into the story – just as the immediate social pressure of the new situation washed out the old and imposed the new cue-set, willy nilly. Lines in a story are supplied by and with network-domain, which is of and in place, and time, with role-occupying alters and network choices as well as physical objects.

Transitions among domains have become problematic, diffuse and scattered and yet still socially coordinate in networks. The stretches that are active in a network-domain need neither be known nor be calculated in advance. Associated with switchings are realizations, *ex post* selections, of just what strings of ties were enacting a network-domain together, whether the scope be personal or corporate.

Define a *public* as a linguistically constructed interactional space invoked among minimally recognizable identities with culturally-specific presuppositions reduced as compared to a network-domain. A public is an approximation to non-subjective, maximally decontextual interactional setting, exhibiting fully connected actors considered equivalent. For example, a court of law when in session attempts to be a public, and so does a management conference. A less extreme form is the coffee break, which can quickly yield a whole new staging of sociocultural action, perhaps with juice drinkers to one side and smokers shunted away to talk on a managerial topic of their own.

The social network of the public is perceived as fully connected, because other network-domains and their particular histories are suppressed. Essential to its mechanism is a decoupling of times, whereby time in public is always a continuing present time, a historic present (Zerubavel 1979). A public may last but the moment of routine salutations at a gathering, or it may last for hours of joint immiseration before a communal TV. Scope of participation in terms of external networks, within and outside the organization, is just as variable.

Publics afford more flexibility in the very difficult matter of effecting social shifts of domain, topic, partner and the like. Schedules and other zapping procedures surely antedate but also currently interleave with transitions via publics. Discourse is constructing social times, lengths as well as sequences, as much as it constructs social spaces as networks.

Any network-domain is thus primarily concerned in switching to or from public, rather than in negotiation of switching to and from any of a whole set of other particular network-domains. The greater the number of distinct network-domains, the greater is the easing by publics of switchings. In mathematical idiom, the argument is that it is easier to evolve a mere *2n* ways to enter and exit a common public state from *n* distinctive network-domains than it is to evolve the much larger (*n* times *n-1*) number of ways to switch from one to another of the network-domains.

A public presupposes, requires and builds some leaching of semantic content. Any public enlarges its cultural reach by placing topicality within formality, just as a dominance hierarchy does, but the latter moves toward the rigid repetition of the ceremony. When instead new topics always are allowed, each leached around its formal reflection, one is constructing a public of today.

Spatio-temporal deictics (e.g., 'here', 'now') may mark possible transitions between types of tie from within a given public. By contrast, anaphoric indexing (e.g., pronouns, articles) from inside a public to other utterances may serve to prioritize or frame distinct types of tie. Deixis thus may correspond to process across publics, with anaphora and other syntax corresponding to framing from within a public.

4. Overlays of networks and domains

Overlay and switching have been kept separate. But they are analytic views and somehow should combine into an overall concrete representation. A natural candidate is through narrative, which is participants' own custom, and whose analysis suggests further leads for measurement.

4.1 Narrative

Interpretivist traditions share with positivist linguistics a preoccupation with predictable text, and thence especially with writing. Yet narrative is much more general, and written form should not be privileged over oral forms because they all induce some form of public. Think of conversation as an art, a sophisticated form of talk which could only emerge quite late in the human record, long after writing.

The conversational public and the narrative were prototypes for each other. Whereas any particular Goffmanian public of strangers is limited in time and social space and interpretive scope, a narrative public is expansive in all these ways and yet also can be intensive and intimate. Speech by particular others, which occurred within a network-domain, can be reported to and within a public, which may be either narrative or conversation public. Such quotation is a folk way of acknowledging framing in network-domains. The quotation may be direct, indicated in print by quotation marks. When the quotation is indirect, slid in with connectives as in "he said *that...*", we speak of *quasi-direct discourse*.[3]

3 The enormous importance of various forms of quotation for diagnosing everyday as well as literary discourse was first proposed by the school of Bakhtin ([1952-1953] 1986). A large number of other terms are used as equivalents to quasi-direct, such as 'free indirect.'

Claim #2. Instances of a type of tie are reportable by actors from that network-domain as quasi-direct discourse.

This can be in letters home, in schoolgirl diaries (Shuman 1986), in community speeches (Duranti 1994), or in literature (Bakhtin [1952-1953] 1986). Reporting speech, and specifically reporting thoughts through speech, is perhaps the primary grammatical device for the creation of public space through language.

In social formations, complex in the ways which support conversation, narratives continue to take on new sophistication and multiplicity. Narrative writing comes to be constituted as a persisting combination of deixis across publics with framing by anaphora within a public.

Now turn to fixing on apt research protocols, centered on two particular features of syntax.

4.2 *Indefinite pronouns*

Haspelmath (1997) maps various series of indefinite pronouns, such as in English that from any-one and that from some-one, onto a grid map of nine functions, as seen in figure 1:

Figure 1: "The implicational map for indefinite pronoun functions" Haspelmath (1997).

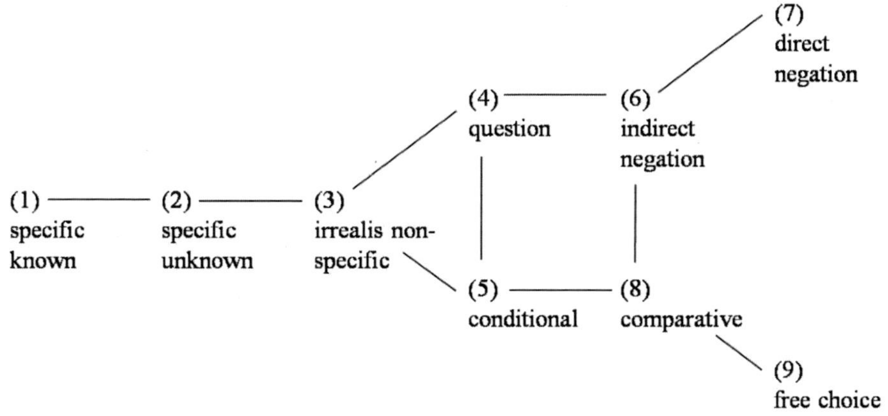

These functions are a pragmatic set with some intuitive appeal, rather than being derived as a general framework, as in Halliday (1994). Haspelmath characterizes them by strings such as "I don't know who; who you want; whoever it may be; no matter who; even someone; not even someone." Haspelmath worked inductively to come up with the grid on the basis of intensive analysis of reports from 40 languages (and more cursory examination of a total set of 100).

The gist of his approach is contrasting and combining overlaps in coverage of functions within each series and between series for all the languages. His basic claim is that for every language any given series of indefinite pronoun will cover only a contiguous set of functions on this grid. Note in particular that this theoretical grid of his has direct negation (which frequently turns out not to be associated with any other function so that its indefinite pronoun goes it alone) not connected to free choice.

The best way to understand his scheme is to examine grids for at least a few languages, for example English and French, in figures 2 and 3:

Figure 2: English; adapted from Haspelmath (1997).

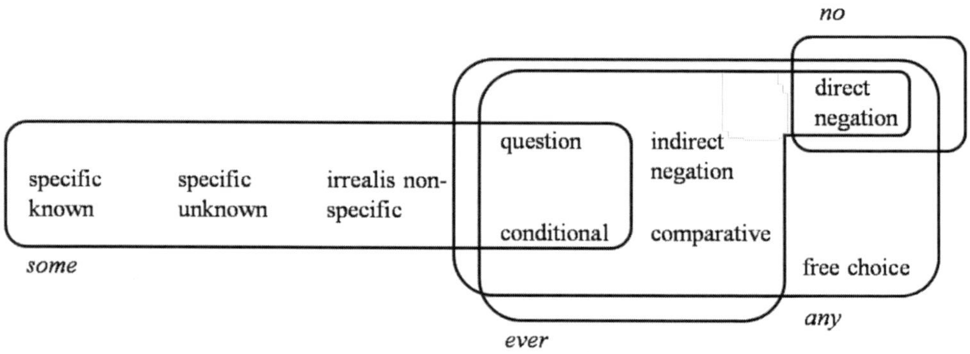

Figure 3: French; adapted from Haspelmath (1997).

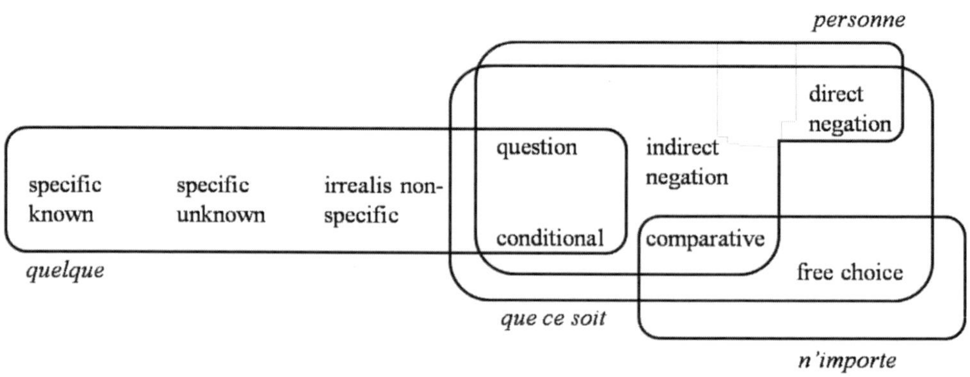

Application of Halliday's (1994) functional overlay analysis of grammar seems natural here. Guidance for analysis of business practice change from these comparisons of national languages is of course tricky.

The main point is the limitation of observation that linguistics accepts. Haspelmath makes reference to checking his reports with a 'native speaker' as if a single source in a single interview could give adequate coverage. One worries that the Bulgarian mapping is simpler and clearer only because Haspelmath has much less extensive sources on Bulgarian than on French, English, and other world languages. More relevant to present purposes, Haspelmath makes no attempt to refer his data to any particular speech register, social context, period, etc.

Nonetheless, one can apply this grid to examine exactly variations with indefinite pronoun usages with context in time and register. The aim is to uncover possible shift in the overlaps of function which are marked at given times by particular pronouns. With good fortune one might come on a situation in which the terms, the pronoun words themselves are being further differentiated or collapsed under pressure from changed interactions in purposes of different sorts of actor within an emerging sort of business context.

Say one is ensconced as an observer in a Silicon Alley internet software firm, itself with somewhat nebulous boundaries within networks of shifting new start-ups. Exact ly the pressures to include and to exclude this or that firm or actor from one and another coalition for particular action will evoke use, and from time to time creative usage of, indefinite pronouns. Analogous scenarios could be visualized for a regional nexus of wine producers each seeking newly premium identities.

Spotting, recording, assessing, and modeling data for such projects clearly are matters of some difficulty. Exactly for that reason it makes sense to cast the search net wider than a single grammatical feature. So we turn to concessive conditionals as a second feature. And immediately thereafter we shall consider further feasibility of various fieldwork designs.

4.3 Concessive/conditionals

We take our lead from König (1988), though with some reference to Haiman (1978) and to the volume by Traugott et al (1986) on *if*-conditionals. Like indefinite pronouns, these are seen as marginal and relatively new and somewhat unstable, but nonetheless recognizably parallel and therefore discriminable as grammar across general sets of languages. 'Nonetheless' is of course itself an example, as arguably is 'of course.'

One of the sets of concessive connectives that König discriminates in fact overlaps with some of the indefinite pronouns just surveyed: König's second set, which he refers to as representing volition or free choice, includes: ever, any, all, as well as, although, albeit, for all, all the same, however, anyway. It is apparent that a more extensive lexicon is involved. So there will be many more types of fish for the fisherman to catch but they may include species very disparate with respect to the (interpretive) nourishment sought.

There is a premier example of concessive conjunctive, *but* in English, which König has as the only one which is a language universal. Perhaps a field investigation could discern shifts in usage of 'but,' but it should surely come late as a task, since it would invoke collection and analysis of a very large corpus. The corpus needed might be of the same scope as the largest ones which linguists have yet accumulated, the London-Lund corpus of lexicon of published English.

But also is special in sharing properties with causal connectives, notably that both the clauses connected are taken to be true. The general characterization of concessives is instead that they are argumentative. Like causals and other grammatical items, concessives emerge from bleaching of meaning in prior usage of some word, but a bleaching toward a residue of spite and such rather than cause.

4.4 Fieldwork design

These discussions of indefinites and concessives serve to frame issues of strategy for fieldwork and analysis. A goal is to draw on linguists' depth of insight on grammar without getting caught up in unnecessary presuppositions. The base issue thus must be the very recognition of pre-set categories such as indefinite and concessive. A flexible approach is called for.

Biber and Finegan (1994) provide one model, though not directed to business and focused on written language. They are able to uncover substantial and specific evidence of change. The key was choice of an unusual context and timing in which a written form of a language of common discourse, Somali, was becoming institutionalized. More detailed probing within their corpus might well turn up evidence on changes with indefinites and connectives.

Design now must turn to the third of the three principles laid out and illustrated in the prior section on registers with change.

Conclusion: Grammatical stumblings from lexical depth

This approach is simpler to report as a possible venture, as well as a good deal less daunting as a fieldwork design. We just point to a classic research paper from Schachter et al (1994). They hypothesize that humming and hawing in speech (see Schiffrin 1987), vague interjections and pauses, correlate to increased difficulty in choice of words as the relevant lexicon increases. As a control they work only with discourse by academics. They draw contrast between stumbling in talks by humanists and by scientists, respectively more and less frequent. Through content analysis of standard publications in those disciplines, they establish that a much larger lexicon is used by the humanists.

Several analogies suggest themselves for business settings. Managers in stumblings may lie in between R&D personnel and marketers – or not. Stumblings may increase with switch to newly sensitive domains.

In sum, understanding language in concrete settings requires theoretical and analytical tools that account for both networks and domains; relational sociology and linguistics provide such tools. Language emerges from interactions in context, and dynamics of relational ties. In turn, cultural domains embedded in language shape social networks. Social formations are triggered by switchings across these different levels.

Appendix

The frame we have used for some rethinking of socio-linguistic processes in the network-domains of business life derives from more general views on languages, which can be summarized as follows:

- Language is an envelope from sublanguages, which are distinguished by configuration of domain and network. When the sublanguage is identified by geographical clines, or social stratification, it is called *dialect*; when instead it is identified with some community of activity, be it sports news, church service, or computerese, let the sublanguage be called *register*; when identified by specific occupation or profession it may be called *jargon*; when for outcasts it may be called *argot*, and so on. Sublanguages of any sort may and do disappear as well as emerge and develop.
- A sublanguage itself may subsume other sublanguages without necessarily being a distinct language, as among indigenous Australians (Dixon/Blake 1979) or Northern Amazonian peoples (Urban 1989). A sublanguage can be called a language when it both subsumes a number of other sublanguages and accounts for some large fraction of utterances among some explicit population with mutual speech recognition, and with agreed boundary demarcation, and which further agrees on a name, say English, or Chinese, or Breton, or Amharic, or Mohawk, or Basque. *Society* is the term correlate to a *language* incident in sublanguages among a population which includes its children. *Diglossia* refers to where more than one complete language occurs among the same population (Gumperz 1982).
- Within a language, a *high sublanguage* is inaccessible to those seeking to use it from lower down a scale of invidiousness: for instance pure mathematics to students in and most teachers of high school math, or County English (from which BBC/ Oxford English derives) to ordinary mortals. Writing first appears as a non-sound

system of signaling and recording which is subsidiary, and becomes assimilated, to a high sublanguage (see Goody 1986). The *standard language* that we take for granted is a high sublanguage that has been imposed on a wider population (see Lodge 1993).

Consider relations to narrative terms. One might think to propose the term *genre* as a synonym or substitute for network-domain in discourse. But the author-centered perspective of literary critics tends to carry along with 'genre' into other applications (for an exception see Mohr 1994).

The term genre indeed was extended to speech patterns by Bakhtin ([1952-1953] 1986), who was brilliant on the distinction between utterance and sentence. This leads one toward Bakhtin's idea of interanimation in which the author blends a number of genres into his text. But we argue, contrary to Briggs and Baumann (1992), that such extension of genre from literature to discourse misses the correlation needed with concrete, localizing social networks.

Whereas network-domains are jointly social and cultural, genres are cultural constructs. Genres mix and blend; network-domains switch. But we can search for when aspects of domains do interanimate in looser, more roundabout ways. Indeed, the analogue can be found in the ways in which multiple networks interanimate each other in accordance with the effects of structural equivalence which are portrayed by blockmodels of multiple networks (Boorman/White 1976; Pattison 1993; White 2008; White et al. 1976).

References

Agha, Asif, 1993: "Grammatical and Indexical Convention in Honorific Discourse", in: *Journal of Linguistic Anthropology* 3: 131-163.

Bakhtin, Mikhail M., [1952-1953] 1986: *Speech Genres and other Late Essays.* Austin, TX: University of Texas Press.

Benjamin, Beth A./Joel M. Podolny, 1999: "Status, Quality, and Social Order in the California Wine Industry", in: *Administrative Science Quarterly* 44: 563-589.

Biber, Douglas/Edward Finegan (eds.), 1994: *Sociolinguistic Perspectives on Register.* New York: Oxford University Press.

Bickerton, Derek, 1975: *Dynamics of a Creole System.* New York: Cambridge University Press.

Boorman, Scott A./Harrison C. White, 1976: "Social Structure from Multiple Networks. II. Role Structures", in: *American Journal of Sociology* 81: 1384-1446.

Bothner, Matthew S., 2003: "Competition and Social Influence: The Diffusion of the Sixth-Generation Processor in the Global Computer Industry", in: *The American Journal of Sociology* 108: 1175-1210.

Bothner, Matthew S./Harrison C. White, 2001: "Market orientation and monopoly power", in: Alessandro Lomi/Erik Larsen (eds.) *Simulating Organizational Societies: Theories, Models and Ideas*. Cambridge, MA: MIT Press.

Bothner, Matthew/Toby Stuart/Harrison White, 2004: "Status Differentiation and the Cohesion of Social Networks", in: *Journal of Mathematical Sociology* 28: 261-295.

Bower, Joseph L., [1970] 1986: *Managing the resource allocation process: a study of corporate planning and investment*. Boston: Harvard Business School Press.

Brenzinger, Matthias (ed.) 1992: *Language Death: Factual and Theoretical Explorations with Special Reference to East Africa*. Berlin: Mouton de Gruyter.

Briggs, Charles L./Richard Baumann, 1992: "Genre, Intertextuality, and Social Power", in: *Journal of Linguistic Anthropology* 2: 131-172.

Brown, Gillian/George Yule, 1983: *Discourse Analysis*. New York: Cambridge University Press.

Burt, Ronald S./Thomas Schøtt, 1985: "Relation Contents in Multiple Networks", in: *Social Science Research* 14: 287-308.

Chiffoleau, Yuna/Catherine Laporte, 2004: "La formation des prix: le marche des vins de Bourgogne", in: *Revue Française de Sociologie* 45: 653-680.

Corona, Victor/Frédéric Godart, 2010: "Network-Domains in Combat and Fashion Organizations", in: Organization 17: 283-304. .

Crapanzano, Vincent, 1993: "Text, transference, and indexicality", in: John A. Lucy (ed.) *Reflexive Language: Reported Speech and Metapragmatics*. New York: Cambridge University Press: 293–314.

Davis, Gerlad F./Doug McAdam, 2000: "Corporations, Classes, and Social Movements After Managerialism", in: *Research in Organizational Behaviour* 22: 195-238.

Dixon, Robert M. W., 1972: *The Dyirbal Language of North Queensland*. New York: Cambridge University Press.

Dixon, Robert M. W./Barry J. Blake (eds.), 1979: *Handbook of Australian Languages*. Amsterdam: John Benjamins.

Duranti, Alessandro, 1994: *From Grammar to Politics: Linguistic Anthropology in a Western Samoan Village*. Berkeley: University of California Press.

Eccles, Robert/Nitin Nohria (eds.), 1992: *Networks and organizations: structure, form, and action*. Boston: Harvard Business School Press.

Emirbayer, Mustafa, 1997: "Manifesto for a Relational Sociology", in: *American Journal of Sociology* 103: 281-317.

Emirbayer, Mustafa/Jeff Goodwin, 1994: "Network Analysis, Culture, and the Problem of Agency", in: *The American Journal of Sociology* 99: 1411-1454.

Fishman, Joshua A. (ed.) 1968: *Readings in the Sociology of Language*. The Hague: Mouton.

Forgas, Joseph P. (ed.) 1985: *Language and Social Situations*. New York: Springer-Verlag.

Fuhse, Jan A., 2009: "The Meaning Structure of Social Networks", in: *Sociological Theory* 27: 51-72.

Gal, Susan, 1979: *Language Shift: Social Determinants of Linguistic Change in Bilingual Austria*. New York: Academic.

Gibson, David R., 2000: "Seizing the Moment: The Problem of Conversational Agency", in: *Sociological Theory* 18: 368-382.

Gibson, David R., 2003: "Participation Shifts: Order and Differentiation in Group Conversation", in: *Social Forces* 81: 1335-1380.

Gibson, David R., 2005: "Taking Turns and Talking Ties: Networks and Conversational Interaction", in: *The American Journal of Sociology* 110: 1561-1597.

Godart, Frédéric C./Ashley Mears. 2009. "How Do Cultural Producers Make Creative Decisions? Lessons from the Catwalk", in: *Social Forces* 88: 671-692.

Goffman, Erving, 1971: *Relations in public: Microstudies of the public order*. New York: Basic Books.

Goody, Jack, 1986: *The logic of writing and the organization of society*. Cambridge: Cambridge University Press.

Grabher, Gernot, 2006: "Trading routes, bypasses, and risky intersections: mapping the travels of 'networks' between economic sociology and economic geography", in: *Progress in Human Geography* 30: 163-189.

Gramley, Stephan/Kurt-Michael Pätzold, 1992: *A Survey of Modern English*. London: Routledge.

Gumperz, John J., 1982: *Discourse Strategies*. New York: Cambridge University Press.

Haiman, John, 1978: "Conditionals are Topics", in: *Language* 54: 564-589.

Halliday, Michael A. K., 1994: *An Introduction to Functional Grammar.* 2nd. London: Arnold.
Harris, William, 1989: *Ancient Literacy.* Cambridge: Harvard University Press.
Haspelmath, Martin, 1997: *Indefinite Pronouns.* Oxford: Clarendon Press.
Hopper, Paul J./Elizabeth C. Traugott, 1993: *Grammaticalization.* New York: Cambridge University Press.
König, Ekkehard, 1988: "Concessive Connectives and Concessive Sentences. Cross-Linguistic Regularities and Pragmatic Principles", in: John A. Hawkins (ed.) *Explaining Language Universals.* Oxford: Blackwell: 145-166.
Kratochvil, Paul, 1968: *The Chinese Language Today: Features of an Emerging Standard.* London: Hutchinson and Company.
Lash, Scott, 1994: "Reflexivity and its doubles: structure, aesthetics, community", in: E. M. Beck/Anthony Giddens/Scott Lash (eds.) *Reflexive modernization: Politics, tradition, and aesthetics in the modern social order.* Cambridge: Polity Press.
Lazega, Emmanuel, 1992: *Micropolitics of Knowledge: Communication and Indirect Control in Workgroups.* New York: de Gruyter.
Le Page, Robert B./Andrée Tabouret-Keller, 1985: *Acts of Identity: Creole-based approaches to language and ethnicity.* New York: Cambridge University Press.
Lee, Benjamin, 1993: "Metalanguages and subjectivities", in: J. A. Lucy (ed.) *Reflexive Language: Reported Speech and Metapragmatics.* New York: Cambridge University Press: 365-391.
Lodge, R. Anthony, 1993: *French: From Dialect to Standard.* London: Routledge.
Mertz, Elizabeth/Richard J. Parmentier (eds.), 1985: *Semiotic Mediation: Sociocultural and psychological perspectives.* New York: Academic.
Milroy, Lesley, 1987: *Language and Social Networks.* Oxford: Blackwell.
Mische, Ann/Philippa Pattison, 2000: "Composing a civic arena: Publics, projects, and social settings", in: *Poetics* 27: 163-194.
Mische, Ann/Harrison C. White, 1998: "Between Conversation and Situation: Public Switching Dynamics across Network Domains ", in: *Social Research* 65: 695-724.
Mohr, John, 1994: "Soldiers, Mothers, Tramps, and Others: Discourse Roles in the 1907 New York Charity Directory", in: *Poetics* 22: 327-57.
Mohr, John, 1998: "Measuring Meaning Structures", in: *Annual Review of Sociology* 24: 345-370.
Mohr, John, 2000: "Introduction: Structures, institutions, and cultural analysis", in: *Poetics* 27: 57-68.
Mohr, John/Vincent Duquenne, 1997: "The duality of culture and practice: Poverty relief in New York City, 1888-1917", in: *Theory and Society* 26: 305-356.
Morrill, Calvin, 1995: *The executive way: conflict management in corporations.* Chicago: University of Chicago Press.
Mützel, Sophie, 2002: *Making Meaning of the Move of the German Capital: Networks, Logics, and the Emergence of Capital City Journalism.* Ann Arbor, MI: UMI.
Pattison, Philippa, 1993: *Algebraic Models for Social Networks.* Cambridge: Cambridge University Press.
Perinbanayagam, Robert S., 1991: *Discursive Acts.* New York: de Gruyter.
Roberts, Peter W./Ray Reagans, 2007: "Critical Exposure and Price-Quality Relationships for New World Wines in the U.S. Market", in: *Journal of Wine Economics* 2: 56-69.
Schachter, Stanley/Frances Rauscher/Nicholas Christenfeld/K. Tyson Crone, 1994: "The Vocabularies of Academia", in: *Psychological Science* 5: 37-41.
Schiffrin, Deborah, 1987: *Discourse Markers.* New York: Cambridge University Press.
Shotter, John, 1993: *Cultural Politics of Everyday Life: Social Constructionism, Rhetoric and Knowing of the Third Kind.* Buckingham: Open University Press.
Shuman, Amy, 1986: *Storytelling Rights: The Uses of Oral and Written Texts by Urban Adolescents.* Cambridge: Cambridge University Press.
Swales, John M., 1990: *Genre Analysis: English in Academic and Research Settings.* New York: Cambridge University Press.

Thompson, Sandra A./Anthony Mulac, 1991: "A quantitative perspective on the grammaticalization of epistemic parentheticals in English", in: Elizabeth C. Traugott/B. Heine (eds.) *Approaches to Grammaticalization*. Amsterdam: Benjamins: 313-329.

Tilly, Charles, 1995: *Popular Contention in Great Britain, 1758-1834*. Cambridge: Harvard University Press.

Traugott, Elizabeth C./Alice ter Meulen/Judith S. Reilly/Charles A. Ferguson (eds.), 1986: *On Conditionals*. New York: Cambridge University Press.

Urban, Greg, 1989: "The 'I' of Discourse", in: Benjamin Lee and Greg Urban (eds.) *Semiotics, Self and Society*. Berlin: Mouton de Gruyter: 27-51.

Wellman, Barry/Stephen D. Berkowitz, 1988: *Social structures: a network approach*. Cambridge: Cambridge University Press.

White, Harrison C., 1992: *Identity and control: a structural theory of social action*. Princeton, N.J.: Princeton University Press.

White, Harrison C., 1995: "Network Switchings and Bayesian Forks: Reconstructing the Social and Behavioral Sciences", in: *Social Research* 62: 1035-1063.

White, Harrison C., 2000: "Parameterize!: Notes on Mathematical Modeling for Sociology", in: *Sociological Theory* 18: 505-509.

White, Harrison C., 2002: *Markets from networks: socioeconomic models of production*. Princeton, N.J.: Princeton University Press.

White, Harrison C., 2008: *Identity and Control: How Social Formations Emerge*. Second Edition. Princeton, N.J.: Princeton University Press.

White, Harrison C./Scott A. Boorman/Ronald L. Breiger, 1976: "Social structure from multiple networks. I. Blockmodels of roles and positions", in: *American Journal of Sociology* 81: 730-780.

White, Harrison C./Frédéric C. Godart, 2007: "Märkte als soziale Formationen", in: Jens Beckert/Rainer Diaz-Bone/Heiner Ganßmann (eds.) *Märkte als soziale Strukturen*. Frankfurt: Campus: 197-215.

White, Harrison C./Frédéric C. Godart/Victor P. Corona, 2007: "Mobilizing Identities: Uncertainty and Control in Strategy", in: *Theory, Culture & Society* 24: 181-202.

Zerubavel, Eviatar, 1979: *Patterns of time in hospital life: A sociological perspective*. Chicago: University of Chicago Press.

Zu den Autoren

Patrik Aspers ist Associate Professor für Soziologie an der Stockholm University. Zuvor arbeitete er am Max Planck-Institut für Gesellschaftsforschung in Köln. Er forscht in den Bereichen Wirtschaftssoziologie und soziologische Theorie. Zurzeit arbeitet er an den sozio-ontologischen Grundlagen für die Sozialwissenschaften und die soziologische Theorie, aufbauend auf den Arbeiten von Martin Heidegger. Veröffentlichungen: *Orderly Fashion, The Sociology of Markets* (Princeton University Press 2010). *Market in Fashion, A Phenomenological Approach* (2. Auflage, Routledge 2006).

Dirk Baecker ist Professor für Kulturtheorie und -analyse an der Zeppelin-Universität, Friedrichshafen. Seine Forschungsinteressen liegen in der soziologischen Theorie, Kulturtheorie, Wirtschaftssoziologie, Organisationstheorie und Management. Veröffentlichungen: *Form und Formen der Kommunikation* (Suhrkamp 2005). *Studien zur nächsten Gesellschaft* (Suhrkamp 2007).

Ronald L. Breiger ist Professor für Soziologie an der University of Arizona. Seine Forschungsinteressen liegen in sozialen Netzwerken, sozialer Ungleichheit, mathematischen Modellen, Theorie und Messmodellen in der Analyse von Kultur und Institutionen. Ausgewählte Veröffentlichungen: *Dynamic Social Network Modeling and Analysis: Workshop Summary and Papers* (Hg. mit Kathleen Carley und Philippa Pattison, National Academies Press 2003) und *Contexts of Social Capital: Social Networks in Communities, Markets, and Families* (Hg. mit Ray-May Hsung und Nan Lin, Routledge 2009).

Rainer Diaz-Bone ist Professor für Soziologie mit dem Schwerpunkt qualitative und quantitative Methoden am Soziologischen Seminar der Universität Luzern. Forschungsschwerpunkte: sozialwissenschaftliche Methoden (Netzwerkanalyse, Diskursanalyse, kategoriale Datenanalyse), Wirtschaftssozioloige, Économie des conventions. Veröffentlichungen: *Diskurs und Ökonomie. Diskursanalytische Perspektiven auf Märkte und Organisationen* (Hg. mit Gertraude Krell, VS 2009). *Kulturwelt, Diskurs und Lebensstil. Eine diskurstheoretische Erweiterung der Bourdieuschen Distinktionstheorie.* (2., erw. Auflage, VS 2010).

Stephan Fuchs ist Professor für Soziologie an der University of Virginia, USA. Arbeitsgebiete: Theoretische Soziologie, Netzwerkforschung, Kultursoziologie. Wichtige Veröffentlichungen: *Against Essentialism. A Theory of Culture and Society* (Harvard University Press 2001). „Some Writing on Thinking and Talking" *Soziale Systeme* 10 (2004).

Jan Fuhse ist wissenschaftlicher Mitarbeiter an der Fakultät für Soziologie der Universität Bielefeld. Seine Forschung konzentriert sich auf das Wechselspiel von Kommunikationsprozessen, kulturellen Formen und Netzwerkstrukturen sowie auf die Rolle von sozialen Netzwerken in der Konstitution und Reproduktion von Ungleichheit, insbesondere am Beispiel der Integration von Migranten. Aktuelle Veröffentlichungen: „Die kommunikative Konstruktion von Akteuren in Netzwerken" erscheint in: *Soziale Systeme* 15/2 (2009). *Technik und Gesellschaft in der Science Fiction* (Hg., LIT 2008)

Frédéric C. Godart forscht und lehrt Organisationsverhalten am INSEAD, Paris. Er hat an der Columbia University promoviert, einen Master in Sozialwissenschaften an der University of Cambridge und einen Master in Management am IEP in Paris abgeschlossen und war Fellow an der École Normale Supérieure de Cachan sowie Forschungs- und Business-Analyst bei der Strategie-Abteilung von McKinsey & Company. Seine Forschungsinteressen umfassen die Struktur und Dynamik von kreativen Industrien, die Entwicklung von Design als ökonomische Aktivität und die Geschichte der Mode.

Roger Häussling ist Professor für Soziologie mit dem Schwerpunkt Technik- und Organisationssoziologie an der RWTH Aachen. Seine Forschungsschwerpunkte sind Innovationsforschung, Netzwerkforschung, Mensch-Maschine-Interaktion und Organisationsforschung. Aktuelle Publikationen im Bereich der Netzwerkforschung: *Grenzen von Netzwerken* (Hg., VS 2009). „Allocation to Social Positions in Class. Interactions and Relationships in First Grade School Classes and Their Consequences" *Current Sociology* 58 (2010).

Boris Holzer ist Professor für Politische Soziologie an der Universität Bielefeld. Seine Arbeitsgebiete sind soziologische Theorie und Soziologie der Weltgesellschaft, politische Soziologie, soziale Netzwerke. Neuere Veröffentlichungen: *Netzwerke* (transcript 2006). „Das Leiden der Anderen: Episodische Solidarität in der Weltgesellschaft" *Soziale Welt* 59 (2008); „Netzwerktheorie", in Georg Kneer/ Markus Schroer (Hg.): *Handbuch Soziologische Theorien* (VS 2009). „Orbis (non) sufficit: Wie global ist die Weltgesellschaft?" *Revue für postheroisches Management* 5 (2009).

Athanasios Karafillidis ist wissenschaftlicher Mitarbeiter am Lehrstuhl für Technik- und Organisationssoziologie der RWTH Aachen. Dissertation zu den methodologischen, kommunikations- und differenzierungstheoretischen Konsequenzen und Möglichkeiten eines mathematischen Formbegriffs für die Soziologie. Forschungsschwerpunkte: Organisation, Grenzen, Management, Netzwerke, Systeme, Formtheorie. Publikationen: „Entkopplung und Kopplung. Wie die Netzwerktheorie zur Untersuchung sozialer Grenzen beitragen kann", in: Roger Häußling (Hg.): *Grenzen von Netzwerken* (VS 2009). *Soziale Formen. Methodologie, Kommunikation, Differenzierung* (in Vorbereitung).

Monica Lee ist Ph.D.-Studentin in Soziologie an der University of Chicago. Ihre Forschungsinteressen liegen in der klassischen soziologischen Theorie und der Soziologie von Wissen, Kultur und Intellektuellen. Sie hat die englische Übersetzung von Georg Simmels Lebensanschauung herausgegeben (University of Chicago Press 2010). Veröffentlichung: "The View of Life: A Simmelian Reading of Simmel's Testament" *Simmel Studies* 17 (2008, mit Daniel Silver und Robert Moore).

John Levi Martin ist Professor für Soziologie an der University of Chicago. Wichtige Veröffentlichungen: *Social Structures* (Princeton University Press 2009). „What is Field Theory?" *American Journal of Sociology* 109 (2003). Weitere neuere Arbeiten beschäftigen sich mit Dominanz-Hierarchien zwischen Jugendlichen, dem sexuellen Feld und der Persistenz von engen persönlichen Beziehungen in sozialen Netzwerken. Aktuell forscht er zur Formation des US-Amerikanischen politischen Felds, sozialer Ästhetik und Beurteilung, politischer Ideologie und diskreten nicht-kompensatorischen Faktoranalyse-Modellen.

Sophie Mützel ist wissenschaftliche Mitarbeiterin der Abteilung „Kulturelle Quellen von Neuheit" am Wissenschaftszentrum Berlin für Sozialforschung. Forschungsgebiete: Wirtschaftssoziologie, Kultursoziologie, Soziologie der Kunst und soziologische Netzwerktheorie. Aktuelle Veröffentlichungen: „Koordinierung von Märkten durch narrativen Wettbewerb", *Wirtschaftssoziologie.* 49. Sonderheft der KZfSS. Wiesbaden, 2009; „Networks as culturally constituted processes: a comparison of relational sociology and actor-network-theory", *Current Sociology* 57, 2009.

Christian Stegbauer ist Privatdozent für Soziologie an der Universität Frankfurt. Forschungsschwerpunkte: Grundlagen sozialer Strukturen, Netzwerkforschung, Internetforschung. Veröffentlichungen: *Wikipedia: Das Rätsel der Kooperation* (VS 2009). *Netzwerkanalyse und Netzwerktheorie* (Hg., VS 2008).

Harrison C. White ist Giddings-Professor für Soziologie an der Columbia University, New York. Er hat am Massachusetts Institute of Technology in theoretischer Physik und an der Princeton University in Soziologie promoviert. Er ist bekannt für seine Arbeiten in soziologischer Netzwerkanalyse und zur Struktur von Produktionsmärkten (*Markets from Networks*, Princeton University Press 2002). 2008 hat er eine umfangreiche Überarbeitung und Erweiterung seines Buchs *Identity and Control* (Princeton University Press) veröffentlicht. Zurzeit arbeitet er an verschiedenen Projekten zur Soziologie der Sprache.